Christina und Christian Winkler

Entdeckertouren mit dem Wohnmobil

Wales

Die Anleitung für
einen Erlebnisurlaub

WOMO®
Der Wohnmobil-Verlag

MIX
Papier | Fördert gute Waldnutzung
FSC® C089473

2. Auflage 2024
ISBN 978-3-86903-852-0

Titelbild: Tenby (Tour 3)
Bild in vorderer Klappe: Rhosilli Beach (Tour 2)

Reihen-, Umschlaggestaltung und Layoutprinzip/Satzvorgaben: www.martinveicht.de
Karten: Christian Winkler
Fotos, siehe Bildnachweis auf Seite 308
Druck: Beltz Grafische Betriebe GmbH, 99947 Bad Langensalza
Vertrieb: GeoCenter GmbH, 70794 Filderstadt
Herausgeber: WOMO-Verlag, An der Liethe 4, 36452 Kaltennordheim
Telefon +49(0)36946 20691 · verlag@womo.de · www.womo.de
GPS: N 50°36'38.2" E 10°07'55.6"
Autoren-E-Mail: winkler@womo.de

Einladung

Willkommen in Wales, wir freuen uns darauf, Sie mit diesem Buch auf einer unvergesslichen Reise durch dieses uralte, sagenumwobene und von der Natur reich bedachte Land zu begleiten.

Wales erwartet Sie auf einer überschaubaren Fläche mit beeindruckenden Landschaften, die von majestätischen Bergen, wie dem Mount Snowdon, bis hin zu abwechslungsreichen Küsten, wie der atemberaubenden Pembrokeshire Coast, reicht. Historische Burgen, wie Conwy Castle und malerische Dörfer wie St. Davids oder Dolgellau, zeugen von Jahrhunderten voller Geschichten und Abenteuer.

Während Ihrer Reise können Sie sich auf atemberaubende Naturschönheiten freuen, darunter den mystischen Snowdonia National Park und die zauberhafte Wasserfallregion in den Brecon Beacons. Die Strände von Rhossili und Three Cliffs Bay auf der Gower-Halbinsel und die malerische Bucht von Tenby laden zum Verweilen und Entspannen ein.

Auch wenn es auf Nebenstrecken schon mal ganz schön eng werden kann – die meisten Straßen sind für Wohnmobile gut befahrbar und die Infrastruktur für Camper ist, trotz weniger freier Stellplätze, dank zahlreicher Camping- und offizieller Übernachtungsgelegenheiten, bestens ausgebaut.

Wir laden Sie herzlich ein, die Schätze von Wales mit uns zu entdecken, die Schönheit der Natur zu genießen und die Freundlichkeit seiner Bewohner zu erleben. Wir hoffen, dieser Reiseführer wird Ihnen dabei von Nutzen sein.

Allzeit gute Fahrt, Ihr

Christian Winkler

Inhaltsverzeichnis

Bucht auf der Gower Peninsula nahe der Three Cliffs Bay – Tour 2

Unsere persönlichen Top Ten

Cardiff

Die quirlige Hauptstadt von Wales ist ein Shopping-Paradies mit Malls und Fußgängerzonen. Dazu ein lebendiges Hafenareal, eine große Burganlage und interessante Museen.

Tour 1, Seite 29

Gower Peninsula

Einige der schönsten Strände liegen auf dieser im Sommer gut besuchten, sonst ruhigen Halbinsel bei Swansea. Erleben Sie unbedingt Rhosillibeach und Three Cliffs Bay.

Tour 2, Seite 51

Tenby

Die wirklich hübsche kleine Stadt bietet mit einladenden Pubs, drei tollen Sandstränden in unmittelbarer Nähe sowie Burgfelsen und regelmäßig angebotenen Bootsausflügen ein tolles Paket.

Tour 3, Seite 81

Pembrokeshire Coast

Einige der schönsten walisischen Strände und mal wilde, mal liebliche Abschnitte des grandiosen Küstenpfads machen den äußersten Südwesten zu einem Urlaubseldorao.

Tour 3, ab Seite 98

Caernarfon

Eine der mächtigsten Burganlagen des Landes beeindruckt bis heute und strahlt noch immer Macht und Stärke aus. Sie liegt malerisch am Menai Stait im Nordwesten des Landes.

Tour 6, Seite 179

... das sollten Sie nicht verpassen!

Anglesey Island
Im äußersten Nordwesten bietet diese wilde, dem Wind und Wetter der Irischen See ausgesetzte Insel ganz viel Natur und bei schönem Wetter ideale Strandbedingungen.
Tour 6, ab Seite 182

Snowdonia Nationapark
Wales einziges echtes Gebirge ist ein Traum für Wanderer und viel alpiner, als man das auf den britischen Inseln erwartet. Wer nicht so gut zu Fuß ist nimmt daher die Mountain Railway.
Tour 7, ab Seite 207

Conwy
Bis heute von einer Mauer umfasst und mit Burg, Hängebrücke, mittelalterlichen Häusern und schönem Kai versehen ist Conwy mindestens einen Tagesausflug wert.
Tour 7, Seite 218

Llundadno
Der klassische Sommerfrische-Ort im Norden versprüht noch immer den Charme früherer Tage. Lassen Sie es sich am Pier, am Strand und in den lebendigen Straßen gut gehen.
Tour 7, Seite 223

Brecon Beacons Nationalpark
Weite stille Hügel und Täler, dazwischen kleine Dörfer haben nicht nur zahlreiche Maler inspiriert. Wandern, Höhlen, Minen und Wasserfällen stehen am Programm.
Tour 10, ab Seite 261

Gebrauchsanleitung

Reisegebiet

Wales, das sich an der westlichen Küste des Vereinigten Königreichs erstreckt, wird trotz seiner natürlichen Schönheit und kulturellen Reichtums oft übersehen. Neben den Nachbarn England und Schottland geht es als kleinster Partner der britischen Insel leicht unter.

Wales erstreckt sich gerade mal über knapp 21.000 Quadratkilometern, das ist vergleichbar mit dem deutschen Bundesland Hessen. Dagegen steht aber eine Küstenlinie von beeindruckenden 1.680 Kilometern Länge. Geologisch fasziniert die Bergkette Snowdonia mit dem 1085 Meter hohen Mount Snowdon im Zentrum. Sie zeugt von einer reichen, fast eine halbe Milliarde Jahre alten geologischen Vergangenheit. Die zerklüfteten Küstenabschnitte gehören zu den ältesten Felsformationen weltweit und stammen aus einer Zeit, als die Erde noch in den Kinderschuhen steckte.

Der Landesname leitet sich von germanischen Sprachwurzeln ab und bedeutet so viel wie »Fremder« oder »Nicht-Germane«. Er geht auf die römische Besatzungszeit zurück, als die walisischen Stämme schlicht als »Fremde« angesehen wurden.

Bis heute besteht eine eigene kulturelle Identität und mit dem Cymraeg, dem Walisischen, eine eigene Sprache, der immerhin 30 Prozent der 3,1 Millionen Waliser mächtig sind, fast ein halbe Million sprechen sie täglich, besonders an der Nordwestküste, auf der Halbinsel Llyn und auf Angelsey.

Politisch besitzt das Land einen Sonderstatus im Vereinigten Königreich. Es hat seit 1999 eine Nationalversammlung und genießt eine teilautonome Gesetzgebung. Gewährt wurde sie vom großen Bruder England nur widerstrebend, doch ließen sich dadurch bislang so vehemente Unabhängigkeitbestrebungen wie etwa in Schottland verhindern.

In einem kuriosen Punkt ist Wales absolute Weltspitze: das Land weist mehr Burgen pro Quadratkilometer auf, als jedes an-

Worms Head, Gower Peninsula, Tour 2

dere, darunter eindrucksvolle Festungen wie Caernarfon Castle, Conwy Castle und Cardiff Castle, eindrucksvolle Zeugnisse historischer Turbulenzen, die das Land geprägt haben.

Wales bietet eine fesselnde Mischung aus atemberaubender Natur, historischer Vielfalt und Kultur. Ob Sie die Gipfel der Berge erklimmen, Geschichte innerhalb von Burgmauern erkunden oder sich an der malerischen Küste verlieren – Wales wird Sie mit großer Schönheit auf kleinem Raum verzaubern.

Karten, Symbole und Kilometerangaben

Alle WOMO-Reiseführer sind in Touren untergliedert, die gemeinsam mit den wichtigsten Ortschaften auf der **Übersichtskarte** im hinteren Bucheinband dargestellt sind. Einzelheiten zu allen Touren, insbesondere die dort empfohlenen Stell- und Campingplätze, finden Sie in den jeder Tour vorangestellten **Tourenkarten**, deren verwendete **Symbole** auf der hinteren Einbandklappe erläutert sind.

Die **Kilometerangaben** zu Beginn des Textteils jeder Tour sind nur als erste Orientierung gedacht, können aber, je nach genutzten Stell- oder Campingplätzen und von Ihnen ausgewählten Sehenswürdigkeiten, deutlich abweichen.

Stellplätze, Farben und Nummern

Praktische Symbole zeigen die Art des »Stellplatzes« an:

001	**Offizieller Stellplatz**	speziell für Reisemobile ausgewiesener Stellplatz, in Wales auch Minicampingplätze für bis zu fünf Reisemobile / Wohnwägen
002	**Parkplatz**	für eine Übernachtung geeigneter, aber nicht offiziell ausgewiesener Platz
P	**Parkplatz**	Tagesparkplatz, auf dem das Übernachten verboten ist oder nicht empfohlen wird
003	**Campingplatz**	ausgewiesener, in der Regel privat betriebener, größerer Platz für Reisemobile, Wohnwagen und Zelte.

Auch die **Farbe** eines Stell- oder Parkplatzplatzsymboles hat eine Bedeutung: **Blau** steht für Bademöglichkeiten in natürlichen Gewässern. **Grün** kennzeichnet einen Platz, an dem Wanderungen beginnen und dort meistens beschildert sind. **Olivgrün** eingefärbt sind die Campingplätze. **Hellgelb** sind alle Plätze an Pubs und Gaststätten und **Orangegelb** die übrigen Plätze ohne die vorgenannten Merkmale. Nur Plätze mit durchlaufender **Nummer** sind zur Übernachtung geeignet. Diese Plätze werden im Text entsprechend ihrem vorgenannten Zweck farbig unterlegt und stehen oftmals in einem **Stellplatzkasten**, zusammen mit den wichtigsten Informationen.

Zum Verständnis der **GPS-Daten**, der Geräteeinstellung und dem elektronischen Bezug der Daten erfahren Sie genauere Einzelheiten im hinteren Buchteil bei den Tipps.

Max. WOMOs meint die Kapazität von Stellplätzen, bei öffentlichen Parkplätzen die geschätzte Anzahl, die man Anwohnern und anderen Verkehrsteilnehmern noch zumuten kann oder die Wohnmobilen explizit zur Verfügung steht. Diese Angaben hängen aber auch von den Dimensionen Ihres eigenen Fahrzeuges ab. Längst nicht alle im Buch erwähnten Parkplätze kommen für Wohnmobile im Lastwagen- oder Reisebusformat infrage. Wenn nicht anders erwähnt, sind aufgeführte Parkgelegenheiten aber wenigstens noch für Fahrzeuge mit einer typischen Länge um die sieben Meter nutzbar.

Bei offiziellen Stellplätzen nennen wir die **Öffnungszeiten** und gehen auf die **Ausstattung** der Plätze ein, insbesondere die Möglichkeit der Ver- und Entsorgung, eines Stromanschlusses (wobei nicht zwingend jeder Gast einen freien Steckdosenzugang findet), von Toiletten, Duschen und Mülleimern. All dies kann bei Campingplätzen erwartet werden. Sofern nicht anders vermerkt, werden daher nur zusätzliche Merkmale, wie etwa WiFi, Waschmaschinen oder Einkaufsmöglichkeiten am Platz erwähnt. Unter **Beschreibung** wird Ihnen Näheres zur Beschaffenheit, der Lage und der Nutzungseignung mitgeteilt. Es wird Ihnen verraten, wenn wir Stellplätze für **klappstuhlgeeignet** halten, weil Sie dort, zumindest zum Zeitpunkt der Recherche, Tisch und Stühle aufstellen können. Kein inoffizieller WOMO-Parkplatz in diesem Buch ist dafür geeignet, sich tagelang wie auf einem Campingplatz aufzuhalten, schon gar nicht mit Markise, Stühlen und Grill.

Das angegebene **Preisniveau** ist nur eine Orientierung und bezieht sich bei den Campingplätzen auf ein WOMO mit zwei Erwachsenen in der preiswertesten und in der teuersten Zeit – ohne Kurtaxe, Hund, Kind oder sonstige Zusatzleistungen.

Der letzte Stichpunkt ist die Beschreibung der **Zufahrt**. In Zeiten der GPS-Navigation halten wir die Darstellung knapp – es sei denn uns ist bekannt, dass die Anfahrt zu einem Platz mithilfe des Navis Probleme bereitet – was aber nicht aus allen Himmelsrichtungen garantiert werden kann.

Wanderungen und Stadtrundgänge

Wir schildern im Buch die Streckenführung, bei Wanderungen auch die Länge oder die benötigte Wanderzeit. Diese Beschreibungen sind für Wanderstrecken grün und für Stadtrundgänge grau unterlegt.

Restaurants

Leider erweisen sich Hinweise auf empfehlenswerte Restaurants und Cafés manchmal als kurzlebig. Ein paar bewährte haben wir dennoch im Fließtext für Sie ausgewählt und an entsprechender

Stelle kenntlich gemacht.

Top Ten, Sehenswürdigkeiten, Tipps und Infos

Mit den Seiten sechs und sieben dieses Reiseführers soll Ihre Neugier geweckt werden. Dort haben wir **zehn Orte** aufgeführt, die uns persönlich besonders gut gefallen und die wir nicht nach einem Ranking, sondern nach der Reihenfolge in den Touren beziffert haben.

Bei den **Öffnungszeiten** nennen wir, soweit bekannt, die Kassenöffnungszeiten und geben in der Regel die nicht ermäßigten Preise für eine erwachsene Person an.

Die **Tipps und Infos** am Ende des Buches machen Sie mit den Besonderheiten der Reiseregion vertraut. Dort finden Sie auch verschieden **Anreisewege** und allgemeine Angaben. Auch finden Sie dort sehr wichtige Angaben zu britischen Campingclubs und touristischen Organisationen, die gerade bei einer Reise nach Wales, schon im Vorfeld durchgelesen und gegebenenfalls noch von zu Hause aus gebucht werden können.

Reiseführer und der Zahn der Zeit

Gerade bei den freien Stellplätzen, aber auch anderen Angaben kommt es in der Lebensdauer einer gedruckten Auflage immer wieder zu Veränderungen. Es lohnt sich deshalb stets ein kurzer Blick ins Forum des WOMO-Verlages (www.womo.de).
Wir versorgen Sie dort mit aktuellen Informationen. Sie können aber auch selbst dabei helfen, Hinweise für alle Leser aktuell zu halten, indem Sie melden, wenn sich irgendetwas (auch Restaurants, Wanderwege etc.) verändert hat, vor allem, wenn ein Platz nicht mehr existiert oder Verbote bestehen, oder wenn Sie etwas Neues entdeckt haben. Sie erreichen uns über die Mailadresse winkler@womo.de.

Nevernmündung bei Newport, Tour 3

Tour 1

Band 89
England/Süd
Tour 10
Tour 2
Chepstow
Sudbrook
Caldicot Castle
Caldicot
Dewstow Gardens
Magor
Magor Marsh
Abergavenny
Coed-y-paen
Llandegfedd Res.
Caerleon
Roman City
Tredegar House
NEWPORT
CARDIFF
Penarth
Cosmeston Park
Sully
Dinas Powys
Barry
Rhoose
Brynmawr
Big Pit und Ironworks
Blaina
Blaenavon
Abertillery
Pontypool
Newbridge
Cwmbran
Risca
Ebbw Vale
Victoria
Cwm
Tredegar
Blackwood
Ystrad Mynach
Bedwas
Caerphilly
Caerphilly Castle
Castle Coch
Merthyr Tydfil
Nelson
Llancaiach Fawr Manor
Pontypridd
Abercynon
Taff's Well
St. Fagans Museum
Dyffryn Gardens
Tinkinswood
Aberdare
Porth
Rhondda Heritage Park
Church Village
Llantrisant
Tonypandy
Cowbridge
Pencoed
Llantwit Major
Maesteg
Afan Forest Park
Sarn
Bridgend
Wick
Marcross
St. Donats
Nashpoint
Tondu
Ogmore Castle
Merthyr Mawr
Pyle
Margam Park
Nat. Reserve
Ogmore
Southerndown
Port Talbot
Eglwys Nunydd Res.
Kenfig Nature Reserve
Porthcawl
Neath
Brecon Beacons NP
Wye Valley
Wye
Usk
5 km
N

Southeast Wales
350 km

Der Südosten von Wales ist von den urbanen Ballungsräumen, den ersten imposanten Burgen und einigen schönen Stränden geprägt. Kaum ein anderes Gebiet des Landes ist heterogener als diese Region zwischen Severnmündung und Brecon Beacons. Highlights sind:
- **Tredegar House**
- **Big Pit National Coal Museum**
- **Caerphilly Castle**
- **St. Fagans Museum of Welsh Life**
- **Cardiff**
- **Kenfig Nature Reserve**

Caldicot *(9.500 Einwohner)*
Gleich nach der Brücke über den Severn sind Sie an Ihrem Reiseziel angekommen – hier beginnt Wales. Die erste angeschriebene Ausfahrt bezeichnet dort den letzten beschriebenen Ort dieses Reiseführers, Chepstow, den wir ganz hinten auf den letzten Seiten näher beschreiben. Unserer Route folgend orientieren Sie sich stattdessen an den ersten beiden Kreisverkehren in Richtung Caldicot. In dem Städtchen gibt es einige Einkaufsmöglichkeiten im und rund um das zum Teil verkehrsberuhigte Zentrum. Hauptanziehungspunkt für Besucher ist ohne Zweifel **Caldicot Castle** *(Abzweigung von der Church Road bei N 51°35'38" W 2°44'47", parken am Ende der Straße durch den Country Park, März – Okt., Di. – So., 11.00 – 16.00 Uhr, Schulferien bis 17.00 Uhr, Eintritt frei, Park immer zugänglich)*.

Innenhof von Caldicot Castle

Von den Normannen um 1100 gegründet und später im Besitz eines Sohnes König Edwards III., fiel die Anlage 1391 an die englische Krone. Über die Jahrhunderte geriet die Burg in Vergessenheit und verfiel zusehends. Erst Ende des 19. Jahrhunderts entschloss sich die Familie Cobb zum Kauf des Anwesens und baute es zu einem

Dewstow Hidden Gardens

viktorianisch geprägten Familiensitz um. Heute können Sie in den mittelalterlichen Gemäuern samt ehemaligem Verlies oder dem meist stillen, etwa 20 Hektar großen Landschaftspark ringsum umherstreunen. Kurz vor der Einfahrt befindet sich das schöne Pub ***The Castle Inn***.

Am nördlichen Rand von Caldicot verstecken sich außerdem die **Dewstow Hidden Gardens and Grottoes**. Die sehr spezielle Gartenanlage war ab 1893 vom damaligen Besitzer des Dewstow House Henry Oakley erbaut worden. Er entwarf und pflegte sie bis zu seinem Tod 1940. Ohne Erben geriet sie aber schon während des Zweiten Weltkriegs in Vergessenheit. Damals wurde sie mit tausenden Tonnen Erdreich verschüttet, um Weideland zu schaffen und fristete einen 50 Jahre andauernden Dornröschenschlaf. Erst um 2000 wieder entdeckt, hat man ein kleines Paradies erneut geschaffen. Es gibt eine ganze Reihe an Tümpeln und Bächen, ein Labyrinth unterirdisch verlaufender Grotten, Tunnel und Kammern, teils aus echtem Stein, teils künstlich erbaut und eine überbordende Blumenpracht zu bewundern. Auch ein Tea Room ist vorhanden, geparkt werden kann direkt am Grundstück *(N 51°35'43" W 2°46'11", Dewstow Road, Mitte März – Anfang Nov., 10.00 – 16.00 Uhr, 7£, www.dewstowgardens.co.uk).*

Magor *(6.000 Einwohner)*
Auf der Weiterfahrt entlang der B4245 Richtung Newport können Sie auch noch einen Zwischenstopp im Nachbarort Magor

erwägen. In der Ortsmitte links ab ist das 35 Hektar große, interessante **Naturschutzgebiet Magor Marsh** beschildert. Etwas außerhalb gelegen führen mehrere Spazier- und Wanderwege, zum Beispiel die Libellen-Runde oder die Schmetterlings-Runde von einem kleinen Parkplatz aus durch das Feuchtgebiet. Neben vielen Insekten ist vor allem der Eisvogel ein interessanter, immer wieder zu entdeckender Gast. Während den Schulferien finden montags gut gemachte Naturforscherprogramme für Kinder statt. Das kleine Infozentrum am Beginn der Rundwege ist dann geöffnet *(N 51°34'34" W 2°49'32", Whitewall, frei zugänglich, mehr unter www.gwentwildlife.org/reserves/magor-marsh-sssi).*

001 Magor – *Salisbury Farm*

GPS/Kontakt: N 51°35'43" W 2°49'43", St. Bride`s Road, NP26 3BB, Tel. 07767 88 58 33, www.campingandcaravanningclub.co.uk.
Max. WOMOs: 5. **Öffnungszeiten:** Ganzjährig. **Ausstattung**: Ver- und Entsorgung, Strom, Mülleimer. **Beschreibung**: Stellplätze neben einer Farm auf Rasen und Schotter, recht eben, kein Schatten, klappstuhlgeeignet, ruhig. Fastfood Restaurant und Tankstelle 700 m entfernt, etwa 1,3 km bis nach Magor. **Preise**: 15–18 £. **Zufahrt**: Magor auf der B4245 durchfahren, gegen Ortsende rechts beschildert Richtung Pennow und der St. Brides Road für rund 2 km folgen. Die Einfahrt befindet sich dann auf der linken Seite. **Hinweis**: Nur mit Camping and Caravanning Club Mitgliedschaft nutzbar. Telefonische Reservierung empfohlen.

Newport *(128.000 Einwohner)*
Nächste Station ist Wales drittgrößte Stadt Newport. Aus touristischen Gesichtspunkten ist sie allerdings keinen zwingenden Stopp wert, zumindest nicht das Zentrum, das sich rund um den Fluss Usk schmiegt. Wenn Sie dennoch einen Halt einlegen möchten, finden Sie, leider nicht allzu große, zentrale Parkplätze in der **Emlyn Street** *(N 51°35'06" W 2°59'27")* oder am **Stow Hill** *(N 51°35'11" W 2°59'48")*. Wie fast überall in Wales sind sie kostenpflichtig. In der näheren Umgebung befindet sich das **Newport Art Museum** mit wechselnden Kunstausstellungen *(76 Bellevue Avenue, Di. – Sa. 10.00 – 16.00 Uhr, So. ab 12.00 Uhr, 15 £, mehr unter www.newportart-museum.org)* und etwas flussabwärts die imposante **Transporter Bridge** samt Besucherzentrum. Sie ist eine der weltweit letzten acht noch existierenden Schwebefähren und zwischen April und September in Betrieb. Beliebte Lokale in Newport sind die **Drago Lounge** *(Friars Walk Mall R2, NP20 1EA)* und, weiter südlich Richtung Schwebefähre, das **Blaina Wharf** *(East Dock Road NP20 2FR)*, sowie das Café **Horton`s Lounge** *(Millennium Walk, NP19 0NX)*.

Auch wenn Sie Newport selbst keine größere Beachtung geschenkt haben, lohnt ein Halt am südwestlichen Ortsende. Eines der schönsten Herrenhäuser Großbritanniens, **Tredegar House**,

Tredegar House and Gardens in Newport

steht dort im Stadtteil Duffryn. Lange Jahre wurde das Anwesen aus dem 17. Jahrhundert von der extravaganten Familie Morgan bewohnt. Es wird vom National Trust verwaltet und viele Volunteers im Haus werden nicht müde, Ihnen interessante Einblicke in die Geschichte zu gewähren – zügellose Partys, dunkle Magie und Kriegsverherrlichung sind nur einige Aspekte aus dem Leben der sehr speziellen ehemaligen Bewohner. Sie können sich in den Repräsentationsräumen selbst in alte Roben kleiden, die ehemaligen Dienstbotenzimmer begutachten und durch den ummauerten Garten das noch existierende, erste Tudor-Haus des Anwesens inspizieren. Zum Gelände gehört außerdem ein etwa 35 Hektar großer Park, ein Café und ein großer Parkplatz *(N 51°33'34" W 3°01'41", NP10 8YW, Pencarn Way, Mitte Feb. – Mitte Dez., 11.00 – 17.00 Uhr, 11 £, National Trust Members frei, www.nationaltrust.org.uk)*. Ein hübscher Campingplatz liegt weiter südlich an der Küste.

Zügellose Partys, dunkle Magie und Kriegsverherrlichung sind nur einige Aspekte aus dem Leben der sehr speziellen ehemaligen Bewohner.

002 Newport – *Ty Coch Farm*

GPS/Kontakt: N 51°31'33" W 3°02'28", B4239, NP10 8SR, Tel. 07983 61 59 84, www.tycochleisure.com. **Öffnungszeiten:** Ganzjährig. **Ausstattung**: Campingplatzübliche Ausstattung, Wifi. **Beschreibung**: Der teils schattige, ruhige Platz bietet ebene Stellflächen auf Rasen und Schotter, er ist einfach aber schön angelegt und liegt in Küstennähe neben einem Golfplatz. Etwa 6 km bis Newport, 10km bis Cardiff. Transport per Taxi oder Rufbus. **Preis**: 22 £ – 36 £. **Zufahrt**: Ab Newport auf der A48 auswärts in westliche Richtung fahren, dann der Beschilderung zum Golf Course and Range folgen. Am Golfplatz vorbei immer geradeaus und am Ende der Straße rechts auf die B4239 abzweigen. Nach rund 600 m linker Hand. **Hinweis**: Auf diesem Platz sind keine Kinder erlaubt, Aufenthaltsdauer bei Reservierung mindestens zwei Tage.

Caerleon *(8.000 Einwohner)*
Verlassen Sie Newport nun in nordöstliche Richtung, gelangen Sie zu einem Ort, der vor langer Zeit von größter Bedeutung war: Isca oder Caerleon, wie die Stadt heute heißt. Um 75 v. Chr. entstand hier einer der am weitesten entfernten Außenposten des Römischen Reiches. Von dieser Festung wurden 200 Jahre lang die Geschicke der Region geleitet und bis heute überdauerten gleich mehrere steinerne Zeitzeugen die Jahrhunderte. Zunächst steuern Sie am besten das gut erhaltene **Amphitheater** an. Es stammt aus der Gründungszeit des Lagers und diente als Unterhaltungsstätte. Später, im Mittelalter, wurde es als König Artus` runder Tisch umgedeutet und verehrt. Am Parkplatz davor können ein bis zwei Wohnmobile auch die Nacht verbringen *(Nov. – März Mo.–Sa. 9.30–17.00 Uhr, So. 11.00–16.00 Uhr, restliches Jahr täglich 9.30–17.00 Uhr, freier Eintritt)*.

Roman Legion Museum und Nachtparkplatz 003

003 **N 51°36'30" W 2°57'29"**, Broadway, NP18 1AY, tagsüber mit Toilette.

Nur ein paar Meter zurück entlang der Straße stehen Sie vor dem **National Roman Legion**

TOUR 1

Museum. Es zeigt zeitbezogene Fundstücke aus der Gegend, erklärt anhand von Schaubildern und Modellen beispielsweise die damaligen Kleidungsgewohnheiten und führt anschaulich durch eine römische Legionärsunterkunft. Auch ein als römischer Garten gestalteter Freibereich gehört zum Museum *(High Street, 10.00 – 17.00 Uhr, Eintritt frei, www.museum.wales/roman)*. Fast noch interessanter ist das gleich daneben gelegene römische Badehaus **Caerleon Roman Fortress and Baths** mit großem, animiertem Schwimmbad und allerlei Anekdoten, die ringsum anhand von Fund- und Schaustücken erzählt werden *(High Street, Öffnungszeiten wie Amphitheater, freier Eintritt)*. Auch eine ganze Reihe an Pubs und Wirtshäusern befinden sich in Caerleons Zentrum, empfehlenswert ist beispielsweise das ***Red Lion Pub*** *(Backhall Street, NP18 1AR)* oder das ***Goldcroft Inn*** *(Coldcroft Common, NP18 1NG)*.

004 Caerleon – *Whitehall Farm*

GPS/Kontakt: N 51°37'05" W 2°56'48", Usk Road, NP18 1LP, Tel. 07931 59 74 18, www.campingandcaravanningclub.co.uk. **Max. WOMOs**: 5. **Öffnungszeiten**: Apr. – Sep. **Ausstattung**: Ver- und Entsorgung, Strom, Toilette / Dusche, Mülleimer. **Beschreibung**: Relativ ebene Stellflächen auf Rasen und Schotter hinter einer Farm, schöne Aussicht, klappstuhlgeeignet, ruhig. Bushalt 700 m entfernt, nach Caerleon rund 900 m. **Preise**: 23–28 £. **Zufahrt**: Folgen Sie in Caerleon der High Street hinunter und weiter geradeaus der Usk Road. Das Gelände befindet sich nach 750 m auf der linken Seite. **Hinweis**: Nur mit Camping and Caravanning Club Mitgliedschaft nutzbar, »Adults only« – keine Kinder erlaubt. Telefonische Reservierung empfohlen.

Cwmbran *(48.500 Einwohner)*
Weiter nordwärts folgt Cwmbran. Der walisische Name bedeutet Tal der Krähen und wird mit einem halb offenes »u« anstatt des „w" ausgesprochen. Interessant ist das **Shopping Center** in der Ortsmitte, es ist mit rund 170 Geschäften das größte in Wales. Leider wurde bei der Parkplatzgestaltung nicht an Wohnmobile gedacht und nur viel zu niedrige Parkgaragenplätze errichtet. Abhilfe schaffen nur die großen Kundenparkplätze der umliegenden Supermärkte, zum Beispiel von Sainsbury`s in der Heol Lywelyn *(N 51°39'09" W 3°01'27")*. Kleinere Wohnmobile können auch schon kurz vorher rechts ab am oberen Parkdeck der Mall stehen *(Cmbran Drive, NP44 1PB, www.cwmbrancentre.com)*.

Für Familien dürfte die **Greenmeadow Community Farm** interessant sein. Der 250 Jahre alte Bauernhof wurde in den 1980er Jahren von einigen Einheimischen vor dem Abriss bewahrt, um eine grüne Lunge in der Stadt zu bewahren. Auf knapp 50 Hektar Land können seltene Farmtiere beobachtet werden und typische

Vorgänge eines Bauerhofes, wie melken und Traktor fahren, miterlebt werden. Auch ein Café gehört zum Angebot *(Greenforge Way, NP44 5AJ, Feb. – Mitte Dez. 10.00 – 17.00 Uhr, 8 £, Kinder ab 3J. 6£, www.greenmeadowcommunityfarm.org.uk)*.

Falls Sie im Anschluss ein wenig die Stille eines ruhigen Sees genießen möchten, folgen Sie am letzten Kreisverkehr von Cwmbran an der A4042 der Beschilderung in Richtung **Llandegfedd Reservoir**. Der schön gelegene Stausee bietet ausreichend Parkplätze *(N 51°40'57" W 2°58'23" und kurz danach)* und lädt zu Spaziergängen im Grünen oder einem Picknick ein. Es werden Stand up Paddle Boards, Boote und Kanus vermietet und auch gastronomisch werden Sie versorgt. Das Übernachten ist leider nicht gestattet, Abhilfe schafft ein nicht weit entfernter Wander- und Picknickparkplatz oder eine offizielle Übernachtungsgelegenheit.

005 Coed-y-Paen – *Whitehall Farm*

GPS/Kontakt: N 51°40'37" W 2°58'16", NP4 0SY, Tel. 07596 08 78 85, www.whitehallfarmandcampsite.co.uk. **Max. WOMOs**: 5. **Öffnungszeiten**: Apr. – Okt. **Ausstattung**: Ver- und Entsorgung, Mülleimer. **Beschreibung**: Einfaches, nicht ganz ebenes, umzäuntes Wiesengelände, neben einer Farm ruhig im Grünen gelegen, klappstuhlgeeignet. **Preise**: 8 – 10 £. **Zufahrt**: Vom Stausee noch ein Stück weiter bis nach Coed-y-Paen *(schönes Dorf-Pub* ***The Carpenters Arms****)* fahren. Dort unbeschildert bei erster Gelegenheit scharf rechts abbiegen. Nach rund 1,5 km an der Talsohle der immer schmaler werdenden Straße rechts über eine kleine Brücke zum Parkplatz folgen. Holprige, enge Einfahrt mit tiefhängenden Ästen. **Hinweis**: Nur mit Camping and Caravanning Club Mitgliedschaft nutzbar. Telefonische Reservierung empfohlen.

006 Coed-y-Paen – *Sor Brook*

GPS: N 51°40'25" W 2°58'46", NP4 0TA. **Max. WOMOs**: 2 – 3. **Ausstattung**: Picknicktische. **Beschreibung**: Recht abgelegene, als Picknickplatz markierte Schotterfläche im Grünen, recht eben, schattig, Spazierweg zum Stausee, nachts einsam. **Zufahrt**: Wie zum Stellplatz zuvor, doch der immer schmaler werdenden Straße noch für rund 600 Meter weiterfolgen. Dort rechts die holprige, enge Einfahrt mit teils tiefhängenden Ästen nehmen.

Pontypool *(29.000 Einwohner)*

Fast nahtlos geht Cwmbran in den Folgeort Pontypool über, in dem es ein paar interessante Anlaufstationen gibt. Zum Beispiel eine Rundwanderung durch den Pontypool-Park mit einigen sehens-

Pontypool Park

werten Bauwerken darin. Dafür halten Sie nahe dem Active Living Center auf einem recht großen, schattigen Parkplatz am Ortsrand. Bei Bedarf ist dort eine unauffällige Übernachtung möglich.

007 **N 51°41'58" W 3°02'06",** Trosnant Street, NP4 8AT, Toiletten sind nach der kleinen Brücke im Park vorhanden.

Rundwanderung im Pontypool Park *(etwa 3,5 Stunden)*

Diese Wanderung führt Sie in die grünen Hügel hinter Pontypool, einst Ländereien und Spielwiese der Industriellenfamilie Hanbury.

Zunächst überqueren Sie die kleine Brücke über den Afon Lwyd, am Center vorbei und gehen danach rechts auf einem breiten Asphaltweg noch rund 150 Meter, bis links ein Schild zur Shell Grotto und zum Folly-Tower den Hügel hinauf weist. Folgen Sie dem zügig ansteigenden Weg weiter durch den Wald. Unterwegs passieren Sie einen Tunnel und erblicken etwa 200 Meter danach rechter Hand ein recht unscheinbar wirkendes, rundes Bauwerk oberhalb von Ihnen. Steigen Sie in diese Richtung hinauf zur **Shell Grotto**. Ihre Schönheit zeigt die in den 1830er Jahren für die Familie Hanbury erbaute Garten-Grotte erst im Inneren. Die Wände sind über und über mit Mineralien, Muscheln, Tropfsteinen und anderen Elementen verziert, damals der letzte Schrei. Der Boden wurde aus Knochen und Zähnen erlegten Rotwilds gefertigt. Die Hanburys hielten an diesem Ort gerne große Picknicks ab, einer der Gäste war der spätere König Edward VII. Leider ist die Grotte nur unregelmäßig geöffnet. Informationen bietet die Facebook-Seite der »Pontypool Park Friends«. Auch telefonisch können Sie unter 01495 76 67 54 nachfragen. Das gleiche gilt für den **Folly Tower,** zu dem Sie die Wanderung nun führt.

Mit der Eingangstür der Grotte im Rücken drehen Sie sich nach halb links und erblicken schräg vor Ihnen einen Leiterüberstieg der kleinen Mauer. Dahinter folgen Sie dem stetig ansteigenden Weg nach links für rund 1,5 km. Beidseits liegen nun Felder, der achteckige Turm ist schon von weitem sichtbar. Angekommen können Sie erst einmal verschnaufen und den Blick genießen. Er reicht zurück zum Llandegfedd Reservoir und weiter bis nach Newport. Auf der anderen Seite sehen Sie die Holy Mountains.

Auch dieser Turm wurde im Auftrag der Hanburys als luxuriöser

Jägerstand um 1770 errichtet. 1940 wurde der Turm zerstört, um im 2. Weltkrieg keinen Orientierungspunkt für anfliegende Bomber zu bieten, denn in der Nähe befand sich einst eine Waffenfabrik. Auf Privatinitiative wurde er 1994 wieder aufgebaut und ein Jahr später durch Prinz Charles eingeweiht.

Folgen Sie dem Pfad noch ein Stück, bis Sie durch ein Tor gehen können und halten Sie sich danach links entlang der **Folly Road** bergab. Einst war dies eine Römerstraße, die vermutlich das große Lager in Caerleon mit dem kleinen Fort Gobannium bei Abergavenny verband. Am Weg stehen auch einige der ältesten Farmhäuser in der Region. Rund einen Kilometer folgen Sie der Straße, dann biegen Sie, zurück im Ortsgebiet, gegenüber eines mit »Ysgol Gyfun Gwynllyn« bezeichneten Busparkplatzes in den schmalen, für den Durchgangsverkehr gesperrten Fahrweg ein.

Sie spazieren dann links durch den Friedhof der Kirche **St. Cadoc**. Der Sage nach begann der Heilige Cadoc mit dem Bau im 6. Jahrhundert, doch der Teufel machte ihm immer wieder einen Strich durch die Rechnung, so dass sie nie fertig zu werden schien. Erst der Klang einer magischen Glocke, die ihm überreicht worden war, konnte den Belzebub vertreiben.

Im hinteren Bereich der Grünflächen ringsum finden Sie einige interessante alte Grabsteine sowie eiserne Kreuze, die auf die Verstorbenen eines schweren Fabrikunglücks 1890 hinweisen. Hinter der Kirche gehen Sie durch das schindelgedeckte Tor, überqueren die Straße und schlagen den Fußweg hinter dem Yaw Tree Pub ein. Einst war dieser Pfad als »Pflastersteinweg« bekannt. Er wurde ebenfalls von den Hanburys gebaut. Diesmal allerdings nicht zum Vergnügen, sondern um ihren zahlreichen Bediensteten den sonntäglichen Weg zur Kirche zu erleichtern. Folgen Sie ihm für rund 700 Meter immer geradeaus, bis er in einen steilen Fahrweg übergeht und schließlich in die Park Road mündet. Sie gehen erst nach rechts und dann, bei erster Gelegenheit, am **Torfaen Museum** *(mehr dazu im folgenden Text)* links ab zurück in den Pontypool Park. Das Schulgebäude an dieser Stelle zu Ihrer Rechten ist größtenteils aus dem ehemaligen Anwesen der Hanbury-Familie entstanden. Sie betrieben Eisenfabriken in der Gegend und prägten das Leben der Region ab dem 16. Jahrhundert. Erst 1912 gab John Hanbury das Anwesen auf, es ging teils an einen Konvent über, teils wurde es an die Gemeinde veräußert. Einfach weiter geradeaus erreichen Sie schlussendlich erneut das Active Living Center und damit Ihren Parkplatz.

Ein Stück weiter im Zentrum des Ortes befindet sich zwischen Market Street und Crane Street die schöne, überdachte **Markthalle** mit über 40 Ständen. Sie ist genauso einen Blick wert wie das unweit davon an der Park Road gelegene **Torfaen Museum**. Es beherbergt über 15.000 Schaustücke zur Geschichte des hiesigen Torfaen-Tales, von der Prähistorie über die Römerzeit bis zu einer Sammlung zum Thema Industrielle Revolution. Ein recht hübscher Tea Room und Parkplätze sind vorhanden *(N 51°42'14" W 3°02'24", Park Rd., NP4 6JH, Mi. 10.00–16.00 Uhr, Sa. 13.00–16.00 Uhr, Eintritt frei, mehr unter www.torfaenmuseum.org.uk)*. Weitere empfehlenswerte Gastronomie befindet sich südlich mit dem ***Unicorn Inn*** *(Albion Road NP4 6LE)* und entlang der weiterführenden Route etwas weiter nördlich *das* ***Little Crown Inn*** *(Elled Road NP4 6DR)*.

Big Pit National Coal Museum

008 Pontypool – *Tirpentwys Nature Reserve*

GPS: N 51°41'49" W 3°04'45", Pantygasseg Road, NP4 6UE. **Max. WOMOs**: 2 – 3. **Ausstattung**: Keine Einrichtungen. **Beschreibung**: Getrennt von der Straße gelegene Asphaltfläche. Eben, kein Schatten, meist ruhig, aber nachts manchmal von Jugendlichen frequentiert. **Zufahrt**: In Pontypool links nach Pantygasseg abbiegen. Nach rund 2,3 km rechts.

Blaenavon *(6.000 Einwohner)*
Die A4043 führt Sie nun nordwärts weiter, direkt ins Herz der ehemaligen Bergarbeiter-Hochburg Blaenavon hinein. Der Ort und seine Industrieanlagen wurden schon vor einiger Zeit dem UNESCO Weltkulturerbe zugerechnet. Zu sehen gibt es Einiges. Um sich einen Überblick zu verschaffen, sollten Sie zuerst einen Halt am **World Heritage Center** machen. Es werden Filme und eine Multimediashow gezeigt, außerdem werden Sie mit vielfältigem Infomaterial versorgt *(Church Road, NP4 9AE, Di. – So. 10.00 – 17.00 Uhr, Okt. – März nur bis 16.00 Uhr, Eintritt frei, www.visitblaenavon.co.uk)*. Leider gibt es gegenüber nur einen recht kleinen Parkplatz, daher nehmen Sie besser den im Ort zwischen Broad- und Lower Hill Street *(N 51°46'22" W 3°05'02")*. Die High Street, gleich parallel dazu im Westen, ist die Hauptstraße und gilt als besterhaltenes Beispiel einer typischen, frühen Eisenstadt in Wales.

Auch noch in Laufweite, aber gegebenenfalls mit einem eigenen Parkplatz ausgestattet, liegt das Eisenwerk **Blaenavon Ironworks**, nur ein paar hundert Meter vom Heritage Center entfernt. Es ist eine der wenigen intakten Anlagen des 18 Jahrhunderts und Sinnbild der industriellen Revolution. Sie können mit Hilfe von Kunstwerken, audiovisueller Führung und einer Ausstellung in seine Geschichte eintauchen und die renovierten Hütten am Stack Square besichtigen, um zu erleben, wie Generationen von

Eisenarbeitern lebten *(parken um die Ecke, Kennard Place, N 51°46'33" W 3°05'27", Eingang North Street, NP4 9RN, Apr – Okt. 10.00 – 17.00 Uhr, sonst nur Fr. / Sa. 9.30 – 16.00 Uhr und So ab 11.00 Uhr, Eintritt frei).* Direkt neben dem Eisenwerk haben Sie dann noch die Gelegenheit in der **Rhymney Brewery** die Brau-Geschichte und den heutigen Produktionsprozess des preisgekrönten Bieres aus Blaenavon nachzuvollziehen *(meist 12.00 – 17.30 Uhr, 4 £, www.rhymneybreweryltd.com).*

Ein kleines Stück außerhalb aber durch großflächige Beschilderung gut zu finden, liegt das **Big Pit National Coal Museum**, die Große Mine. Mehr als 1300 Menschen arbeiteten dort in der Hochzeit, meist unter Tage. Heute können Sie die gut gemachte, interaktive Ausstellung erleben und sich von einem echten Minenarbeiter durch die unterirdische Grube führen lassen *(9.30 – 17.00 Uhr, letzte Grubentour 15.30 Uhr, Dez. / Jan. teils abweichende Zeiten, Eintritt frei, parken 4 £, www.museum.wales/pigpit).*

Einen landschaftlich schönen, kleinen Rundweg bietet dann noch der **Keeper`s Pond** nur wenig außerhalb mit Parkplatz an der B4246 *(N 51°47'24" W 3°04'58").* Ein Pub mit angeschlossenem Campingplatz finden Sie am Ortsende bei der Weiterfahrt Richtung **Brynmawr**, auch der Bahnhof der hiesigen Dampfeisenbahn **Pontypool and Blaenavon Heritage Railway** liegt dort *(www.pontypool-and-blaenavon.co.uk).*

Je nachdem welche Art von Stellplatz Sie bevorzugen, befinden sich auch noch zwei weitere Übernachtungsgelegenheiten ganz in der Nähe, ein besser ausgestatteter Campingplatz und ein versteckter Parkplatz an einem See.

009 Blaenavon – *Whistle Inn*

GPS/Kontakt: N 51°47'11" W 3°07'03", Whistle Road, NP4 9SJ, Tel. 01495 79 23 68. **Max. WOMOs**: 34. **Beschreibung**: Toilette / Dusche, Mülleimer. **Ausstattung**: Campingwiese, die zuletzt mit richtigen Schotterbuchten ausgestattet wurde und möglicherweise noch weiter ausgebaut wird, direkt neben einem Pub, klappstuhlgeeignet, kein Schatten, recht eben, ruhig. Daneben befindet sich ein Naturschutzgebiet an den Garn Lakes, 3,3 km bis in den Ort. **Preis**: 10 £. **Zufahrt**: Ab Blaenavon auf der Garn Road, B4248, nordwestlich Richtung Brynmawr fahren. Nach rund 2 km links ab angeschrieben.

010 Tredegar – *Parc Bryn Bach*

GPS/Kontakt: N 51°47'04" W 3°16'08", Merthyr Road, NP22 3AY, Tel. 01495 35 59 20, www.parcbrynbach.co.uk. **Öffnungszeiten**: Ganzjährig. **Ausstattung**: Wifi, Café, sonst campingplatzübliche Ausstattung, aber umständliche Grauwasserentsorgung. **Beschreibung**: Der kleine Platz ist Teil eines Naherholungsgebietes samt See an dem eine ganze Reihe an Freizeitaktivitäten angeboten werden, recht schöne, grüne Lage, kaum Schatten, Schotterparkflächen, ruhig, rund 1,6 km in den Ort. **Preis**: 30 £. **Zufahrt**: Ab Brynmawr erst über die A4281 und die A465 in Richtung Merthyr Tydfil fahren. Bei erster Gelegenheit Richtung Tredegar abfahren und dann am nächsten Kreisverkehr beschildert zum Bryn Bach Park.

011 Georgetown – *St. James Pond*

GPS: N 51°45'51" W 3°13'32", St. James Park, NP22 4NH. **Max. WOMOs**: 1-2. **Ausstattung**: Mülleimer, sonst keine Einrichtungen. **Beschreibung**: Recht schöne Lage an einem kleinen See oberhalb von Georgetown, Spazierweg ringsum, teils schattig, eben auf Asphalt, nachts meist still, allerdings manchmal unruhig durch Jugendliche, Ortszentrum etwa 2 km. **Zufahrt**: Wie zum Parc Bryn Bach, allerdings am Kreisverkehr weiter in Richtung Tredegar und Blackwood fahren, dann später links ab nach Georgetown. Gleich wieder links ab in die Poplar Road und bergauf. Nach knapp 600 m ist links ab der See angeschrieben. Ab hier ziemlich steile und schmale Zufahrt auf den letzten 500 m.

Ebbw Vale *(18.500 Einwohner)*

Wer nicht auf der Suche nach einem Nachtplatz war, fährt schon vorher Richtung Ebbw Vale nach Süden ab. Das Städtchen selbst ist recht unauffällig, im südlichen Ortsteil **Cwm** können Sie aber das Naturschutzgebiet **Silent Valley** besuchen. Es bietet einen kurzweiligen Rundweg, zuerst über Bohlen, dann quer durch den Wald über feucht-sumpfige Wasserläufe und zu verwunschenem Auenland. Besonders schön ist das im Frühling, wenn Weißdorn und Holzapfel hell leuchtend blühen. Doch auch in den restlichen Sommermonaten lassen sich interessante Blumen wie Knabenkraut und Sumpfwurz entdecken, sowie leuchtende Teppiche aus lila Heide im Spätsommer. Am kleinen Parkplatz können Sie über Nacht bleiben, allerdings ist der Weg dorthin etwas steil und durch parkende Autos zeitweise stark verengt. Am besten wählen Sie die Zufahrt durch die Cendl Terrace und prüfen sie zunächst, um am Ende keine böse Überraschung zu erleben oder bleiben gleich am unteren Ende stehen.

012 **N 51°44'47" W 3°10'45",** Gwarchodfa Reserve

Ystrad Mynach *(19.000 Einwohner)*
Bei **Newbridge** zweigen Sie rechts auf die A472 ab und sind bald darauf in Ystrad Mynach. Ein beliebtes Ausflugsziel bietet der am nordwestlichen Rand gelegene **Parc Penallta**. Zuvor keine nähere Erwähnung wert, da es sich nur um ein banales Naherholungsgebiet handelte, hat man vor einigen Jahren die größte Bodenskulptur Großbritanniens geschaffen. *Sultan* ist ein 200 Meter langes und 15 Meter hohes Pferd, dass sich weit aus dem Erdboden nach oben wölbt. Um es überhaupt richtig wahrnehmen zu können, wurde extra eine Aussichtsplattform rund 600 Meter entfernt errichtet. Die Wege zu Pferd und Observatorium sind gut vom Parkplatz aus markiert, auch Picknickbänke sind vorhanden. Wenn Sie sich diesen Blick gönnen möchten, finden Sie die Zufahrt in der Penallta Road *(N 51°39'10" W 3°14'44")*.

Geschichte leibhaftig erleben können Sie keine zwei Kilometer weiter im **Llancaiach Fawr Manor** in **Nelson**. In dem alten Anwesen reisen Besucher ins Jahr 1645 und beobachten in traditionelle Kostüme gehüllte Hausangestellte bei ihrem für ein walisisches Landhaus typischen Verrichtungen und Alltagsarbeiten. Im Sommer weitet sich die Aktivitätsfläche bis in den Garten aus, im Winterhalbjahr finden abendliche Geisterführungen statt. Natürlich handelt es sich um echte Gespenster, die hier ihr Unwesen treiben, wird man Ihnen versichern *(N 51°39'44" W 3°16'58", Gelligaer Road, CF46 6ER, meist Di.–So. 10.00–17.00 Uhr, 8,50 £, www.llancaiachfawr.co.uk)*.

Nachtparkplatz 012

Am Weg nach Caerphilly lohnt ein Abstecher von **Pontypridd** zum **Rhondda Heritage Park**, vor allem dann, wenn Sie die Minen von Blaenavon ausgelassen haben. Auch im Rhondda-Tal gab es eine große Erzgrube und auch hier wurde eine interessante unterirdische Erlebnistour kreiert. Eine Führung dauert rund 45 Minuten und bringt Sie weit hinab in die Erde – nachdem Sie im Lamp-Room vorab mit Helmen und Lampen ausgestattet wurden. Kinder können sich danach am Spielplatz vergnügen, Sie dem Café einen Besuch abstatten *(N 51°36'37" W 3°23'11", Coed Cae Road, CF37 2NP, Di.–Sa. 9.00–16.30 Uhr, 9.95 £, www.rctcbc.gov.uk)*.

Caerphilly *(41.500 Einwohner)*
Die Stadt Caerphilly ist Hauptort des gleichnamigen Verwaltungsbezirks und gruppiert sich um die größte Burganlage von

TOUR 1

Pub-Stellplatz 013

ganz Wales. Bevor Sie im Zentrum ankommen, können Sie noch eine Übernachtung am großen Parkplatz des ***Pontygwyndy Inn*** ins Auge fassen. Nachfragen und Einkehren ist dabei wie immer obligatorisch:

013 **N 51°35'14" W 3°13'21"**, Pontygwindy Road, CF83 3HR, Tel. 02920 88 43 21.

Gute Parkplätze für einen Stadtbummel und natürlich eine Burgbesichtung finden Sie ansonsten in der Brynnau Road *(N 51°34'38" W 3°12'56")* oder, etwas weniger belebt, in der Crescent Road *(N 51°34'27" W 3°13'27")*, jeweils kostenpflichtig. Nur wenige Meter Fußmarsch bis zum unübersehbaren **Caerphilly Castle** sind es von dort. Die Anlage wurde zwischen 1268 und 1271 von Gilbert »dem Roten« de Clare errichtet, um dem vorrückenden Waliser Fürsten Llewellyn ap Gruffudd Einhalt zu gebieten. Von doppelten Ringmauern und einem Wassergraben umgeben, spiegelt die Burg die normannische Herkunft ihres Gründers wider. Gänzlich eingenommen konnte sie auch niemals werden, jedoch hinterließen einst Oliver Cromwells angreifende Truppen eine bemerkenswerte Narbe: sie zerstörten den südlichen Außenturm teilweise – seit dem Angriff 1648 neigt er sich Jahr für Jahr ein winziges Stück weiter, inzwischen schon über drei Meter. Caerphillys schiefer Turm wird von der Statue des vierten Marquess von Bute gestützt, in Erinnerung an seine Restaurationsbemühungen. Er ist sogar schiefer als das berühmte Pendant in Pisa. An Einrichtung ist so gut wie nichts mehr zu sehen, immerhin ein Apartment

Caerphillys schiefer Turm ist sogar schiefer als das berühmte Pendant in Pisa.

Caerphilly Castle

im Stil des 13. Jahrhunderts ist noch entsprechend ausgestattet, aber es trotzdem macht Spaß, durch die alten Gemäuer zu streifen *(März – Okt. 9,30 – 17.00 Uhr, Jul. / Aug. bis 18.00 Uhr, sonst bis 16.00 Uhr, 10,60 £, CADW Members frei, www.cadw.gov.wales)*.

Neben seiner Burg ist die Stadt vor allem für den gleichnamigen Käse bekannt. Sie finden ihn in fast jedem Supermarkt. Vielleicht kommt Ihnen aber auch ein schönes Stück in der kleinen Fußgängerzone unter, die sich schräg gegenüber des Burgeingangs nach Westen streckt. Wenn Sie nette Lokale suchen, werden Sie am ehesten südlich der Burg rund um die Cardiff Road fündig, zum Beispiel im ***Court House*** oder ***Malcolm Uphill*** *(beide Cardiff Road)*.

Sie kommen nun langsam der walisischen Hauptstadt immer näher. Ab Caerphilly wählen Sie zwischen verschiedenen Wegen: Östlich, beziehungsweise südlich warten noch eine ganze Reihe an einfachen, dafür freien Stellplätzen auf Sie. Südwestlich dagegen können Sie vorab noch eine weitere Burg und das große Freilichtmuseum St. Fagans besuchen.

014 Rudry

GPS: N 51°34'16" W 3°10'49", Van Road. **Max. WOMOs**: 2 – 3. **Ausstattung**: Mülltonnen, sonst keine Einrichtungen. **Beschreibung**: Durch Büsche gut von der Straße getrennter Asphaltparkplatz, schöner Blick, teils Schatten, eben, meist ruhig, manchmal nachts von Jugendlichen frequentiert, 3,5 km nach Caerphilly. **Zufahrt**: An der Südostseite des Castles Richtung Bahnhof fahren und dann auf der Van Road immer stadtauswärts. Nach rund 3,5 km erreichen Sie den nicht weiter markierten Platz auf der linken Seite. **Hinweis**: Nur knapp 3 km weiter erreichen Sie bei N 51°34'22" W 3°08'52" einen weiteren möglichen Stellplatz linksseitig. Er ist allerdings etwas schräg abfallend (Klötze erforderlich) und einsichtiger, bietet dafür Picknickbänke. Eine dritte Übernachtungsgelegenheit folgt bei N 51°33'42" W 3°09'11" auf einem Waldparkplatz in der Nähe mit Mülleimer, und Spaziermöglichkeiten.

015 Thornhill

GPS: N 51°32'28" W 3°13'22", Wenallt Road. **Max. WOMOs**: 2 – 3. **Ausstattung**: Mülleimer, Picknicktische, sonst keine Einrichtungen. **Beschreibung**: Wander- und Picknickplatz am Waldrand. Schöne Lage, recht eben, schattig, nachts ruhig aber teils bis spät abends belebt, 7 km bis Cardiff. **Zufahrt**: In Caerphilly fahren Sie

TOUR 1

westwärts zurück bis zum großen Kreisverkehr den Sie, gleich links ab, auf der A469 in Richtung Mountain Mynydd verlassen. Nach gut 4 km nehmen Sie die kleine Straße rechts ab, gegenüber des Travellers Inn. **Hinweis**: Die Zufahrtsstraße ist schmal, eingewachsen und voller tief hängender Bäume. Daher eher für kleinere Womos bis etwa 6 m Länge und weniger als 2,80 m Höhe zu empfehlen.

Castell Coch

Das **Castell Coch** ist über die große Cardiff-Einfallstraße A470 zu erreichen und dort, links ab, nach **Tongwynlais** ausgeschildert. Die Zufahrt durch das Anwesen zum Parkplatz hinauf wirkt abenteuerlich steil, ist mit einigermaßen kompakten Womos aber ohne Weiteres zu bewältigen. Auch wenn es auf den Grundmauern einer alten Burg errichtet wurde, gehört es zu den neueren Bauwerken von Wales. Erst 1875 ließ es der durch Industriebetriebe reich gewordene Dritte Marquee von Bute als persönliches Märchenschloss nach den Plänen von William Burges, eines exzentrischen, vom Mittelalter faszinierten Architekten erbauen. Im Inneren besticht es durch die reichhaltige Ausstattung und die vielen skurrilen Details wie Tierornamente, Glasmalereien und ein nur zu Dekorationszwecken erbautes, aber funktionierendes Fallgitter *(Einfahrt zum Parkplatz in der Castle Road bei N 51°32'12" W 3°14'58", CF15 7JS, Feb. 10.00 – 16.00 Uhr, Mär. – Okt. 9.30 – 17.00 Uhr, Jul. / Aug. bis 18.00 Uhr, 8,70£, CADW Members frei, www.cadw.gov.wales)*. Sie können einen Besuch des Castell Coch auch mit einer Wanderung durch den Fawr-Wald kombinieren. Dazu fahren Sie zunächst an der Burg vorbei und die Straße Heol-y-Forest bis zum Forest Fawr Car Park mit Picknickbänken hinauf *(N 51°32'51" W 3°14'21")*. Entlang des beschilderten Weges befindet sich ein nettes, verstecktes Cafe.

Noch ein Stück weiter südwestlich und schon von Weitem gut beschildert, erwartet das **St. Fagans Museum of Welsh Life**, ein großes Freilichtmuseum, Besucher. Mehr als 40 historische Gebäude aus dem ganzen Land wurden transloziert, um möglichst naturgetreu zu zeigen, wie das Leben in Wales einst aussah. Darunter sind uralte Farmhäuser, mittelalterliche Kirchen, eine viktorianische Schule, Kramerläden und eine Reihenhaussiedlung, anschaulich Haus für Haus im Wandel der Zeit gestaltet. Auch

St. Fagans Museum of Welsh Life

Handwerksvorführungen finden vor allem an den Wochenenden statt, es gibt Farmtiere zu sehen, mehrere gastronomische Betriebe und stetig wechselnde Veranstaltungen. Im Eingangsgebäude werden verschiedene Ausstellungen präsentiert. Parkplätze finden Sie direkt vor dem Haupteingang *(N 51°29'09" W 3°16'26", St Fagans, CF5 6XB, 10.00 – 17.00 Uhr, Eintritt frei, parken 5 £, www.museum.wales/stfagans)*.

Cardiff *(363.000 Einwohner)*
Wenn Sie die lebendige Stadt Cardiff besuchen möchten, halten Sie zuerst nach einem geeigneten Parkplatz in Zentrumsnähe Ausschau. Empfehlenswert sind die Parkflächen am Bute Park, entweder gleich in den **Sophia Gardens** oder am Parkplatz weiter nördlich. Beide sind kostenpflichtig und für eine schnelle, unkomplizierte Übernachtung nutzbar. Nur bei Veranstaltungen einem der benachbarten Sportstadien sind sie für Wohnmobile gesperrt, eine Ausweichmöglichkeit bietet dann der große Parkplatz am Fußballstadion, etwas weiter außerhalb oder der nahe dem Mermaid Quay, auch diese kommen für eine Übernachtung in Frage:

016 Cardiff – *Sophia Gardens*

GPS: N 51°29'10" W 3°11'28" neben dem Stadion oder bei N 51°28'59" W 3°11'21" südlich davon, Sophia Close, CF11 9XR. **Max. WOMOs**: 5–6. **Ausstattung**: Keine Einrichtungen. **Beschreibung**: Asphaltierte Flächen nahe dem Cricket Stadion in zentraler Lage, nur wenige hundert Meter in die Stadtmitte neben einer Parkanlage. Eben, teils schattig, nachts relativ ruhig. **Preis**: 20 £. **Zufahrt**: Vom Castell Coch kommend der A470 in Richtung Zentrum folgen, am Ende rechts in die Castle Street halten, nach der Brücke bei erster Gelegenheit rechts und knapp 400 m weiter erneut rechts fahren.

TOUR 1

P **N 51°29'27" W 3°12'08"**, Fields Park Road, CF11 9JP, Alternative etwas weiter nördlich der Sophia Gardens an den Llandaff Fields.

P **N 51°27'39" W 3°09'37"**, Porth Teigr Way, CF10 4PA, alternativer Parkplatz nahe dem Mermaid Quay in Ufernähe.

P **N 51°28'26" W 3°12'07"**, Sloper Road, CF11 8AB, alternativer Parkplatz am City Stadium, etwas weiter außerhalb, aber mit Busverbindung ins Zentrum.

017 Cardiff – *Cardiff Caravan and Camping Park*

GPS/Kontakt: N 51°29'22" W 3°11'51", Pontcanna Fields, CF11 9XR, Tel. 02920 39 38 62, www.cardiffcaravanpark.co.uk.
Öffnungszeiten: Ganzjährig. **Ausstattung**: Teils WiFi, Waschmaschine / Trockner, Fahrradvermietung. **Beschreibung**: Kleinerer, relativ ruhig am Rand des Stadtparks gelegener Platz, sehr zentrumsnah, teils schattig, ebene Asphalt- und Schotterflächen, rund 1,2 km bis in die Stadtmitte. **Preis**: 30 – 40 £. **Zufahrt**: Von St. Fagans kommend fahren Sie auf der St. Fagans Road und später auf der Pencisely- und Penhill Road immer stadteinwärts geradeaus. Nachdem die Straße Cathedral Road heißt, können Sie links beschildert zum Campingplatz abbiegen.

Unterwegs in Cardiff

Die 360.000 Einwohner-Stadt Cardiff ist eine recht junge Metropole. Auch wenn die Besiedlung der Gegend schon auf einen um 1093 errichteten Bergfried zurück geht, erlangte das sich stetig, aber sehr langsam entwickelnde Fischerdorf erst 1905 Stadtrecht. Danach besaß es zeitweise einen der größten Häfen der Welt. 1955 wurde es zur Hauptstadt von Wales ernannt und ist heute Sitz der walisischen Nationalversammlung. Die moderne Stadt bietet neben vielen Einkaufsmöglichkeiten ein reichhaltiges kulturelles und gastronomisches Leben und ist unbedingt einen Besuch wert.
Unsere Tourbeschreibung für einen oder mehrere spannende Tage in

Cardiff Castle

Cardiff startet am Parkplatz und Campingplatz nordwestlich des **Bute Parks**. Hinter den Parkflächen überqueren Sie zunächst die Fußgängerbrücke, die den Taff-Fluss quert und gehen danach rechts. Im Sommer üppig bepflanzt, präsentiert sich der erste Eindruck der Stadt dann satt bunt und ganz entspannt. Wegweiser nach links weisen zum **National Museum**, dass sie von hier gut zu Fuß erreichen können. Die große, sehenswerte Ausstellung umfasst mehrere Abteilungen. Die drei großen thematischen Bereiche sind das Kunstmuseum mit Werken bekannter Künstler wie Van Gough, Monet und Picasso, die naturhistorische Sammlung, mit vielen vollständigen Skeletten ganzer Saurier und Wale sowie ein Forscherzentrum nicht nur für kleine Besucher, in dem Sie selbst Hand anlegen können. Dazu kommen regelmäßige Wechselschauen *(Cathays Park, CF10 3NP, Di. – So., 10.00 – 17.00 Uhr, Eintritt frei, www.museum.wales)*.

Fußgängerzone Queen Street

Kurz vor dem Ende des Parks können Sie rechts außerdem zum Flussufer gehen. Dort legen zwischen 10.00 und 17.00 Uhr stündlich **Boote** ab, die Sie, alternativ zum Bus, zur Cardiff Bay bringen *(einfache Fahrt 7£)*.

Arkaden in Cardiff

An der **Castle Street** halten Sie sich entlang der bekannten, mit allerlei Tieren verzierten **Animal Wall** nach links zum **Cardiff Castle**. Die Anlage war einst ein römisches Kastell, später eine normannische Festung und später ein viktorianischer Fantasiepalast eines der reichsten Männer der Welt. Bei einem Besuch können daher sowohl Überreste römischer Mauern, versteckte Plätze aus dem Mittelalter als auch opulent ausgestattete Räume des 18 Jahrhunderts besichtigt werden. Wie schon im Castell Coch zeichnete William Burges als Baumeister im Auftrag des Dritten Marquees von Bute für den Bau in heutiger Form verantwortlich. Auf eigene Faust und mit Hilfe von Audioführern können Sie Ihre eigene Tour gestalten, etwa durch den arabischen Raum, die Banquetthalle, Bibliothek und zur alten normannischen Trutzburg am Hügel. Auch das Soldatenuseum **Cardiff Castle Museum of the Welsh Soldier** ist Teil der Anlage *(Castle Street, CF10 3RB, 10.00 – 18.00 Uhr, Sa. / So. ab 9.00 Uhr, Nov. – Feb nur bis 17.00 Uhr, 14,50 £, www.cardiffcastle.com)*.

Principality Stadion in Zentrum, unten: Uferkomplex Mermaid Quay

Direkt vor dem Eingang zur Burganlage befindet sich die Haltestelle des **Hop On/Hop Off-Sightseeing Busses**. Er bringt Sie quer durch die Stadt und hält sowohl am National Museum als auch mehrfach in der Cardiff Bay. Mit Kauf des Tickets erhalten Sie außerdem diverse Nachlässe auf Eintrittspreise *(Nov. – Mär. 10.00 – 15.30 Uhr, Mitte Jul. / Aug. bis 17.00 Uhr, sonst bis 16.30 Uhr, jeweils halbstündlich, 24h gültige Tickets, 19.98£, Audioguides auch auf deutsch, zuletzt allerdings vorübergehend außer Betrieb, Fahrten sollen aber wieder aufgenommen werden)*.

Gegenüber der Burg beginnt die riesige **Fußgängerzone** mit Dutzenden Geschäften und dem **Shopping-Komplex St. David`s**. Westlich wird sie vom **Principality Stadium** begrenzt, dem bekannten Rugbystadion der Stadt *(Führungen für Interessierte außer an Spieltagen täglich zwischen 10.00 – 17.00 Uhr, 16.50 £, www.principalitystadium.wales)*. Im Süden reicht sie bis zum Hauptbahnhof und der **Bute Terrace** und im Osten breitet sie sich bis zur **Station Terrace** aus. Tauchen Sie am besten einfach ein und lassen Sie sich treiben, jede Menge Shops befinden sich in der integrierten Mall, den Straßen und Arkaden. Dazu eine ganze Reihe Cafés und Restaurants. Empfehlenswert sind unter anderen ***The Potted Pig*** *(27, High Street)* und der

Millennium Centre Cardiff

Sandwichladen ***New York Deli*** *(19 High Street Arcade)*, im Westen das ***Cardiff Cottage*** *(25, St. Mary Street)*, **Bills Restaurant** *(27 Wyndham Arcade)* oder die ***Uncommon Ground Kaffeerösterei*** *(10 Royal Arcade)* im Süden sowie der Fast Food Laden **Grazing Shed** *(1, Barrack Lane)* und die ***Little Man Coffee Company*** *(Bridge Street)* im Osten.

Einen Besuch lohnt auch die **Markthalle** in der Working Street, dort erhalten Sie unter anderem die größte Auswahl an Welsh Cake Variationen, die traditionellen Waliser Plätzchen mit Suchtpotential. Schräg gegenüber finden Sie in der Alten Bücherei *Old Library* die **Touristeninformationsstelle** und die kostenlose Ausstellung **Cardiff Story**. Sie macht interaktiv mit der Geschichte der Stadt vertraut *(The Hayes, CF10 1BH, 10.00–16.00 Uhr, www.cardiffstory.com)*.

Bevor oder nachdem Sie ausgiebig durch die Straßen und Gassen des Zentrums gebummelt sind, sollten Sie, per Bus oder Boot, einen Abstecher zur **Cardiff Bay** unternehmen. Ein Großteil der Bebauung an der Uferfront ist erst in den letzten Jahren entstanden und wirkt entsprechend modern. Allen voran der beeindruckende, etwas zurückversetzte Bau des **Millennium Centres** mit der riesigen goldenen Schrift auf der Fassade. Im Inneren befindet sich ein Theater und Galerien, außerdem eine weitere **Touristenformationsstelle**. Direkt davor am Wasser steht das **Pierhead-Haus**. Der rote Backsteinbau war einst der Sitz der walisischen Nationalversammlung, 2005 ist diese jedoch in das moderne, viel größere Gebäude **Y Senedd** gleich schräg dahinter umgezogen.

Gehen Sie entlang des **Harbour Drives** weiter nach Süden, erreichen Sie zunächst die kleine **Norwegische Kirche**, eines der Wahrzeichen von Wales. Sie zeigt regelmäßig wechselnde Ausstellungen.

Wenn Sie sich vom Millennium Center aus gesehen nach Norden orientieren, erreichen Sie den **Red Dragon Center**. Darin befindet sich ein großes Kino, Bars, Cafes, Restaurants und eine Bowling Bahn.

Gen Westen streifen Sie zunächst den **Roald-Dahl-Square**, an dem im Sommer der **Cardiff Beach**, ein Jahrmarkt mit aufgeschütteter Sandfläche, abgehalten wird. Dahinter befindet sich der **Mermaid Quay** mit weiterer Gastronomie und einigen Geschäften. Noch ein Stück weiter westlich finden Sie schließlich das wissenschaftliche Erlebniszentrum **Techniquest**. samt Planetarium und Science-Theater, nicht nur, aber vor allem auf Kinder und

TOUR 1

Jugendliche ausgerichtet *(Stuart Street CF10 5BW, meist Di. – Fr. 9.30 – 16.30 Uhr, Sa./So./Ft .10.00 – 17.00 Uhr, im Winter Mi./Do. 14.00 – 17.00 Uhr und Fr. – So. 10.00 – 17.00 Uhr, £ 11.80, www.techniquest.org).*

Zur Weiterfahrt halten Sie sich in Richtung Südwesten auf die Cardiffer Nachbargemeinden **Penarth** und **Sully** zu, die Sie über die B4267 erreichen. Dazwischen liegt der **Cosmeston Lakes Country Park**. Er besteht hauptsächlich aus zwei großen Seen und dem umgebenden Marsch- und Grasland. Eine ganze Reihe von Spazierwegen durchziehen das Areal, am hinteren Ende des östlichen Sees wurde außerdem ein Bereich zum Grillen freigegeben, daneben gibt es einen Spielplatz. Größte Besonderheit des Parks ist aber zweifellos das Mittelalterdorf südwestlich des Parkplatzes. Anstelle einer einst tatsächlich existierenden Siedlung wurde das Dorf entsprechend dem Jahr 1350 neu erbaut und Besuchern zugänglich gemacht. Die verschiedenen Häuser werden zu bestimmten Zeiten von passend gekleideten Freiwilligen bevölkert, die das historische Erleben noch echter gestalten *(N 51°25'00" W 3°10'51", Lavernock Road, CF64 5UY, Apr. – Sep. 10.00– 17.00 Uhr, sonst bis 16.00 Uhr, kostenfrei, Führungen 8 £, Zeiten unter Tel. 029 20 70 16 78, deutschsprachige Audioguides erhältlich, 6 £).*

Barry *(51.500 Einwohner)*
Einen ersten recht schönen, feinsandigen Strand finden Sie ein paar Kilometer weiter im großen Urlaubsort Barry. Das leicht verlotterte Hafenareal zuvor, ein ganzjährig stattfindender Jahrmarkt hinter der Whitmore Bay und die vielen Tagesbesucher und Urlauber mögen zunächst abschrecken, doch für einen Tag am Meer ist der Ort durchaus einen Besuch wert. Der große Barry Island Tagesparkplatz, gleich oberhalb in der **Station Approach Road** hinter der Kirmes, ist selbst im Hochsommer nur selten voll besetzt und auch nachts nutzbar. Wenn Ihnen mehr nach einer

Hauptstrand von Barry

etwas ruhigeren Strandalternative ist, können Sie zu Fuß ab hier die kleinere **Jackson Bay** über einen Fußweg am hinteren Ende des Parkplatzes zur Promenade hin und von dort um die Landzunge herum nach Osten erreichen.

018 Barry – *Barry Island*

GPS: N 51°23'27" W 3°16'13", Friars Road, CF62 5DA. **Max. WOMOs**: 7 – 8. **Ausstattung**: Keine Einrichtungen. **Beschreibung**: Teils ebene, teils etwas schräge Asphalt- und Schotterfläche am hinteren Ende von Barry Island. Kein Schatten, tags sehr belebt, nachts ruhig, teils schöne Sicht, einige Teile sind mit Höhenbarrieren beschränkt, andere nicht. **Preis**: 6.50 £ / Tag, nachts frei. **Zufahrt**: Der Beschilderung nach Barry Island folgen, dann am hintersten Ende der Zufahrtsstraße am Kreisverkehr links ab. **Hinweis**: Das Zugangstor wird zwischen 19.30 und 21.30 Uhr geschlossen, die Ausfahrt ist dann weiterhin möglich. In der Regel wird das reine Übernachten geduldet, jedoch wurden auch schon Camper des Platzes verwiesen.

019 Rhoose – *Fontygary Leisure Park*

GPS/Kontakt: N 51°23'11" W 3°21'52", Fontygary Road, CF62 3ZT, Tel. 01446 71 03 86, www.fontygaryparks.co.uk. **Öffnungszeiten**: März – Nov. **Ausstattung**: WiFi, Waschmaschine / Trockner, Restaurant / Café, Unterhaltungsprogramm am Wochenende, Pool, Bowling und Minigolf gegen Aufpreis. **Beschreibung**: Ebene, schattenlose Rasenstellflächen als Teil eines größeren Freizeitparks mit Mobilheimen. Direkt am langen Kieselstrand, Ortsmitte etwa 1000 m entfernt, recht ruhig, etwas Fluglärm durch den nahen Airport. **Preis**: 18 – 36 £. **Zufahrt**: Nach Barry und dem Flughafen Cardiff von der B4226 links in Richtung Highwayman Inn abfahren, immer geradeaus, an der Kreuzung am Ende die Straße schräg vorne durch die Unterführung nehmen *(max. 3,70 m Höhe)*.

Dyffryn *(1.500 Einwohner)*
Ein schöner Schlenker ins Landesinnere, das *Vale of Glamorgan*, führt Sie zu den tollen **Dyffryn Gardens and House**, rund 25 Kilometer entfernt. Die Anlage wurde zu Beginn des 20. Jahrhunderts nach den Vorstellungen des damaligen Hausherrn Reginald Cory errichtet. Das Haus selbst fungiert dabei als eine Art Galerie, um die umliegenden Gärten in Ruhe betrachten zu können und repräsentiert die Familiengeschichte der Corys. Während Sie durch die Gärten streifen, werden Sie intime, für sich geschlossene Einheiten zu verschiedenen Themen entdecken, die formell

Dyffryn Gardens and House, unten: Tinkinswood Burial Chamber

angelegten, großen Wiesen, ein riesiges Arboretum und einen Küchengarten samt Glashaus dahinter, in dem Kakteen und Orchideen gedeihen *(N 51°26'51" W 3°18'07", Dyffryn Lane, St. Nicholas, CF5 6SU, Gärten ganzjährig 10.00–16.00 / 18.00 Uhr, Haus Nov.–Jan. nur Sa. / So. 12.00–15.00 Uhr, sonst Do.–So. 12.00–16.00 Uhr bzw. Mär.–Sep. täglich, 12,10 £, National Trust Members frei, www.nationaltrust.org.uk).*

Nur 700 Meter nördlich der Einfahrt des Dyffryn Anwesens befindet sich links der Straße ein kleiner Parkplatz. Ein rund 400 Meter langer Fußweg durch die Felder führt Sie ab dort zur **Tinkinswood Burial Chamber**. Die vor über 6000 Jahren erbaute neolithische Grabstätte enthielt die sterblichen Überreste von mehr als 50 Personen. Der 40 Tonnen schwere Deckstein ist einer der größten Großbritanniens und stammt aus dem mit »The Quarry« bezeichneten Dickicht links des Zugangsweges, in dem auch Werkzeuge aus dieser Zeit gefunden wurden. Der heutige Zustand ähnelt dem ursprünglichen kaum noch: Die Steine waren in unversehrtem Zustand mit Erde und einem Grashügel bedeckt. Ein paar schauerliche Sagen ranken sich um diesen Ort: So soll jeder, der die Nacht vor dem Maifeiertag St. John`s Day am 23. Juni oder in der Mittwinternacht an diesem Ort schläft, sterben, wahnsinnig – oder mit mehr Glück ein großer Poet werden *(N 51°27'11" W 3°18'17", frei zugänglich, CADW).*

Llantwit Major *(11.000 Einwohner)*
Zurück am Meer folgen eine ganze Reihe Abfahrten zu schönen,

ufernahen Bade-, Wander- und Stellplätzen. Der erste ist der **Cwm Col-huw Strand** bei Llantwit Major *(Parkplatz bei N 51°23'48" W 3°30'00", CF61 1YX)*. Sie erreichen ihn über eine schmale Zufahrtsstraße südlich der Ortschaft. Nur bei Ebbe zeigt sich ein vorgelagerter, kleiner Sandabschnitt, ansonsten dominieren wild geriffelte Felsformationen vor den geschichteten Klippen. Besonders schön sieht das bei tief stehender Sonne aus, wenn Licht und Schatten die Bucht dramatisch in Szene setzen. Das dahinter liegende Grasland und die westlichen Felsen sind als Naturschutzgebiet ausgeschildert und mit Spazierwegen versehen. Ein paar hundert Meter nach Westen gelangen Sie zu einer weiteren schönen Bucht, der **Tresilian Bay**. Auf den Felsen östlich des Parkplatzes können Sie zu den übrig gebliebenen Gräben einer eisenzeitlichen Festung aufsteigen. Auch ein Café und Toiletten sind vorhanden, das Übernachten ist allerdings nicht gestattet. Wenn es Ihnen vor Ort gefällt, müssen Sie den nahen Campingplatz wählen.

020 Llantwit Major– *Acorn Camping*

GPS/Kontakt: N 51°23'58" W 3°28'42", Ham Lane South, CF61 1RP, Tel. 01446 79 40 24, www.acorncamping.co.uk. **Öffnungszeiten**: März–Dez. **Ausstattung**: Waschmaschine / Trockner, Café, Minimarkt, Spielplatz. **Beschreibung**: Mittelgroßer, teils schattiger Platz mit ebenen Rasenflächen und ein paar Mobilheimen, 900 m in die Ortsmitte, 1,4 km bis zum Strand. **Preis**: 20–34 £. **Zufahrt**: An der Hauptstraße Boverton Road in Llantwit Major nach links angeschrieben.

Zwei Dörfer weiter, im winzigen **Marcross**, können Sie links auf einer schmalen Straße zum **Nashpoint Lighthouse** abzweigen. Die Landschaft samt Leuchtturm, der felsigen Steinbucht unter-

Cwm Col-huw Strand

Nashpoint Lighthouse

halb, geschwungenen Schafsweiden und dem schönen Coastal Path ist die Anfahrt wert.

021 Marcross – *Cliff Top Café Nashpoint*

GPS/Kontakt: N 51°24'15" W 3°33'34", CF61 1ZH, Tel. 07732 13 25 32. **Max. WOMOs**: 15 – 20. **Öffnungszeiten**: Apr. – Sep. **Ausstattung**: Mülltonnen, im Sommer tags Café und Toiletten. **Beschreibung**: Etwas geneigte Schotter- und Grasflächen oberhalb der Klippen mit tollem Meerblick, ruhig, kein Schatten, es kann hier allerdings sehr windig werden, direkt am Coastal Path gelegen, 6 km von Llantwit Major enfernt, Pub 800 m entfernt an der Zufahrtsstraße. **Preis**: 15 £. **Zufahrt**: Von Llantwit Major westlich in Richtung St. Donats und Monknash fahren. In Macross vor dem Horseshoe Inn links zum Nashpoint Lighthouse abbiegen, dann noch rund 900 m.

Heritage Coast Rundwanderung *(rund 7,2 km)*

Dieser Rundweg kombiniert die schöne Küstenlandschaft mit ländlicher Dorfidylle und einem uralten Wäldchen rund um die Überreste einer Burg.

Sie starten am Nashpoint Parkplatz und wandern zunächst den Zufahrtsweg bis Marcross zurück. Linkerhand passieren Sie die **Holy Trinity Church** aus dem 12. Jahrhundert, mit normannischen Inschriften und biegen dann, direkt vor dem mit »Swn-y-Mor« bezeichneten Haus, rechts ab. Halten Sie sich dann links auf einen Zaunübertritt zu, queren Sie ihn und nehmen Sie den Pfad durch die Felder mit der Hecke links von Ihnen. Folgen Sie ihr im Zickzack, erst nach links, dann gleich wieder nach rechts und noch einmal dasselbe. Sie gelangen zu einer Steinmauer die Sie queren und der Hecke geradeaus vor Ihnen noch ein Stück bis zu einem Tor an einer Straße folgen. Gehen Sie rechts in Richtung Küste bis zu einem Bauernhof. Die asphaltierte Straße knickt dort leicht nach rechts ab, Sie nehmen aber den Weg geradeaus durch das Tor hindurch und überqueren dahinter nach knapp 100 Metern erneut einen Zaun linker Hand. Nach kurzem Weg müssen Sie nochmals einen zweiten Zaun an vorgesehener Stelle übertreten, um dahinter auf ein großes Feld zu gelangen. Sie wandern diagonal hindurch bis zu einer Lücke in der Steinmauer. Dahinter geht es erst nach links weiter, an der nächsten Mauerunterbrechung wieder links und um das Farmhaus herum bis zu einem Fahrweg. Sie schlagen ihn nach rechts ein und gehen auf eine Garage am Waldrand zu. Links daneben können Sie ein Tor durchqueren. Bleiben Sie dahinter bergab geradeaus in der eingeschlagenen Richtung, ohne dem Hauptweg nach links Beachtung zu schenken.

Sie sind nun in einem alten Wäldchen unterwegs, das an der **St. Donat`s Church** endet. Das Bauwerk stammt aus dem 14. Jahrhundert. Am Friedhof können Sie ein seltenes Kreuz aus dem 15. Jahrhundert in Augenschein nehmen. Vor der Kirche gehen Sie dann nach links, um das **St. Donats Castle** herum. Die Burg hatte iviele interessante Bewohner, wie den Zeitungsverleger Wiliam Hearst der als Vorlage für die Filmfigur Citizen Kane nach Orson Welles diente. Berühmte Persönlichkeiten wie Charlie Chaplin und John F. Kennedy waren bei Parties zu Gast. Schon seit 1962 beherbergt das Gebäude nun aber ein internationales Internat mit Schülern aus über 90 Ländern und ist daher nicht zugänglich. In der mittelalterlichen Scheune ist ein Kunstzentrum mit unregelmäßigem Programm eingerichtet. Links abknickend verlassen Sie das Gelände und schließen sich nach der Ausfahrt, rechts der Hauptstraße an. Am Haupteingang zum College biegen Sie links ab und nur rund 120 Meter weiter nehmen Sie das Schwenktor rechter Hand durch die Mauer vorbei am Fußballfeld. Noch ein letztes, hölzernes Tor müssen Sie jetzt überwinden, dann können Sie sich nach rechts dem Küstenpfad anschließen. Immer geradeaus haben Sie herrliche Ausblicke auf die Klippen und erneut zum College hinüber, dessen Gelände sie nun ein zweites Mal queren.

Nach einiger Zeit kommen Sie zum alten **Nashpoint-Leuchtturm** von 1832. Einen Wärter gibt es nicht mehr. Das Ostlicht ist aber bis heute in Betrieb. Im ehemaligen Wohnhaus sind unter anderem Ferienwohnungen untergebracht. Andere Teile des Gebäudes konnten bislang besichtigt werden, waren aber zuletzt nicht mehr zugänglich, möglicherweise ist das aber nur einer Renovierung geschuldet. Der Ausgangspunkt Ihrer Wanderung ist nun nach wenigen Metern wieder erreicht.

Nur ein Örtchen weiter, in **Monknash**, könnten Sie schon wieder anhalten. Diesmal, um dem schönen ***The Plough and Harrow***-Pub mit Biergarten einen Besuch abzustatten. Es stammt aus dem 13. Jahrhundert und wurde früher zeitweise als Leichenhalle für vor der Küste verstorbene Seeleute genutzt. Kein Wunder, dass sich die Einheimischen sicher sind: Es spukt im Pub!

Southerndown *(350 Einwohner)*

Sie folgen der Küste weiter bis Southerndown. Die pittorekse **Dunraven Bay** erweckt dort die Aufmerksamkeit. Eine steile, aber gut zu meisternde Straße führt hinab oder Sie bleiben im Zweifelsfall an der Parkfläche unmittelbar davor und gehen die paar hundert Meter zur Bucht zu Fuß. Während bei Flut nur ein kleiner Kiesel-

Dunraven Bay

strand übrigbleibt, gibt die Ebbe einen weiten Sandstrand frei. Dahinter befindet sich der **Glamorgan Heritage Coast Centre** in dem Sie im Sommer eine ganze Reihe an Broschüren und Infomaterial zur Region erhalten. Südöstlich des Strandes können Sie die Ruinen von **Dunraven Castle** besichtigen *(N 51°26'46" W 3°36'19", alternativ auch schon kurz zuvor bei N 51°26'57" W 3°36'37", kostenpflichtig).*

022 Southerndown – *Slade Farm*

GPS/Kontakt: N 51°26'56" W 3°36'35", CF32 0RP, Tel. 01656 88 00 48, www.sladefarmorganics.com/camping-on-the-farm. **Max. WOMOs**: 5. **Öffnungszeiten**: Ganzjährig. **Ausstattung**: Ver- und Entsorgung, Mülleimer. **Beschreibung**: Sehr einfaches, aber schön gelegenes Wiesengrundstück oberhalb der Klippen, klappstuhlgeeiget, ruhig, nicht ganz eben, kein Schatten, Pub und Strand in fußläufiger Entfernung. **Preise**: 17.50 – 20 £. **Zufahrt**: Direkt am Beginn der Zufahrtsstraße zur Dunraven Bay linker Hand. **Hinweis**: Nur mit Camping and Caravanning Club Mitgliedschaft nutzbar, telefonische Reservierung empfohlen.

023 Southerndown – *Three Golden Cups*

GPS/Kontakt: N 51°27'08" W 3°36'32", Main Road, CF32 0RW, 01656 88 04 32, www.thethreegoldencups.co.uk. **Max. WOMOs**: Etwa 20. **Öffnungszeiten**: Mär. – Okt. **Ausstattung**: Wifi, Toilette / einfache Dusche, Mülleimer. **Beschreibung**: Einfacher, nicht ganz ebener, schattenloser Rasenplatz direkt hinter dem Pub mit Biergarten, in Laufweite zum Strand. **Preis**: 25£. **Zufahrt**: Direkt rechts an der Hauptzufahrtstraße zur Dunraven Bay in Southerndown. **Hinweis**: Der Platz nimmt keine sehr großen Wohnmobile auf.

Ogmore-by-Sea *(880 Einwohner)*
Auch das nun folgende Ogmore verfügt über einen schönen Strand, doch nicht so außergewöhnlich, dass Sie nach dem schon Erlebten zwangsläufig nochmals halten müssen. Die Straße folgt dann von der Küste dem Ogmore River ins Landesinnere. Nach einem Pferdehof können Sie links hinab zur normannischen Ruine **Ogmore Castle** abzweigen. Eine erste Burg wurde schon

Ogmore-by-Sea

zwischen 1100 und 1110 erbaut und gehörte William de Londres, einem anglonormannischen Adeligen. Sie ist frei zugänglich, ein Parkplatz befindet sich unmittelbar davor *(N 51°28'49" W 3°36'44")*.

Merthyr Mawr *(270 Einwohner)*
Wenn Sie in Folge zweimal links bis ins idyllische Dörfchen Marthyr Mawr weiterfahren, treffen Sie auf hübsche, oft reetgedeckte Häuschen, die wie aus einer anderen Zeit wirken. Das haben auch schon Filmemacher entdeckt, die den kleinen Ort gerne als Kulisse für Historienstreifen nutzen. Auf einem auch für die Nacht geeigneten Parkplatz können Sie anhalten, wenn Sie sich etwas umsehen möchten. Zusammen mit den vorgelagerten Sanddünen war er beispielsweise Vorlage für einige Sequenzen des Films Lawrence von Arabien mit Peter O `Toole. Die Dünen sind Teil des **Merthyr Mawr Natural Reserves**. Sie erreichen es, indem Sie die Dorfstraße immer weiter geradeaus fahren, bis der Weg an einem großen Waldparkplatz endet. Nach kurzem Marsch durch das Dickicht sind sie da. Es sind die zweitgrößten Dünen ganz Europas und Lebensraum vieler auf dieses Habitat spezialisierter Pflanzen und Tiere. In den dafür frei gegebenen Bereichen nutzen Besucher die Dünen zu ganz profanen Dingen wie Sandrodeln oder Beachvolleyball. Nordöstlich davon ducken sich die Überreste von **Candleston Castle** in den Wald. Sie sind eher unspektakulär und kein zwingendes Ziel *(N 51°28'57" W 3°37'35")*.

Die vorgelagerten Sanddünen waren beispielsweise Vorlage für einige Sequenzen des Films Lawrence von Arabien.

024 Merthyr Mawr

GPS: N 51°29'04" W 3°36'32", Merthyrmawr Road. **Max. WOMOs**: 1 - 2. **Ausstattung**: Keine Einrichtungen. **Beschreibung**: Holpriger, aber nachts ruhiger Parkplatz am Ogmore Fluss gegenüber des Ogmore Castles, schöne Lage im Grünen, teils Schatten. **Zufahrt**: In Merthyr Mawr kurz vor der Kirche links fahren. Dann nach 100 m.

Bridgend *(49.500 Einwohner)*
Bridgend ist aus touristischer Sicht nicht von größerer Bedeutung. Eine Ausnahme für Shopping-Begeisterte mag Wales` größtes **Outlet-Village** vor den Toren der Stadt sein. Die europaweit agierende Kette McArthur-Glen betreibt den Einkaufspark, zu dem über 90 Geschäfte gehören, gleich neben der Autobahn M4. Vor allem international operierende Konzerne leisten sich die Ladenmieten. Parkplätze gibt es reichlich, auch wenn Sie sich möglicherweise irgendwo am Rand auf gleich zwei drücken müssen, denn sie sind recht schmal bemessen *(N 51°31'50" W 3°34'36", Bracken Way, CF31 1YQ, www.mcarthurglen.com)*.

Nordwestlich der Stadt, nahe dem kleinen **Tondu** liegt das fast 100 Hektar große Naturschutzgebiet **Park Slip**. Mehr als 14 Kilometer Wegenetz durchziehen verschiedene Wachstumszonen und sind teils auch mit dem Fahrrad oder Kinderwagen zugänglich. Es gibt vier Vogelbeobachtungswarten, die drei verschiedene Feuchtgebiete überblicken, kleine Seen und Tümpel. Am Besucherzentrum gibt es einen Wassergarten und ein Café, am Parkplatz wäre auch eine schnelle Übernachtung möglich. Gegenüber kommen dann vor allem Kinder auf ihre Kosten, wenn sie eine Runde mit der **Bridgend Miniature Eisenbahn** drehen *(Öffnungszeiten siehe Internet, pro Runde 2 £, www.bridgendminiaturerailway.com)*.

025 **N 51°32'44" W 3°36'50"**, Fountain Road, CF32 0EH

Porthcawl *(16.000 Einwohner)*
Erneut wenden Sie sich nun der Küste und dem Urlaubsort Porthcawl zu. Während die östliche Bucht **Trecco Bay** mit einem riesigen Mobile Home Park verschandelt ist, macht die zentrale **Sandy Bay** mit Campinggelegenheit einen besseren Eindruck. An der noch schöneren **Rest Bay** am westlichen Ortsrand gibt es womofreundliche Parkplätze ohne Höhenbarriere *(N 51°29'24" W 3°43'21", Rest Bay Close CF36 3UN)*. Die Buchten von Porthcawl verzeichnen den stärksten Tidenhub der gesamten walisischen Küste und sind bei Wassersportlern, Sandburgenbauern und Badegästen gleichermaßen beliebt, daher nicht unbedingt das Richtige, wenn Sie Abgeschiedenheit suchen, sonst aber eine Empfehlung.

Rest Bay bei Porthcawl

026 Porthcwl – *Sandy Bay Site*

GPS/Kontakt: N 51°28'45" W 3°41'36", Mackworth Road, CF36 5DB, Tel. 01656 78 24 32. **Öffnungszeiten**: Apr. – Okt. **Ausstattung**: WiFi, sonst campingplatzüblich. **Beschreibung**: Umgewandelter Parkplatz in zentraler Lage, direkt am Strand, Stellflächen auf Rasen und Schotter, meist eben, kein Schatten, teils windig, durch den benachbarten Rummel nicht ganz leise. Aldi und Restaurants im Umkreis. **Preis**: 20 – 28 £. **Zufahrt**: Richtung Portcawl fahren, dann links zur Trecco Bay abzweigen. Am Ende der Straße aber rechts in Richtung Zentrum halten und dann am zweiten Kreisverkehr links halten. Kurz vor Ende der Straße links am Schild Hi-Tide zum Platz abbiegen. **Hinweis**: Das Tor zum Platz ist meist verschlossen, den Schlüssel erhalten Sie gegen Kaution in der Bar.

027 Porthcawl – *Rooklands Site*

GPS/Kontakt: N 51°29'30" W 3°41'54", CF36 5EJ, Tel. 07966 30 31 28, www.campingandcaravanningclub.co.uk. **Max. WOMOs**: 5. **Öffnungszeiten**: Ganzjährig. **Ausstattung**: Ver- und Entsorgung, Mülleimer. **Beschreibung**: Einfaches Wiesengrundstück hinter Portcawl an der Hauptstraße, dadurch nicht ganz ruhig, eben, etwas Schatten, klappstuhlgeeignet, etwa 1,5 km ins Zentrum, Bushalt 150 m entfernt. **Preise**: 10 – 15 £. **Zufahrt**: Am zweiten großen Kreisverkehr dritte Abfahrt wählen, bis zum Platz nach 300 m rechts. **Hinweis**: Nur mit Camping and Caravanning Club Mitgliedschaft nutzbar, telefonische Reservierung empfohlen.

Sie verlassen Porthcawl über die **West Road** in Richtung **Kenfig**. Das dortige **Kenfig Nature Reserve** umfasst den größten natürlichen See der Glamorgan Region, ein reiches Tier- und Pflanzen-Arsenal sowie große Sanddünen am kilometerlangen Strand. Er bietet Kontrastprogramm zur Rest Bay: keine Einrichtungen, dafür Einsamkeit und Stille. Ruhesuchende und FKK-Anhänger nutzen diese Weite gern. Einziger Nachteil ist der recht weite Fußweg: Vom Parkplatz aus marschieren Sie rund 30 Minuten. Sie können aber aus der Not eine Tugend machen und dem markierten, fünf Kilometer langen Weg folgen. Unterwegs sehen Sie bei Ebbe vielleicht die Überreste der HMV Altmark, einem Fischerboot, das hier in den 60er Jahren sank. Am Sker Point im Osten des Strandes können Sie außerdem 2000 Jahre alte, versteinerte Fußspuren entdecken (*N 51°30'57" W 3°43'39", Heol Ton, CF33 4PS, www.kenfig.org.uk*).

Tour 2

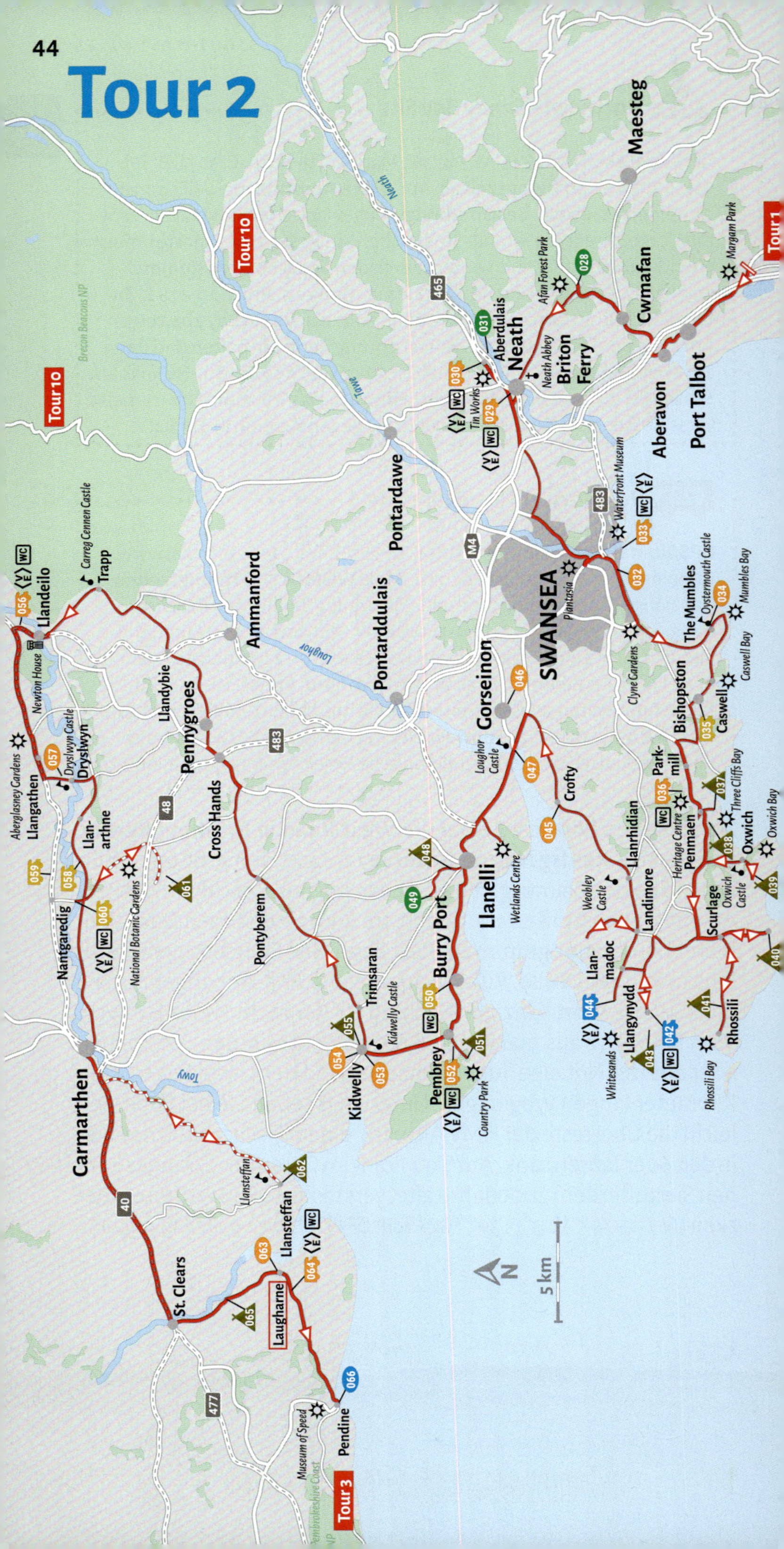

Tour 10
Tour 10
Tour 1
Tour 3
Brecon Beacons NP
Maesteg
Neath
Tawe
Loughor
Towy
465
Margam Park
Afan Forest Park
028
031
Aberdulais
Neath
Neath Abbey
Briton Ferry
Cwmafan
Aberavon
Port Talbot
030
Tin Works
029
Waterfront Museum
483
033
Pontardawe
Ammanford
Pontarddulais
M4
SWANSEA
Plantasia
032
The Mumbles
Oystermouth Castle
034
Mumbles Bay
Clyne Gardens
Bishopston
Caswell
Caswell Bay
035
Parkmill
036
Three Cliffs Bay
037
Heritage Centre
Penmaen
038
Oxwich
Oxwich Bay
Oxwich Castle
039
040
Scurlage
Rhossili
041
Rhossili Bay
042
043
Llangynydd
Whitesands
044
Llanmadoc
Landimore
Weobley Castle
Llanrhidian
Crofty
045
047
Loughor Castle
Gorseinon
046
Llanelli
Wetlands Centre
048
049
Burry Port
050
051
Pembrey
052
Country Park
Kidwelly
Kidwelly Castle
053
054
055
Trimsaran
Pontyberem
Cross Hands
483
Pennygroes
Llandybie
Carreg Cennen Castle
Trapp
Llandeilo
056
Newton House
Dryslwyn Castle
Dryslwyn
057
Aberglasney Gardens
Llangathen
Llanarthne
48
National Botanic Gardens
061
060
058
059
Nantgaredig
Carmarthen
Llansteffan
062
40
Llansteffan
063
064
St. Clears
065
Laugharne
066
Pendine
Museum of Speed
477
Pembrokeshire Coast NP
N
5 km

Swansea und Carmarthenshire
310 km

Mit der Gower Peninsula erreichen Sie auf dieser Tour einige der schönsten walisischen Strände. Erhabene Burgen, Gärten und Naturschutzgebiete vervollständigen die erlebnisreiche Reise durch die Bezirke Swansea und Carmarthenshire. Verpassen Sie nicht:
- **Three Cliffs Bay**
- **Rhossili Bay**
- **Llanelli Wetlands Centre**
- **Dinefwr Gardens mit Newton House**
- **National Botanic Garden**
- **Laugharne**

Margam Country
Ein erster Stopp bietet sich am **Margam Country Park** an, die Einfahrt befindet sich rechter Hand, kurz nachdem Sie auf die A48 in Richtung Swansea eingeschert sind. Abgesehen von den anfallenden Parkgebühren ist der Besuch kostenfrei, obwohl es eine ganze Menge zu sehen gibt. Rund 200 Hektar misst die gesamte Fläche. Sie bietet ein Schloss aus dem 19. Jahrhundert, von dem allerdings nur die Eingangshallen während der Sommermonate zugänglich sind, eine Orangerie mit prächtig angelegten Gärten davor, ein Märchenspielland und einen Abenteuerspielplatz für Kinder, das Discovery Center mir Ausstellungen und Informationen zum Thema Natur und Umwelt, einen Hochseilgarten, eine Parkeisenbahn, ein Farmareal, Kirchenruinen, Aussichtsplätze, diverse bezeichnete Wanderwege, eine Rotwildherde – wenn Sie

Orangerie im Margam Country Parks

wollen, können Sie also problemlos einen ganzen Tag an diesem Ort verbringen. Natürlich gibt es auch die Möglichkeit sich mit Essen zu versorgen oder selbst Mitgebrachtes an einem der Picknickplätze zu verspeisen. Wer an übernatürlichen Phänomenen interessiert ist, kommt im Margam Castle auf seine Kosten – ganz offiziell gilt es als Ort mit besonders ausgeprägter paranormaler Aktivität, mehr Infos dazu erhalten Sie auf der Homepage *(N 51°33'29" W 3°43'59", SA13 2 TD, parken 7.20 £, www.margamcountrypark.co.uk)*.

Gleich benachbart befindet sich das **Margam Stones Museum**, in dem neben anderen Grabsteinen einige der interessantesten keltischen Kreuze ganz Großbritanniens gesammelt wurden *(N 51°33'46" W3°43'52", Abbey Road, SA13 2TA, meist Sa./So./Mi. 10.00 – 15.00 Uhr)*. Auf einem Spaziergang ein kurzes Stück die Straße zurück und dann rechts können Sie, vorbei am Furzemill Pond, außerdem zu den im Wald versteckten Überresten der Capel Mair wandern, einer von den einst hier ansässigen Mönchen errichteten Kapelle, sowie ein Stück weiter rechts ab zum Monks Bath, einem beinahe komplett erhaltenen, mittelalterlichen Bade- und Taufhaus aus dem 14. Jahrhundert.

Wales zweitgrößte Stadt Swansea ist nicht mehr weit entfernt und am schnellsten über die Autobahn M4 zu erreichen. Falls Sie aber zuvor auf der Suche nach einem Stellplatz sind oder vorher noch etwas Ruhe in der Natur finden möchten, machen Sie doch zunächst den Abstecher zum **Afan Forest Park**. Er ist ein beliebtes Ausflugsziel für die outdoorbegeisterten Waliser mit vielen Wander- und Mountain Bike-Strecken. Am südlichen Zugangsparkplatz können Sie außerdem eine Nacht verbringen *(www.afanforest.co.uk)*.

028 Pontrhydyfen – *Rhyslyn*

GPS: N 51°38'02" W 3°44'06", NCN887. **Max. WOMOs**: 2 – 3. **Ausstattung**: Picknicktische, Mülleimer. **Beschreibung**: Asphaltierter Parkplatz am Afan Forest Naturpark mit Wander- und Mountainbikestrecken etwas schräg, tagsüber sehr belebt, nachts ruhig, teils schattig. **Zufahrt**: In Porth Talbot nördlich auf die B4286 Richtung Cwmafan halten. Nach dem Ort am Ende der Straße rechts abbiegen und dann, nach der Eisenbahnunterführung, sofort wieder links auf schmaler Straße bergauf fahren. Platz kommt nach rund 250 m.

Neath *(46.000 Einwohner)*
In Richtung **Neath** und von dort nur ein paar Kilometer weiter nach Norden können Sie die alten **Aberdulais Tin Works and Waterfalls** *(Blechwerk mit Wasserfall)* besuchen. Das ehemalige Werksgelände stammt aus den ersten Tagen des europäischen Industriezeitalters. Bis heute wird daran geforscht und gegraben und es ist in ständiger Veränderung. Ziel ist es, Geschichte spannend erlebbar zu machen. Das gelingt, sofern Sie sich für die Thematik interessieren, stellt aber kein zwingendes Ziel dar. Der zugehörige Wasserfall treibt das größte Wasserrad im Königreich an, dass zur Stromerzeugung genutzt wird, ist sonst ganz nett, entpuppt sich aber am Ende mehr als kurze, breite Flussstufe und ist nur mittelmäßig attraktiv *(N 51°40'48" W 3°46'38", nur kleiner Parkplatz gegenüber, Nov. – Mär. teils Fr., sonst nur Sa. / So. 11.00 – 16.00 Uhr, sonst täglich, Apr. – Aug. 10.30 – 17.00 Uhr, 5 £, National Trust Members frei, www.nationaltrust.org.uk).*

Sowohl in der Nähe des Blechwerks als auch direkt in Neath gibt es ein paar gute Übernachtungsplätze. Wenn Sie sich für den im Ort entscheiden, sollten Sie nach der **Neath Abbey** einen Besuch abstatten. Die Ruinen des Zisterzienserklosters aus dem 11. Jahrhundert gehören zu den größten in Wales *(Monastary Road, SA10 7DW, N 51°39'37" W 3°49'37").*

029 Neath – *Ty-Canol Farm*

GPS/Kontakt: N 51°39'50" W 3°49'50", Penyard Road, SA10 7EY, Tel. 07812 95 08 75, www.campingandcaravanningclub.co.uk. **Max. WOMOs**: 5. **Öffnungszeiten**: Ganzjährig. **Ausstattung**: Ver- und Entsorgung, Strom, Toilette / Dusche, Mülleimer, Waschmaschine / Trockner. **Beschreibung**: Kleinerer Rasenplatz in recht ruhiger Ortsrandlage, durch Hecken von einer Farm und einer Obstplantage getrennt. Gepflegt, recht eben, teils etwas Schatten. **Preise**: 24–29 £. **Zufahrt**: Von der A4230 in Neath am großen Kreisverkehr in Richtung Skewen abfahren, dann am Minikreisverkehr rechts Richtung Longford. Nach der Unterführung links ab zum Platz. **Hinweis**: Brücke unterwegs mit maximaler Durchfahrtshöhe von rund 2,9 m, Umfahrung möglich, aber kompliziert. Adults only – keine Kinder erlaubt. Nur mit Camping and Caravanning Club Mitgliedschaft nutzbar. Telefonische Reservierung empfohlen.

030 Aberdulais – *Glyn Y Mul Farm*

GPS/Kontakt: N 51°41'45" W 3°45'48", SA10 8HF, Tel. 07970 29 01 24, www.campingandcaravanningclub.co.uk. **Max. WOMOs**: 5. **Öffnungszeiten**: Apr. – Okt. **Ausstattung**: Ver- und Entsorgung, Strom, Mülleimer, Toilette / Duschhe, Spülgelegenheit, Waschmaschine / Trockner. **Beschreibung**: Recht ebene Plätze auf Schotter und Rasen neben einem Bauernhof, getrennt durch Hecken. Rustikal und eher einfach, teils Schatten, klappstuhlgeeignet, kaum Mobilfunkempfang. **Preise**: 10–15 £. **Zufahrt**: Von Aberdulais auf der A4109 Richtung Crynant fahren und am Ortsende schräg links aufwärts in die Straße Fforest Hill fahren. Nach rund 2 km Bauernhof auf der linken Seite. **Hinweis**: Nur kleine WOMOs bis max. 6 m Länge. Nur mit Camping and Caravanning Club Mitgliedschaft nutzbar. Telefonische Reservierung empfohlen.

031 **N 51°42'16" W 3°42'26",** alternativer, kleiner Wanderparkplatz am Melincourt Wasserfall, etwa fünf Kilometer nach Aberdualais.

Swansea *(246.000 Einwohner)*
Die wörtliche Übersetzung des Namens »Schwanenmeer« klingt verlockend. Sie wird dem eher rustikalen Charme der Arbeiterstadt an der Mündung des Tawe Flusses nur leider nicht ganz gerecht. Tatsächlich bezieht sich der Name ursprünglich auf das altnordische »Svanns Ei« indem sich das Wort Insel versteckt. Und wenn man an raue Sitten und handfeste Typen auf »Svens Insel« denkt, ist man schon eher richtig. Kohle, Öl, Weißblech und Kupfer waren lange Jahre typische Handelsgüter der Region, die rund um die Stadt gefördert und produziert wurden. Schwerindustrie und Hafenbaracken prägten über Dekaden das Ortsbild. Als dann 1941 ein deutscher Luftangriff auch noch die gesamte Innenstadt in Schutt und Asche legte, war es um den Charme von Swansea endgültig geschehen. Moderne Neubauten im brutalen 60er Jahre Betoncharme unterstrichen den Ruf als »Ugly Town«. Erst seit den 1990er Jahren wurden zunächst zaghafte Versuche unternommen, Swansea etwas mehr herauszuputzen und den Ort für Einheimische wie Besucher attraktiver zu gestalten. Gelungen ist es bislang zumindest teilweise.

Machen Sie sich doch selbst ein Bild. Vom gut gelegenen **Paxton Street Car Park** ist es nicht weit in die Innenstadt und zur Strandpromenade, theoretisch wäre hier sogar eine schnelle Übernachtung machbar. Komfortabler stehen Sie am Gelände der Marina.

032 **N 51°36'53" W 3°56'44"**, Bathurst Street SA1 3SB, kostenpflichtig.

033 Swansea – *Swansea Marina*

GPS/Kontakt: N 51°36'59" W 3°55'57", Maritime Quarter, SA1 1UN, Tel. 01792 47 03 10, www.swanseamarina.org.uk. **Max. WOMOs**: 5–6. **Öffnungszeiten**: Ganzjährig. **Ausstattung**: Ver- und Entsorgung,

Strom, Toilette / Dusche, Mülleimer, WiFi, Waschmaschine / Trockner. **Beschreibung**: Etwas nüchterner, umzäunter Asphaltplatz im Hafengelände. Eben, kein Schatten, meist relativ ruhig, etwa 800 m in die Ortsmitte. **Preise**: 20 – 305 £. **Zufahrt**: Von der Hauptdurchgangsstraße links zum Paxton Street Car Park abfahren, dann immer geradeaus, bis Sie nach einem blauen Zaun an der Trawker Road links zur Marina fahren können. **Hinweis**: Reservierung obligatorisch, da Einfahrt nur mit PIN-Code möglich.

Unterwegs in Swansea

Die Innenstadt und insbesondere sehenswerten Orte sind relativ überschaubar, daher lässt sich der Rundgang durch Swansea auch gut als Zwischenstopp einschieben. Zunächst überqueren Sie vom angegebenen Parkplatz aus die große **Oystermouth Road** und nehmen den breiten **West Way** bis zu den Parkplätzen des Supermarktes Tesco. Sie gelangen so weiter zum Busbahnhof, im Hintergrund befindet sich das Einkaufszentrum »The Quadrant«. Am nördlichen Ende des Verkehrsknotenpunktes liegt die **Touristen-Informationsstelle** im Grand Theatre, vielleicht ein interessanter Anlaufpunkt für Sie. Gleich daneben bringt Sie eine schmale Straße hinauf zur Hauptachse der Swanseaer Fußgängerzone **Oxford Street**, die Sie nach rechts einschlagen. Das beliebte **Gershwins Coffee House** liegt parallel etwas versteckt in der **Nelson Street** *(Hausnr. 14)*. Trotz recht vieler Geschäfte und Bepflanzungen wirkt alles selbst bei schönem Wetter irgendwie ein bisschen trist. Etwas fröhlicher kommt der **Swansea Market** daher. Er ist in einer Halle auf der rechten Seite untergebracht. Auch der **Castle Square** mit Springbrunnen und den letzten Überresten von **Swansea Castle** dahinter wirkt wieder etwas weniger bedrückend. Schräg hinter der Ruine gibt es eine Passage zum **Parc Tawe Shopping Center** mit Kino und dem Dschungel-Erlebniscenter **Plantasia** mit Fischen, Schmetterlingen, Reptilien und tropischen Pflanzen *(10.00 – 17.00 Uhr, ab 6.50 £, www.plantasiaswansea.co.uk)*.

Von der Burgruine geht es ansonsten nach rechts über die von Pubs und Restaurants gesäumte Wind Street weiter. Hier und ringsum finden Sie beispielsweise **Hanson at the Chelsea** *(17, St. Mary Street)*, die **No Sign Wine Bar** *(56, Wind Street)* oder **Nines Global Buffett** *(15, Castle Street)*. An

Swansea Marina

Fußgängerzone von Swansea

der großen Kreuzung gehen Sie geradeaus weiter. Nun befinden Sie sich im in den letzten Jahren stark aufgehübschten Hafenviertel. Noch ein Stück geradeaus durch den **Somerset Place** stoßen Sie auf das **Dylan Thomas Centre**. Als Sohn der Stadt wurde Wales berühmtestem Dichter damit ein Zeichen gesetzt. Im Inneren können Sie sich in der Dauerausstellung »Love the words« über das Werk und recht wilde Leben des Poeten informieren *(6 Somerset Place, mehr über Dylan Thomas unter »Laugharne«, 10.00 – 16.30 Uhr, Eintritt frei, www.dylanthomas.com)*.

Wenn Sie dagegen nach der Kreuzung gleich wieder rechts durch die **Adelaide Street** spazieren, stehen Sie nach wenigen Metern rechter Hand am **Swansea Museum**. Die gut gemachte, modern gestaltete Sammlung stellt sowohl die Vergangenheit als auch die Zukunft der Stadt dar und kann kostenlos besucht werden *(Victoria Road, Di. – So., 10.00 – 16.30 Uhr, www.swanseamuseum.co.uk)*. Nur ein kurzes Stück weiter, kurz vor der Marina, kommen Sie an der dritten Kultureinrichtung, dem **National Waterfront Museum** an. Es hat sich der mehr als 300 Jahre alten walisischen Industrie- und Innovationsgeschichte verschrieben und bedient sich dabei moderner, interaktiver Präsentationsmethoden. Unterteilt in 15 Themenbereiche sorgt es für kurzweilige Unterhaltung, auch an Schlechtwettertagen *(Oystermouth Road, 10.00 – 17.00 Uhr, kostenfrei, www.museum.wales)*.

Swansea Bay

Einen Blick riskieren können Sie schließlich auch noch in die zum Swansea Museum gehörende **Tramway Centre** Ausstellungshalle mit alten Straßenbahnen. In den ersten Jahren noch von Pferden gezogen, war Swansea weltweit die erste Stadt, die sich dieser modernen Errungenschaft rühmen durfte *(3 Burrows Place, Sa. / Mi. 11.00–16.00 Uhr, kostenfrei)*.

Entlang des schön angelegten, mit noblen Stadtwohnungen umbauten Yachthafens gehen Sie nun nach rechts weiter, vorbei an **Coffee Fresco** und knicken am Ende des Beckens nach links ab, um so die **Swansea Bay** mit Stadtstrand zu erreichen. Die Hafenanlagen in der Ferne sind zwar nicht wirklich verlockend, die moderne Strandpromenade weiß aber an schönen Tagen durchaus zu gefallen und versprüht ein wenig US-Coast Charme. Nur wenige Meter nach rechts und dann erneut rechts, weg vom Ufer, kommen Sie wieder am Ausgangspunkt des Rundgangs an.

Tramway Centres

Am Ortsende von Swansea in Richtung Gower Peninsula befindet sich rechts der Hauptstraße noch ein recht sehenswerter Landschaftspark, den man leicht übersieht. Knapp zwei Kilometer nach der Swansea University müssen Sie unmittelbar vor dem Woodman Pub die Abfahrt nach rechts wählen. Sie führt auf einen Parkplatz, der leider schnell voll werden kann, vor allem am Wochenende, aber dennoch die beste Stellplatzgelegenheit für Womos in der Umgebung bietet. Die **Clyne Gardens** bestechen durch schön gestaltete Anlagen mit kleinen Brücken und Bachläufen. Ein prima Ort zum Ausspannen *(N 51°35'46" W 3°59'46", www.swansea.gov.uk/clyne)*.

Gower Peninsula

Die 188 Quadratkilometer große, südlich von Swansea in die See ragende Halbinsel Gower zählt zu den schönsten Flecken von Wales – und das völlig zu Recht. Vor allem im Sommer und bei gutem Wetter können die Autoschlangen auf den oft schmalen Straßen schon mal großstadtähnliche Ausmaße annehmen – denn dann wollen alle an den Strand. Erfreulicherweise gibt es mehr als ein Dutzend davon und somit verteilt es sich beinahe immer sehr gut. Die Parkplätze sind allerdings nicht allerorts auf WOMOs eingerichtet und an solchen Hochfrequenztagen schnell überfüllt, was an der ein oder anderen Stelle schon mal zu etwas schweißtreibenden Wende- und Rangiermanövern führen kann. Mit Hilfe des folgenden Abschnitts sollten Sie allerdings vor dem Schlimmsten gefeit bleiben. Beachten Sie auch, dass es auf Gower kaum freie Stellplätze gibt, dafür aber jede Menge Campingmöglichkeiten. Darunter auch preiswertere, einfache Farmplätze. Neben den beschriebenen Plätzen werden Sie immer wieder mal auf schnell gepinselte, kleine Schilder treffen, die auf irgendeine Weide deuten und mit »Camping« oder einem Wohnwagensymbol beschriftet sind. Diese Popup-Campingplätze, meist neben Bauernhöfen, kosten teils nur 10 bis 20 Pfund, öffnen nur wenige Wochen im Jahr und bieten in der Regel nicht mehr als einen Wiesenstellplatz, Dixieklos und einen Wasserschlauch. Beachten Sie auch, dass auf Gower das Tankstellennetz ziemlich dünn ist.

Zunächst durchfahren Sie den Ferienort **The Mumbles**. Er lädt zu einem kleinen Bummel entlang der Promenade ein, bietet einen schmalen, aber recht geschützten Strand und die beeindruckenden Überreste von **Oystermouth Castle**, von dem Sie schöne Blicke auf die Bucht haben und das zwischen dem 12. und 17. Jahrhundert bewohnt war. Ein Parkplatz befindet sich unmittelbar davor sowie gegenüber am Wasser. Dort ist auch eine unauffällige Übernachtung möglich.

034 **N 51°34'33" W 3°59'54"**, Oystermouth Square, SA3 4AT, kostenpflichtig, Toiletten vorhanden.

An der Landspitze treffen Sie etwas weiter auf einen großen Parkplatz oberhalb der **Bracelet Bay**. Über Nacht dürfen Sie hier zwar nicht parken, tags aber ohne Weiteres. Selbst mit einem grö-

Mumbles Head

ßeren Wohnmobil finden Sie fast immer Platz. Die mit Steinen durchsetzte Bucht direkt vor Ihnen bietet einen schönen Blick auf den Leuchtturm am **Mumbles Head** und einige sandige Abschnitte. Leider liegt man nur etwas auf dem Präsentierteller. Denn die Gäste des angrenzenden Restaurants sehen Ihnen von oben beim Sonnen zu. Nur ein kurzes Stück zu Fuß die Straße hinab bietet die **Limeslade Bay** ein uneinsichtigeres Strandvergnügen. Schön ist die allerdings nur bei Ebbe, oberhalb an der Wiese gibt es Picknicktische. Hinter der Bucht können Sie sich dem Küstenpfad anschließen und einen rund 1,2 Kilometer langen Fußweg bis zur beliebten **Langland Bay** antreten. Diese erreichen Sie zwar am Weiterweg Richtung **Newton** links ab angeschrieben auch mit dem Auto, nur ist die Abfahrt etwas schmal, oft verkehrsreich – und dadurch alles andere als spaßig, wenn Sie an sonnigen Tagen unten kaum mehr wenden können.

Am Ende des folgenden Ortes **Caswell** gelangen Sie automatisch zur gleichnamigen **Caswell Bay**. Vorausgesetzt Sie finden einen Parkplatz auf der langgezogenen Stellfläche rechts der Straße ist sie eine der am einfachsten zu erreichenden Buchten auf Gower, wenn auch eher klein. Ist es Ihnen dort zu voll, wandern Sie von hier aus dem Küstenpfad nach Westen folgend bis zu den beiden winzigen, nur zu Fuß erreichbaren Buchten **Brandy Cove** und **Pwll Du Bay**.

Die Straße verlässt nun vorübergehend die Küste. Nach **Bishopston** stoßen Sie in **Kittle** auf ein womofreundliches Pub, das ***Beaufort Arms***, mit großem Parkplatz hinter dem Gebäude bevor Sie die Hauptstraße A4118 erreichen.

035 **N 51°35'04" W 4°03'36"**, 18 Pennard Road, SA3 3JG, auf Anfrage und gegen Einkehr

Kurz nach **Parkmill** ist rechts der **Gower Heritage Centre** angeschrieben. Als eine Art lebendes Landmuseum konzipiert, richtet sich alles nach einer Wassermühle aus dem 12. Jahrhundert aus. Es gibt unter anderem eine nostalgische Spielhalle, Abenteuerspielplätze, Bauernhoftiere und Wales kleinstes Kino zu entdecken. Insbesondere Kinder werden den Zwischenstopp zu schätzen wissen, die Zielgruppe sind vornehmlich Familien. Der Parkplatz ist offiziell als Übernachtungsplatz ausgeschrieben, eine weitere günstige Gelegenheit, die Nacht auf Gower zu verbringen *(10.00 – 17.00 Uhr, 7 £, www.gowerheritagecentre.co.uk)*. Über die kleine Straße links vom Zentrum können Sie zu einem alten Wildpark hinauf wandern, in dem sich einige interessante archäologische Formationen befinden. Darunter ein teilweise restauriertes Hügelgrab aus der Jungsteinzeit und eine Kalksteinhöhle, die damals von Jägern und später als Beinhaus genutzt wurde.

036 Parkmill – *Gower Heritage Centre*

GPS/Kontakt: N 51°35'00" W 4°06'12", A4118, SA3 2HE, www.gowerheritagecentre.co.uk. **Max. WOMOs**: 8 – 10. **Ausstattung**: Toiletten / Duschen, Mülleimer, Café. **Beschreibung:** Parkplatz des Museums, teils auf Rasen, teils auf Pflaster. Eben, kein Schatten, etwas laut durch die nahe Hauptstraße, ein Platz kann über die Webseite reserviert werden. **Preis**: 12 £. **Zufahrt**: An der Hauptstraße rechter Hand sichtbar und angeschrieben.

Nur ein paar hundert Meter weiter, direkt am Ortsbeginn von **Penmaen**, biegt links die schmale **North Hills Lane** zur weiten **Three Cliffs Bay** ab. Sie ist zweifellos eine der schönsten Buchten auf Gower und der gesamten Britischen Inseln. Erreichbar ist sie aber nur über recht steile Pfade, der kostenpflichtige Tagesparkpatz oberhalb gehört zum Gelände des fantastisch auf den Klippen gelegenen Campingplatzes. Dieser hat aber seinen Preis, etwas günstiger stehen Sie alternativ am Farmcampingplatz ein paar hundert Meter weiter entlang der Hauptstraße.

037 Penmaen – Three Cliffs Bay Holiday Park

GPS/Kontakt: N 51°34'40" W 4°06'58", North Hill Farm. SA3 2HB, 01792 37 12 18, www.threecliffsbay.com. **Öffnungszeiten**: Apr. – Sep. **Ausstattung**: Waschmaschine/Trockner, Café und Shop, Frühstücks- und BBQ-Service. **Beschreibung**: Schattenlose Rasenstellplätze, oft mit toller Aussicht auf Meer und Strand, nicht ganz eben, gepflegtes, gut ausgestattetes Gelände in nächster Nähe zur Three Cliffs Bay. **Preis**: 45 – 65£. **Zufahrt**: In Penmaen links ab durch die North Hills Lane, dort am Ende links. **Hinweis**: In der Hochsaison sind nur mehrtägige Aufenthalte möglich.

Three Cliffs Bay

038 Penmaen – *Nicholaston Farm*

GPS/Kontakt: N 51°34'28" W 4°08'03", SA3 2HL, Tel. 01792 37 12 09, www.nicholastonfarm.co.uk. **Öffnungszeiten**: Apr. – Sep.. **Ausstattung**: Waschmaschine/Trockner, Café und Farmshop. **Beschreibung**: Schön gelegener Platz auf einer Wiese, oberhalb der Küste auf den Klippen, kein Schatten, nicht ganz eben, durch die Hauptstraße nicht immer ganz ruhig. **Preis**: 39 – 55£. **Zufahrt**: Kurz nach Penmaen linker Hand.

Rundwanderung um die Penmaen Burrows *(rund 7 km)*

Die schöne Küstenlandschaft rund um die Three Cliffs Bay lässt sich auch hervorragend auf einer Wanderung erschließen. Als Startpunkt dient ein Parkplatz des National Trusts nahe der Kirche von Penmaen oder einer der vorgenannten Camping- und Parkplätze Falls an dieser Stelle nichts frei ist, können Sie an der Kirche auch weiter geradeaus fahren.

Spazieren Sie zunächst von der Kirche aus landeinwärts, vorbei am Myrtle Cottage rechter Hand. Halten Sie sich in Folge links und gehen Sie am Tor nach links weiter, so dass die kleine Steinmauer rechts neben Ihnen verläuft. Am Ende der Mauer schwenken Sie rechts unter den Stromleitungen hindurch ab. Sie treffen bald auf einen recht steinigen Pfad, der nach links abzweigt, folgen Sie ihm bis zum steinernen Gower Way Wegzeichen. Dort wandern Sie erneut nach rechts weiter, aufwärts in das **Cefn Byrn Moor** hinein. Auf diesem öffentlichen Land lassen die heimischen Farmer seit Generationen ihr Vieh weiden. Dies hat zum Erhalt der heterogenen Landschaft aus Feuchtgebiet, Heide und nackter Erde beigetragen, wie sie heute auf Gower weitflächig existiert. Am Gipfel des Hügels passieren Sie eine umzäunte Erhöhung. Ab dort sind es noch rund 500 Meter geradeaus, bevor Sie kurz vor einer Wegmarkierung scharf nach links, auf einen steinigen Graspfad wechseln. Sobald Sie auf einen Fahrweg stoßen, schlagen Sie diesen nach links ein und folgen ihm bis zur Hauptstraße, die Sie nun überqueren. Nach einem Tor mit »Welsh Water« Zeichen daran, drehen Sie links ab und gehen die Stufen hinunter. Nach kurzer Zeit geht eine andere Treppe nach rechts ab. Sie können nun wählen. Entweder bleiben Sie links und schlagen so den Uferpfad oberhalb der Klippen ein oder gehen rechts hinab zum Strand – dieser Weg ist aber nur bei Ebbe möglich.

Am Uferpfad gehen Sie immer geradeaus. Nach einem alten Kalkofen gabelt sich der Weg, bleiben Sie rechts und in Folge, vorbei an einer Bank,

Three Cliffs Bay

auf dem schmalen Pfad geradeaus. Am Strandpfad gehen Sie unten zur **Tor Bay** und halten sich links, bis sich gegen Ende der Bucht ein Pfad den Hang hinauf schlängelt. Wenn Sie oben auf den Uferpfad stoßen, folgen Sie ihm nach rechts.

Nachdem sich beide Wege wieder getroffen haben, wenden Sie sich erneut nach rechts, um dem Pfad über die »Greater Tor« genannte Felsspitze zu folgen. Nach einer Weile zeigen sich neben Ihnen Grundmauerreste von **Pennard Castle**, einer Burg aus dem 12. Jahrhundert. Dahinter können Sie rechts zur **Three Cliffs Bay** hinabsteigen. Links entlang erreichen Sie rechtsseitig die Überreste einer kleinen, mittelalterlichen Kirche im Unterholz, Links befinden sich die Überreste von **Pen y Crug**, einer etwa 5000 Jahre alten neolithischen Grabkammer. Durch ein Tor hindurch treffen Sie auf eine Betonstraße, der Sie bis zur Hauptstraße folgen. Nur kurz müssen Sie dieser noch nach rechts folgen, bevor Sie links über ein Viehgitter in die kleine Nebenstraße abzweigen können. Der Reihe nach kommen Sie nun zu den genannten Ausgangsplätzen zurück.

Die nächste Abfahrt links von der Hauptstraße führt nach **Oxwich**. Der dortige Strand, die **Oxwich Bay**, ist beinahe genauso sehenswert wie die Three Cliffs Bay, weitläufig, gut zugänglich mit ausreichend Parkplätzen und einigen kleinen Geschäften. Im Ort ist das **Oxwich Castle** angeschrieben. Die schmale Straße ist besser befahrbar als es erst den Anschein macht. Oben gibt es einen kleinen Parkplatz. Die Burg wurde zwischen 1520 und 1580 erbaut und umfasste ganze sechs Stockwerke. Während Sie die alten Mauern erkunden, erfahren Sie mehr über die Schlachten, die hier einst stattfanden. Sie sehen unter anderem für damalige Verhältnisse äußerst luxuriös ausgestattete Toilettenräume und können den Ausblick von der Galerie genießen *(N 51°33'20" W 4°10'09", SA1 3ND, Apr.–Sep., 10.00–17.00 Uhr, 5 £, CADW Members frei, www.cadw.gov.wales)*. Auch ein weiterer, eher einfacher Farm-Campingplatz befindet sich wenige hundert Meter weiter an der Burgzufahrtsstraße in **Slade**.

039 Salde – *Slade Farm*

GPS/Kontakt: N 51°33'09" W 4°10'53", SA3 1NA, Tel. 01792 39 13 74, www.easternsladecampsite.freeservers.com. **Max. WOMOs**: 5. **Öffnungszeiten**: Etwa Apr. – Sep. **Ausstattung**: Nur Ver-/Entsorgung und ein Dixie-WC. **Beschreibung:** Schön gelegener, doch recht schräger Rasenplatz mit Blick auf die Küste, einfach, Einfahrt etwas eng, bei Regen schwer befahrbar, rund 1,9 km bis in den Ort. **Preis**: 15 £. **Zufahrt**: Wie zur Burg, nur dann weiter geradeaus nach Slade, dort linker Hand.

Letzter Ort an der Südküste von Gower ist **Port Eynon**. Mit einem ziemlich kleinen Parkplatz hinter der Doppelbucht **Port Eynon Bay** und **Horton Bay** ist er für Tagesbesucher weniger gut geeignet. Ein zusätzlicher Parkplatz schräg dahinter wird nur manchmal geöffnet. Doch es gibt gleich mehrere Campinggelegenheiten, fast alle mit tollem Meerblick. Am Schönsten stehen Sie wohl am Skysea Platz. Neben dem Strand ist auch eine kleine Wanderung entlang der Landspitze nach Südwesten interessant. Dort passieren Sie die Ruinen des ehemaligen Salt House und ein Stück weiter das **Culver Hole**. Die Höhle wurde einst mit einer Mauer und Fenstern verschlossen und diente wohl ab dem 13. Jahrhundert Schmugglern als Lager und Unterschlupf.

Die Höhle Culiver Hole wurde einst mit einer Mauer und Fenstern verschlossen und diente Schmugglern als Lager und Unterschlupf.

Port Eynon Bay

TOUR 2

040 Port Eynon – *Skysea Camping*

GPS/Kontakt: N 51°32'37" W 4°12'43", SA3 1NN, Tel. 01792 39 07 95, www.porteynon.com. **Öffnungszeiten**: Etwa Apr. – Sep. **Ausstattung**: Campingplatzübliche Ausstattung. **Beschreibung:** Toll gelegener Rasencamping an der Landspitze oberhalb von Klippen und Strand. Bei Regen schwer befahrbar, nicht ganz eben, kein Schatten. **Preis**: 30 – 35 £. **Zufahrt**: Der Straße nach Port Eynon folgen, an der Küste rechts bis zum Platz ganz am Ende halten.

Ganz am westlichen Ende der Gower Halbinsel erwartet Sie dann die **Rhossili Bay**. Sie gilt als schönster Strand von Wales und wurde auch international bereits mehrfach unter die Top Ten der spektakulärsten Badeplätze gewählt. Die kilometerlange, sanft abfallende Sandbucht wird im Rücken von einer markanten Hügelkette flankiert, die ihr eine ganz eigene Optik und Stimmung verleiht. Im Dorf Rhossili gibt es nur ein paar kleine Kneipen, darunter das empfehlenswerte Bay Bistro and Coffee House benachbart zum riesigen Tagesparkplatz für den einem recht stolze Parkgebühr von acht Pfund verlangt wird *(N 51°34'10" W 4°17'18", SA3 1NP, National Trust Members frei,)*. Zwischen dem Worms Head Hotel und dem Bay Bistro führt ein mit Treppen durchsetzter Pfad zum Strand hinunter, der wirklich eine Schau ist. Selbst bei schlechtem Wetter beeindruckt die Weite der Bucht. Echte Waliser lassen sich von Wind und Regen sowieso nicht schrecken. Gesurft werden kann schließlich auch dann, sogar noch besser mit dem richtigen Wellengang und selbst mit Eimer und Förmchen im Sand spielen ist allenfalls eine Frage der richtigen Wetterschutzjacke… Am hinteren Ende des Parkplatzes befindet sich das Visitor Centre des National Trusts, zu dem ein breiter Weg oberhalb der Klippen verläuft. Oft tummeln sich hier Schafe und halbwild lebende Ponys. Dort kann man sich über den Strand, Wandermöglichkeiten und die Natur von Rhossili und Gower informieren. Unterhalb führen mehrere Pfade zum Ufer und wei-

Rhossili Beach

Unten und oben: Worms Head an der Rhossili Bay

ter bis zum **Worms Head** genannten, äußersten Landzipfel. Die Wanderung dorthin ist wirklich toll.

Unbedingt achten sollten Sie aber auf das große Gezeitenwarnschild unterwegs: bricht man zur falschen Zeit auf oder ist nicht rechtzeitig zurück, schneidet einem die Flut den Weg ab. So mancher unvorsichtige Wanderer hat schon unfreiwillig einige ungemütliche Stunden mehr als geplant auf dem Landfinger verbracht erzählen einem die Wachmänner im nahen Schutzhäuschen mit einem Schmunzeln. Dann kann man zur Not mit einer Glocke auf sich aufmerksam machen. Besser nutzen Sie aber nur das sichere Zeitfenster, dass von drei Stunden vor bis drei Stunden nach Ebbe reicht und wählen festes Wanderschuhwerk, um beim Übertritt über die scharfen Felsen keine Blessuren davon zu tragen.Die beste Gelegenheit in dieser schönen Umgebung über Nacht zu bleiben, bietet eine Campsite einige hundert Meter landeinwärts.

041 Rhossili – Pitton Cross Camping Park

GPS/Kontakt: N 51°34'02" W 4°15'39", SA3 1PT, 01792 39 05 93, www.pittoncross.co.uk. **Öffnungszeiten**: Ganzjährig. **Ausstattung**: WiFi, Waschmaschine /Trockner, Shop, Spielplatz. **Beschreibung**: Schattenlose geschotterte Plätze in ruhiger Ortsrandlage, meist eben, teils entfernter Küstenblick, Bushalt, rund 1,8 km vor Rhossili. **Preis**: 27 – 35£. **Zufahrt**: An der nach Rhosilli linker Hand kurz vor dem Dorf angeschrieben. **Hinweis**: Im Sommer und an Wochenenden Minimumaufenthalt 2 Nächte.

Alternativ kommen Sie am Nordende des Rhossili Strandes im Weiler **Llangynydd** unter, auch der Mobilheimpark oberhalb des Strandes bietet Stellplätze an. Dieser Abschnitt ist meist ruhiger und Sie können von hier aus eine schöne Wanderung unternehmen, wenn Sie zunächst dem Strand nach Norden folgen und dann an der nördlichen Landspitze, den Spaniard Rocks, dem Pfad nach Osten folgen. Bei Ebbe bietet sich hier die Gelegenheit, ähnlich wie im Süden zuvor, die vorgelagerte kleine Insel Burry Holms zu besuchen. Dort befinden sich die Überreste einer alten Kapelle. Der Küstenpfad führt ansonsten weiter zur riesigen **Broughton Bay** und dem **Whiteford Beach** und von dort entlang der kleinen Straße nach Llangynydd zurück.

042 Llangynydd – Bank Farm

GPS/Kontakt: N 51°36'06" W 4°16'33", SA3 1JB, 01792 38 62 65, www.campingandcaravanningclub.co.uk. **Max. Womos:** 5. **Öffnungszeiten**: Apr. – Sep. **Ausstattung**: Ver- / Entsorgung, Mülleimer, Toiletten / Duschen. **Beschreibung**: Leicht geneigte, schattenlose Wiese hinter der Farm am Ortsrand, einfach aber sauber, rund 1,6km zum Rhossili- und zum Whiteford-Strand, klappstuhlgeeignet. **Preis**: 20 £. **Zufahrt**: Von der A4118 nach Reynoldston abfahren, dann links nach Llangynydd halten. Am Ortsende linker Hand. **Hinweis**: Nur mit Mitgliedschaft im Camping und Caravanning Club nutzbar, Reservierung empfohlen.

043 Llangynydd – Hillend Camping Park

GPS/Kontakt: N 51°35'40" W 4°17'09", SA3 1JD, 01792 38 62 04, www.hillendcamping.com. **Öffnungszeiten**: Apr. – Sep. **Ausstattung**: WiFi, Waschmaschine / Trockner, Shop, Café, Surfschule. **Beschreibung**: Meist recht ebene, schattenlose Rasenplätze oberhalb des Rhossilistrandes neben dem Mobilheimpark. Recht ruhig, beste Lage für den direkten Strandzugang, rund 1,5 km bis in den kleinen Ort. **Preis**: 22 – 57£. **Zufahrt**: Von der A4118 nach Reynoldston abfahren, dann links nach Llangynydd halten. Dort nach links angeschrieben.

Der letzte schöne Strand von Gower, die bereits erwähnte **Broughton Bay**, sitzt am nordwestlichen Ende. Aufgrund der weiteren Entfernung ist es einer der ruhigsten Abschnitte. Die beste Anfahrt mit schmalen aber wenig schwierig zu befahrenden Straßen gelingt über **Cheriton** und **Llanmadoc**. Der schönste Teil des Strandes weist außerhalb des Mobilheim- und nur bedingt empfehlenswerten Campingplatzes keine nennenswerten Parkmöglichkeiten auf. Nur am nördlichen Ortsende befindet sich ein kostenpflichtiger Tagesparkplatz, von dem aus Sie noch rund einen Kilometer zum Abschnitt **Whiteford Sands** laufen müssen *(N 51°37'07" W 4°15'19")*. Der Dünenbereich rechts vom Zugang wird inoffiziell häufig von FKK-Freunden genutzt. Zur Übernachtung bietet sich in dieser Gegend eine Farm an.

044 Llanmadoc – Phillistone Farm

GPS/Kontakt: N 51°37'01" W 4°16'02", SA3 1DE, 07967 82 09 90, www.phillistonegower.co.uk. **Max. Womos:** 5. **Öffnungszeiten**: Apr. – Okt. **Ausstattung**: Ver-/Entsorgung, Strom. **Beschreibung**: Küstennahe Campingwiese, einfach, sauber, nicht ganz eben, kein Schatten, klappstuhlgeeignet, rund 800 m in den Ort und zum Strand. **Preis**: 26 £. **Zufahrt**: Am Ende von Llanmadoc links halten, nach rund 700 m links.

Nur ein kurzes Stück entlang der Hauptstraße und Sie stoßen links auf die Beschilderung zum **Weobley Castle**. Auch wenn nur mehr eine Ruine übrig ist, kann man die herrschaftlichen Räume des einstigen Herrenhauses der Familie de la Bere noch ganz gut erahnen. Von oben haben Sie außerdem einen schönen Blick auf den nördlichen Sund und das Marschland. Sogar Details wie Kamin, Latrinen, Gäste- und Privaträume sind noch gut erkennbar *(N 51°36'42" W 4°12'02", SA3 1HB, Apr. – Okt. 9.30 – 18.00 Uhr, sonst bis 17.00 Uhr, 4,60 £, CADW Members frei, www.cadw.gov.wales)*. Mögen Sie Lamm? Dann an dieser Stelle noch ein Tipp für Sie: Vom Farmer, der die Eintrittskarten verkauft können Sie auch Marsch-Lamm kaufen. Aufgrund des besonders salzigen Bodens unterhalb der Burg hat es einen ausgezeichneten

Weobley Castle

Geschmack und gilt als echte Delikatesse.

In nahen **Llanrhidian** sei Ihnen dann noch das *Welcome Country Pub* empfohlen *(Mill Lane, SA3 1EH)* bevor Sie bei **Gowerton** die größere A484 erreichen, die Sie weiter nach Westen führt. Kurz nach **Crofty** stoßen Sie dann direkt neben der Straße auf eine kleine Schotterparkfläche, die zwar wenig spektakulär ist, aber eine der ganz wenigen kostenfreien Stellmöglichkeiten in der Gegen bietet.

045 N 51°38'28" W 4°07'17", SA4 3RP, The Prominade.

Llanelli *(49.500 Einwohner)*

Sie überfahren den Fluss Loughor und wechseln damit auch zum Bezirk Carmarthenshire hinüber. Kurz zuvor haben Sie zweimal Gelegenheit, zu einer einfachen, aber dafür kostenfreien Übernachtung. Entweder in Gowerton am Bahnhof oder direkt unterhalb der Loughor-Brücke. Von dort aus können Sie noch einen Blick auf **Loughor Castle**, eine mittelalterliche Ruine aus dem frühen 12. Jahrhundert werfen, keine 100 Meter entfernt landeinwärts.

Stellplatz 45

046 N 51°38'54" W 4°02'14", SA4 3AG, Gorwydd Road

047 N 51°39'48" W 4°04'40", SA4 6TT

Llanelli bietet zwei interessante Haltepunkte für Sie. Zum einen das am Südrand gelegene, schon ab der Hauptstraße mit Entensymbolen angeschriebene **Llanelli Wetlands Centre**. Es ist für seinen ornithologischen Artenreichtum bekannt und ein beliebtes Ausflugsziel – für Vogelbeobachter und Familienausflügler gleichermaßen. Während die einen sich zu einem Rundweg durch die mit Seen und Tümpeln durchsetzte Landschaft aufmachen werden, um von einer der Vogelwarten Strandläufer, Schnepfen, Wasserläufer, Kiebitze oder Kormorane zu entdecken, können die anderen eine ganze Schar bunte und laute Flamingos von Nahem erleben, die seltensten Gänse der Welt füttern und bunten Schmetterlingen durch das Gelände folgen. Begleitet wird all dies von mehrmals

Sie können eine ganze Schar bunte und laute Flamingos von Nahme erleben und die seltensten Gänse der Welt füttern.

Llanelli Wetlands Centre

täglich stattfindenden »Talks«, Naturfreunde werden hier sicher ihren Spaß haben. Im Sommer werden außerdem Bootsfahrten durch die entfernteren Wasserwege angeboten, sowie ein Shuttleservice mit Golfkarts, der auf Wunsch die Wege etwas abkürzt *(N 51°39'55" W 4°07'28", SA14 9SH, 9.30 – 17.00 Uhr, 10,50 £, www.wwt.org.uk)*.

Die zweite Attraktion betrifft **Plas Llanelly**, ein liebevoll hergerichtetes Stadthaus aus dem frühen 18. Jahrhundert. Während im Erdgeschoss ein nettes Café und ein Shop untergebracht sind, ist das obere Stockwerk nur auf einer Führung zugänglich. Buchungen sollten im Voraus über die Website erfolgen, dort erfahren Sie auch die aktuellen Öffnungszeiten *(parken bei N 51°40'59" W 4°09'48" oder falls die Höhenbarriere aktiv ist südlich am Asda-Einkaufszentrum in der Upper Robinson Street bei N 51°40'48" W 4°09'32", Haus in der autofreien Bridge Street, SA15 3UF, Mo. – Sa. 10.00 – 17.00 Uhr, 7 £, www.llanelly-house.org.uk – Achtung: zuletzt wegen eines Brandes bis auf Weiteres geschlossen)*. Llanelli selbst ist nicht sonderlich attraktiv, doch es gibt sowohl im Zentrum als auch am Ortsrand große Shoppingareale für beinahe jeden Bedarf. Falls Sie eine Gelegenheit zum Essen suchen, sind Sie mit dem **Gallery Art and Coffee Shop** *(29, Stepney Street)*, dem ***Half Moon*** *(71, Wern Street)* oder dem **York Palace** *(51, Stepney Street)* gut beraten. Sowohl nahe Llanelli als auch im nächsten Ort **Burry Port** finden sich auch verschiedene Stellplätze.

048 Llanelli – Caemawr Caravan and Camping

GPS/Kontakt: N 51°41'53" W 4°09'25", 10 Lon Y Dderwen, SA15 4NU, www.caemawrcaravanning.co.uk. **Öffnungszeiten**: Ganzjährig. **Ausstattung**: Campingplatzübliche Ausstattung. **Beschreibung**: Etwas schräger Rasenplatz mit schönem Blick auf die Küste, nettes, einfaches Ambiente, kein Schatten, etwas schräg, 1,9 km in den Ort. **Preis**: 15 – 20 £. **Zufahrt**: Vom Ortszentrum in nördlicher Richtung zunächst von der A484 auf die Felinfoel Road (A476) in Richtung Llandeilo fahren und gleich danach links am Thomas Arms Pub in die Old Road abzweigen. Am kommenden Kreisverkehr rechts abbiegen und dann immer links halten. Zur Farm geht es dann bei den angegebenen Koordinaten links ab.

049 Swiss Reservoir

GPS: N 51°43'00" W 4°09'02", SA14 8NQ. **Max. WOMOs**: 1 – 2. **Ausstattung**: Mülleimer, sonst keine Einrichtungen. **Beschreibung:** Abgelegener Waldparkplatz am Stausee schattig, Wandermöglichkeiten, nachts einsam, teils schattig auf Schotter, 5 km von Llanelli entfernt. **Zufahrt**: Zunächst wie zum vorgenannten Campingplatz, dann aber auf der A476 bleiben, bis etwa 600 m außerhalb des Ortes nach einem gelben Hinweisschild links ein schmaler Fahrweg abgeht. Dieser führt Sie nach rund 1 km zum Wanderparkplatz.

050 Burry Port – Sandhills Bar

GPS/Kontakt: N 51°41'04" W 4°15'03", Elkington Road, SA16 0EL, Tel. 01554 70 14 55. **Öffnungszeiten**: Ganzjährig. **Ausstattung**: Toilette, Mülleimer, mehr in Planung. **Beschreibung**: Neu angelegte Schotterfläche hinter der Bar, direkt im Ort, eben, kein Schatten. **Preis**: 10 – 15 £. **Zufahrt**: In Burry Port von der A484 links an der Ampel der Beschilderung zum Amelia Earhart Monument folgen und dann gleich rechts Richtung Schule halten. Am Ende der Straße rechts.

Pembrey *(2.000 Einwohner)*
Im nächsten Ort kommen vor allem Badefreunde im **Pembrey Country Park** und dem vorgelagerten, acht Meilen langen **Golden Sands**-Strand auf ihre Kosten. Aber auch wer Spaß an Unternehmungen im Parkland hat, findet eine Beschäftigung. Von Trocken-Skifahren über Wanderwege, Minigolf und Sommerrodeln bis zum Segway-Verleih, Reitgelegenheiten und einer Laser Tag Anlage unter freiem Himmel, um nur einige Beispiele zu nennen, hat man sich wirklich viel einfallen lassen, um Urlauber glücklich zu machen. Es gibt auch einen eigenen, sehr großen Campingplatz am Gelände im Wald, Vorsicht man verwechselt ihn leicht mit dem deutlich teureren Caravaning Club Platz direkt davor. Wer es lieber etwas kleiner und gemütlicher mag und idealerweise Fahrräder dabeihat, kommt auch einige hundert Meter zuvor nahe dem Ort Pembrey unter.

051 Pembrey – Pembrey Country Park Camping

GPS/Kontakt: N 51°40'53" W 4°18'33", SA16 0EJ, www.pembreycountrypark.wales **Öffnungszeiten**: März – Okt. **Ausstattung**: Restaurant, Fahrradverleih. **Beschreibung**: Meist gut besuchter, etwas enger Rasencampingplatz im Wald, gute Lage an der Küste und den anderen Parkattraktionen, nicht immer ganz leise, fast eben. **Preis**: 22 – 32 £. **Zufahrt**: Ab Pembrey der Beschilderungzum Country Park folgen, dort ist es der zweite Platz nach der Zufahrtsanlage.

052 Pembrey – Littlewood Site

GPS/Kontakt: N 51°41'19" W 4°17'14", SA16 0DZ, www.campingandcaravanningclub.co.uk. **Max. Womos**: 5. **Öffnungszeiten**: Ganzjährig. **Ausstattung**: Ver- / Entsorgung, einfache Toilette und Dusche, Mülleimer, gutes Café am Platz. **Beschreibung**: Kleiner, etwas improvisiert wirkender Platz mit Stellflächen auf Schotter, eben, kein Schatten etwa 1000 m zum Countrypark, 300 m in den Ort. **Preis**: 8 – 25 £. **Zufahrt**: Ab Pembrey der Beschilderung links zu Country Park folgen, dort nach der Bahnüberführung rechts. **Hinweis**: Nur mit Mitgliedschaft im Camping and Caravanning Club, Reservierung empfohlen.

Kidwelly Castle

Kidwelly *(3.500 Einwohner)*
Die Gemeinde Kidwelly wird vom **Kidwelly Castle** beherrscht, eine der größeren Anlagen an der Südküste von Wales. Burg und Ortschaft existieren bereits seit dem 12. Jahrhundert. Immer wieder wurde an der Anlage umgebaut, erneuert und verändert. Die ersten Burgherren waren Normannen, dann folgten die Lancasters. Auch der walisische Fürst Owain Glyndwr residierte hier einst. Auf Infotafeln können Sie sich umfangreich über die Burg und ihre Bewohner informieren. Vor allem am Morgen, wenn oft Nebelschaden die alten Mauern umspielen, wirkt die gut erhaltene Anlage äußerst beeindruckend und wie aus dem Bilderbuch. Freunden des englischen Humors mag sie bekannt vorkommen: sie taucht gleich in der ersten Szene von »Monty Python und der Heilige Gral« auf. Mehrmals im Jahr gibt es hier auch Ausstellungen und mittelalterliche Spektakel mit verkleideten Akteuren, mehr erfahren Sie dann über die CADW Website *(9.30–17.00 Uhr, Nov.–Feb. 10.00–16.00 Uhr, Jul.–Aug. bis 18.00 Uhr, 6,80 £, CADW Members frei, www.cadw.gov.wales)*. Da der Parkplatz winzig ist, parken Sie lieber gleich am Ortsparkplatz. Dort gibt es im Übrigen auch kein Übernachtungsverbot.

053 **N 51°44'17" W 4°18'35"**, SA17 4UU, Bridge Street.

Nachtparkplatz 053

Praktisch ist das, wenn Sie abends noch im ***Gatehouse*** *(2, Castle Street)* oder dem ***Masons Arms*** *(37, Water Street)* einkehren wollen oder vielleicht das **Kidwelly Industrial Museum** in der weltweit ältesten Weißblechfabrik besuchen möchten *(Broadford, Sa17 4LW, Ostern – Sep., meist Do. – Sa. 10.00 – 17.00 Uhr, kostenlos, www.kidwellyindustrialmuseum.org.uk, Achtung: zuletzt wegen Renovierungsarbeiten geschlossen)*. Anderenfalls stehen Sie am **Kidwelly Quay** oder am küstennahen Farmcampingplatz schöner.

054 Kidwelly – *Kidwelly Quay*

GPS: N 51°43'59" W 4°19'15", 1 Quay Road, SA17 4UW. **Max. WOMOs**: 2 – 3. **Ausstattung**: Picknicktische, Mülleimer, sonst keine Einrichtungen. **Beschreibung:** Recht neuer, schön gestalteter Picknickplatz an den alten Kanal-Anlagen, nachts ruhig, kein Schatten, rund 1 km in den Ort. **Zufahrt**: In Kidwelly links zum Bahnhof (Station) abbiegen, dann immer geradeaus. Nach dem Bahnübergang rechts am Klärwerk vorbei fahren bis zum Parkplatz am alten Kanal.

055 Kidwelly – *Tanylan Farm Camping*

GPS/Kontakt: N 51°44'35" W 4°21'31", SA17 5HJ, www.tanylandfarm.co.uk. **Öffnungszeiten**: Mär. – Okt. **Ausstattung**: WiFi, Waschmaschine und Trockner, Geschirrspüler, Spielplatz. **Beschreibung**: Einfacher, recht großer Wiesenstellplatz in guter Lage nahe der Küste neben einem Mobilheimpark. Gäste können eine Kurzzeitmitgliedschaft in diesem Resort erwerben und dort dann auch das Schwimmbad, verschiedenste Sport- und Spielgeräte, ein Cabaret und Restaurants/Bars besuchen. Schön ist auch eine Wanderung entlang der Küste bis zur romantisch gelegenen, alten St. Ishmaels Kirche und Friedhof. Etwa 4,3 km in den Ort. **Preis**: 16 – 28 £. **Zufahrt**: In Kidwelly links Richtung Ferryside abzweigen und dann nach einer Weile erneut links zur Carmarthen Bay. Nach rund 3km erreichen Sie die Farm mit Rezeption.

Carreg Cennen Castle

Um einige interessante Sehenswürdigkeiten Carmarthenshires nicht zu verpassen, schlagen Sie nun den Weg landeinwärts über **Crosshands** und auf schmalen Dorfstraßen weiter bis **Trapp** ein. Hier, am südwestlichen Ende walisischen Black Mountains, befindet sich das recht isoliert gelegene **Carreg Cennen Castle**. Der Ort war zu Bauzeiten jedoch klug gewählt. Während die exponierte Lage auf einem Felssporn heute vor allem für tolle Blicke in die weite Landschaft sorgt, bot sie in früheren Zeiten Schutz vor Angriffen. Die Geschichte der Festung reicht bis ins 13. Jahrhundert zurück, archäologische Untersuchungen legen sogar eine frühere Besiedlung schon in der Römerzeit und in prähistorischer Periode nahe. Die erste Burg bauten dann die walisischen Prinzen des Deheubarth Geschlechts, die heutigen Überreste stammen aus der Zeit Edwards I. Eine Besonderheit der Burg ist eine kleine, feuchte Grotte unterhalb der Ruine. Wenn Sie hinabsteigen wollen, sollten Sie eine Taschenlampe mitnehmen oder am Ticketschalter ausleihen. Zwischen Parkplatz und Burg gibt es einen recht schönen Tearoom *(N 51°51'24" W 3°56'17", SA19 6UA , 9.30 – 17.00 Uhr, Nov. – Mär. nur bis 16.30 Uhr, 6,50 £, CADW Members ermäßigt, www.carregcennencastle.com).*

Llandeilo *(2.000 Einwohner)*
Im kleinen Städtchen Llandeilo muss man nicht unbedingt anhalten, auch wenn es rund um die Hauptstraße einige schöne Häuser, Geschäfte und Wirtshäuser gibt, wie das ***Cawdor Arms*** *(72, Rhosmaen Street)* oder das ***Cafe Braz*** *(3, King Street)*. Einen großen Parkplatz finden Sie gegebenenfalls in der Crescent Road *(N 51°53'01" W 3°59'28")*.

Nicht verpassen sollten Sie dagegen das gleich vor den Toren gelegene Anwesen Dinefwr Gardens and Castle mit Newton House. Allein die Anfahrt quer über das riesige Grundstück erstreckt sich schon über einen guten Kilometer. Zu sehen gibt es eine ganze Menge, man kann sich spielend einen ganzen Tag aufhalten. Das Haus war einst im Besitz des mächtigen Lord Rhys und in der heutigen Form Eigentum der Familie Rice. Sie können sich auf eigene Faust darin umschauen und auch gänzlich ungewöhnliche Erfahrungen sammeln: so wird beispielsweise, ganz in der Tradition der letzten

Ganz in der Tradition der ehemaligen Besitzer wird im Sommer der Speisesaal leergeräumt, um zwischen Ölgemälden und Stuck eine Rund Tennis zu spielen.

Carreg Cennen Castle

Newton House im Dinefwr Anwesen

Besitzer, im Sommer der Speisesaal leergeräumt und Sie spielen dort, zwischen Ölgemälden und Stuckornamenten, eine Runde Badminton.

Der schöne Landschaftspark lädt an heiteren Tagen zu ausgedehnten Rundgängen ein, gleich mehrere bezeichnete Wege zwischen eineinhalb und fünf Kilometern Länge können in Angriff genommen werden. Die passenden Orientierungskarten erhalten Sie im Ticketshop. Die als Eichenweg, Liebellenweg oder Flussweg bezeichneten Rundgänge führen unter anderem zu den Überresten der parkeigenen Burgruine **Dinefwr Castle**, einem Holzbohlenweg nahe einem kleinen See, quer durch einen Wildpark, vorbei an weißen Rinderherden und vielem mehr *(N 51°53'05" W 3°59'54", Carmarthen Road, SA 19 6RT, März – Okt. 10.00 – 18.00 Uhr, sonst nur bis 16.00 / 17.00 Uhr, Haus und Burg meist nur bis 16.30 Uhr, 9 £, National Trust Members frei, www.nationaltrust.org.uk).*

056 Llandeilo – *Cwmyrhidyll*

GPS/Kontakt: N 51°54'34" W 3°59'59", Salem Road, SA19 7LW, Tel. 01558 82 26 27, www.campingandcaravanningclub.co.uk. **Max. Womos**: 5. **Öffnungszeiten**: Ende April – Mitte September. **Ausstattung**: Ver- / Entsorgung, Strom, Toilette und Dusche, WiFi, Mülleimer. **Beschreibung**: Parzellierte, teils geschotterte Plätze auf einem geschützten Rasengrundstück neben einer Farm, relativ eben, ruhig, im Grünen gelegen, klappstuhlgeeignet, rund 3 km in den Ort. **Preis**: 15 – 25 £. **Zufahrt**: Nördlich von Llandeilo Richtung Talley fahren, dann nach rund 1,5 km links abbiegen nach Salem. Nach weiteren rund 850 m links. **Hinweis**: Nur mit Mitgliedschaft im Camping and Caravanning Club, Reservierung empfohlen.

Dryslwyn Castle

Aberglasney Gardens und Dryslwyn Castle

Auf der in südwestliche Richtung verlaufenden A40 fahren Sie dann in Richtung Carmarthen weiter. Ein nächstes Ziel wird rechter Hand durch Schilder zu den **Aberglasney Gardens** angezeigt. Die prachtvolle, rund vier Hektar große Anlage wird mittig von einem einzigartigen, elisabethanischen Klostergarten beherrscht. Umliegend gibt es mehrere kleine Themengärten. Auch das Erdgeschoss des zugehörigen Herrenhauses ist meist geöffnet und zeigt wechselnde Ausstellungen – Aberglasney gehört damit nicht nur auf dem Papier zu den interessantesten walisischen Gärten und muss ich sich auch im harten, gesamtbritischen Vergleich in keiner Weise verstecken *(N 51°52'50" W 4°03'44", SA32 8QH, Apr. – Okt. 10.00 – 187.00 Uhr, sonst 10.30 – 16.00 / 17.00 Uhr, 12,50 £, www.aberglasney.org)*. Eine A40-Abfahrt weiter südlich befindet sich die Ruine von **Dryslwyn Castle** auf einem Hügel gleich neben dem Fluss Towy, ein weiterer lohnenswerter Zwischenstopp. Es wird vom CADW verwaltet und der Zugang ist frei. Parken können Sie auf der gegenüberliegenden Straßenseite, auch über Nacht.

057 Dryslwyn Castle

GPS: N 51°51'44" W 4°06'11", B4297. **Max. WOMOs**: 2 – 3. **Ausstattung**: Etwas windschiefe Picknicktische, Mülleimer, sonst keine Einrichtungen. **Beschreibung:** Schattiger Platz am Fluss, schön gelegen, eben, nachts ruhig, 8,5 km von Llandeilo entfernt. **Zufahrt**: Von der A40 Richtung Carmarthen links beschildert Richtung Dryslwyn

Castle abbiegen. Nach rund 2 km auf der rechten Seite.
Hinweis: sollte diese Platz einmal nicht nutzbar sein, gibt es ein Stück weiter bei N 51°51'33" W 4°10'05", B4300, am Fluss Afon einen weiteren frei nutzbaren Parkplatz, wenn auch nicht ganz so schön wie der zuvor.

Ganze drei weitere Übernachtungsplätze folgen dann noch in kurzen Abständen, allesamt an Pubs und der Gelegenheit, auf ein leckeres bodenständiges Essen. In Llanarthen dürfen Gäste am Pub ***Emlyn Arms*** kostenfrei eine Nacht bleiben, in Ponthargothi am ***Cressely Arms***. In Nantgaredig bietet das **Railway Hotel** gleich hinter der Towy-Brücke sogar wohnmobilgerechte Ausstattung, dafür wird dort eine kleine Gebühr fällig, bei den anderen Pubs gilt Einkehr gegen Übernachtung.

058 **N 51°51'39" W 4°07'45",** SA32 8JE, Emlyn Arms, Tel. 01558 66 89 89, www.emlynarms.co.uk

059 **N 51°52'29" W 4°10'16"**, SA32 7NG, Cressely Arms, Tel. 01267 29 04 82

060 Nantgaredig – *Railway Hotel*

GPS/Kontakt: N 51°51'55" W 4°11'21", B4310, SA32 7LQ, Tel. 01267 29 02 11. **Max. WOMOs**: 4–5. **Ausstattung**: Ver-/Entsorgung, Toilette, Mülltonnen. **Beschreibung:** Zweckmäßiger Stellplatz auf Schotter am Parkplatz hinter dem Pub, eben, nachts recht ruhig, 9 km bis Carmarthen. **Preis**. 5 £. **Zufahrt**: Von der B4310 kommend rechts nach Nantgaredig abzweigen, dann linker Hand etwa 500 m nach der Brücke.

National Botanic Garden

Nur wenige Meter nach der Abfahrt zum Railway Hotel zweigt links eine Straße zum **National Botanic Garden of Wales** ab. Kein gewachsener Garten wie die meisten anderen botanischen Klein-

National Botanic Garden

Am Guildhall Square in Carmarthen

ode von Wales, ist er erst ab den 1990ern als gartenplanerisch umgesetztes Projekt nach einer Idee von William Wilkins aus Trapp entstanden. Am damals brach liegenden Anwesen rund um das einstige Herrenhaus Middelton Hall gab er den Anstoß zum Bau einer modernen Gartenanlage. Tatsächlich kam das Vorhaben dann mit Hilfe von privaten und öffentlichen Geldgebern in Schwung und führte zu der beeindruckenden, heutigen Anlage. Sie umfasst, unter anderem, das weltgrößte, selbsttragende Glasgewächshaus mit mediterranen Pflanzen darin, einen riesigen ummauerten Garten mit einem Orchideengewächshaus, einige der längsten Blumenrabatten ganz Europas, uralte »Geisterbäume«, die unter widrigsten Bedingungen heran geschafft wurden sowie eine Sammlung der seltensten Wildpflanzen von Wales. Die Wege durch das Gelände lassen sich schier endlos ausdehnen, denn im Anschluss an die gestalteten Gartenbereiche folgen zugehörige Wälder, sowie ein Naturschutzgebiet mit einer Turmruine. Der Ausbau ist noch immer nicht ganz beendet und der Park weitet sich ständig aus. Parkplätze stehen direkt am Haupteingang bereit *(N 51°50'20" W 4°09'03", SA32 8HN, Apr. – Sep., 10.00 – 18.00 Uhr, sonst nur bis 16.00 Uhr, 16,85 £, www.botanicgarden.wales).*

Zurück an der B4300 zweigen Sie links nach Carmarthen ab. Bei Bedarf können Sie vom botanischen Garten auch weiter in südliche Richtung zu einer Campinggelegenheit fahren, die nahe der Autobahn gelegene Coedhirion Farm.

061 Llanddarog – *Coedhirion Farm*

GPS/Kontakt: N 51°49'54" W 4°11'11", SA32 8BQ, Tel. 01267 27 56 66, www.welshfarm.co.uk. **Öffnungszeiten:** Mär. – Dez. **Ausstattung**: Campingplatzüblich, Waschmaschine. **Beschreibung**: Leicht schräger Grasplatz neben der Farm. Relativ nah an der Schnellstraße und dadurch nicht ganz leise, trotzdem angenehme Lage. **Preis**: 20–25 £. **Zufahrt**: Südlich des Botanischen Gartens die A48 überqueren und in Porthyryd rechts nach Llanddarog abbiegen. Nach dem Ort zweigen Sie unmittelbar vor der Schnellstraße links zur Farm ab.

Carmarthen *(14.000 Einwohner)*
Die Kleinstadt ist der Namensgeber des ganzen Bezirks und gleichzeitig das Einkaufszentrum des Umlandes. Eine recht schöne, große Fußgängerzone regt zu einem Bummel an, auch weil wohnmobilgerechte Parkplätze gleich in der Nähe liegen *(N 51°51'31" W 4°18'22" zwischen Barn Road und Orchard Street)*. Es gibt einige sehenswerte Ecken, zum Beispiel den **Guildhall Square** mit Markthalle. Die alte Burg grenzt südlich an den verkehrsberuhigten Bereich an und beherbergt eine **Touristeninformationsstelle**, ist aber ansonsten wenig sehenswert. Lassen Sie sich einfach ein wenig durch die Gassen treiben oder kehren Sie ein, zum Beispiel im Fish & Chips Laden ***Morgan`s Traditional Chippy*** *(80, Water Street)* oder dem ***Pantri Blakeman*** *(31a, Blue Street)*.

Llansteffan *(900 Einwohner)*
Ein schöner Ausflug führt ab Carmarthen in südliche Richtung zur romantisch oberhalb der Towi-Mündung gelegenen **Burgruine Llansteffan**, auch einen recht guten Strand gibt es dort *(N 51°46'09" W 4°23'16", Stratford Villas 7, SA33 5LW)*. Und wer die Ruhe liebt, findet auch Campinggelegenheiten.

062 Llansteffan – *Laugharne View Camping*

GPS/Kontakt: N 51°47'00" W 4°24'45", SA33 5HH, Tel. 01267 24 11 55. **Öffnungszeiten**: Apr.–Sep. **Ausstattung**: Campingplatzübliche Ausstattung, einfache Sanitäranlagen. **Beschreibung**: Schön gelegener, kleiner Platz mit toller Aussicht, geschotterte, ebene Parzellen 200 m außerhalb des Dorfes mit Pub. Preis: 25–30 £. **Zufahrt**: Südlich des Botanischen Gartens die A48 überqueren und in Porthyryd rechts nach Llanddarog abbiegen. Nach dem Ort zweigen Sie unmittelbar vor der Schnellstraße links zur Farm ab. **Hinweis**: Ein Teil des Platzes ist »Adults only«, in diesem Fall bedeutet das ab 12 Jahren. **Hinweis 2**: Caravan and Campingclub-Mitglieder können schräg gegenüber alternativ auch auf den kleinen Platz Cwt Mawr zurückgreifen, N 51°47'09" W 4°24'47", SA33 5HQ, Tel. 01267 24 13 62, Apr.–Sep., 16–24 €.

Laugharne *(1.500 Einwohner)*
Die Hauptroute dagegen folgt der A40 weiter bis **St. Clears** und zweigt dort links nach Laugharne ab.

»Think Laugharne, think Dylan Thomas« lautet ein Spruch,

Nachtparkplatz 063

der die touristische Bedeutsamkeit der kleinen Gemeinde ganz gut auf den Punkt bringt. Auch wenn eine recht imposante, 800 Jahre alte Burgruine, **Laugharne Castle**, die Wasserfront schmückt und einige Besucher anlockt, dreht sich die Aufmerksamkeit vor allem um den bekannten Waliser Dichter *(Burg Ende Apr. – Anfang Okt., 10.00 – 17.00 Uhr, 5 £, CADW Members frei, www.cadw.gov.wales)*. Thomas verbrachte lange Jahre seines Schaffens in dem kleinen Ort und kaufte schließlich 1949 ein Bootshaus, in dem er bis zu seinem Tod 1953 mit seiner Familie wohnte. Das Gebäude erreicht man zusammen mit dem kleinen Schuppen, in dem er schrieb, über einen beschilderten Fußweg vor der Burg. Der Schuppen und der Tea Room im Erdgeschoss sind dabei frei einsehbar beziehungsweise zugänglich, der Eintritt zum Obergeschoss des Hauses ist für das spärlich Gebotene eigentlich zu hoch *(Apr. – Sep., 10.00 – 17.00 Uhr, Winter nur Tea Room Do. – Mo. 10.30 – 15.00 Uhr, 6 £, www.dylanthomasboathouse.com)*.

Als leidenschaftlicher Trinker war Thomas natürlich auch Stammgast in den Pubs von Laugharne, die allesamt nicht von schlechten Eltern sind, sein Favorit war das **Browns Hotel** in der King Street. Der Parkplatz an der Straße The Strand unterhalb der Burg weist kein Nachtparkverbot aus, nur die Gezeiten müssen Sie sicherheitshalber im Auge behalten – und sich überlegen, ob die happige Gebühr Ihnen die exklusive Lage wert ist, ansonsten

Laugharne Castle

können Sie auf einen Stellplatz einige Kilometer vor oder einen Campingplatz einige Kilometer nach Laugharne zurückgreifen.

063 **N 51°46'08" W 4°27'47"**, keine Einrichtungen, 30 £.

064 St. Clears – *The Marsh*

GPS/Kontakt: N 51°47'50" W 4°29'13", A4066, SA33 4HD, Tel. 07891 17 58 58, www.campingandcaravanningclub.co.uk. **Öffnungszeiten:** Ganzjährig. **Ausstattung**: Ver-/Entsorgung, Toilette, Mülleimer, kleiner Laden. **Beschreibung**: Recht ebene Stellplätze auf einer durch Hecken von der Hauptstraße getrennten Wiese, teils etwas Schatten, nachts ruhig. **Preis**: 15 – 25 £. **Zufahrt**: Auf halbem Weg zwischen St. Clears und Laugharne linker Hand. **Hinweis**: Nur mit Mitgliedschaft im Camping and Caravanning Club, Reservierung empfohlen.

065 Laugharne – *Nine Acres Caravan and Camping Park*

GPS/Kontakt: N 51°44'59" W 4°28'49", Mill Pill, SA33 4NU, Tel. 01994 42 76 45, www.nineacrescampingpark.co.uk. **Öffnungszeiten:** Etwa Apr. – Sep. **Ausstattung**: Campingplatzübliche Ausstattung. **Beschreibung**: Ruhig im Grünen gelegener, kleinerer, einfacher Rasenplatz mit nicht ganz ebenen Stellflächen, etwa 2 km bis Laugharne. **Preis**: 20 – 30 £. **Zufahrt**: Rund 2 km nach Laugharne nach links angeschrieben.

Dylan Thomas

»Erstens: Ich bin Waliser. Zweitens: Ich bin ein Trinker. Drittens: Ich liebe die Menschen, vor allem die Frauen.« So beschrieb sich Dylan Thomas einst selbst – und natürlich war er auch ein großer Poet.

Geboren wurde er am 27.10.1914 in Swansea als Sohn aus gutbürgerlichem Haus. Schon früh kam er durch seine Eltern mit Literatur in Kontakt, der vierjährige Dylan konnte daher bereits Shakespeare rezitieren und schrieb schon mit acht Jahren erste eigene Gedichte. In seiner Zeit am Gymnasium zeigte er sehr großes Interesse an moderner Lyrik, allerdings weniger an den damals wichtigeren Klassikern und anderen Schulfächern – zum Leidwesen seiner Eltern und Lehrer. 1925 veröffentlichte er ein erstes Gedicht in der Schülerzeitung und stieg, bis zum Ende seiner Schullaufbahn 1931, zu deren Chefredakteur auf. Mit 16 verließ er das Gymnasium und begann eine Laufbahn als Reporter, die ihn über verschiedene Blätter führte und immer mehr dazu bewegte, statt fremder Geschichten und Kritiken eigene Werke zu verfassen. Seine fruchtbarste Schaffensperiode mit über 200 Gedichten fällt daher auch in die Zeit bis zu seinem 19. Lebensjahr, als er aus der Provinz nach London umsiedelte. Sein Schaffen fand dort Anerkennung und er veröffentlichte

»Erstens: Ich bin ein Waliser. Zweitens: Ich bin ein Trinker. Drittens: Ich liebe die Menschen, vor allem die Frauen.«

zwei Bücher unter den Namen »18 Poems« und »25 Poems«. Zu dieser Zeit nahmen Dylans gelegentliche Sauftouren bereits regelmäßig besorgniserregende Ausmaße an. Bei einem dieser Exzesse lernte er schließlich seine spätere Frau Caitlin, eine ausgebildete Tänzerin, die ebenfalls einen Hang zu »Flüssignahrung« hatte, kennen. 1937 heirateten die beiden und zogen gemeinsam zurück nach Wales in den kleinen Ort Laugharne. Obwohl er von da an regelmäßig schrieb, für die BBC arbeitete und 1939 Vater wurde, nahm die inzwischen allabendliche Stetigkeit seiner Pubbesuche eine unheilvolle, feste Größe in seinem Leben ein. Der beginnende Krieg führte dazu, dass seine nächsten beiden Bücher »The Map of Love« und „Portrait des Künstlers als ein junger Hund" wenig Beachtung fanden und er zu allem Überdruss noch einen Einberufungsbefehl erhielt. Am Abend vor der Musterung betrank er sich so dermaßen, dass er aus gesundheitlichen Gründen freigestellt wurde. In Laugharne kam das nicht gut an, waren alle anderen jungen Männer doch zum Kriegsdienst abkommandiert worden. Durch die Ablehnung ihm gegenüber verließ die Familie daher das Dorf und wohnte in den Folgejahren an wechselnden Orten, mal in einer Künstlerkolonie in Südengland, mal bei einer Gönnerin in London und später in einem von ihr für die Familie gekauften Haus in Leigh. Thomas arbeitete vor allem als Reporter für die BBC und schrieb weniger, dafür jedoch die bekanntesten Gedichte seiner Karriere. 1943 wurde seine Tochter Aeronwy geboren. Dessen ungeachtet nahmen die von Trinkerei, Geldsorgen und Untreue geprägten Probleme der Eheleute weiter zu und das Verhältnis war von regelmäßigen Streitereien aufgewühlt. Das änderte sich auch nicht, als die Gönnerin Margaret Taylor ihnen 1947 ihr altes, wieder frei gewordenes Haus in Laugharne kaufte, um der Thomas Familie den ersehnten Rückzug zu ermöglichen. Dylan Thomas Trinkgelage erreichten an seinem alten Lieblingsort, genau wie die familiären Probleme, eine noch größere Intensität. Trotzdem wurde 1949 ihr drittes Kind Colm geboren.

Dylan Thomas` Bootshaus

Mit der Hilfe alter Bekannter startete Thomas 1950 eine erfolgreiche Lesereise in die USA. Die Freunde waren allerdings von seinem Aussehen geschockt: aus dem gutaussehenden, jungen Mann von einst war eine aufgedunsene, ungepflegte Gestalt mit gelben Zähnen und chronischem Husten geworden. Er selbst sprach schon da von einer Leberzirrhose. Die reichlich sprudelnden Einnahmen seiner Reise versetzte er allabendlich in den örtlichen Kneipen, während er den Lebemann gab, seine Geldprobleme daheim änderten sich also kaum.

Zurück in Wales arbeitete er erneut für die BBC und an neuen Gedichten, die jedoch nur wenig Geld einbrachten. Daher reiste er 1952 erneut in die USA, diesmal in Begleitung von Caitlin. Dylan Thomas Ruhm errang in diesen Tagen seinen Höhepunkt, er verkaufte viele Bände seines neuen

Werkes »in Country Sleep«, nahm 12 Schallplatten mit Lesungen auf und wurde nach der Herausgabe seines Sammelbandes „Collected Poems" von einigen Kritikern gar als der größte lebende englischsprachige Dichter gefeiert. Doch so schnell das Geld eingenommen war, verprassten Dylan und Caitlin es auch wieder und die gemeinsamen Finanzen blieben angespannt wie eh und je.

Also brach Thomas, diesmal wieder allein, Anfang 1953 zu einer weiteren Reise in die Vereinigten Staaten auf. Sein heute wohl berühmtestes Werk, das Bühnenstück „Under the Milkwood" (Unter dem Milchwald) wurde uraufgeführt und er schrieb, wann immer es seine inzwischen äußerst angeschlagene Gesundheit zuließ, an einem Roman. Auch eine Zusammenarbeit an einer Oper, gemeinsam mit dem Komponisten Igor Stravinsky wurde vereinbart, sie sollte aber nicht mehr stattfinden.Die Bewusstseinszustände des Dichters waren immer öfters vom Delirium geprägt, das Trinken konnte er, trotz mehrfacher Warnungen und Hilfsangebote seiner Ärzte, einfach nicht sein lassen. Im Herbst 1953 schließlich reiste er nochmals nach New York, um einen hochdotierten Vertrag mit einer amerikanischen Künstleragentur zu erfüllen – das Geld war wieder einmal ausgegangen.

In der Nacht vom dritten auf den vierten November fand man den völlig betrunkenen Dylan Thomas nach einer Aufführung von Unter dem Milchwald in einer dunklen Seitengasse liegend. Er fiel in ein Koma, aus dem er nicht mehr aufwachen sollte, als er ins Krankenhaus eingeliefert wurde. Als Caitlin bei ihm ankam, lag er bereits im Sterben, der Tod wurde am 9.November bestätigt. Die folgende Trauerfeier, bei der über 400 Menschen teilnahmen, fand daraufhin gleich in New York statt, sein Grab befindet sich aber in Laugharne, seiner geliebten walisischen Heimat.

Pendine *(350 Einwohner)*

Letzter Ort auf Tour Zwei ist Pendine. Von Mobilheimparks geprägt und mit einem ganz hübschen und langen, aber nicht sonderlich spektakulären Strand ausgestattet, lohnt ein Halt am ehesten dann, wenn Sie dem interessanten kleinen **Museum of Speed** einen Besuch abstatten möchten. Die Gegend war einst Zentrum von Versuchen, einen neuen Geschwindigkeitsrekord zu Lande aufzustellen. Der bemerkenswerteste Versuch stammt von 1924, als Malcolm Campbell in einem V12-Sunbeam ein Tempo von fast 240 km/h erreichte. 1927 starb Parry Thomas beim Versuch den damals aktuellen Rekord von 282 km/h einzustellen. Sein Fahrzeug „Babs" wurde danach restauriert und ist heute, neben diversen Rennfahrer-Devotionalien und einigen historischen Motorrädern, im Museum ausgestellt *(Apr. – Sep., Di. – So. 10.00 – 13.00 Uhr und 13.30 – 17.00 Uhr, 2 £, N 51°44'38" W 4°33'26", Marsh Road, SA33 4PF)*. In Pendine ist schon seit Längerem ein Stellplatz neben der Hauptstraße fertiggestellt, doch bislang nicht in Betrieb genommen worden, er befindet sich an der Marsh Road *(N 51°44'41" W 4°33'12")*. Derweil können Sie auf einem kleinen Parkplatz direkt hinter dem Strand unterkommen,

066 **N 51°44'33" W 4°33'28"**, Marsh Road, SA33 4NY.

Tour 3
Tour 4
Tour 2
St. Davids
Ramsey Island
Whitesands Beach
Abereiddy
Porthgain
Trefin
Stumble Head
Tresinwen
Goodwick
Fishguard
Dinas Cross
Newport
Nevern
Fellindre
Castell Henleys
Pendre Ifan
Brynberian
Dyfed Farm
Pembrokeshire Coast NP
St. Dogmaels
Cardigan
Wildlife Centre
Cilgerran Castle
Cilgerran
Boncath
Cenarth
Coracle Centre
Caws Cenarth
Castle Emlyn
Newcastle Emlyn
Nat. Wool Museum
Dre-Fach Felindre
Llandisul
Teifi
Lampeter
Mwnt Bay
Aberporth
Tresaith
Penbryn Beach
Penbryn
Llang-rannog
Cwm-t ydu
New Quay
Cross Inn
Aberaeron
Llanerchaeron
Solva
Newgale
St. Brides Bay
Nolton Haven
Druidston
Skomer Island
Little Haven
Broad Haven
Marloes Sands
Marloes
Skokholm Island
St. Ishmael
Dale
Haverfordwest
Johnston
Milford Haven
Angle
Neyland
Picton Gardens and Castle
Oakwood Theme Park
Narberth
West Williamston
Pembroke Dock
Pembroke Castle
Nat. Res.
Carew Castle
Carew
Freshwater West
Castlemartin
Pembroke
Bishop Pal.
Lamphrey
Manor W. Park
Parks
Gumfreston
Manorbier Castle
Stackpole
Bosherston
Fresh-water
Manor-bier
Tenby
Saundersfoot
Wiseman`s Bridge
Colby Gardens
Amroth
Pendine
Laugharne
St. Clears
Carmarthen
Nantgaredig
Llangathen
Llanarthne
Dryslwyn
Llandeilo
5 km
N
WC

Pembrokeshire
420 km

Die äußerste Südwestküste von Wales gehört zweifellos zu den schönsten Ecken ganz Großbritanniens. Mit der mediterran anmutenden Stadt Tenby, traumhaft schönen Stränden, der fantastischen Natur entlang des Pembrokeshire Coast Paths und einigen versteckten Kleinoden im Hinterland ist sie ein ideales Urlaubsrefugium, unter anderem mit:

- **Tenby**
- **Barafundle Bay**
- **Picton Castle and Gardens**
- **Marloes Sands**
- **St. David`s mit Coast Path**
- **Cardigan mit Mwnt Bay**

Saundersfoot *(3.300 Einwohner)*
Das erste Örtchen im Bezirk Pembrokeshire, das Sie auf Tour Drei erforschen, ist **Amroth**. Nur wenige Häuser reihen sich entlang des weiten, flachen Sandstrandes nebeneinander auf. Der ist nicht schlecht, aber im Verhältnis dazu was noch kommt, nur mittelmäßig. Dafür lohnt sich bei Ebbe ein kurzer Marsch zum östlich direkt anschließenden **Telpyn Beach**, der meist einsam unterhalb des Küstenpfades liegt. Alle Parkplätze im Umkreis verbieten das über Nacht parken, doch das Amroth Inn mit schönem Gastgarten gestattet es Gästen gegen Einkehr.

067 **N 51°44'03" W 4°38'52"**, SA67 8NW, Amroth Inn, Tel. 01834 81 23 68, www.newinnamroth.co.uk

Wer Lust auf britische Gartenkunst verspürt, manövriert sein WOMO am Ende des Ortes rechts ab über eine kleine und enge Straße, immer den Schildern nach, zu den **Colby Woodland Gardens**. In dem versteckten Garten, der sich in ein kleines, bewaldetes Seitental duckt, wachsen, je nach Jahreszeit, große Mengen an Glockenblumen, Azaleen, Kamelien und Rhododendren. Im eingeschlossenen »Walled Garden« blühen gepflegte Stauden, im weiten Parkland laufen Wege zwischen Bachläufen mit kleinen Brücken und Trittsteinen, zu Spielgeräten umfunktionierten, gefallenen Bäumen und Wildblumenwiesen hin und her. Auch einige Picknickplätze verstecken sich dazwischen, wer mag kann diverse Spielgeräte ausleihen, um beispielsweise zwischendurch eine Runde Federball zu spielen oder mit einem Forscher-Set auf Erkundungstour zu gehen. Auch ein schöner Tearoom und ein Ausstellungsraum befinden sich am Gelände und Sie können von

Tea Room der Colby Woodland Gardens

hier aus bis zum Strand wandern oder ab Amroth in umgekehrte Richtung, falls Sie die schmale Straße meiden wollen *(parken bei N 51°44'30" W 4°40'01", SA67 8PP, Mitte Feb. – Okt., 10.00 – 17.00 Uhr, sonst nur Parkgelände geöffnet, Eintritt frei, aber Parkgebühr, National Trust Members frei, www.nationaltrust.org.uk).*

Wenn Sie der Küste weiter folgen, erreichen Sie kurz darauf **Wiseman`s Bridge** das fast nur aus Mobilheimplätzen besteht. Lediglich das Pub Wiseman`s Bridge Inn bietet einen kleinen Campingplatz an. Dieser oder die Strandparkplätze davor sind auch ein guter Ausgangspunkt, um das nachfolgende, sehr beliebte Örtchen **Saundersfoot** zu erkunden. Leider sperrt es größere Fahrzeuge durch Höhenbarrieren an vielen Parkplätzen aus. Lediglich zwei WOMO-Buchten stehen zur Verfügung *(N 51°42'37" W 4°42'01", SA69 9NE)* und am Hafen ist nur Platz für kleine Vans, *(N 51°42'39" W 4°41'55", SA69 9HE)*. Oder Sie nutzen gleich den örtlichen Campground.

068 Wieseman`s Brige – *Wiseman`s Bridge Inn Camping*

GPS/Kontakt: N 51°43'27" W 4°41'05", SA69 9AU, Tel. 01834 81 32 36, www.wisemansbridgeinn.co.uk. **Öffnungszeiten:** Mär. – Dez. **Ausstattung**: Campingplatzübliche Ausstattung. **Beschreibung**: Kleiner, teils schattiger Platz direkt hinter dem Strand mit Schotterbuchten in zwei Rondells. **Preis**: 35 – 45 £. **Zufahrt**: In Wiseman`s Bridge rechter Hand gleich nach dem Pub.

069 Saundersfoot – *Griffithston Farm*

GPS/Kontakt: N 51°42'35" W 4°42'41", Hopshill Lane, SA69 9ED, Tel. 01834 81 33 70, www.griffithston-farm-camping.co.uk.

Öffnungszeiten: Mitte März – Sep. **Ausstattung**: Campingplatzübliche Ausstattung. **Beschreibung**: Am Hügel hinter Saundersfoot gelegener, nicht ganz ebener Rasenplatz. Kein Schatten, ruhig, etwa 900 m in den Ort. **Preis**: 22 – 25 £. **Zufahrt**: Beste Zufahrt von der A478 hinter Saundersfoot, dort beschildert.

Tenby *(4700 Einwohner)*

Einer der schönsten Orte in Wales ist zweifellos das malerische Tenby. Kein Wunder also, dass dies auch schon viele andere bemerkt haben. Entsprechend voll ist es an schönen Sommerwochenenden an den großartigen Stränden unterhalb der Stadt. Parkplätze zu finden kann dann schon für PKWs zur Geduldsprobe werden, von Übernachtungsmöglichkeiten ganz zu schweigen. Die besten Chancen haben Sie dann am großen North Beach Parkplatz in der **Gas Lane**, der allerdings schon ein Stück weiter entfernt vom Zentrum liegt *(N 51°40'40" W 4°42'08")*. Morgens ist auch der Parkplatz am Bahnhof in der **Lower Park Road** *(N 51°40'24" W 4°42'30")* mit eigens ausgewiesenen Wohnmobilplätzen oder am South Beach in der **Battery Road** *(N 51°40'09" W 4°42'21")* einen Versuch wert. Immerhin gibt es einige Campinggelegenheiten rund um den Ort, zu den nächstgelegenen gehören die **Trevayne Farm** nordöstlich der Stadt oberhalb des schönen, abgelegenen Monkstone Beaches. Noch ein Stück näher am Ort befinden sich der **Campingplatz Well Park**.

070 Tenby – *Trevayne Farm*

GPS/Kontakt: N 51°41'47" W 4°41'30", Monkstone, SA69 9DL, Tel. 01834 81 34 02, www.trevaynefarm.co.uk. **Öffnungszeiten:** Mitte März – Okt. **Ausstattung**: Waschmaschine / Trockner, Farmshop. **Beschreibung**: Recht großer, sehr ruhig gelegener Rasencampingplatz, nicht ganz eben, 350 m zum Strand, rund 2,5 km über den Küstenpfad bis nach Tenby. **Preis**: 25 – 35 £. **Zufahrt**: Am Kreisverkehr der A478 kurz vor Tenby Richtung New Hedges und dann links zur Farm abzweigen.

Hafenbucht von Tenby

Nordstrand von Tenby, unten Südstrand

071 Tenby – *Well Park*

GPS/Kontakt: N 51°41'24" W 4°42'33", New Hedges, SA70 8TL, Tel. 01834 84 21 79, www.wellparkcaravans.com. **Öffnungszeiten:** Ganzjährig. **Ausstattung**: Teils WiFi, Waschmaschine / Trockner, Spielplatz, Minimarkt. **Beschreibung**: Großer Platz mit parzellierten Schotterflächen und Rasenstellplätzen, recht eben, kein Schatten, je nach Stellplatz nicht überall ganz ruhig wegen der nahen Hauptstraße, rund 1,7 km in die Stadt. **Preis**: 24 – 35 £. **Zufahrt**: Direkt an der A478 kurz vor Tenby rechter Hand.

Unterwegs in Tenby

Bereits im 19. Jahrhundert galt Tenby als Urlaubsort für die britische Oberschicht. Die vorgelagerten Inseln, die feinen Sandstrände und die schöne, in ihrer Grundsubstanz bis ins 13. Jahrhundert zurückgehende Innenstadt trugen dazu bei, die Beliebtheit des Ortes bis heute zu erhalten. An welchem Parkplatz Sie letztendlich untergekommen sind – die Gelegenheit zu Baden sollten Sie sich an schönen Tagen nicht entgehen lassen. Am ruhigsten sind der Nordstrand und der Südstrand, vor allem, wenn man ihm etwas weiter nach Westen folgt. Mehr Trubel ist dagegen am Hauptstrand zwischen Burg und dem vorgelagerten Inselchen **St. Catherines Island**, dass man bei Ebbe

Tenbys Hauptstrand mit Burgfelsen, unten Sergeants Lane

zu Fuß erreichen kann, angesagt. Auf der Insel können Sie die Überreste eines alten Forts inspizieren, dass gerade wieder hergerichtet wird *(Öffnung Sa / So, in der Hauptsaison täglich, nur bei gutem Wetter und während Ebbe, 4 £).*

Die spärlichen Überreste von **Tenby Castle**, gleich eine Felseninsel weiter, sind dagegen über einen Damm mit dem Festland verbunden und jederzeit erforschbar. Noch interessanter ist das **Tenby Museum and Art Gallery** innerhalb der alten Burgmauer. 1878 gegründet beherbergt es eine sehenswerte Kunstausstellung sowie eine Abteilung zur Geschichte von Stadt und Region *(Castle Hill, Di. – So., 10.00 – 17.00 Uhr, 5,50£, www.tenbymuseum.org.uk).*

Die meisten Geschäfte und Gasthäuser finden Sie in der vor dem Castle westlich abzweigenden **St. Julian Street** und ihren weiteren Verästelungen, zum Beispiel die ***Five Arches Tavern*** *(St. George Steet)*, das ***Coach and Horses*** *(Upper Frog Street)*, das ***Hope and Anchor*** *(St. Julien`s Street)*, oder das ***Stowaway Coffee Co.*** *(Penniless Cove Hill)*. Für einen flüssigen Einkehrschwung empfiehlt sich die ***Harbour Brewery*** *(Sergeants Lane)*. Am Quay Hill können Sie das **Tudor Merchant`s House** besichtigen. Es wurde einst, als Tenby vor allem Handelsplatz und Sitz reicher Kaufleute war, von einem solchen errichtet und entführt Sie in das 16. Jahrhundert *(Apr. – Aug., Di. / Do. / Sa. 11.00–16.00 Uhr, Sep. / Okt. nur Do. / Sa., 6,50 £, National Trust Members frei, www.nationaltrust.org.uk).*

Ein beliebter Bootsausflug ab Tenby bringt Sie ab dem Hafenhinüber nach **Caldey Island,** Tickets werden gleich an mehreren Buden verkauft, genau wie verschiedenste Angelausflüge für Anfänger und Profis gleichermaßen *(Ostern – Okt., 10.00 – 17.00 Uhr, meist alle 20 Minuten, mehrere Anbieter und Rundfahrten)*. Dort gibt es ein bis heute bewirtschaftetes Zisterzienserkloster, einen Leuchtturm, ein kleines Dorf mit Parfum- und Schokoladenmanufaktur, Kirche, Aussichtsturm und gastronomischen Einrichtungen sowie viele Spazierwege und einen recht schönen Strand *(www.caldey-island.co.uk).*

Manor Wildlife Park

Je nach Wetter- und Interessenlage haben Sie nun zwei mögliche Varianten für den weiteren Weg bis Pembroke:

Variante 1:
Die **Kurz- und Schlechtwetter-Route** durch das Landesinnere führt über die B4318 direkt zum Carew Castle, wo sich beide Wege wieder vereinen. Unterwegs liegen gleich drei Vergnügungsparks am Weg. Den Anfang macht der **Dinosaur Park Tenby** rund vier Kilometer nach der Stadt nahe **Gumfreston**. Neben einem Info-Center, mehreren In- und Outdooraktivitäten, wie Kinder-Go-Kart-Kurs, Minigolf, Abenteuerspielplatz und Teppichrutsche ist der Dinosaurier-Rundweg zu mehr als dreißig schnaubenden und raschelnden Riesenechsen-Plastiken die Hauptattraktion *(N 51°41'03" W 4°45'06", 2 Gower View, SA70 8RB, Apr. – Mitte Sep. 10.00 – 17.00 Uhr, Mitte Sep. – Ende Okt. Do. – So. 10.30 – 16.00 Uhr, 16,95 £, www.thedinosaurpark.co.uk).*

Keine 1.000 Meter entfernt warten die **Heatherton World of Activities** und ein Zoo links und rechts der Straße auf Besucher. Die Parkplätze dazu können Sie kaum übersehen. Erstere bietet eine recht wilde Mischung aus verschiedensten Aktivitäten für die ganze Familie, zum Beispiel 18-Loch-Golfkurs, verschiedene Wassergefährte, eine Go-Kart-Bahn, ein Paint Ball Gelände, einen Klettergarten, Angelmöglichkeiten und Schießstände *(St. Florence, SA70 8RJ, Ferienzeiten 10.00 – 17.30 Uhr, sonst bis 17.00 Uhr, Nov. – Mitte Feb. nur bis 16.00 Uhr, Aktivitäten werden einzeln per Credits gezahlt, ab 16.50 £, www.heatherton.co.uk).*

Eine besondere Empfehlung gilt dem gegenübergelegenen **Manor Wildlife Park**. Auch wenn es sich um einen vermeintlich kleineren Zoo handelt, zeigt er eine bunte Auswahl an Tieren aller Kontinente in weitläufigen Anlagen und bietet in vielen Bereichen, mal abgesehen von Nashorn- und Tigerareal, begehbare Volieren und Gehege. Neben üblichen Streichelzootieren, wie Schafen, Ziegen und Hasen erwartet Sie ein besonderes Highlight gleich zu Beginn. Dort können Sie Wallabies ganz nahekommen und die kleinen Kängurus füttern. Hautnah erleben Sie außerdem Lemuren und Gibbons *(St. Florence, SA70 8RJ, 10.00 – 17.00 Uhr, 19,95 £, www.manorwildlifepark.co.uk)*. Mehrere Campingplätze befinden sich praktischerweise, gleich benachbart.

072 Heatherton – *Carn Springs Camping*

GPS/Kontakt: N 51°41'33" W 4°45'05", Devonshire Drive, SA70 8RD, Tel. 07444 80 62 28, www.carnsprings.co.uk. **Öffnungszeiten**: Etwa Mai bis Okt. **Ausstattung**: WiFi, Waschmaschine / Trockner, Minimarkt, Grillplätze, teils private Toilettenräume verfügbar. **Beschreibung**: Schöne ruhige Anlage rund um einen kleinen See, Plätze auf Rasen, meist eben, teils schattig, etwa 4km bis Tenby, benachbart zu vorgenannten Freizeitparks. **Preis**: 34 – 79 £. **Zufahrt**: Direkt nach der Heatherton Activity World rechts abbiegen, dann nach knapp 1000 m links.

Variante 2:

Die **Küstenroute über Manorbier** entlang der B4139 hält sich nach Tenby immer an der Küste entlang. Der mit Mobilheimen zugekleisterte Ort Lydstep ist uninteressant, eventuell wollen Sie aber bald darauf links zum wirklich schönen **Skrinkle Haven Beach** mit einfachem Campingplatz gleich dahinter abzweigen. Der Strand liegt unterhalb der hohen, roten Klippen mit einem beeindruckenden Felstor ganz in der Nähe. Auch ein paar Tagesparkplätze sind vorhanden.

073 Manorbier – *Skrinkle Bay Camping*

GPS/Kontakt: N 51°38'40" W 4°46'39", SA70 7TT, Tel. 01834 87 10 05, www.skrinklebaycamping.co.uk. **Öffnungszeiten**: Mitte Mai – Anfang Aug.

Manorbier Bay

Ausstattung: Toiletten, Duschen, Mülleimer und Abwaschgelegenheit, sonst keine Einrichtungen. **Beschreibung**: Einfache, recht naturbelassene Campinggelegenheit ohne Schatten gleich hinter der schönen Strandbucht und mit Anschluss an den Küstenpfad, 6,3 km bis Tenby, Manorbier mit kleinem Laden und Pub fußläufig erreichbar. **Preis**: 24 £. **Zufahrt**: Nach Lydstep links ab Richtung Skrinkle und Manorbier, dann den Schildern zur dahinter gelegenen Youth Hostel folgen.

Auch die folgende **Manorbier Bay** beim gleichnamigen Ort lädt zum Baden ein. Sie verfügt über einen tags oft gut gefüllten Parkplatz *(N 51°38'41" W 4°48'01")*. Direkt gegenüber können Sie das recht gut erhaltene **Manorbier Castle** in herrlicher Lage samt Küstenblick besichtigen *(Mitte Mär. – Okt., 10.00 – 17.00 Uhr, £ 6,50, www.manobiercastle.co.uk)*. Da die Straße nach dem Strand steil und noch schmäler wird, fahren nur Mutige die ganze Schleife bis zur Hauptstraße. Sonst nehmen Sie besser den Weg über Skrinkle zurück.

074 Manorbier – *Kelpie Tents and Tourer*

GPS/Kontakt: N 51°39'06" W 4°47'52", 2 Norton Cottages, SA70 7SX, Tel. 01834 87 01 89, www.campingandcaravanningclub.co.uk. **Max. WOMOs**: 5. **Öffnungszeiten**: Apr. – Sep. **Ausstattung**: Ver- / Entsorgung, Strom, Toiletten / Duschen, Mülleimer Spielplatz, Abwaschgelegenheit. **Beschreibung**: Gut ausgestatteter Wiesenplatz, nicht ganz eben, kein Schatten, ruhig, 600 m nach Manorbier Laden und Pub, Strand fußläufig erreichbar. **Preis**: 25 – 35 £. **Zufahrt**: Von der A4139 links beschildert auf die B4585 Richtung Manrobier abzweigen, dort rechter Hand. **Hinweis**: Nur für Camping and Caravanning Club Mitglieder, Reservierung empfohlen. **Hinweis 2**: Als Budgetalternative gibt es gleich in der Nähe noch einen zweiten Club-Stellplatz, allerdings nur für Erwachsene, *The Mead*, bei N 51°39'46" W 4°48'49", Cowpark Lane, SA70 8QA, Tel. 01834 87 00 04, Mai – Oktober, 10 – 18 £.

Lamphey *(900 Einwohner)*
Die nächste schmale Abfahrt zu wunderbaren Stränden und kleinen Küstenörtchen folgt schon in Lamphey kurz nach der

Tankstelle Richtung Freshwater East. Verpassen Sie vorher aber nicht die Überreste des Lamphey Bishop`s Palace, etwas weiter nördlich Die einst herrschaftliche Anlage gehörte dem Bischof von St. Davids, bevor er sie 1546 an Henry VIII. abtreten musste. Zu sehen sind noch das Torhaus, Reste des Hauptgebäudes, der Lagerräume und einer Kapelle, alles von einer Mauer umschlossen. Die Atmosphäre ist anders als die der vielen Burgen und den Abstecher durchaus wert *(parken bei N 51°40'21" W 4°52'05", SA71 5NT, Nov. – Mär. täglich 10.00 – 16.00 Uhr, Eintritt frei, www.cadw.gov.wales).*

Lamphey Bishop`s Palace

075 Milton – *South Hills Lodge*

GPS/Kontakt: N 51°40'44" W 4°50'22", Deer Park Lane, SA70 8PR, Tel. 01646 65 12 18, www.campingandcaravanningclub.co.uk. **Max. WOMOs**: 5. **Öffnungszeiten**: Ganzjährig geöffnet. **Ausstattung**: Ver- / Entsorgung, Toilette. **Beschreibung**: Einfacher Wiesenstellplatz neben einer Farm auf leicht abschüssiger Wiese mit weitem Blick. Gut 2 km bis Lamphey **Preis**: 8 – 11 £. **Zufahrt**: In Lamphey rechts Richtung Tenby

Freshwater East Beach

(über Ridgeway) fahren, nach 1,7 links nach Milton und bei erster Gelegenheit wieder links zur Farm. **Hinweis**: Nur für Camping and Caravanning Club Mitglieder, Reservierung empfohlen.

Stackpole
Eine ganze Reihe schöner Strände im vom National Trust verwalteten Naturschutzgebiet rund um Stackpole wartet nun auf Sie. Der erste ist die **Freshwater East Bay**. Auch wenn noch hübschere Orte folgen, hat diese Bucht den Vorteil besonders gut erreichbar zu sein – sowohl aufgrund des kurzen Fußwegs als auch wegen des relativ breiten Zufahrtsweges. Die Tagesparkplätze hinter den Dünen sind, wie überall in der Gegend, kostenpflichtig *(N 51°38'41" W 4°52'14", Trewent Hill)*.

Rund 2,5 Kilometer weiter zweigt links eine wirklich enge Straße, auf der auch mit regem Gegenverkehr zu rechnen ist, zum National Trust-Parkplatz an der **Barafundle Bay** ab *(N 51°37'30" W 4°54'11", National Trust Members frei)*. Wenn Sie sich erst einmal hinab getraut haben, werden Sie mit einem großen, schattigen Tagesparkplatz und einem Traumstrand belohnt, der aber erst auf einem knapp einen Kilometer langen Küstenpfad erwandert werden muss. Der kürzeste Weg beginnt hinter dem Café und verläuft danach stetig oberhalb der Klippen in südliche Richtung. Das ganze Gebiet ist auch weitläufiger erwanderbar – von der Barafundle Bay können Sie bis zum **Broad Haven South Beach** mit dem vorgelagerten Church Rock an der Küste entlanggehen oder Richtung Landesinneres zum National Trust Infocenter Stackpole oder dem Fluss- und Seensystem Lily Ponds gelangen. Infoflyer erhalten Sie am Parkplatz oder einem der nächsten Stopps, an denen ein Start natürlich ebenso möglich ist.

Nach **Stackpole** folgen Sie den Schildern in Richtung Bosherston. Mehrfach können Sie links beschildert abzweigen und gelangen so zu verschiedenen Wanderparkplätzen des Natur-

Barafundle Bay

schutzgebietes, entweder in der Nähe des **Stackpole Nature Centres** *(National Trust, für Mitglieder frei, mit Informationen zum Gebiet)*, der **Stackpole Walled Gardens** oder der **Lily Ponds**, die im Sommer über und über mit Seerosen bedeckt sind. In **Bosherston** selbst befinden sich verschiedene einfache, günstige Campinggelegenheiten und das schöne ***Ye Olde Worlde Cafe*** *(SA71 5DN)*.

076 Bosherston – *Bosherston Farm Camp*

GPS / Kontakt: N 51°36'56" W 4°56'32", SA71 5DN, 07780 56 16 87, www.bosherston.co.uk. **Öffnungszeiten**: Etwa Ende Apr. bis Mitte Sep. **Ausstattung**: Wasser, einfache Toilette und Abspülgelegenheit, kalte Dusche, Mülleimer. **Beschreibung**: Rudimentäre Campinggelegenheit im Dorf nahe den vorgenannten Sehenswürdigkeiten, Pub in der Nähe, ruhig, uneben. **Preis**: 12 £, wird meist eingesammelt oder zum Einwurf in eine „Trust Box“. **Zufahrt**: Direkt am Ortsbeginn von Bosherston rechts ab markiert auf das Feld.

Am Ortsende links ab gelangen Sie mit dem Fahrzeug zum **Broad Haven South Beach**, ein weiterer netter Strand mit einem aussichtsreichen, aber nur bedingt empfehlenswerten Campingplatz. Weiter geradeaus durchqueren Sie ein Militärareal *(die*

Broad Haven South Beach

St. Govan`s Chapel

Durchfahrt ist nur gestattet, wenn keine Übung stattfindet). Die Straße endet an einem Parkplatz oberhalb der Klippen an der winzigen, zwischen den Felsklippen eingezwängten **St. Govan`s Chapel**. Sie wurde im 14. Jahrhundert zu Ehren des Eremiten Govan gebaut, der bis 586 in einer Höhle unter der heutigen Kapelle lebte. Nach Überlieferungen versteckte sich der Wandermönch einst vor Piraten an dieser Stelle. Zum Dank, dass er nicht gefunden wurde, blieb er ab diesem Zeitpunkt in dem Unterschlupf und warnte die Dorfbevölkerung stets, wenn wieder einmal Piraten im Anmarsch waren. Oberhalb der Kapelle können Sie den Küstenpfad ein Stück entlang gehen. Nach Nordosten bis zum **St. Govans Head**, einem Felsvorsprung und weiter über eine kleine Bucht bis in ein Naturschutzgebiet, nach Südwesten erreichen Sie in kurzer Zeit den ***Huntsman`s Leap***, eine besonders schmale Felsspalte durch die das Meerwasser bei unruhiger See laut tosend hineinschießt. Bleiben Sie aber so oder so am Pfad, Sie bewegen sich, wie erwähnt, in einem ansonsten gesperrtem Truppenübungsgelände.

St. Govan`s Chapel wurde zu Ehren des Eremiten Govan gebaut, der bis 586 in einer Höhle unter der heutigen Kapelle lebte.

Freshwater West

Sie müssen die Straße nun ein Stück zurück, bevor Sie links Richtung **Castlemartin** abzweigen können. So kommen Sie zum noch immer recht wilden und weniger erschlossenen Strand **Freshwater West**, an dem sich, Campingverboten zum Trotz, regelmäßig Surfer gleich für mehrere Tage einfinden. Der wilde, unverbaute Küstenabschnitt war bereits öfters beliebte Filmkulisse. Die Englandinvasion im Film »Robin Hood« mit Rusell Crowe von 2010 und Teile der letzten beiden Harry Potter Filme wurden hier gedreht. Auch die Walisischen Surfmeisterschaften finden

Freshwater West

in Freshwater West statt und die Gegend ist eine eingetragene Dark Sky Discovery Site – ein Ort mit besonders wenig »Lichtverschmutzung«, an dem man besonders gut die Milchstraße und verschiedenste Sternenkonstellationen beobachten kann. Sie müssen nun noch ein Stück schmale Straße überwinden. An der nächsten Gabelung fahren Sie dann rechts auf Pembroke zu, ein Abstecher nach **Angle** lohnt nicht unbedingt.

077 Freshwater West – *Newton Farm Campsite*

GPS / Kontakt: N 51°39'50" W 5°01'44", SA71 5AG, Tel. 07770 43 04 86, www.newtonfarmcampsite.co.uk. **Öffnungszeiten**: Etwa Apr. bis Anfang Okt. **Ausstattung**: Campingplatzüblich, aber auf sehr einfachem Niveau. **Beschreibung**: Leicht abschüssige, große Campingwiese mit Blick bis aufs Meer. Ruhig, gut 2 km bis zum Strand, gut 7 km bis Pembroke. **Preis**: 12 – 15 £, wird eingesammelt. **Zufahrt**: Nach dem Freshwater West Beach rechts nach Pembroke halten, dort auf der rechten Seite.

Pembroke *(7.500 Einwohner)*
Die namensgebende Hauptgemeinde des Bezirks ist nicht mehr als eine Kleinstadt, bietet aber eine ganze Reihe Läden, Supermärkte und das große **Pembroke Castle** am gleichnamigen Fluss. Direkt unterhalb gibt es einen Parkplatz, auf dem Sie mit Glück ein Plätzchen finden *(N 51°40'37" W 4°55'06", Northgate Street)*. Ansonsten parken Sie besser ein paar hundert Meter entfernt in der **Common Road** *(N 51°40'30" W 4°55'08")*. Entlang der Hauptstraße gibt es ein paar erwähnenswerte Lokale, zum Beispiel die altmodische Fish and Chips Institution ***Browns*** *(51, Main Street)* oder das ***Food at Williams*** *(Nr. 18)*. Die Burg blickt auf eine 800-jährige Geschichte zurück und bietet viel Platz zum Erfor-

schen und Auskundschaften. Sie können den Turm, in dem Henry VII. 1457 geboren wurde, erklimmen und genießen so eine sehr gute Aussicht, die prähistorische Höhle unter der Großen Halle oder das Verlies aufsuchen und sich die lebensgroßen Modellfiguren ansehen, die überall aufgestellt wurden. Auch kostenlose Führungen werden mehrmals am Tag angeboten und im Freibereich befindet sich eine riesige Karte von Wales – nur falls Ihnen die im Buch nicht ausreichen *(Apr.–Aug., 9.30–17.30 Uhr, sonst wechselnd 10.00 —16.00 / 17.00 Uhr, 9 £, www.pembrokecastle.co.uk)*.

Über den vorgelagerten Hafenteil **Pembroke Dock**, der inzwischen fast größer als die eigentliche Stadt ist, wäre von hier aus eine Abkürzung auf der A477 hinüber nach **Neyland** und weiter bis Milford Haven möglich.

Carew

Beide vorgenannten Routenvarianten treffen sich nun am **Carew Castle** wieder. In der Burg, die auf eine 2000-jährige Geschichte zurückblickt, werden Geschichten von Reichsrittern, Königsmachern, elisabethanischen Intrigen und den Verheerungen der Bürgerkriegszeit erzählt. Führungen und verkleidete Mitarbeiter sor-

Carew Castle, oben: Pembroke Castle

gen für ein buntes Treiben und nehmen Sie ins Leben ehemaliger Bewohner wie der Prinzessin Nest, Sir Rhys ap Thomas und dem extravaganten Sir John Parrot mit. Zum Gelände gehört außerdem die einzige restaurierte Gezeitenmühle in Wales, die auf einem rund 1,5 Kilometer langen Rundweg besichtigt werden kann *(parken bei N 51°41'51" W 4°49'41", Castle Lane, SA70 8SL, Apr. – Okt. 10.00 – 16.30 Uhr, sonst 11.00 – 15.00 Uhr, 7 £, www.carewcastle.com).*

Naturliebhaber machen noch einen kleinen Schwenker nach **West Williamston**. Nach der Burg links über die Butts Lane können Sie zu einem interessanten kleinen **Naturschutzgebiet** abbiegen. Mit Wohnmobilen parken Sie dann im Ort und wandern beschildert bis zum Zugang. Das rund 20 Hektar große Gebiet besteht aus Gezeitenbächen, Salzmarschland, Kalksteinfels, wildem Unterholz und Wald. Einst wurde hier Kalkstein abgebaut, inzwischen hat sich die Natur das Gelände zurückerobert. Zu sehen gibt es eine große Anzahl an Watt- und Ufervögeln wie Zwergtaucher, Brachvogel, Graureiher, Brandgans, Höckerschwan und Austernfischer. Bleiben Sie strikt auf den Wegen, um Brutvögel, vor allem zwischen April und September, nicht zu stören *(Zugang am westlichen Dorfende bei N 51°43'01" W 4°50'59").*

078 Cresswell Quay – *Creswell Barn Farm*

GPS/Kontakt: N 51°43'51" W 4°49'25", SA68 0HT, Tel. 07814 72 10 99, www.resswellbarnfarm.co.uk. **Öffnungszeiten**: Etwa Mitte Apr. – Anfang Sep. **Ausstattung**: Farmshop, sonst campingplatzüblich. **Beschreibung**: Sehr sympathischer Platz neben einer Farm am Fluss gelegen, zwei nicht ganz ebene, teils schattige Wiesen, Pub wenige hundert Meter entfernt. **Preis**: 27 – 37 £, vergünstigte Tarife bei Buchung über den Camping und Caravanning Club. **Zufahrt**: In Carew links Richtung Canaston Bridge fahren, dann links nach Cresswell Quay abzweigen, dort nach dem Ort rechter Hand.

Nature Reserve West Williamston

Blackwood Watermill

079 Narberth – *Snooty Fox Inn*

GPS/Kontakt: N 51°46'20" W 4°48'29", Martletwy, SA67 8AD, Tel. 01834 89 13 00, www.campingandcaravanningclub.co.uk. **Max. WOMOs**: 5. **Öffnungszeiten**: Ganzjährig geöffnet. **Ausstattung**: Ver- / Entsorgung, Toilette, Mülleimer, Spielplatz. **Beschreibung**: Campingwiese vor einem Pub. Fast ebene, recht ruhige, ländliche Lage, in der Nähe der nachgenannten Freizeiteinrichtungen. Zeitweise wird ein zusätzlicher Pop up Campingplatz am Gelände geöffnet. **Preis**: 15 £. **Zufahrt**: Von der A4075 links Richtung Martletwy abfahren, dann nach 700 m rechter Hand. **Hinweis**: Meist nur für Camping and Caravanning Club Mitglieder, Reservierung empfohlen.

Oakwood Theme Park

Um den Cleddau Fluss weiter nördlich überqueren zu können, müssen Sie bis **Canaston Bridge** fahren. Direkt nebeneinander wurden in einer sonst wenig spektakulären Ecke am Weg dorthin der größte Freizeitpark und das größte Hallenschwimmbad von Wales erbaut. Letzteres steht inzwischen allerdings nur noch Gästen des angrenzenden Ferienresorts exklusiv zur Verfügung.Der **Oakwood Theme Park** mit über 30 Attraktionen und Fahrgeschäften kann dagegen von Jedermann besucht werden. Familien verbringen leicht einen ganzen Tag und lassen sich nach Herzenslust schütteln, tragen, schießen, fahren oder gleiten – je nach persönlichem Geschmack. Im Sommer werden nachts Feuerwerke gezündet *(SA67 8DE, fast ganzjährig mit immer wechselnden Öffnungszeiten, Sep. – Mai meist nur am Wochenende, ab 10 Uhr – 16.30 / 17.00 / 18.00 / 19.00 / 22.00 Uhr, etwa 35 £, www.oakwoodthemepark.co.uk).*

Kurz darauf können Sie links zu einem Picknickplatz im Blackpool-Wald abfahren. Eine seltene Gelegenheit, denn bislang gibt es hier kein Übernachtungsverbot. Dass es streng genommen nur eine Haltebucht neben der Straße ist, ist bei dem nachts kaum bis gar nicht vorhandenen Verkehr irrelevant.

080 **N 51°47'20" W 4°49'21"**, Minwear Uchaf

Auch für einen Tages-Zwischenstopp zum Beine vertreten ist er nicht schlecht, denn nur ein kurzes Stück zurück treffen Sie auf die düster wirkende **Blackwood Wassermühle**, die zurzeit nur von außen besichtigt werden kann und mit ihren vergitterten Fenstern, den Greifvogelskulpturen an der Gartenpforte und der ranzig-morbiden Fassade jedem Horrorfilm als Kulisse gut zu Gesicht stünde.

Picton Castle and Gardens

Nehmen Sie dann die A40 Richtung Haverfordwest, empfiehlt sich ein letzter Abstecher links nach **Picton Castle and Gardens**. Während das Schloss selbst noch in halbprivater Nutzung ist und nur auf einer Führung teilweise besichtigt werden kann, dürfen der große Garten und das burgähnliche Wirtschaftsgebäude mit kleiner Galerie, Café, Rasenmähermuseum und Gärtnerei durchgehend zu den Öffnungszeiten begutachtet werden. Vor allem der schöne Garten ist den Weg wert. Wild-verwunschenes Urwalddickicht im Ostteil, Farn- und Buschwälder im Westen, dazwischen ein üppig blühender, ummauerter Garten und ein Abenteuer-Jungle mit Bretterweg durch mannshohe Blätterpflanzen sind einige der Highlights. Im Sommer finden ab und an Open-Air Kino- und Theatervorstellungen am Schlossplatz statt *(N 51°47'04" W 4°53'20", Dyfed, SA62 4AS, 10.00 – 17.00 Uhr, Führungen um 12.00 / 13.00 / 14.00 Uhr, 14,50 £, Führungen 5 £, www.pictoncastle.co.uk)*.

Picton Castle Gardens

Marina von Milford Haven

Haverfordwest *(12.000 Einwohner)*
Die größte Stadt der Region ist gleichzeitig Verwaltungshauptsitz und wirtschaftliches Zentrum. Der Besuch in dem recht angenehmen Marktstädtchen ist sicher kein Muss, aber wenn Sie schon mal hier sind... Zu sehen gibt es Überreste einer Burg, ein Heimatmuseum und eine kleine Fußgängerzone entlang der Bridge Street und die Ruinen der Haverfordwest Priory, einer Augustinerklosters aus dem 12. Jahrhundert im Westen der Stadt. Wollen Sie Halt machen, finden Sie Parkmöglichkeiten unterhalb der Festung bei N 51°48'07" W 4°58'16" in der Dark Street. »Schokoholics« können auch noch einen Stopp in der nördlich des Zentrums gelegenen **Wickedly Welsh Schokoladenfabrik** in Erwägung ziehen. Die Besucherführungen wurden zwar seit Corona eingestellt, doch der Shop bietet allerhand Auswahl für Naschkatzen und -kater *(N 51°49'29" W 4°57'36", 32 Withybush Road, Mo. – Fr., 9.00 – 17.00 Uhr, www.wickedlywelsh.co.uk).*

081 Haverfordwest – *Palmerston House*

GPS/Kontakt: N 51°47'34" W 4°59'29", Palmerston Road, SA61 1EY, Tel. 01437 76 00 11, www.campingandcaravanningclub.co.uk.
Max. WOMOs: 5. **Öffnungszeiten**: Apr. – Okt. **Ausstattung**: Ver- / Entsorgung, Strom, Toilette / Dusche, Mülleimer, Waschmaschine / Trockner, Spielplatz. **Beschreibung**: Aufgeräumte Stellplatzwiese neben einem B & B. Meist schattig, geschützt und recht ruhig, eben, klappstuhlgeeignet, 1 km in die Ortsmitte. **Preis**: 20 £. **Zufahrt**: Von der A4076 kommend am Kreisverkehr mit dem McDonald`s in den Merlin`s Hill halten, am nächsten Kreisverkehr links und der Beschilderung »Merlin`s Lane« nach links folgen, nach 450 m links. **Hinweis**: Nur für Camping and Caravanning Club Mitglieder, Reservierung empfohlen.

Milford Haven *(14.000 Einwohner)*
Auf der A4076 setzen Sie Ihre Fahrt nun zunächst in südliche Richtung bis Milford Haven fort. Den stark industriell geprägten Ort können Sie an sich zügig hinter sich lassen, außer Sie haben Lust ein wenig durch das neu errichtete Yachthafen-Areal zu schlendern, das ist an schönen Tagen ganz hübsch und es gibt diverse Cafés und Restaurants, parken lässt sich problemlos am Mackerel Quay *(N 51°42'36" W 5°02'13")*. An der nachfolgenden **Gelliswick Bay** gibt es einen Nachtparkplatz neben dem Yachtdepot.

082 N 51°42'37" W 5°03'42", Gelliswick Road, SA73 3RL

Mehr Komfort erhalten Sie wenig später im **Sandy Haven Campingpark**. Oder Sie stoppen am Sport Club von Ishmael. Alles drei gute Ausgangspunkte, um an diesem schönen Landzipfel im äußersten Südwesten von Wales eine Wanderung am Küstenpfad zu unternehmen. Sie können die St. Annes Head genannte Landspitze aber auch per Wohnmobil anfahren und dort tagsüber am National Trust Carpark stoppen *(N 51°41'40" W 5°10'48", SA62 3RR, kostenpflichtig, für National Trust Members frei)*.

083 Herbrandston – *Sandy Haven Campingpark*

GPS/Kontakt: N 51°43'29" W 5°06'12", SA73 3ST, Tel. 01646 69 88 44, www.sandyhavencampingpark.co.uk. **Öffnungszeiten**: Etwa Mitte Apr. – Anfang Sep. **Ausstattung**: Campingplatzüblich, aber kein Strom. **Beschreibung**: Schön am Meer gelegener, etwas abschüssiger kleiner Platz mit zwei Bereichen hinter einem ebenso kleinen Mobilheimpark. Ruhig und beschaulich, kleiner Strand unterhalb, knapp 5 km nach Milford Haven. **Preis**: 20 £,. **Zufahrt**: An der Küstenstraße kurz nach Milford Haven links in einer 90 Grad Kurve der Beschilderung nach Sandy Haven bis zum Platz folgen. **Hinweis**: Telefonische oder Onlinebuchung ist notwendig, damit die Höhenbarriere vorab entfernt wird. **Hinweis 2**: Für Camping and Caravanning Club Mitglieder besteht auch die Möglichkeit an der nahen Pigscott Farm unterzukommen, N 51°43'42" W 5°04'54", Dale Road, SA73 3RY, Tel. 01646 69 07 50, ganzjährig, 15 – 20 £.

084 St. Ishmael`s – *Ishmael Sport and Social Club*

GPS/Kontakt: N 51°43'18" W 5°07'46", Lindsway Villas, SA62 3TB, Tel. 01646 63 64 44. **Max. WOMOs**: 15 – 20. **Öffnungszeiten**: Ganzjährig, im Zweifelsfall anrufen, denn manchmal ist der Platz nur am Wochenende verfügbar. **Ausstattung**: Wasser, Strom, Toilette / Dusche, Mülleimer. **Beschreibung**: Großer Rasenplatz hinter dem Clubhaus und Pub, eben, handfest und unprätentiös. **Preis**: 10 – 15 £. **Zufahrt**: Kurz vor Ortsbeginn von St. Ishmael`s linker Hand.

Marloes *(320 Einwohner)* Schöne Wandermöglichkeiten rund um eine weitere, besonders zerklüftete Landzunge können Sie westlich von Marloes in Angriff nehmen. Diese Ecke bietet auch eine der besten Möglichkeiten direkt vom Ufer Wale und Delphine zu entdecken oder Robben, die sich an kaum erreichbaren Strandflecken zwischen den Klippen eine Ruhepause gönnen. Am Ortsanfang ist, vor der Kirche links ab, der Strand Marloes Sands beschildert, geradeaus fahren Sie zum St. Martins Head mit der Erhebung *Deer Park* von der aus sich die Wasseroberfläche besonders gut beobachten lässt. An beiden Plätzen gibt es Parkflächen des National Trusts *(N 51°43'42" W 5°12'59", Marloes und N 51°44›05» W 5°14›37», St. Martins Head, National Trust Member kostenfrei, sonst gegen Gebühr).* Die **Marloes Sands** bieten einen kleinen Rundweg mit Vogelbeobachtungswarte, wilde, ins Meer wuchernde Landspitzen mit umtosten Felsen und dazwischen einen schönen, ruhigen Strand. Am Weg zum **St. Martins Head** gelangen Sie zuerst zum Visitor Centre auf der linken Seite. Informieren Sie sich über das Naturschutzgebiet und die Inseln oder werfen Sie einen Blick auf die Brutplätze der heimischen Vögel – Video-Überwachungskameras senden ständig aktuelle Bilder ins Center.

Die Marloes Sands bieten einen Rundweg mit Vogelbeobachtungswarte, wilde, ins Meer wuchender Landspitzen und einen Strand.

Mehrere Wege führen ab dem Parkplatz bis auf den äußersten Landzipfel hinaus, der, oft von Wind umpeitscht, den Blick zu den vorgelagerten **Inseln Skomer und Skokholm** ermöglicht.

Deer Park Aussichtspunkt, Marloes Sands, oben: Heuler am Strand

Überfahrten starten am Anleger beim Parkplatz. Skomer gilt als absolutes Natur- und Vogelparadies. Mehrere tausend Papageientaucher-Brutpaare versammeln sich alljährlich im Frühling. Skokholm ist für seine Schwarzschnabel-Sturmtaucher bekannt. Auch die etwas weiter entfernt gelegene Insel Grassholm wird angefahren, allerdings nur einmal die Woche. Dort brüten Basstölpel *(Apr. – Sep., mehrere Abfahrtszeiten / verschiedene Tage, teils Voranmeldung nötig, ab 182£, www.pembrokeshire-islands.co.uk).*

Beide Parkplätze lassen sich auch zu einem etwas längeren Rundweg miteinander verbinden, wenn Sie zwischen dem Strand und dem Ort Marloes den Weg durchs Inland einschlagen. Das freie Übernachten ist nirgends gestattet, dafür gibt es zwei günstige Farm-Campingplätze.

085 Marloes – *West Hook Farm Camp*

GPS/Kontakt: N 51°44'02" W 5°14'17", SA62 3BJ, Tel. 01646 63 64 24, www.westhookfarm-camping.co.uk. **Öffnungszeiten:** Etwa Apr. – Mitte Sep. **Ausstattung**: Campingplatzübliche Ausstattung. **Beschreibung**: Einfacher, etwas geneigter Rasenplatz mit schönem Blick auf die Küste ringsum, nahe dem Bootsableger nach Skomer Island und direkt am Küstenpfad, 2,3 km bis Marloes. **Preis**: 22 £. **Zufahrt**: Wie zum St. Martins Head, dort auf der rechten Seite angeschrieben.

086 Marloes – *Foxdale Campsite*

GPS: N 51°43'50" W 5°11'33", Glebe Lane, SA62 3AY, Tel. 01646 63 62 43, www.foxdaleguesthouse.co.uk. **Öffnungszeiten:** Etwa Mär. – Sep. **Ausstattung**: WiFi, Waschmaschine / Trockner, Frühstücksservice, Restaurant. **Beschreibung:** Kleinerer Platz auf einer einfachen grünen Wiese von Sträuchern begrenzt, teils Schatten recht eben und ruhig am Dorfrand, 300 m dorthin mit Pubs und Gemischtwarenladen, rund 1,5 km zum Strand. **Preis**: 18 £. **Zufahrt**: In Marloes an der Kirche rechts ab in die Glebe Lane, dann nach 100 m.

St. Brides Bay

Sie folgen nun der weit eingeschnittenen St. Brides Bay in Richtung St. Davids. Die landschaftlich schöne Straße ist aber teils recht schmal mit einigen steilen Abschnitten. Wer das vermeiden möchte, wählt besser eine Alternativroute zurück über Haverfordwest und von dort nach St. Davids. Ansonsten zweigen Sie von der B4327 in Höhe **Hasguard** links nach **Talbenny** ab. Eine ganze Reihe Campingplätze, preislich fast alle zwischen 25 und 35 Euro, sind an der Straße angeschrieben. Sobald diese erneut auf die Küste stößt und nach rechts dreht, erreichen Sie einen tollen Aussichtsplatz mit kleiner Asphaltausbuchtung, der kei-

Abfahrt nach Little Haven und Platz 087

nerlei Beschränkungen ausweist und somit auch für die Nacht in Frage kommt.

087 N 51°46'06" W 5°06'55", SA62 3UL

Die St. Brides Bay ist auf den folgenden Kilometern von einer ganzen Reihe schöner Fischerdörfer und einigen Ständen geprägt. Zuerst stoßen Sie auf **Little Haven**. Es hat zu Beginn rechts einen großen Besucherparkplatz *(N 51°46'23" W 5°06'28")* und einige schöne Pubs, zum Beispiel das ***St. Brides Inn*** *(St. Brides Road)*. Bei Ebbe zieht sich ein recht ansehnlicher Sandstrand von der winzigen Bucht bis hinüber nach **Broad Haven**, die nächste Siedlung, nur 500 m entfernt. Wenn Sie baden möchten, ist es die noch bessere Wahl. Am Rand des Strandes können Sie, wie vielerorts in Wales, in den Gezeitentümpeln auf den Felsplateaus nach schmackhaften Krabben suchen. In den Geschäften der Küstenorte werden extra dafür ganze Ausrüstungen mit Leinen und Eimern verkauft. Diesmal befindet sich der Womo-taugliche Parkplatz am Ortsende am **Millmoor Way** *(N 51°47'03" W 5°05'53")*. Zur Weiterfahrt müssen Sie dann zurück zum Strand fahren und den **Haroldston Hill** Richtung Norden einschlagen.

088 Little Haven – *Whitegates Campsite*

GPS: N 51°46'28" W 5°06'12", 19a Wesley Road, SA62 3UE, Tel. 07970 61 85 51, www.whitegatescamping.co.uk. **Öffnungszeiten:** Apr. – Mitte Sep. **Ausstattung**: WiFi, Waschmaschine / Trockner, Frühstücksservice, Restaurant. **Beschreibung:** Kleiner Platz auf einer abfallenden Wiese am Hügel hinter dem Ort, kein Schatten, 150 m bis zum Strand. **Preis**: 24 – 32 £, vergünstigter Tarif für Camping und Caravanning Club Mitglieder. **Zufahrt**: In Little Haven rechts über den Walton Hill aufwärts. Achtung, die Zufahrt ist kurz, aber sehr schmal und steil.

Die nächste Bucht heißt **Druidston** und ist fast unverbaut, bis auf ein kleines Hotel. Die Straße ist in diesem Abschnitt besonders schmal und weist auch keine Parkgelegenheit auf, daher fahren Sie besser gleich weiter nach **Nolton Haven** *(parken bei N 51°49'31" W 5°06'25")*. An beiden Orten gibt es empfehlenswerte Übernachtungsgelegenheiten.

Solva Bucht

089 Druidston – *Druidston Home Farm*

GPS: N 51°48'25" W 5°05'20", Sa62 3NE, Tel. 01437 78 17 89, www.druidstonhomefarm.co.uk. **Max. WOMOs**: 5. **Öffnungszeiten:** Apr. – Okt. **Ausstattung**: Ver- / Entsorgung, Toilette / Dusche, Strom, Mülleimer. **Beschreibung**: Schöner Rasenstellplatz neben einer Farm etwa 750 m vom Druidston Beach entfernt. Schöne Lage, ruhig, fast eben, klappstuhlgeeignet. **Preis**: 20 – 25 £. **Zufahrt**: Der Küstenstraße etwa 3 km ab Broad Haven folgen. An einem gelben Haus linker Hand mit der Aufschrift »Y Bwthyn« links in die Sackgasse abbiegen, dort linker Hand. **Hinweis**: Nur für Mitglieder des Camping and Caravanning Clubs. Reservierung empfohlen.

090 Nolton – *Nolton Cross Caravan Park*

GPS: N 51°48'58" W 5°04'51", SA62 3NP, Tel. 01437 71 07 01, www.noltoncross-holidays.co.uk. **Öffnungszeiten:** Mär. – Dez. **Ausstattung**: WiFi, Waschmaschine / Trockner, Minimarkt, Spielplatz. **Beschreibung**: Campingfeld neben einem Mobilheimpark mit Küstenblick in Alleinlage, leicht abfallend, kein Schatten, ruhig, etwa 1,6 km zum Strand. **Preis**: 15 – 28 £. **Zufahrt**: Der Küstenstraße etwa 4 km ab Broad Haven folgen, dort rechter Hand.

Vorbei an der Sandbucht von Nolton Haven schwingt sich die Straße nach den paar Häusern hinauf, den Klippen zu, und zum schönen Picknickplatz National Trust Picknickplatz Maldenhall, *(N 51°50'19" W 5°06'38")*. Schon von oben entdecken Sie einen kilometerlangen Strand mit auffälligem Kiesgürtel dahinter – **Newgale**. Baden, Surfen, Kiten, Boarden, alle möglichen Wassersportler tummeln sich an schönen Tagen in der Bucht, die trotzdem nie überfüllt wirkt. Eine ganze Reihe Tagesparkplätze ziehen sich von Süd nach Nord, dahinter die fast schon obligatorischen Mobilheim-Parks. Wenn Sie bis jetzt noch keinen Strandstopp eingelegt haben, wird es spätestens jetzt Zeit. Natürlich gibt es auch Campinggelegenheiten, zum Beispiel gegen Ende neben dem Duke of Edinburgh Inn.

091 Newgale Campsite

GPS/Kontakt: N 51°51'15" W 5°07'27", SA62 6AS, Tel. 07539 90 66 11, www.newgalecampingsite.co.uk. **Öffnungszeiten**: Apr. – Sep. **Ausstattung**: Campingplatzüblich, einfach, WiFi, Waschmaschine / Trockner. **Beschreibung:** Einfache, meist flache Wiese hinter dem Strand, kein Schatten, etwas belebter, lockere Atmosphäre. **Preis**: 20 – 30 £. **Zufahrt**: Direkt am Newgale-Strand auf der rechten Seite. **Hinweis**: Am Parkplatz des benachbarten Pubs kommt man auf Anfrage für ein paar Euro und gegen Einkehr auch oft unter, wenn es nur eine Nacht sein soll.

Sie streifen nun das Örtchen **Solva**, das sich in eine tief eingeschnittene, schmale Bucht duckt und bei Ausflüglern sehr beliebt ist. Wenn Sie auch Lust haben, ein wenig durch die belebte Hauptstraße zu schlendern, nehmen Sie den Parkplatz am Ufer *(N 51°52'28" W 5°11'21")*. Oder folgen Sie dem Küstenpfad

Newgale Beach

etwas nach rechts bis zum kleinen Café oder rund 800 m nach links bis zu einer abgelegenen Strandbucht. Ein paar Kilometer hinter dem Ort bietet sich wieder eine Gelegenheit kostenfrei über Nacht zu stehen. Die Parkfläche neben einem ehemaligen Militärflughafen ist ruhig gelegen und eben.

092 N 51°53'01" W 5°13'31", Ffos Y Minach

St. Davids *(1800 Einwohner)*
St. Davids ist die kleinste Stadt Großbritanniens und, zusammen mit den Dörfern in der näheren Umgebung, gleichzeitig einer der beliebtesten Urlaubsorte an der walisischen Westküste. Wenn Sie nur einen Tagesbesuch planen, können Sie gleich am Ortsbeginn auf dem Parkplatz am **Fford Caerfai** halten *(N 51°52'49" W 5°15'36")*. Im hinteren Bereich wurden extra Parkzonen für Wohnmobile errichtet. Auf der gegenüberliegenden Straßenseite befindet sich **Oriel y Parc**, das Besucherzentrum des Ortes und der Pembrokeshire-Küste. Sie können sich dort mit Informationen, Kartenmaterial und Broschüren eindecken oder sich von den Mitarbeitern persönlich wertvolle Tipps zu Wanderungen, Badeplätzen und guten Naturbeobachtungspunkten geben lassen. Außerdem werden verschiedene, von den Nationalparkbehörden durchgeführte Aktivitäten angeboten, zum Beispiel Robben-Safaris, Kräuterrundgänge oder archäologische Wanderungen. Dem Center ist eine kleine Kunstgalerie angeschlossen, die kostenlos besichtigt werden kann, sowie ein nettes Café *(SA62 6NW, meist 9.30–17.00 Uhr, www.orielyparc.co.uk)*.

Wenn Sie danach die Hauptstraße weiter hinab in den Ort schlendern, sehen Sie direkt geradeaus vor Ihnen die Türme der Hauptsehenswürdigkeit von St. Davids in den Himmel ragen. Schon seit dem sechsten Jahrhundert gilt der Ort als echtes Schwergewicht unter den Pilgerstätten. Die heute zu sehende **Kathedrale** stammt aus dem 11. Jahrhundert und stellt das wohl bedeutendste, noch intakte Sakralbauwerk von Wales dar. Reich geschmückte Säulen und Eichenholzelemente an den Decken vermitteln einen Eindruck von ihrer Bedeutung: Schon 1124 erklärte Papst Calixtus II., dass zwei Reisen nach St. Davids, einer Reise nach Rom ebenbürtig seien, drei sogar einer nach Jerusalem. Zu sehen gibt es außerdem den erst 2012 restaurierten mittelalterlichen Schrein des Heiligen David, dem Namensgeber, und eine Schatzkammer *(The Pebbles, SA62 6RD, Mo.–Sa., 10.00–16.00 Uhr, So. 13.00–15.00 Uhr, 5 £ Spende erbeten, www.stdavidscathedral.org.uk)*. Direkt hinter der Kirche grenzt das Gelände des ehemaligen **Bishop`s Palace**

Papst Calixtus II. erklärte 1124, dass zwei Reisen nach St. David`s einer Reise nach Rom ebenbürtig sind, drei sogar einer nach Jerusalem.

Bishop`s Palace in St. David`s

an. Als Machtzentrum mit weitreichenden Befugnissen göttlicher als auch weltlicher Art repräsentierte das Bauwerk die Stellung des Bischofs. Die Ruinen geben auch heute noch einen recht guten Eindruck davon ab *(SA62 6 PE, Mär. – Okt., 9.30 – 17.00 Uhr, Jul. / Aug. bis 18.00 Uhr, sonst 10.00 – 16.00 Uhr, 5£, CADW Members frei, www.cadw.gov.wales)*. Eher für mehrtägige Aufenthalte eignet sich ein Bootsausflug zur Robben- und Höhleninsel **Ramsey**. Dieser wird, neben weiteren Tierbeobachtungstrips, überall im Ort feilgeboten. Gar nicht mal so günstig geht es dabei mit Speedboats meist für ein bis zwei Stunden hinaus, die Preise starten bei rund 35 Pfund pro Person *(www.ramseyisland.co.uk)*.

Eine andere bei Walisern sehr beliebte Aktivität, der Sie sich anschließen können, ist das hier erfundene Coasteering.

Coasteering

Wundern Sie sich nicht, wenn Sie bei einem Spaziergang auf dem Pembrokeshire Coast Path plötzlich eine ganze Gruppe, in schwarze Neoprenanzüge gehüllte und mit Schutzhelmen ausgerüstete Menschen irgendwo weit unten zwischen Gischt und Felsen in den Klippen hängen sehen. Es sind keine Schiffbrüchigen und auch sonst besteht kein Grund für Besorgnis. Das waghalsig anmutende Unterfangen nennt sich Coasteering und wurde in den 1980er Jahren von den Walisern erfunden. Es stellt eine Art Pendant zum Canyoning dar, dass sich im heimischen Alpenraum seit einigen Jahren steigender Popularität erfreut. Bei der Küstenvariante versucht man nicht hinauf oder hinabzukommen, sondern klettert entlang einer vorher festgelegten Route quer zu den Felsen an der Küste entlang. Wenn es einmal nicht weitergeht, springt man eben ins Wasser, schwimmt ein Stück, nur um sich bei nächster Gelegenheit wieder am Fels zu verkrallen eine erneute Querung zu versuchen. Lust bekommen? Anbieter gibt es, beispielsweise rund um St. Davids, gleich mehrere, wie ***Ma Simes*** oder ***TYF Adventures*** *(beide High Street St. Davids, www.tyf.com)*, ***The Real Adventure Company*** *(Whitesands Road, www.therealadventurecompany.com)*.

Natürlich finden Sie auch eine ganze Reihe gastronomischer Betriebe in der Stadt, beliebt sind zum Beispiel das das ***Bishops*** *(22,*

Cross Street), das **Grain** *(1, High Street)* oder das **Mill Café** *(5, New Street)*. Bei Camping- und Stellplätzen in der Umgebung haben Sie die Qual der Wahl, denn die Auswahl ist riesig. Sie können zwischen orts- und strandnahen Plätzen unterscheiden, die schöne **Whitesands Bay** lohnt auch als Ziel für Tagesbesucher. Zumindest vormittags haben Sie meist gute Chancen einen Parkplatz zu finden *(kostenpflichtig, N 51°53'51" W 5°17'31", Whitesands)*. Dann steht einem ungetrübten Strandtag nichts mehr im Weg.

093 St. Davids – *Rugby Club St. Davids*

GPS/Kontakt: N 51°53'10" W 5°15'35", Nun Steet, SA62 6NR, Tel. 01437 72 03 30. **Max. WOMOs**: 15 – 20. **Öffnungszeiten**: Ganzjährig. **Ausstattung**: Wasser, Toilette / Dusche. **Beschreibung:** Stellplätze auf Rasen rings um den Rugbyplatz, klappstuhlgeeignet, kein Schatten, nachts ruhig, bester Platz, wenn Sie abends nach St. Davids gehen möchten, rund 700 m ins Zentrum. **Preis**: 20 £. **Zufahrt**: Der nördliche Ausfallsstraße Richtung Fishguard bis zum Ortsende folgen, dort links.

094 St. Davids – *Trehenlliw Farm*

GPS/Kontakt: N 51°53'22" W 5°15'24", SA62 6PH, Tel. 07421 83 14 62, www.campingandcaravanningclub.co.uk. **Max. WOMOs**: 5. **Öffnungszeiten**: Etwa Apr. – Okt. **Ausstattung**: Ver-/Entsorgung, Toilette / Dusche, Strom, Mülleimer. **Beschreibung:** Großes Wiesengelände neben einer Farm, ruhig, nicht ganz eben, Blick ins Land, klappstuhlgeeignet, etwa 2,5 km nach St. Davids, rund 3 km bis zum Strand. **Preis**: 20 – 25 £. **Zufahrt**: St. Davids nach Norden über die Nun Street (A487) verlassen, dann links Richtung Whitesands und nach 450 m erneut links beschildert die Farmeinfahrt nehmen. **Hinweis**: Nur für Camping and Caravanning Club Mitglieder, Reservierung empfohlen.

TOUR 3

095 St. Davids – *Whitesands Camping*

GPS/Kontakt: N 51°53'51" W 5°17'31", Whitesands, SA62 6PS, www.whitesandscamping.co.uk. **Öffnungszeiten**: Etwa Apr. – Okt. **Ausstattung**: Campingplatzüblich, Café und Eisstand im Sommer am Platz davor. **Beschreibung:** Geneigte, etwas holprige Wiese direkt oberhalb der Strandbucht mit tollem Blick, je nach Fahrzeug und Auslastung wird Ihnen ein mehr oder weniger aussichtsreicher Platz zugewiesen, kein Schatten, direkt am Küstenpfad, 3,4 km bis St. Davids. **Preis**: 24 £. **Zufahrt**: Wie vorheriger Platz, nur schon vorher links ab weiter den Schildern zur Whitesands Bay folgen. Bei Ankunft auf der rechten Seite. **Hinweis**: Nur kleinere Wohnmobile bis maximal 7 m werden zugelassen.

096 St. Davids – *Towyn Camping*

GPS(Kontakt: N 51°53'46" W 5°17'09", Whitesands, SA62 6PS, www.campingandcaravanningclub.co.uk. **Max. Womos**: 5. **Öffnungszeiten**: Apr.– Okt. **Ausstattung**: Ver- / Entsorgung, Toilette, Mülleimer. **Beschreibung:** Einfache Stellplatzwiese neben einer Farm, einige 550 m hinter dem Whitesands Beach. Relativ eben, kein Schatten, klappstuhlgeeignet, ruhig. **Preis**: 11 – 15 £, für nicht Clubmitglieder möglicherweise etwas teurer. **Zufahrt**: Wie vorherige Plätze, Schildern zur Whitesands Bay folgen, dort an der Zufahrt rechter Hand. Bei Ankunft auf der rechten Seite. **Hinweis**: Eigentlich nur für Camping and Caravanning Club Mitglieder, Reservierung empfohlen. Im Sommer wird aber oft ein zweites Feld für Jedermann geöffnet.

Wandern am Wales Coast Path

Falls Sie es noch nicht gewusst haben: Wales ist ein wahres Eldorado für Wanderer! Unzählige Wege und Pfade durchziehen die Landschaft, an der Küste genauso wie im Landesinneren. Ein besonders ehrgeiziges Projekt stellt dabei der fantastische Weitwanderweg Wales Coast Path dar, der auf ganzen 1400 Kilometern die gesamte walisische Küste erschließt. Er beginnt ganz im Norden bei Queensferry und zieht sich bis hinab nach

Whitesands Beach mit Campingplatz 095

Pferde am Welsh Coast Path

Chepstow. Am fünften Mai 2012 eingeweiht, gilt er seitdem als erster und längster Wanderweg entlang der gesamten Küsten eines Landes und kann, zusammen mit dem Offa`s Dyke Path im Landesinneren, zu einem rund 1660 Kilometer langen Rundweg kombiniert werden. Als einer der schönsten Abschnitte gilt die Strecke durch den Pembrokeshire National Park. Rund um St. Davids lassen sich ein paar besonders schöne Wegstrecken erkunden. Dahinter liegen eine Menge weiterer Campinggelegenheiten. Hier einige Beispiele für Wege und Stellplätze:

Variante 1: Whitesands Head *(8 km)*
Der Weg führt über Hügel voll blühender Heide, vorbei an halbwild lebenden Ponyherden und die meiste Zeit über mit Blick auf die schöne Küste. Sie starten am **Whitesands Parkplatz** und gehen die Straße ein kurzes Stück zurück. Nun halten Sie sich am zweiten Fahrweg links. Er führt zu einem Farmhaus mit Zimmervermietung und danach weiter zu einem Zaunübertritt und einer Wegkreuzung. Dort schlagen Sie den rechten Pfad ein, der Sie durch Ginsterbüsche an der Südflanke des **Llidi Hügels** entlangführt. Nach etwa 400 Metern biegen Sie rechts durch ein Tor und gehen auf einem ummauerten Weg bis zu einer **Jugendherberge**. Gleich nach der Scheune mit den Schlafräumen befindet sich links ein weiterer Zaunübertritt. Nehmen Sie diesen und folgen Sie dem Pfad zwischen den Feldern zu einem

Porthclais Bay, unten: blühende Heide am Küstenpfad

Fahrweg. Den gehen Sie nach links auf den Bergkamm zu. Sie wandern durch das Tor am Gipfel und machen sich dahinter in diagonaler Richtung zu einem weiteren Tor auf, das Sie schon im Eck hinter dem Feld erkennen können. Danach folgen Sie der linken Mauer für rund 50 Meter und biegen anschließend rechts ab. Erneut queren Sie ein Tor, das Sie ins offene Heideland führt. Es ist von vielen Pfaden durchzogen, die alle in die etwa gleiche Richtung führen. Halten Sie sich scharf links und folgen Sie der Mauer aufwärts. Bleiben Sie immer geradeaus, stoßen Sie auf einen guten Pfad, der den Hügel hinunterführt. Sie schlagen ihn nach links bis zu einer Steinmauer ein, wo Sie rechts durch ein Tor gehen. Nach knapp 200 Meter treffen Sie auf einen weiteren Weg, der vom **Perfedd** Hügel hinunterführt. Linksherum bringt er Sie zum Küstenpfad. Dem müssen Sie nun nur noch zurück bis zum Whitesands Strand folgen, im Zweifelsfall immer der Küstenlinie nach. Unterwegs begegnen Ihnen neben den erwähnten Pferden auch die Überreste einer eiszeitlichen Festung, einige schöne Plätze für ein Picknick und Sie haben eine fantastische Sicht hinüber nach Ramsey Island.

Variante 2: Whitesands – Porthclais *(11 km, Kurzvariante möglich)*
Diese Tour führt ab Whitesands einfach nur immer entlang des Küstenpfades bis zum kleinen Hafen **Porthclais** südlich von St. Davids und kann in beide Richtungen begangen werden. Auch eine Kurzvariante, die schon auf halbem Weg in **St. Justinian** stoppt, ist möglich oder ein Tourstart direkt vom Besucherzentrum in St. Davids aus. Dabei werden alle Wegstrecken,

Blue Lagoon

die nicht direkt entlang der Küsten verlaufen mit dem Bus zurückgelegt. Die Celtic Coaster Linie 403 *(2 £ pro Fahrt)* bedient die Runde St. Davids / Porthclais / St. Justinian / Whitesands etwa von Mai bis September alle 15 bis 30 Minuten zwischen 9.00 und 19.00 Uhr. Aktualisierte Pläne gibt es im Infocenter Oriel y Parc. Sie finden Bademöglichkeiten am Whitesands Strand, in der kleinen Bucht **Llyndir** südlich davon, sowie bei Ebbe in der **Porthlysgi Bucht** vor Porthclais. Schöne Blicke auf die Küste und die Ramsey Insel haben Sie etwa rund um St. Justinian, von wo aus die Boote übersetzen.

Varitante 3: Abereiddy Bay bis Porthgain *(9 km, Kurzvariante möglich)*
Diese Wanderung startet am **Abereiddy Strand**, eine Abfahrt nach Whitesands, der für seinen fast schwarzen Sand mit vielen kleinen Fossilien darin bekannt ist. Ein großer Parkplatz befindet sich direkt hinter der Bucht *(N 51°56'11" W 5°12'19")*. Am nördlichen Rand der Bucht führt ein Pfad links an der Felsnase herum. Hinweistafeln und die Überreste von Gebäuden weisen darauf hin, dass hier einst ein Schieferbruch betrieben wurde. Gehen Sie nicht gleich rechts hinauf, um dem Küstenpfad zu folgen, sondern erst noch ein paar Metern geradeaus zur »**Blue Lagoon**«. Die einst vom Meer getrennte, offene Grube wurde nach Abbau-Beendigung zum Meer hin gesprengt und geflutet. Heute ist sie ein beliebtes Refugium für Coasteerer und Küsten-Kanufahrer, die in dem geschützten Becken eine Anfangseinweisung erhalten.

Nachdem Sie den Uferhügel erklommen haben, wandern Sie immer der Küste folgend in nördliche Richtung bis ins kleine Fischerdorf Porthgain.

Ynys Barri Beach

Unterwegs bietet sich eine schöne Badegelegenheit am nur zu Fuß erreichbaren **Ynys Barri Strand** mit einer markanten Doppelfels-Formation direkt vor der Bucht. Ein Stück weiter kommen Sie an weiteren verfallenen Minengebäuden vorbei, denn auch in Porthgain wurde einst Schiefer abgebaut. Stufen leiten Sie hinab zum Hafenbecken. Eine Rast in einem der beiden urigen Lokale ***The Shed*** oder ***Sloop Inn*** wäre nun eine Idee, vor Zweiterem startet auch ein Bus zurück zum Abereiddy Beach, den Sie für die Kurzvariante nehmen können, die Wartezeit können Sie sich in einer der Galerien von Porthgain vertreiben *(Strumble Shuttle, Nr. 404, Mai – Sep., Abfahrt am Sloop Inn Pub, zuletzt 12.21 und 17.11 Uhr, im Hochsommer auch öfters, Zeiten bitte vor der Wanderung überprüfen)*. Wenn Sie weiter wandern möchten, nehmen Sie nördlich vom Hafen erneut den Küstenpfad auf, vorbei an einem markanten weißen Turm, der als Wegweiser für die Hafeneinfahrt dient. Kurz vor dem Dorf **Trefin** trifft Ihr Pfad auf eine kleine Straße, der Sie nach rechts folgen. Sie verlassen nun die Küsten und gehen bis zu einem Haus mit dem Namen „Awel-for". Ein Feld nach dem Haus können Sie einen Pfad nach rechts einschlagen, gehen dort durch ein Tor und drehen danach links, dem Zaun beziehungsweise Steinsockel folgend. Der Pfad wird zu einem Fahrweg, der eine Farm ansteuert. Dort halten Sie sich links, dem Wegweiser Richtung Porthgain nach. Bei einer Gruppe weißer Ferienhäuser *(Felindre House)* nehmen Sie am zweiten Wegweiser den Zaunübertritt und bleiben danach immer entlang der rechten Feldbegrenzung bis zum Steinübertritt am Ende. Bald darauf sehen Sie einen weiteren Zaunübertritt neben einem Strommasten, der zu einer Straße führt. Sie gehen links und sofort wieder rechts auf die ***Barry Holiday Cottages and Farm*** zu. Sie durchqueren die Gebäudegruppe und gehen dahinter auf einem anfangs noch geteerten Weg, der bald zu einer Erdpiste wird. Bald erreichen Sie die Beschilderung in Richtung Abereiddy, der Sie bis zum Ausgangspunkt zurück folgen.

097 Abereiddy – *Celtic Camping*

GPS/Kontakt: N 51°55'33" W 5°13'10", Pwll Caerog Farm, SA62 6DG, Tel. 01348 83 74 05, www.celticcamping.co.uk. **Öffnungszeiten**: Etwa Apr. – Anfang Okt. **Ausstattung**: WiFi, Waschmaschine / Trockner.

Beschreibung: Mehrere große Felder, alle mit tollem Meerblick und meist leicht abschüssig, wenn im Sommer gut besucht nicht immer ganz ruhig, direkt am Küstenpfad, zu Fuß knapp 1000 m bis Abereiddy Beach. **Preis**: 28 - 35 £. **Zufahrt**: In St. Davids zunächst Richtung Whitesands Beach fahren, dann aber weiter in Richtung Trefin bis der Platz nach ein paar Kilometern links angeschrieben ist. **Hinweis**: Für Camping und Caravanning Club Mitglieder bietet sich alternativ die Rhosgadw Farm Campsite ein paar Kilometer zuvor an, N 51°54'02" W 5°15'41", SA62 6PW, Tel. 07828 51 50 39, www.campingstdavids.co.uk, Mai – Oktober, 16 – 24 £.

098 Abereiddy – *St. Davids Camping and Caravanning Club Site*

GPS/Kontakt: N 51°55'48" W 5°11'32", SA62 6DW, Tel. 01348 83 13 76, www.campingandcaravanningclub.co.uk. **Öffnungszeiten**: Etwa Mär. – Sep. **Ausstattung**: WiFi, Waschmaschine / Trockner. **Beschreibung:** Zwei teils ebene, teils etwas abschüssige Wiesen, hauptsächlich auf Rasen, wenige Plätze auf Schotter, Blick bis aufs Meer, ruhig, kein Schatten, gepfelgt. **Preis**: Camping and Caravanning Club Mitglieder 17– 25 £, sonst etwa 25 – 35 £. **Zufahrt**: In St. Davids zunächst Richtung Whitesands Beach fahren, dann aber weiter in Richtung Trefin bis Sie den Platz direkt rechtsseitig passieren.. **Hinweis**: In der Hochsaison zwei Nächte Mindestaufenthalt.

099 Trefin

GPS: N 51°56'52" W 5°09'05", Fford Y Felin. **Max. Womos**: 1 – 2. **Ausstattung**: Keine Einrichtungen. **Beschreibung:** Kleiner Aussichtsparkplatz oberhalb der Küste, schöne, ruhige Lage, etwa 200 m in den Ort mit Pub und Café. **Zufahrt**: In St. Davids zunächst Richtung Whitesands Beach fahren, dann aber weiter in Richtung Trefin bis der Platz nach ein paar Kilometern links angeschrieben ist. **Hinweis**: Alternativ kommt hier in der Nähe sonst der einfache Coastal Campingplatz nahe der Küste in Frage, N 51°58'42" W 5°04'22", SA64 0LJ, ganzjährig, 20 £.

Stumble Head

Die A487 führt auf direktem Weg weiter bis nach Fishguard, dem nächsten größeren Ort Pembrokeshires.

Ein landschaftlich sehr schöner Abstecher, der allerdings entlang sehr schmaler Straßen führt, geht vorher noch links zum Leuchtturm Stumble Head ab. Dazu nehmen Sie links die Abzweigung nach **St. Nicholas** und folgen dem markierten Straßenverlauf weiter, bis links Schilder über das schmalste Stück Straße zum Stumble Head weisen. Doch zunächst geht es ein gutes

Stück bergauf. Fast am Scheitel angekommen, können Sie links auf einen Parkplatz fahren, von dem eine kurze Wanderung zu den Überresten der eiszeitlichen **Festung Garn Fawr** führt. Auf der etwas abschüssigen Schotterfläche mit weitem Blick gab es bis zuletzt kein Übernachtungsverbot.

100 **N 52°00'29" W 5°03'45"**, SA64 0JJ

Die folgende Abfahrt sollten Sie langsam angehen, nur mehr zwei durch eine Grasnarbe getrennte Spuren sind vorhanden. Nachdem Sie ein Farmgelände durchquert haben, können Sie links auf die nur unwesentlich breitere Fahrbahn zum Leuchtturm wechseln *(eine einfachere Anfahrt zum Leuchtturm führt von Norden aus über Goodwick hierhin)*. Noch einmal muss ein enges Stück Fahrweg ohne nennenswerte Ausweichstellen bezwungen werden, dann haben Sie den Parkplatz am **Stumble Head Lighthouse** erreicht, der auf einem vorgelagerten, nur durch einen Steg verbundenen Inselchen thront. Er wird bis heute genutzt und kann nicht besichtigt werden. In den 1950er Jahren wurden Teile des Films Moby Dick hier gedreht. Sie können am Coastal Path laufen, den herrlichen Ausblick genießen oder ein Picknick in der Heide machen *(N 52°01'47" W 5°04'09", SA64 0JL)*.

Fishguard Bay, oben: Stumble Head Lighthouse

Fishguard *(5.400 Einwohner)*
Fishguard und das etwas weiter westlich daran angrenzende **Goodwick**, in dem Sie zuerst ankommen, sind beinahe zusammengewachsen und liegen an der Fishguard Bay, einem Hafen, der vor allem für seine Fährverbindungen nach Rosslare in Irland bekannt ist. Sie müssen hier nicht unbedingt halten, wenn doch finden Sie Parkplätze gleich in Ufernähe beim **Ocean Lab**. Es wird vom Sea Trust betreut, einer Organisation, die sich um die Natur und den Erhalt des Lebensraumes Meer kümmert. Sie können eine Ausstellung zum Thema ansehen, Videos von Walen und Delphinen die direkt vor der hiesigen Küste aufgenommen wurden oder verschiedene lokale Meeresbewohner wie Lippfisch, Seenadel oder Oktopus in Aquarien betrachten. Auch die lokale **Touristeninformation** und ein Café befinden sich im Gebäude *(N 52°00'10" W 4°59'32", SA64 0DE, geöffnet während der Schulferien, sonst siehe Website, 8 £, www.seatrust.co.uk)*. Ein weiterer auch zum Übernachten geeigneter Parkplatz befindet sich direkt gegenüber am Sportplatz. Dort startet auch ein Holzbohlenweg durch das kleine **Naturschutzgebiet Goodwick Moor**.

101 **N 52°00'06" W 4°59'34", Phoenix Carpark**, The Parrog, SA64 0DE

Nachtparkplatz 101

Fishguard teilt sich in eine Ober- und Unterstadt. Im oberen Teil gibt es eine ganze Reihe Geschäfte und Pubs, zum Beispiel das Café ***Peppers*** *(16, West Street)*, das ***Ffwrn*** *(Main Street)* oder ***Royal Oak*** *(Market Square)*. Sonst fallen kaum nennenswerte Sehenswürdigkeiten ins Gewicht. Nur im Rathaus stellt ein 30 Meter langer Wandteppich »die letzte Invasion« der Franzosen dar. Sie fand 1797 in der unteren Bucht statt und soll von einigen Frauen schon 48 Stunden nach Landung im Keim erstickt worden sein. Parken können Sie am ehesten in der **Wallis Street** *(N 51°59'35" W 4°58'34")*.

Die schönere Unterstadt gruppiert sich rund um den Hafen. Die hübschen, alten Häuser an der Bucht und die bunten, im Wasser schaukelnden Boote geben ein pittoreskes Bild ab. Neben der Mündung des Gwaun gibt es außerdem Mülleimer, einen Spielplatz, das gemütliche ***Ship Inn*** *(3, Newport Road)* und einige Parkplätze. Dahinter schwingt sich die Straße zum **Fishguard Fort**

Unterstadt von Fishguard

hinauf. Es liegt in prominenter Position auf einem Felsvorsprung und stammt aus dem 18. Jahrhundert. Wenn Sie kurz halten möchten, gibt es einen kleinen Parkplatz *(N 51°59'57" W 4°58'11")*.

Dinas Head

Auf der A487 fahren Sie nun immer entlang der Küstenlinie Richtung Newport weiter. Ein nächster Abstecher führt Sie vielleicht rechts in eine kleine Straße, zumindest wenn Sie sich für britische Gartenkunst interessieren. Der ab der Hauptstraße beschilderte, kleine aber feine **Dyffryn Fernant Garden** liegt ruhig im Grünen und ist voller üppig wuchernder, bunt blühender und duftender Blumen. Sicher kein Vergleich mit den großen, bekannten Gärten von Wales, aber ein verstecktes Kleinod für einen erholsamen Zwischenstopp *(etwas schmaler Parkplatz für kleinere Womos am Garten bei N 51°59'43" W 4°55'29", Apr. – Okt., So. – Fr. 12.00 – 17.00 Uhr, 7 £, www. dyffrynfernant.co.uk)*.

In **Dinas Cross** zweigt ein Sträßchen nach Pwll Gwaelod ab. Nicht mehr als eine Handvoll Häuser stehen am Ende der schmalen, teils recht steilen Straße in der schönen **Fishgard Bay**. Sie können Baden, im Garten des urigen Strandpubs ***Old Sailor*** eine Mahlzeit oder einen Drink genießen, in der schon Dylan Thomas einkehrte, und eine schöne Rundwanderung um Dinas Head auf dem Küstenpfad unternehmen *(N 52°01'17" W 4°54'30", Wanderung rund 4,8 Kilometer)*. Am Parkplatz darf man Tag und Nacht stehen, nur wenige hundert Meter weiter gibt es mehr Komfort an einem Farmcampingplatz.

102 Pwll Gwaelod – *Dinas Island Farm*

GPS/Kontakt: N 52°01'29" W 4°54'09", Dinas Head, SA42 0SE, Tel. 07971 59 41 03, www.dinasisland.co.uk. **Öffnungszeiten:** Mai – Sep.

Ausstattung: Campingplatzüblich. **Beschreibung:** Einfache Campingmöglichkeit auf großen, recht ebenen Wiesen mit schöner Sicht neben der Farm, kein Schatten, 1,5 km bis Dinas Cross. **Preis**: 20 £. **Zufahrt**: Wie beschrieben der Straße nach Pwll Gwaelod folgen, dann noch 300 m.

Newport *(1.100 Einwohner)*
Newport gilt als beliebter Ausflugsort mit einer ganz hübschen, von Geschäften gesäumten Straße, ist aber sonst nicht sonderlich interessant. Wenn Sie einen Blick auf die Mündung des Nevernflusses werfen wollen, können Sie das vom Parkplatz in der **Parrog Road** machen *(N 52°01'16" W 4°50'28")*. Die Überreste der prähistorischen Grabkammer **Carreg Coetan** finden Sie im nordöstlichen Winkel mitten in einer Wohnsiedlung. Sie wirkt im Vergleich zu anderen, ähnlichen Bauten allerdings wie eine Miniaturausgabe *(parken in der Feidr Pen-Y-Bont bei N 52°01'05" W 4°49'40", dann beschildert nach 30 Metern links im Wohngebiet, www.cadw.gov.wales)*.

Nevern und Pentre Ifan *(860 Einwohner)*
Eine weitaus imposantere Bestattungsanlage können Sie ein Stück weiter landeinwärts anschauen. Doch vorher wollen Sie vielleicht noch die Überreste einer der ältesten aus Stein erbauten Burgen von Wales besichtigen. Das **Nevern Castle** ist nur noch in seinen Grundmauern erhalten und versteckt sich in einem Wäldchen oberhalb der **Nevern Church** am Rande des gleichnamigen Dorfes. Es stammt aus dem 12. Jahrhundert und kann auf einem beschilderten Rundweg erkundet werden *(parken am Straßenrand nahe der Kirche, frei zugänglich, mehr unter www.neverncastle.com)*. Die Kirche unterhalb steht in einem verwunschen wirkenden, alten Friedhof und ist rund 600 Jahre alt. Bekannt ist sie vor allem durch das mächtige, vier Meter hohe Keltenkreuz im Kirchhof. Es zählt vermutlich rund 1.000 Jahre und ist damit eines der ältesten erhaltenen im Land. Am großen Parkplatz des ***Trewern Arms*** auf der anderen Seite des Nyfers können Sie für die Nacht verbringen.

Ebbe in der Bucht von Newport

Unterstadt von Fishguard

103 Nevern – *Trewern Arms*

GPS: N 52°01'23" W 4°47'41", Nevern, SA42 0NB, Tel. 01239 82 03 95, www.trewernarms.com. **Max. Womos**: 2–3. **Ausstattung**: WiFi. **Beschreibung:** Uriges Pub mit großem Asphalt- und Schotterparkplatz daneben. **Preis**: Kostenfrei, Anfrage und Einkehr aber obligatorisch. **Zufahrt**: Nach Newport links beschildert nach Nevern abbiegen, dort linker Hand. **Hinweis**: Noch näher am Ort Newport stehen Sie bei N 52°01'12" W 4°49'31" an der Flussbrücke. Dies ist allerdings aus unserer Sicht nur ein Notbehelf, auch wenn hier öfters Wohnmobile die Nacht verbringen. Rund 4,5 km nach Nevern gibt es einen abgelegenen kleinen Parkplatz, der ebenfalls nachttauglich ist, N 52°02'25" W 4°43'57", B4582 Penrallt y Gardde.

Doch nun zum versprochenen Grabmahl: **Pentre Ifan** gilt als die größte und wichtigste Ausgrabung eines megalithischen Monuments in Wales. Sie erreichen die Kammer, wenn Sie von Nevern kommend die A487 überqueren, sich dann links halten und den Schildern zur »Burial Chamber« folgen.

Ein schmaler Schotterstreifen neben dem Fahrweg dient als Parkplatz, N 51°59'57" W 4°46'04", rund 150 Meter müssen Sie dann noch zu Fuß zurücklegen. Die obere Platte des rund 5.500 Jahre alten Dolmengrabes ruht auf nur drei Steinen und wiegt rund 16 Tonnen. Die Erdaufschüttung ringsum wurde aufgrund noch vorhandener Spuren auf rund 36 Meter geschätzt. Noch mehr können Sie anhand von Schautafeln vor Ort erfahren. Am ***Salutation Inn*** in Velindre bietet sich dann einmal mehr die Chance »Nacht gegen Einkehr« wahrzunehmen.

104 N 52°01'02" W 4°46'13", SA41 3UY

105 Crymych – *Wenallt Farm*

GPS/Kontakt: N 52°00'53" W 4°45'40", SA41 3UU, Tel. 01239 82 03 73, www.campingandcaravanningclub.co.uk. **Max. Womos**: 5. **Öffnungszeiten**: Mitte Apr. – Okt. **Ausstattung**: Ver- / Entsorgung, Toilette, Dusche, Mülleimer, Abspülgelegenheit. **Beschreibung:** Ruhig hinter der Farm gelegene, recht ebene Campingwiese, klappstuhlgeeignet, durch Hecken geschützt, gepflegt. **Preis**: 12 – 15 £. **Zufahrt**: Direkt an der A487 linker Hand, rund 600 m nach Fellindre. **Hinweis**: Nur für Camping and Caravanning Club Mitglieder, Reservierung empfohlen.

Fellindre Region
Danach befinden sich noch zwei weitere Aktivitäten direkt an der A487. Die erste ist **Castell Henllys**. Das nachgebaute Eiszeitdorf ist über eine rund 800 Meter lange, schmale Zufahrt zu erreichen, die am Ende aber in einen ausreichend großen Parkplatz mündet. Die Rundhäuser wurden an eben den Stellen erbaut, wo schon vor 2.000 Jahren ein Dorf gestanden haben soll. Sie werden »bespielt«, also durch Schauspieler bevölkert, so dass noch mehr der Eindruck einer anderen Zeit entsteht. Auf mehreren angelegten Wegen durch den Forst ringsum können Sie zu Plätzen gelangen, an denen man ab und zu Tiere, wie beispielsweise Otter, beobachten kann und auf Infotafeln mehr über die Geschichte des Ortes und alte Sagen erfährt *(N 52°01'01" W 4°44'39", Meline, SA41 3UR, 10.00 – 17.00 Uhr, Winterhalbjahr nur 10.00 – 16.00 Uhr, 7 £, www.castellhenllys.com)*. Neben der benachbarten St. Dogmael`s Chapel stehen wochentags Wohnmobile manchmal über Nacht.

106 N 52°0'53" W 4°44'38", Eglwyswrw

Beliebt ist auch die nur wenige hundert Meter davon entfernte **Dyfed Shire Horse Farm**. Auf dem Gestüt am Fuße der Preseli Berge werden nicht nur Kaltblüter gezüchtet. Besucher können das Satteln und Anschirren beobachten, es werden Traktor- und Kutschfahrten geboten, es gibt einen Streichelzoo, einen »Crazy Golf«-Kurs sowie In- und Outdoorspielplätze. Eine ganze Reihe weiterer Aktivitäten finden zusätzlich in der Hochsaison statt, auf der Homepage erhalten Sie mehr Infos. Der zugehörige Campingplatz ist mit 36 – 40 Pfund pro Nacht unverhältnismäßig teuer *(N 52°00'32" W 4°43'17", Eglwyswrw, SA43 1SY, geöffnet in den Ferienzeiten, sonst meist Di. / Do. / So. von Apr. – Sep., 9 £)*.

Für die Weiterfahrt können Sie nun immer geradeaus direkt nach Cardigan fahren oder noch eine Inlandsrunde drehen. Wenn Sie sich dafür entscheiden, nehmen Sie die nächste Straße rechts Richtung **Cenarth**.

Mögen Sie Käse? Dann empfiehlt sich jetzt ein Schlenker, kurz nach **Penrhiw** beschildert rechts ab, zur **Caws Cenarth Chee-**

Cenarth Käselaiber, rechts: National Wool Museum

se Farm. Die Straße und Zufahrt zur Farm lassen geradeso ein Wohnmobil zu und Sie fürchten vielleicht nach der nächsten Kurve steckenzubleiben, irgendwie beruhigend ist es da zu wissen, dass auch große Traktoren diesen Weg nehmen – zumindest solange keiner entgegen kommt. Rund 2,5 Kilometer sind es bis zur Abfahrt, ein paar Besucherparkplätze finden sich dann rechts auf dem Gelände. Die beste Zeit für einen Besuch ist Montag bis Freitag zwischen 11.30 und 15.00 Uhr, denn dann ist die Käseproduktion in Gange und Sie können von einer Galerie aus oft zusehen. In dem kleinen Farmshop können Sie die verschiedenen, wirklich leckeren Käsesorten probieren und kaufen – auch ein tolles Mitbringsel, sofern Sie es schaffen die Finger bis daheim vom Brandi Braf, Perl Wen, Cas Cryf oder Tomi Twym zu lassen *(N 52°00'55" W 4°31'31", Glyneithinog, SA37 0LH, Mo. – Sa., 10.00 – 17.00 Uhr, www.cawscenarth.co.uk).*

Endziel der Landpartie, bevor es wieder Richtung Küste geht, ist nun noch das **National Wool Museum** in **Dre-Fach Felindre**. Am Weg dorthin können Sie eine günstige Campinggelegenheit wahrnehmen.

107 Pantypwlch – *Moelfryn Caravan Park*

GPS/Kontakt: N 52°00'20" W 4°26'53", Pantybwlch, SA38 9JE, Tel. 01559 37 12 31, www.moelfryncaravanpark.co.uk. **Öffnungszeiten**: Ganzjährig. **Ausstattung**: WiFi, Waschmaschine / Trockner, Minimarkt. **Beschreibung:** Kleiner Campingplatz mit Schotterparzellen »mitten im Nichts«, gepflegt, eben, kaum Schatten, 4,5 km bis Newcastle Emlyn. **Preis**: 14,50 – 19,50 £. **Zufahrt**: Von der Käsefarm aus noch ein Stück weiterfahren, dann links Richtung Newcastle Emlyn. An der nächsten Kreuzung in Penrherber dann aber wieder rechts bis zum Platz auf der linken Seite.

Am Museum angekommen begeben Sie sich in die Geschichte der walisischen Wollindustrie, einst einer der verbreitetsten und wichtigsten Industriezweige im Land. Bis heute kommen einige Maschinen im Museum zum Einsatz und Sie können Schritt für Schritt verfolgen, wie die Schafswolle zu Stoff verarbeitet wird. Das alles ist tatsächlich interessant, mehr als es im ersten Moment vielleicht klingen mag und äußerst kurzweilig aufbereitet. Wer mag, kehr dann noch im angeschlossenen Café ein *(N 52°01'31" W 4°23'57", Cambrian Street, SA44 5UP, Apr. – Sep. täglich 10.00 – 17.00 Uhr, sonst nur Di. – So., Eintritt frei, www.museum.wales/wool).*

Cenarth *(1.000 Einwohner)*
Nördlich stößt die vom Museum kommende Straße auf die A484 die Sie in Richtung **Newcastle Emlyn** nehmen. Die Kleinstadt ist ganz hübsch anzuschauen aber nicht von größerem Interesse. Die alte Burgruine nördlich des Zentrums wäre vielleicht ein Ziel, sie ist frei zugänglich. Nehmen Sie sonst gleich die Fahrt bis Cenarth in Angriff.

Das Dorf gilt als eines der schöneren im Westen von Wales und bezaubert tatsächlich mit seinem ganz eigenen Charme. Bekannt und oft gemalt wurde die Szene mit der kleinen Brücke über den Teifi, auch ein beliebtes Fotomotiv. Direkt dahinter gelangen Sie zu einem Parkplatz neben dem vollgepfropften Salmon Leap Souvenir Shop. Gleich ums Eck bzw. schon vor der Brücke links ab gibt es auch einen **Campingplatz**, **Argoes Meadows**, als Alternative.

108 Cenarth – *Argoed Medow Camping Park*

GPS/Kontakt: N 52°02'42" W 4°31'40", Pantybwlch, SA38 9JL, Tel. 01239 71 06 90, www.cenarthcampsite.co.uk. **Öffnungszeiten**: Ganzjährig. **Ausstattung**: Campingplatzüblich, Waschmaschine / Trockner. **Beschreibung:** Recht schöner, flacher Wiesencampingplatz am Fluss direkt im Ort Cenarth, kaum Schatten, recht ruhig. **Preis**: 20 – 25 £. **Zufahrt**: In Cenarth kurz vor der Brücke links Richtung Boncath fahren, dann rechter Hand. **Hinweis**: Alternativ können Sie kurz zuvor auch gegen Einkehr am schönen Ortspub *Three Horses Inn* anfragen. Der schattige Parkplatz liegt hinter dem Haus, N 52°02'42" W 4°31'28", SA39 9JL.

Parkplatz am Fluss in Cenarth

Wenn Sie die Straße ein Stück zurückgehen, kommen Sie zu einer **Wassermühle** und der **Dorfschmiede** »Old Smithy« die zeitweise zu besichtigen sind. Besonders interessant ist aber das gleich links hinten am Fluss liegende **Coracle Centre**. Es zeigt typisch walisische Fellboote. Das sind kleine runde oder ovale Paddelboote, bei denen ein traditioneller Korpus aus Flechtwerk mit einem wasserdichten Fell-Leder-Überzug verbunden wird. Meist zum Fischen auf Flüssen eingesetzt gibt es sogar Varianten, die schon im Meer genutzt wurden. Wie man sich vorstellen kann eine ziemlich wackelige Angelegenheit, zumindest für Ungeübte. Nur noch wenige Menschen stellen heute solche Boote her, doch die haben ihre Fans *(Cenarth Mill, SA38 9JL, Ostern – Sep., So. – Fr., 11.00 – 16.00 Uhr, 5 €, www.coracle-centre.co.uk)*.

Cilgerran *(1.500 Einwohner)*
Begleiten Sie den Teifi nun weiter bis Cilgerran. Dort gibt es seit Längerem mal wieder eine recht sehenswerte Burgruine zu erkunden, **Cilgerran Castle** *(Apr. – Okt. 10.00 – 17.00 Uhr, 5 £, National Trust- und CADW-Members frei, Nov. – Mär. 10.00 – 16.00 Uhr, Eintritt frei, www.cadw.gov.wales)*. Leider sind Parkplätze ringsum Mangelware, Sie müssen selbst im Ort nach einer passenden Ecke suchen. Der ausgeschriebene Parkplatz am Fluss ist nur für kleine Womos geeignet, da die steile Straße hinab eine sehr enge Kurve nimmt *(N 52°03'20" W 4°37'48", Rhiw-Dol)*.

Noch interessanter ist das Naturschutzzentrum **Welsh Wildlife Centre and Teifi Marshes**, am Ende des Ortes über eine rund zwei Kilometer lange Zufahrt zu erreichen. Ziel der Einrichtung ist es, den Lebensraum und die Tierwelt des Marschlandes am Teifi zu schützen und zu bewahren. Auf einer Vielzahl von Wegen erfahren Besucher mehr über die vielfältige Flora und Fauna und werden für das Thema Umwelt informativ sensibilisiert. Zu den verschiedenen, hautnah erlebbaren Bereichen zählen die Flussufer, Schilfgürtel und Teiche, Trockenwiesen und Waldgebiete. Im Informationsgebäude gibt es außerdem eine kleine Ausstellung und ein Café. Kinder können mit einem Explorer Pass und diversen Utensilien selbst zu Naturforschern werden und auf Spurensuche gehen *(N 52°04'24" W 4°38'52", Visitor Centre Mo. – So. 10.00 – 16.00 Uhr, Eintritt frei aber 4 £ Parkgebühr, www.welshwildlife.org).*

Cardigan *(4100 Einwohner)*

Kurz darauf kommen Sie in Cardigan an. Bevor Sie die Brücke hinüber ans Nordufer des Teifi nehmen, können Sie davor noch für ein paar Kilometer links in Richtung **St. Dogmaels** einschwenken. Die **St. Dogmaels Abbey and Coach House** umfasst die Überreste des ehemaligen Klosters aus dem 12. Jahrhundert, welches für seine umfangreiche Bibliothek berühmt war. Nachdem es im 16. Jahrhundert aufgelöst wurde, erfolgte ein Umbau zum Privatanwesen das in den kommenden Jahren ranghohen Persönlichkeiten wie Gerald of Wales oder dem Erzbischof von Canterbury zur Verfügung stand. Die rekonstruierten Wagenschuppen daneben beherbergen heute eine Ausstellung bearbeiteter Steine mit christlichen und mittelalterlichen Zeichen und Ornamenten, die früher die Abtei zierten *(N 52°04'51" W 4°40'46", Shingrig, SA43 3DX, 10.00 – 16.00 Uhr, Eintritt frei, www.cadw.gov.wales).*

Hinter St. Dogmaels öffnet sich der Fluss in seiner Mündung zu einer weiten Bucht, die an dieser Stelle in den schönen, weiten Strand **Poppit Sands** mündet. Ein guter Platz für einen unbeschwerten Badetag. Tagesparkplätze befinden sich direkt dahinter *(N 52°06'15" W 4°41'57").* Zum Übernachten bleibt an dieser Stelle nur ein Campingplatz. Der Beste ist die **Allt y Coed Campsite** ganz am Ende der Straße Richtung Landspitze. Er bietet auch schöne Wanderwege am Küstenpfad. Einziger Nachteil: der Weg dorthin ist wirklich steil und eng, daher nur für kleinere Wohnmobile und nervenstarke Fahrer.

Poppit Sands

Cardigan

109 St. Dogmaels – *Argoed Medow Camping Park*

GPS/Kontakt: N 52°06'38" W 4°43'33", Poppit, SA43 3LP, Tel. 01239 61 26 73, www.alltycoed.co.uk. **Öffnungszeiten**: Ganzjährig. **Ausstattung**: Nur Wasser, Toilette / Dusche, Mülleimer. **Beschreibung:** Naturnahe Campingmöglichkeit am Küstenpfad, ruhige, abgeschiedene Lage, abfallend, 1m2km zum Strand. **Preis**: 20 £. **Zufahrt**: Nach den Poppit Sands weiter geradeaus bis zum Ende der Straße. **Hinweis**: Nur kleine Campervans, keine großen Wohnmobile. Camping and Caravanning Club Mitglieder können alternativ die sehr einfache ***Bryncws Farm*** kurz vor Cardigan ansteuern, N 52°04'37" W 4°41'46", SA43 3BQ, Tel. 01239 61 42 87, ganzjährig geöffnet, 10–20£.

Halten Sie in Cardigan ruhig an und machen Sie einen Stadtbummel – nicht die großen Highlights, sondern einige interessante kleine Ecken, das schöne Rathaus und die Markthalle machen den Reiz aus. Die Stadt ist übrigens eine der Walisisch-Hochburgen. Fast 70 Prozent der Bevölkerung sprechen es als Muttersprache, noch vor Englisch. Einen Parkplatz finden Sie am **Greenfield Square** bei N 52°05'03" W 4°39'42" oder in der **Bath House Road** bei N 52°05'11" W 4°39'39" schräg hinter der **Touristeninformation**. Ein paar empfehlenswerte Lokalitäten im Ort sind unter anderen das ***Food for Thought*** *(13, Pendre Street)*, das **Crwst** *(Priory Street)*, das ***Bara Menyn*** **Bakehouse** *(St. Mary Street)*, das ***Fisherman`s Rest*** *(Quay Street)* und das **1176** *(Green Street)*.

Cardigan Bay

Eine echte Traumbucht befindet sich nördlich der Stadt, wird vom National Trust verwaltet und nennt sich **Mwnt Bay**. Der kleine Sandstreifen duckt sich geschützt an die Westflanke zwischen Felswänden, ist ein idealer Ort für ruhige Stunden an der See, an schönen Tagen sind Sie allerdings nicht alleine hier – vor einigen Jahren wurde Mwnt in die »Top Ten der schönsten, versteckten Strandbuchten Europas« gewählt! Einen Parkplatz gibt es direkt dahinter *(N 52°08'08" W 4°38'20")*, wenn Sie länger bleiben wollen, müssen Sie den **Ty Gwyn Campingpark** ein paar hundert Meter weiter aufsuchen. Vorsicht, die schmale Zufahrtsstraße sorgt vor allem an Sommertagen für mächtiges Chaos, dann geht oft nichts mehr... für Wohnmobile wird es dann problematisch, also besser nur sehr früh oder spät an- und abfahren.

Vor einigen Jahren wurde die Mwnt Bay in die Top Ten der schönsten, versteckten Strandbuchten Europas gewählt.

110 Cardigan Bay – *Ty Gwyn Camping Park*

GPS/Kontakt: *N 52°08'10" W 4°38'07", Mwnt, SA43 1QH, Tel. 01239 61 45 18, www.campingatmwnt.co.uk*. **Öffnungszeiten**: Ganzjährig.

Mwnt Bay

Ausstattung: Campingplatzüblich **Beschreibung:** Recht ebene Rasencampingplätze direkt am Meer hinter der tollen Mwnt Bucht. Kein Schatten, schmale Zufahrt. **Preis**: 25–30 £. **Zufahrt**: Direkt hinter dem Parkplatz der Mwnt Bucht gelegen. **Hinweis**: Camping and Caravanning Club Mitglieder finden auch hier eine Stellplatzalternative in der Nähe direkt oberhalb der Küste, die gut ausgestattete ***Nant-y-Croi Farm***, N 52°04'37" W 4°41'46", SA43 1PU, Tel. 01239 61 40 24, www.nantycroiholidays.co.uk, ganzjährig geöffnet, 18–31£.

Rundum verlaufen eine Reihe von Wegen, zum Beispiel vorbei an der uralten **Pilgerkapelle *Holy Trinity*** aus dem 13. Jahrhundert auf die Felsen zu – ein guter Ort für Delphin- und Robbensichtungen.

Die nächsten Kilometer bis New Quay sind vor allem durch kleine Buchten geprägt, die Sie einzeln ab der Hauptstraße A487 anfahren können oder über schmale kleine Straßen in einem Stück. Die erste dieser Buchten ist **Aberporth Bay**. Ihr Vorteil ist die recht gute Erreichbarkeit, die Infrastruktur eines kleinen Küstenortes direkt im Hintergrund mit ein paar Läden und Pubs *(wie das **Waters Edge Café**, Pentraeth Road, hinter dem Strand)* und einem Parkplatz *(N 52°08'04" W 4°32'45")*. Dagegen spricht dann aber beinahe das Gleiche: warum Verkehr und Rummel, wenn Sie anderswo viel mehr Ruhe und Frieden zum Ausspannen finden? Es bleibt also eine Geschmacksfrage.

Nur einen Katzensprung entfernt liegt die nächste Bucht, **Tresaith Beach**, die mit einem Wasserfall am Ostende aufwartet! Sie wirkt idyllischer, es gibt allerdings keinen nennenswerten Parkplatz für Womos. Daher müssen Sie entweder am Küstenpfad von Aberporth aus hinüber wandern *(rund 2,5 Kilometer)* oder sich in einem Campingplatz ringsum einquartieren. Am nächsten dran und auch nur drei bis vier Pfund teurer als die weiter im Landesinneren gelegenen Plätze ist der **Llety Caravan Park.**

111 Aberporth – *Llety Caravan Park*

GPS/Kontakt: *N 52°07'57" W 4°31'24", Tresaith, SA43 2ED, Tel. 01239 81 03 54, www.lletycaravanpark.co.uk*. **Öffnungszeiten**: Apr. – Sep. **Ausstattung**: Campingplatzüblich. **Beschreibung:** Campingwiese direkt oberhalb des Strandes mit Zugang über den Küstenpfad neben einem Mobilheimpark, gute Lage, recht eben, relativ eben, teils Schatten. **Preis**: 30 £. **Zufahrt**: An der Küstenstraße zwischen Aberporth und Tresaith auf halbem Weg links.

Sie können sich nun zur nächsten Bucht, dem vom National Trust verwalteten **Penbryn Beach** durchschlagen. Sie gelangen so zuerst zu einem Stellplatz neben einer Kirche und dann, nach einem engen Stück mit tiefhängenden Bäumen, zum Parkplatz hinter der Bucht. Einfacher geht es, wenn Sie ab Tresaith oder Aberporth zurück zur A487 fahren und dann in Sarnau links ab Richtung Penbryn.

Penbryn Beach, unten: Nachtparkplatz 112

112 Sarnau – *Saint Michaels Church*

GPS: N 52°08'25" W 4°29'46". **Max. WOMOs**: 2-3. **Ausstattung**: Keine Einrichtungen. **Beschreibung:** Etwas schräge Schotterfläche neben der Dorfstraße, außerhalb an den Feldern, kein Schatten. **Preis**: Ein Schild besagt, dass der Platz für Gottesdienstbesucher der Kirche gegenüber gedacht ist. Aber ausdrücklich auch: Wer aus anderen Gründen parkt, möchte bitte einen Betrag in die Spendenbox am Zaun einwerfen. Folgen Sie diesem Hinweis ohne allzu knauserig zu sein... **Zufahrt**: In Tresaith links Richtung Llangrannog halten und nach etwa 1,2 km, zwischen zwei Steinhäusern, in die Straße links abbiegen. Vorbei am Caravanpark, dann noch rund 800 m. **Hinweis:** Der Platz ist am Wochenende nicht gut geeignet, da dann am Morgen die Kirchenbesucher die Stellplätze nutzen möchten.

Von welcher Seite Sie die Penbryn-Bucht auch ansteuern, einen recht großen Parkplatz mit Toiletten und Café erreichen Sie bei N 52°08'27" W 4°29'28" *(kostenpflichtig, für National Trust-Mitglieder frei)*. Von dort müssen Sie dann noch rund 350 Meter bei ordentlichem Gefälle hinabsteigen. Der unverbaute, abgeschiedene Fleck wird nur selten richtig voll und bietet einen weiteren, schönen Badeplatz mit Blick auf die hinter Ihnen liegende Küste.

Der direkte Weg über Morfa nach **Llangrannog** ist diesmal für Womos schlichtweg ungeeignet. Schon die Hauptzufahrt von der B4334 ab **Brynhoffant** hat ihre Tücken und Engstellen. Der Parkplatz ganz vorne am Strand ist dann auch recht eng und schnell belegt, beim Rangieren und Wenden kommt vor allem an Wochenenden schnell ein klaustrophobisches Unwohlsein auf. Besser parken Sie daher am öffentlichen Stellplatz, weiter hinten an der Zufahrtsstraße bei N 52°09'26" W 4°27'45" und mit einem Parkplatzsymbol markiert und gehen die paar Meter zum Ufer zu Fuß. Für den Ort gilt zunächst das gleiche Für und Wider

Cwmtydu Strand

wie in Aberporth, doch können Sie nördlich der Hauptbucht nach wenigen Metern über den Küstenpfad noch zwei abgeschiedenere und unverbaute Sandbuchten erreichen, die schlussendlich Dorfnähe und Ruhe recht gut miteinander verbinden.

Die letzte Bucht dieses Küstenabschnitts ist gleichzeitig die abgelegendste. ***Cwmtydu*** können Sie zwar auf direktem Weg erreichen, aber Achtung, das ist nur was für »Spezialisten« mit kleineren Wohnmobilen. Dazu Llangrannog auf der B4321 in östliche Richtung verlassen, dann an einem kleinen Schild auf der rechten Seite links ab nach Llwyndafydd, nach einem Caravanpark und einer Farm kommt eine 90 Grad Kurve, 100 Meter weiter bei einem großen Baum unbeschildert links abbiegen und extrem schmal oberhalb einer Schlucht bis zur Einmündung links nach Cwmtydu fahren. Sie haben Bedenken? Dann nehmen Sie die ernst und wählen Sie den längeren Weg über die A487 und dann nach **Plwmp** beschildert links ab – Ihre Nerven werden es Ihnen danken.

Eine Handvoll Häuser, ein Take-Away Markt, öffentliche Toiletten und ein Parkplatz mit »Honesty-Box« zum Geldeinwurf, dazu eine kleine Sand-Kiesbucht mit Bachmündung, das war es! Aber manchmal braucht es gar nicht mehr... Wer es noch abgeschiedener mag, geht am Küstenpfad ein Stück nach Nordosten weiteren schönen Mini-Kiesbuchten, die nur bei Ebbe Sand bieten.

Fast haben Sie nun den Urlaubsort New Quay erreicht. Wenn Sie über **Llwyndafydd** und **Cross Inn** fahren, finden Sie noch ein »WOMO-Pub« das Sie übernachten lässt und einen Campingplatz.

113 Cross Inn – *CardiganCamping and Caravanning Club Site*

GPS/Kontakt: *N 52°10'58" W 4°21'51", Llwynhelyg, SA44 6LW, Tel. 01545 56 00 29, www.campingandcaravanningclub.co.uk*. **Öffnungszeiten**: Apr.–Okt. **Ausstattung**: WiFi, Waschmaschine / Trockner, Shop, Spielplatz. **Beschreibung:** Größerer Platz in Alleinlage mit Flächen auf Rasen und

Schotter, ruhig, eben, rund 900 m nach Cross Inn. **Preis**: Camping and Caravanning Mitglieder 19 – 28 £, sonst etwa 28 – 39 £. **Zufahrt**: in Cross Inn vor dem Pub rechts abbiegen dann nach 900 m rechts.

114 Cross Inn – *Penrhiwgaled Arms*

GPS: N 52°11'23" W 4°21'22", Heol y Gof, SA44 6LN, www.penrhiwgaled.moonfruit.com. **Max. WOMOs**: 3. **Ausstattung**: Spielplatz. **Beschreibung:** Größere Schotterparkfläche neben dem Pub, eben, nachts meist relativ ruhig. **Preis**: Kostenfrei, auf Anfrage und gegen Einkehr. **Zufahrt**: Von Cwmtydu oder ab der A487 beschildert nach Cross Inn fahren, dort auf der linken Seite. Hinweis: Nur für kleinere Womos bis etwa 6,5 m erlaubt.

New Quay *(1.000 Einwohner)*
Erste Priorität für einen Halt in New Quay sollte die Suche nach einem Parkplatz sein, die engen Gassen voller Touristen bringen wenig Fahrspaß für WOMOs. Am zentralen Parkplatz in der **Park Street** zahlen Sie zwar knackige 8 £, dürfen dafür aber über Nacht bleiben.

115 **N 52°12'43" W 4°21'39"**, SA45 9QQ

116 New Quay – *Ty Rhos Farm*

GPS/Kontakt: N 52°12'21" W 4°22'29", Drefnewydd Farm, SA45 9TU, Tel. 01545 56 04 57, www.campingandcaravanningclub.co.uk. **Öffnungszeiten**: Ganzjährig. **Ausstattung**: Ver- / Entsorgung, Strom, Toilette / Dusche, WiFi, Abspülgelegenheit. **Beschreibung:** Kleiner Wiesenstellplatz neben der Farm, teils mit parzellierten Schotterplätzen, geschützt durch Hecken, 1,1 km in den Ort. **Preis**: 25 – 30 £. **Zufahrt**: Von der A486 am Beginn von New Quay links ab beim Camping and Caravanning Schild an der Hauswand, der Straße bis zum Platz nach etwa 1,1 km folgen.

Der Stadtstrand ist okay, aber Sie haben gerade erst ein paar viel schönere Buchten gesehen. Dafür können Sie in den Gassen und an der Promenade ein wenig echtes britisches Urlaubsfeeling erleben, ein wenig Stöbern oder einkehren *(etwa im **Lime Crab**, auf ein Eis im **Creme Pen Cei**, beide South John Street, oder im **Bosun`s Locker**, Glanmor Terrace)*. Beliebt ist auch ein Besuch im **Marine Wildlife Centre** *(www.cbmwc.org)* oberhalb des Oststrandes. Die kleine Ausstellung informiert zur hiesigen Meeresfauna und zeigt in einem Aquarium das Leben in einem Gezeitentümpel beziehungsweise welche Tiere sich darin alle tummeln können.

Hauptattraktion von New Quay sind die Bootsfahrten aufs Meer zu verschiedenen Themen, wichtigste Einnahmequelle der

Stellplatz 115

Betreiber ist dabei sicherlich das »Dolphin-Watching«. Eine der größten Kolonien Großer Tümmler, einer atlantischen Delphinspezies, lebt vor der Küste und hat sich mittlerweile an die zahlreichen Touristenbesuche gewöhnt. Wenn Sie auch eine Fahrt mitmachen wollen, können Sie direkt im Wildlife Centre buchen. Dieser offizielle Veranstalter ist aber so begehrt, dass die verschieden langen, mehrmals täglich stattfindenden Touren oft schon mittags ausgebucht sind. Das heißt aber nicht, dass Sie verzagen müssen, mindestens drei andere, private Veranstalter warten mit vergleichbaren Ausfahrten auf und haben ihre Ticketschalter auf den kommenden Metern bis zur Landspitze aneinandergereiht *(Fahrten von Ostern – Okt., wetterabhängig, verschiedene Angebote, 1,5 bis 8 Stunden, Wildlife Centre ab etwa 25 £)*

Aberaeron *(1.400 Einwohner)*
Das letzte Wegstück auf Tour Drei reicht bis zum Küstenort Aberaeron auf der A487. Ein letzter interessanter Abstecher ins Landesinnere führt zum National Trust-Besitz **Llanerchaeron**. Es zeigt den Selbstversorger-Landsitz einer Familie des walisischen Kleinadels aus dem 18. Jahrhundert. Neben den Wohnräumen besitzt es eine eigene Molkerei, eine Wäscherei, eine Brauerei, ein Salzhaus, einen Küchengarten und einen großen Park. Auf der bis heute betriebenen, zugehörigen Farm werden schwarze Rinder, Llanwenog-Schafe, Hühner, Gänse und seltene walisische Schweine gehalten. Ein Besuch ist wirklich empfehlenswert, am großen Parkplatz vor dem Grundstück befindet sich ein Tea Room und eine Fahrradvermietung für Ausflüge ins Umland *(N 52°13'08" W*

Bucht von New Quay, oben rechts: Llanerchaeron

4°13'30", Ciliau Aeron, SA48 8DG, Ende Mär. – Okt., 10.30 – 17.00 Uhr, sonst kürzere Öffnungszeiten meist nur für Farm und Gärten, Sommer 9,90 £, National Trust Mitgilder frei, www.nationaltrust.org.uk).

Aberaeron schließlich ist eine ganz hübsche Küsten-Kleinstadt ohne die ganz großen Highlights aber gemütlichem Charme. Gut geeignet, um sich die Füße etwas zu vertreten oder einzukehren, zum Beispiel im ***Harbourmaster*** *(Quay Parade)*, im ***New Celtic Restaurant*** *(8, Market Street)*, oder dem ***Black Lion*** *(Square Alban)*. Am Parkplatz ganz vorn an der Mole können Sie parken *(N 52°14›43» W 4°15›40», Lower Regent Street)*. Einen Campingplatz gibt es dann wieder wenige hundert Meter nördlich der City.

117 Aberaeron – *Camping on the Farm*

GPS/Kontakt: N 52°14'43" W 4°15'10", Drefnewydd Farm, SA46 0JR, Tel. 07773 76 93 18, www.campingonthefarm.co.uk. **Öffnungszeiten**: Apr. – Sep. **Ausstattung**: Campingplatzüblich. **Beschreibung:** Gut organisierter, recht ebener Rasencamping neben einem Mobilheimpark gleich oberhalb des Strandes, nur 250 m in den Ort, je nach Platz ist die Durchgangsstraße zu hören. **Preis**: 25 – 30 £. **Zufahrt**: Kurz nach Aberaeron linker Hand an der A487.

Tour 4
Dysynni
142
Dolgellau
470
Tour 5
Barmouth
893 m
Cadair Idris
141
487
Minffordd
139
Lake Mwyngil
Aber Corris Nat. Res.
140
Corris
Mine
Explorers
Corris
Corris
Railway
Tour 8
138
CAT
Snowdonia NP
Dulas
489
137
Machynlleth
Tywyn
Cors Dyfi Nat. Res.
136
135
134
Ynyslas
Leri
Lake Clywedog
Nant-y-Moch
Reservoir
133
Borth
Animalarium
487
Bwlch Nant yr
Arian Nat. Res.
Llynwernog Silver
Mountain
44
Bow Street
131
132
Aberytwyth
Capel
Bangor
129
Ponterwyd
127
WC
130
Pen-
parcau
Butterfly House
Devil`s
Bridge
Rheidol
126
128
Pontarfynach
Hafod
Estate
Pont-rhyd-y
-groes
Ystwyth
487
125
120
Pontrhydiendigaid
Llanrhystud
119
Strata Florida
Claerwen Re
124
Fantasy
Farm Park
118
Llan-non
121
Cors Caron
Nat. Res.
122
WC
Bethania
123
Cross Inn
Penuwch
Red Kite Centre
Aberarth
Pennant
Tregaron
Tour 3
Lake
Brianna
N
5 km
Lampeter

Ceredigion und South Gwynedd
180 km

Der walisischen Westküste nach Norden folgend, wird die Besiedlung langsam dünner. Strände, Naturparks sowie andere interessante Orte sind weniger stark besucht. Naturparks und Baudenkmäler animieren zu einem Besuch. Auch die Südausläufer des Snowdonia-Nationalparks laden zu ersten Bergwanderungen ein. Wir wäre es mit:
- **Ruinen von Strata Florida**
- **Wasserfällen an der Devil`s Bridge**
- **Midwales` Küstenmetropole Aberystwyth**
- **Wandern am Cadair Idris**

Mittlere Cardigan Bay
Zunächst bleiben Sie für ein kurzes Stück auf der schönen Küstenstraße, die Ihnen vor allem kurz nach Aberaeron herrliche, weite Blicke auf die vor Ihnen liegende Landschaft ermöglicht. Längst sind Sie im Bezirk Ceredigion angekommen, der sich schon seit Cardigan entlang des gesamten westlichen Küstenabschnitts nach Norden zieht. Sie finden hier keine geschützten, kleinen Sandbuchten mehr, sondern weite, offene von Kies geprägte Strände, die deutlich rauer sind als weiter südlich, aber ihren eigenen Reiz versprühen. Bei **Llan-Non** beispielsweise können Sie bis ganz ans Meer zu einem kleinen Schotterparkplatz am Wasser fahren *(N 52°16'44" W 4°11'24")*. Er ist nur tagsüber zur Nutzung frei gegeben, kein Wunder, da direkt dahinter ein großer Camping- und Mobilheimpark liegt.

118 Llan-Non – *Woodlands Holiday Park*

GPS/Kontakt: N 52°16'41" W 4°11'08", SY23 5LX, Tel. 01974 20 23 42, www.woodlandsholidayparkllanon.co.uk. **Öffnungszeiten**: Mär. – Okt. **Ausstattung**: WiFi, Waschmaschine / Trockner. **Beschreibung:** Kleinerer Platz mit ebenen Schotterparzellen und auf Rasen neben einem Mobilheimpark. Teils schattig, ruhig, etwa 400 m zum Strand und 800 m in den Ort. **Preis**: 25 – 30 £. **Zufahrt**: Am Ortsbeginn von Llan-Non links ab mit Campingplatzschild markiert.

Auch ein Dorf weiter in **Llanrhystud** können Sie zum Strand fahren, der durch die nördlich auf einem Spaziergang erreichbaren, erneut ansetzenden Klippen sogar noch ein Stück dramatischer wirkt als der zuvor. Der kleine Tagesparkplatz liegt bei N 52°18'00" W 4°09'54". Für eine Übernachtung müssen Sie auch hier an einem der beiden Campingplätze einchecken.

TOUR 4

Küste bei Lan-Non

119 **N 52°18'10" W 4°09'37"**, ***Morfa Farm***, SY23 5BU, Tel. 01974 20 22 53, www.morfafarm.co.uk, Apr.–Okt. 22–28 £

120 **N 52°18'28" W 4°09'23"**, ***Pengarreg Caravan Park***, SY23 5DJ, Tel. 01974 20 22 47, www.pengarregcaravanpark.co.uk, März–Dez. 15–28 £

Immer geradeaus erreichen Sie nach rund 17 Kilometern von hier aus Aberystwyth. Dann entgehen Ihnen aber einige interessante Ecken, die sich weiter landeinwärts verstecken. Rechts zweigt die B4337 ab, der Sie daher nun für ein Stück folgen. Wenn Sie junge Fahrgäste an Bord haben, interessiert Sie vielleicht ein Stopp rechter Hand am **Fantasy Farm Park**. Kindern gefällt es hier, der Eintritt ist, im Verhältnis zum Gebotenen, allerdings nicht ganz günstig. Es gibt eine Go Kart Bahn, ein Indoor-Kletterspielplatz, ein animierter Rodeobulle, Elektrobötchen und Tiere *(N 52°17'09" W 4°07'40", SY23 5DA, Apr.–Mitte Okt. 11.00–16.30 Uhr, Winter nur Mi.–So. mit verkleinertem Angebot und Eintritt dann nur für Kinder, 6 £, www. fantasyfarmpark.co.uk)*.

Bei **Cross Inn** wechseln Sie links auf die B4577 und kommen kurz darauf zu einem kleinen Schotterplatz links am Waldrand, der zwar nicht ideal ist, aber als Zwischenübernachtungshalt dienen kann, falls Sie gerade auf der Suche sind und es schnell gehen muss. Sonst ist die nahe Campsite besser geeignet.

121 **N 52°15'30" W 4°07'31"**, B4577

122 **Penuwch – *Penuwch Inn***

GPS/Kontakt: N 52°14'49" W 4°03'14", B4577, SY25 6RA, Tel. 07785 10 22 45. **Max. Womos**: 10–12. **Öffnungszeiten**: Ganzjährig. **Ausstattung**:

Ver- / Entsorgung, Toilette / Dusche, Mülleimer. **Beschreibung:** Kleiner für Wohnmobile reservierter Platz auf Rasen und Schotter neben dem Pub mit ordentlichem Essen, nachts recht ruhig, ebene Fläche, kein Schatten. **Preis**: 15 £. **Zufahrt**: Am Ortsende von Penuwch rechtsseitig an der Hauptstraße gelegen.

Tregaron *(1200 Einwohner)*
Deutlich schöner stehen Sie dann aber am Naturschutzgebiet Tregaron. Das gerade einmal 1100 Menschen fassende Örtchen ist die größte Siedlung in der Gegend und wirkt aufgrund der verhältnismäßig großen Anzahl an Geschäften stattlicher als es ist. Hunger stillen Sie beispielsweise im ***Riverbank Café*** *(A485, SA25 6QS)* oder ***Tom`s*** *(Chapel Street)*. Größte Attraktion ist das **Red Kite Centre and Museum**, ein Infozentrum zum Nationalvogel, dem Roten Milan plus Heimatmuseum im ehemaligen Schulhaus *(N 52°13'06" W 3°56'04", etwa 150 m südlich des Stadtplatzes in der Llanddewi Brefi, Apr. – Okt. Mo. / Mi. / Fr. 11.00 – 15.00 Uhr, Eintritt frei, www.tregaronheritage.co.uk)*.

Das **Cors Caron Nature Reserve** liegt rund drei Kilometer weiter nördlich. Über 300 Hektar misst das interessante Sumpfgebiet. Libellen schweben über torfschwarze Tümpel, die Rufe von Brachvögeln und Wasserläufern hallen im Wind und man kann bei genauem Hinsehen beobachten, wie Insekten vom fleischfressenden Sonnentau mit seinen klebrigen Blättern gefangen werden. Besonders schön sieht die Landschaft im Frühsommer aus, wenn Wollgras die Ebenen mit weißen Sprenkeln überzieht. Doch auch der Herbst hat besondere Reize, dann leuchtet alles rostrot. Mehrere Wege durchziehen das Gebiet. Eine schöne, eher kurze Runde erschließt die Hauptsumpfregion auf einem Bohlenweg, etwas länger ist der Riverside Walk, der sich ein gutes Stück nach Norden hin ausdehnt. Folder liegen meist am Infocenter neben dem Parkplatz zum Mitnehmen bereit.

Besonders schön sieht die Landschaft im Frühsommer aus, wenn Wollgras die Ebenen mit weißen Sprenkeln überzieht.

Cors Caron Nature Reserve

123 Cors Caron

TOUR 4

GPS: N 52°14'43" W 3°54'59", B4343. **Max. WOMOs**: 2–3. **Ausstattung**: Toiletten, Picknicktische, Mülleimer. **Beschreibung**: Schöner Parkplatz des Naturschutzgebiets, Stellplätze auf Schotter und Asphalt von der Straße durch eine Hecke getrennt, kein Schatten, ruhig, etwa 3,2 km bis in den Ort. **Zufahrt**: 3 km nördlich von Tregaron an der B4343 linker Hand.

Pontrhydfendigaid *(700 Einwohner)*

Eine Ortschaft weiter, in **Pontrhydfendigaid**, biegen Sie rechts ab und folgen der Beschilderung zu den Überresten der Kathedrale **Strata Florida**. Sie gilt historisch gesehen als eine der bedeutendsten christlichen Relikte im Land. Ihr Name leitet sich aus dem Lateinischen ab und bedeutet »Tal der Blumen«, in das die Abtei im Mittelalter, weit entfernt jeglicher Zivilisation, von Zisterziensermönchen gebaut wurde. Ursprünglich hatten Sie nur nach einem möglichst abgelegenen Platz zur Ausübung ihrer Religion gesucht, doch sie nutzten schnell die Vorteile des fruchtbaren Bodens und erschufen einen florierenden Landwirtschaftsbetrieb rund um das Kloster. Brücken und Straßen wurden gebaut, um Pilgern und Händlern den Zugang zu ermöglichen. Strata Florida wurde bald ein wichtiges religiöses Zentrum, aber auch ein Hort walisischer Kultur. Dafydd ap Gwilym, einer der bekanntesten mittelalterlichen Poeten des Landes liegt gleich neben den Ruinen unter einer Eibe begraben. Fast nur die Grundmauern sind heute noch übrig, sie geben aber einen guten Eindruck der einstigen Größe. Dazu das beeindruckende Portal

Strata Florida

und einige reicht dekorierte Fliesen mit Bildmotiven, wie einem Mann, der sich im Spiegel betrachtet *(N 52°16'30" W 3°50'22", SY25 6ES, 10.00 —– 17.00 Uhr, zuletzt Eintritt frei, www.cadw.gov.wales).* Vielleicht ist er Ihnen schon am Hinweg aufgefallen – nur 800 Meter vor der alten Abtei gibt es einen unbeschränkten Wanderparkplatz, mehr Campingmöglichkeiten befinden sich im Ort.

124 Pontrhydfendigaid – *Coed Dolgoed*

GPS: N 52°16'38" W 3°51'05", Abbey Road. **Max. WOMOs**: 1 – 2. **Ausstattung**: Keine Einrichtungen. **Beschreibung**: Kleine Schotterparkfläche neben der Straße, kein Schatten, recht eben, Wandermöglichkeiten in der Umgebung, rund 150 m bis ins Dorf. **Zufahrt**: Wie im Text beschrieben, direkt an der Zufahrt zur Strata Florida Abtei.

125 Pontrhydfendigaid – *Penrhiw Campsite*

GPS/Kontakt: N 52°17'45" W 3°51'03", Ffair Ros, SY23 6BP, Tel. 01974 83 14 08, penrhiw-campsite.business.site. **Öffnungszeiten**: Ganzjährig. **Ausstattung**: Campingplatzüblich. **Beschreibung:** Einfacher, kleiner und flacher Rasenplatz neben der Straße, Pub benachbart, kein Schatten, ruhig. **Preis**: 10 £. **Zufahrt**: Rund 1 km nach dem Ort rechter Hand. **Hinweis**: Auch das Black Lion Hotel zuvor im Ort lässt Gäste bei Einkehr auf Anfrage übernachten, nur kleine und mittelgroße Wohnmobile, N 52°16'58" W 3°51'41", SY25 6BQ, Mill Street, Tel. 07878 38 19 37.

Pont-Rhyd-Y-Groes *(100 Einwohner)*
Statt weiter geradeaus, direkt die Devil`s Bridge Falls anzusteuern, können Sie ein paar hundert Meter hinter dem nächsten Dorf Pont-Rhyd-Y-Groes rechts noch eine Schleife auf eine Nebenstraße fahren, zunächst zum Picknickplatz **Hafod**. Am großen Schotterparkplatz gibt es gegen Gebühr ein paar Picknickbänke und Broschüren, um eine Wanderung durch das abgelegene Waldgebiet zu unternehmen *(N 52°20'50" W 3°48'36")*. Dort starten markierte Routen von ein, drei, fünf oder sechs Kilometer Länge, die, kombiniert mit anderen Teilstücken, auch auf bis zu acht Kilometer ausgedehnt werden können und meist nur von moderatem Schwierigkeitsgrad sind. Sie führen alle durch das ehemalige **Hafod-Anwesen** und zu verschiedenen interessanten Wegpunkten, wie Wasserfällen, Brücken, Monumenten und Hütten. Ein Stück weiter passieren Sie das Steintor „The Arch“.

Wanderwege im Hafod-Anwesen

Es stammt aus dem Jahr 1810 und wurde von Thomas Johnes, dem damaligen Eigentümer des Hafod-Anwesens erbaut. Anlass war das goldene Thronjubiläum König Georges III. Es markiert die Stelle, wo die von der Küste erst nur moderat ansteigende Straße zum Bergpass über die kambrischen Berge wird, die sich weiter nach Osten ziehen. Bis vor einigen Jahren führte der Fahrweg noch mitten durch das alte Tor, doch inzwischen werden Sie wohnmobilfreundlich daran vorbei geleitet. Es führen drei Wanderwege durch die Umgebung, allerdings hat diese durch Abholzung in den letzten Jahren optisch etwas gelitten, ein Picknickplatz liegt bei N 52°21'51" W 3°48'52" direkt an der B4574.

Pontarfynach *(430 Einwohner)*
Die **Devil`s Bridge and Falls** liegen nicht mehr weit entfernt im nächsten Weiler. Bereits seit dem 18. Jahrhundert ist es eine populäre Attraktion, über die schon der bekannte englische Romantiker William Wordsworth schrieb. Rund um drei markant übereinander gestapelte Brücken an einem 900 Meter hohen Wasserfall führt ein schöner Naturpfad durch das Gelände. Die Brücken stammen aus verschiedenen Jahrhunderten. Statt die alte abzureißen, baute man einfach immer eine weitere direkt darüber, was zu einem einzigartig skurrilen Anblick geführt hat. Für den kostenpflichtigen Weg, der gleich zu Beginn den besten Blick auf die Konstruktion gewährt, brauchen Sie etwas Kondition – es geht stetig auf und ab. Höhepunkt stellt dabei die extrem steile, fast 100-stufige »Jacobs ladder«, eine wahrlich krumme Stiege neben den Fällen, dar. Der Name »Teufelsbrücke« leitet sich von einer alten Sage ab (*Parkplatz bei N 52°22'39" W 3°50'56", gesamter Rundgang etwa 60 min., Mitte Feb. – Mitte Nov. 9.30 – 16.30, in der Hauptsaion bis 18.00 Uhr, 4,50 £, restliches Jahr 11.30 – 15.30 Uhr für 4 £ mit Zugang durch einen Münzautomat, www.devilsbridgefalls.co.uk*).

126 Devil`s Bridge – *Woodland Caravan Park*

GPS / Kontakt: N 52°22'43" W 3°50'46", SY23 3JW, Tel. 01970 89 02 33, www.woodlandsdevilsbridge.co.uk. **Öffnungszeiten**: Mär. – Okt. **Ausstattung**: Waschmaschine / Trockner, Spielplatz, Sportgelegenheiten, Laden, Tea Room. **Beschreibung**: Freundlicher Platz, teils schattig, mit großen Parzellen auf Schotter eben, ruhig am Ortsrand gelegen. **Preis**: 25,50 – 31,50 £, **Zufahrt**: Im Ort am Hafod Hotel rechts abbiegen, dann nach knapp 300 m rechts. **Hinweis**: Wer außer Frischwasser keine Versorgung benötigt, kann gegen Einkehr und auf Anfrage ganzjährig auch am großen Parkplatz des Hafod Hotels über Nacht bleiben (siehe Bild). Achtung, bei langem Überhang kann die Einfahrt problematisch sein, N 52°22'34" W 3°50'59", SY23 3JL, Tel. 01970 89 02 32, www.thehafod.co.uk.

TOUR 4

127 Pontereyd – *Tyn Ffordd Fach*

GPS / Kontakt: N 52°24'07" W 3°49'51", SY23 3JS, Tel. 01970 89 06 77, www.campingandcaravanningclub.co.uk. **Max. Womos**: 5. **Öffnungszeiten**: Ganzjährig. **Ausstattung**: Ver-/Entsorgung, Strom, Toilette / Dusche, Abspülgelegenheit. **Beschreibung**: Freundlicher Platz, teils schattig, große Parzellen auf Schotter, eben, ruhig am Ortsrand gelegen, klappstuhlgeeignet. **Preis**: 6 – 25 £, **Zufahrt**: Nahe der A4120 in Richtung Aberystwyth gelegen, knapp 4 km nach dem Hafod Hotel bei einem kleinen Holzhäuschen links ab. **Hinweis**: Nur für Mitglieder der Camping and Caravanning Clubs, Reservierung empfohlen.

Die Sage von der Teufelsbrücke

Im 11. Jahrhundert trug es sich zu, dass der Teufel Wales besuchte. Es dauerte nicht lang, da traf er auf eine alte Dame, die sehr betrübt wirkte. »Was ist los?« fragte er neugierig. »Oh, ich habe ein schlimmes Problem« meinte sie. »Meine Kuh hat den Fluss durchkreuzt und ich weiß nicht, wie ich sie zurückholen soll«. »Nichts leichter als das« entgegnete der Teufel. »Was Du brauchst, ist eine Brücke und ich bin der, der Dir eine bauen kann. Komm einfach morgen früh wieder und sie ist fertig. Ich erwarte nur eine klitzekleine Gegenleistung: Das erste Lebewesen, das sie überquert soll mein sein«. »In Ordnung« sagte die alte Lady, „das klingt fair, bis morgen!« In der Nacht dachte die Frau über den Handel nach. Sie war eine wahrlich kluge Waliserin und ihr wurde bewusst, dass etwas nicht astrein war. »Was für ein seltsamer Fremder. Warum sollte ich die Brücke queren, um meine Kuh zu holen, wenn er mich danach mitnehmen kann...?«

Am nächsten Morgen stand sie auf und rief ihren treuen Hund. Zusammen liefen sie hinab zum Fluss. Sie konnte kaum ihren Augen trauen. Tatsächlich stand dort mit einem Mal die stabilste Brücke, die sie je gesehen hatte. »Ich habe Dir doch gesagt, dass ich Dir bis heute morgen eine Brücke baue« sprach der plötzlich aus dem Nichts auftauchende Teufel zu ihr.

Devil`s Bridge und Jacob`s Ladder

»Nun ist es an Dir Deinen Teil der Vereinbarung zu erfüllen!« »Ja, ich weiß, Du darfst das erste Lebewesen mit Dir nehmen, dass über die Brücke läuft!« sagte sie, während sie auf die Brücke zuging. Doch just in dem Moment, wo Sie den ersten Brückenpfeiler erreichte, stoppte sie, nahm einen Laib Brot aus ihrer Tasche und rollte ihn über die Brücke. Wie der Blitz und sogar noch schneller als der überraschte Teufel reagieren konnte jagte der Hund hinter dem Brot her. »Aaarrrgghhh!!!« jammerte der Teufel, »Du dumme alte Frau, ich glaub es nicht! Was soll ich denn mit Deinem stinkenden, haarigen Bauernhofköter? Den kann ich nicht gebrauchen!« Kaum hatte er gesprochen, entschwand er in einer Schwefelwolke. Er wurde seitdem nie wieder in Wales gesehen – zu peinlich war es ihm von einer alten Frau ausgetrickst worden zu sein.

All dies trug sich einst nahe einem kleinen Bergdorf in den Bergen hinter Aberystwyth zu, wo es eine alte Brücke über eine tiefe Schlucht gibt. Darüber wurden bis heute zwei weitere Brücken gebaut. Doch von der untersten – da sagen sich die Leute bis heute »die hat der Teufel gebaut!«

Rheidol Tal

Sie vollziehen nun einen Richtungswechsel gen Westen, wieder auf die Küste zu. Gut 20 Kilometer sind es bis dorthin. Der nächste mögliche Zwischenstopp unterwegs ist das **Llywernog Silver Mountain Experience**. Das ehemalige Silberbergwerk aus dem 18. Jahrhundert umfasst vier Bereiche, die deutlich mehr auf Show und Unterhaltung abzielen als auf Informationsvermittlung. Neben dem historisch fundierten Rundgang „Miners Trail« mit fakultativer Minenführung und dem oberirdischen Fabelwesen-Waldrundgang »WooHooWood«, ist der unterirische Minenbereich in den Abenteuerrundgang »A Dragons Tale«, der eine Geschichte über einen walisischen Drachen erzählt *(empfohlen ab 4 Jahren)* und die Geisterbahnrunde »The Black Chasm“ aufgeteilt *(empfohlen ab 12 Jahren)*. Angelehnt an die »Herr der Ringe« Saga begegnen Besuchern dort lebendige Wesen der Dunkelheit wie Orks, die es darauf anlegen, Ihnen ordentlich das Fürchten zu lehren. Außerdem gibt es am Gelände neuerdings einen Escape Room *(N 52°24'36" W 3°51'52", A44, SY23 3AB, ganzähirg geöffnet mit stark wechselnden Öffnungstagen und -zeiten, Preis je nach gebuchten Tourbausteinen ab etwa 16 £, www.silvermountainexperience.co.uk).*

Nur wenige hundert Meter weiter können Sie dann rechter Hand bei einem See am **Bwlch Nant yr Arian** Rotmilan-Naturreservat stoppen. Das schön angelegte Gelände bietet gleich bei den Parkplätzen Picknickbänke, ein Café, einen Spielplatz und ein Besucherzentrum. Außerdem landschaftlich schöne Rundwege, Orientierungs- und Mountainbikestrecken. Der kürzeste und beliebteste Rundgang »Barcud Trail« führt einmal um den See herum. An verschiedenen Info-Posten erfahren Sie mehr über den Rotmilan und kommen an einem Aussichtspunkt sowie einem Beobachtungsversteck mit Fütterungsstation vorbei *(täglich 15.00 Uhr während der Sommerzeit, 14.00 Uhr im Winter).* An guten Tagen erscheinen dabei bis zu 150 der imposanten Vögel. Weitere beliebte Wege sind der »Miners Trail« *(2,4 km)* und der »Ridgetop Trail« *(5 km, jeweils markiert).* Der Zugang ist kostenlos, nur eine kleine Parkgebühr fällt an *(N 52°24'55" W 3°53'11", SY23 3AB, www.naturalresources.wales).*

Um zur dritten Attraktion am Weg zu gelangen, müssen Sie in **Capel Bangor** links Richtung Cwm Rheidol zum **Butterfly House** abzweigen. Der Botaniker Neil Gale hat dort seine Erfahrungen aus den Regenwäldern von Kolumbien, Borneo und Nigeria zu einem Dschungel im Miniformat vereint. In einem überdimensionalen tropischen Gewächshaus begegnen Sie hunderten von frei fliegenden Schmetterlingen, Rieseninsekten und Tausendfüßlern sowie einer ganzen Reihe seltener und exotischer Pflanzen *(N 52°23'56" W 3°54'58", SY23 3NF, Mitte Feb. – Nov. 10.00 – 17.00 Uhr, sonst nur bis 16.00 Uhr, 9 £, www.magicoflife.org).* Am Stausee gegenüber gibt es ein paar gut geeignete Stellplätze für eine Zwischenübernachtung und einen offiziellen Stellplatz in der Nähe.

128 Cwm Rheidol – *Rheidol Reservoir*

GPS: N 52°23'56" W 3°55'08", Melindwr. **Max. WOMOs**: 1-2. **Ausstattung**: Keine Einrichtungen. **Beschreibung:** Einfache, nicht von der Straße getrennte Parkbuchten auf Schotter und Asphalt neben dem Stausee, eben, etwas Schatten. Die Straße ist nachts so gut wie unbefahren. **Zufahrt**: Wie im Text beschrieben Richtung Butterfly House. Der Platz liegt 150 m davor rechter Hand.

129 Cwm Rheidol – *Ty Cam Farm*

GPS / Kontakt: N 52°23'49" W 3°56'09", SY23 3NA, Tel. 01970 88 05 80, www.campingandcaravanningclub.co.uk. **Max. Womos**: 5. **Öffnungszeiten**: Mai – Okt. **Ausstattung**: Ver-/Entsorgung, Strom, Mülleimer. **Beschreibung**: Einfache Weide neben einer Farm, etwas abschüssig, sehr ruhig im Grünen gelegen, kein Schatten, klappstuhlgeeignet. **Preis**: 10 – 20 £, **Zufahrt**: Wie im Text beschrieben Richtung Butterfly House. Nach der kleinen Allee links ab. **Hinweis**: Nur für Mitglieder der Camping and Caravanning Clubs, Reservierung empfohlen. **Hinweis 2**: Auch das ***Tafarn y Maes*** Pub kurz vor der Abzweigung in Capel Bangor kommt gegen Einkehr für die Nacht in Frage, N 52°24'12" W 3°58'04", A44, SY23 3LT, Tel. 01970 88 09 81, www.tafarnymaes.co.uk.

Aberystwyth *(18.000 Einwohner)*
Die Wohnbebauung wird nun dichter und Sie sind in der unumstrittenen Metropole von West-Wales angekommen. Trotz der überschaubaren Einwohnerzahl ist sie das wirtschaftliche und kulturelle Zentrum im weiten Umkreis. Sogar eine Universität mit rund 11.000 Studenten gibt es – die während der laufenden Semester die Population mehr als verdoppeln. Entsprechend jung gibt sich die Stadt. Nur im Sommer während der studienfreien Zeit beherrschen eher ältere Urlauber und Einheimische den Ort. Für einen Rundgang parken Sie am besten entweder kurz nach Ortseinfahrt am Großparkplatz am **Boulevard De Saint Brieuc I** *(N 52°24'36" W 4°04'38")* oder an der Uferpromenade nahe der Burg beziehungsweise etwas weiter südlich an der Mole *(N 52°24'45" W 4°05'25", New Promenade)*. Einen Campingplatz gibt es im südöstlichen Ortsteil Southgate, weitere Übernachtungsgelegenheiten am Rugby- und am Golf-Club.

Aberystwyth

130 Aberystwyth – Midfield Holiday Park

GPS/Kontakt: N 52°23'52" W 4°04'00", Penparcau Road, SY23 4DX, Tel. 01970 61 25 42, www.midfieldcaravanpark.co.uk. **Öffnungszeiten**: Mär. – Okt. **Ausstattung**: WiFi, Waschmaschine / Trockner. **Beschreibung**: Schotterparzellen neben einem kleinen Mobilheimpark in Ortsrandlage, eben, kein Schatten, nachts recht ruhig, rund 1,8 km in die Ortsmitte. **Preis**: 30 – 34 £. **Zufahrt**: Im Ort auf den Hauptstraßen bleibend südlich in Richtung Aberaeron und New Quay fahren, dann links in Richtung Devil`s Bridge halten und dort nach etwa 250 m links abzweigen.

131 Aberystwyth – *Rugby Club*

GPS/Kontakt: N 52°24'38" W 4°04'27", Plascrug Avenue, SY23 1HL, Tel. 01970 62 38 00, aberystwyth.clwbrygbi.cymru. **Öffnungszeiten**: Mär. – Okt. **Ausstattung**: Ver- / Entsorgung, WiFi, Mülleimer. **Beschreibung**: Schotterparkplatz neben dem Clubhaus und Spielfeld, eben, teils etwas Schatten, rund 1 km ins Ortszentrum. Reservierung per Email über die Website empfohlen. **Preis**: 10 £. **Zufahrt**: Rund 1,5 km nach der Ortseinfahrt den Kreisverkehr am Leisure Centre überfahren und dann die nächste kleine Straße nach links nehmen. Nach knapp 400 m links.

132 Aberystwyth – *Golf Club*

GPS/Kontakt: N 52°25'17" W 4°04'34", Brynymor Road, SY23 2HY, Tel. 01970 61 51 04, aberystwythgolfclub.com. **Öffnungszeiten**: Ganzjährig. **Ausstattung**: Keine Einrichtungen. **Beschreibung**: Nach Anmeldung wird ein Parkplatz (regulär oder Overflow-Fläche) zugewiesen, nachts ruhig, eben, am Hügel hinter der Stadt gelegen, unkompliziert, rund 800 m ins Zentrum. **Preis**: 10 £. **Zufahrt**: im Ort der Beschilderung zur Klinik und Promenade folgen, dann kurz vor dem Strand rechts fahren (Sackgasse) und gegen Ende rechts durch die schmale Brynymor Road bis zum Platz.

Unterwegs in Aberystwyth

Wenn Sie an der Promenade rund um die angegebenen Koordinaten mit Ihrem Rundgang beginnen, stehen Sie zuallererst an den Ruinen des alten Kastells. Schon in der Eisenzeit stand auf der Pen Dinas genannten kleinen Anhöhe eine erste, primitive Befestigungsanlage, die im 12. Jahrhundert vom englischen Magnat Gilbert de Clare erstmals ausgebaut wurde, allerdings zu diesem Zeitpunkt immer noch aus Erde und Holz bestand. Es waren die walisischen Fürsten um den charismatischen Llywelyn app Gruffyd, die erstmals eine steinerne Trutzburg errichteten. Bis dahin von der englischen Krone geduldet, schwand deren Großzügigkeit, als die innerwalisischen Unabhängigkeitsbestrebungen zunahmen und der Fürst sich weigerte König Edward I. zu huldigen. Die Krone ließ daraufhin eine ganze Reihe Burgen entlang der Küste errichten und ausbauen, darunter auch die von Aberystwyth, deren bis dahin bestehenden, nicht sonderlich stabilen Mauern, einfach annektiert wurden. 1289 war der Bau fertig. Er stand den weiter nördlich errichteten, bis heute weitgehend erhaltenen Burgen, wie Conwy oder Beaumaris, in nichts nach. Das diese hier nur noch aus kläglichen Überresten besteht, liegt einerseits an dem minderwertigeren Baumaterial in der Region und andererseits an der Sturm und Wasser umtosten, ungeschützten Lage direkt am Meer. Schon 1409 gaben sowohl Engländer als auch Waliser die zwischenzeitlich schon teilweise wieder eingestürzte Burg auf.

Südlich der Anlage können Sie auf einem Fußweg durch Grünanlagen Richtung Innenstadt schlendern. Sie kommen an einem großen Spielplatz vorbei, ein paar Meter entfernt steht der imposante Kirchenbau von **St. Michaels**.

Ihr Weg geht in die Great Darkgate Street über, die so etwas wie die Hauptachse des Ortszentrums bildet. Stöbern Sie einfach ein wenig durch die Straße und ihre angrenzenden Seitenarme. Zum Beispiel die **Pier Street** oder die **Baker Street** mit bis in Höhe **Terrace Road**. Wenn Sie nach rechts abbiegen, gelangen Sie zum Bahnhof. Rund herum gibt es eine Reihe großer Läden und Supermärkte, sowie das Startgleis der **Rheidol Railway**, einer 1902 eröffneten Schmalspurbahn die von einer Dampflok angetrieben auf einer schönen Strecke ins Rheidoltal bis Devil`s Bridge zurückfährt. Da Sie diese Ecke nun aber schon kennen, ist dies vor allem für echte Eisenbahnenthusiasten interessant *(Ende Mär. – Okt., Start 2 – 4x täglich zwischen 10.30 – 15.45 Uhr, Hin- und zurück 20£, www.rheidolrailway.co.uk)*. Gleich nebenan befindet sich der zweite zuvor angegebene Stadtparkplatz, falls Sie von dort aus aufbrechen.

Geradeaus finden Sie einige Gaststätten wie das ***Café Sophie`s*** *(27, North Parade)*. Durch die **Terrace Road** nach links gehen Sie zur Promenade zurück. Unterwegs passieren Sie die **Touristeninformationsstelle** und das ***Baravin*** *(1, Marine Terrace)* sowie zuvor das **Ceredigion Museum**. Es befindet sich im Haus eines ehemaligen Theaters mit interessantem Interieur und informiert über die Geschichte des Bezirks. Gezeigt werden vor allem Stücke aus den

St. Michaels, oben: Aberystwyth Castle

Strandpromenade, unten: Pier von Aberystywth

Bereichen Landwirtschaft, Bergbau und Seefahrt. Auch eine antike Apotheke gibt es *(Di. – Sa. 10.30 – 16.00 Uhr, So. ab 12.00 Uhr, Eintritt frei)*.

An der **Marine Terrace** können Sie am Ende rechtsherum auf den weithin sichtbaren **Constitution Hill** steigen und die beste Sicht auf die Stadt von oben genießen. Wer nicht gehen mag, kann stattdessen die seit 1896 bestehende, längste Elektrobahn Großbritanniens nach oben nehmen *(Cliff Terrace, SY23 3DN, Apr. – Okt. 10.00 – 17.00 / 18.00 Uhr, im Winter reduzierter Zeitplan, Hin- und Zurück 7 £, www.aberystwythcliffrailway.co.uk)*. Neben der Standardaussicht können Sie dann oben auch noch einen Blick durch die dort installierte **Camera Obscura** werfen. Sie besitzt die weltweit größten Linsen ihrer Art *(im Bahnpreis inbegriffen)*.

Zurück gehen Sie oberhalb des Stadtstrandes. Für junge Gäste wurde an der mit vielen internationalen Fahnen geschmückten Promenade ein Kinderplanschbecken in den Gehweg eingelassen. Gegenüber liegt das Restaurant ***Gwesty Cymru*** *(Nr. 19)*, rechts zweigt gleich danach der hölzerne Pier ab. Er ist mit Spielhallen, Gaststätten und Fast Food Läden bestückt, am besten ist noch das ***Upstairs at the Pier***. Bevor Sie zurück zu Ihrem Fahrzeug gelangen, sticht links noch ein auffälliges, großes Gebäude ins Auge. Es ist das Old College, die ehemalige erste Universität der Stadt.

Bevor Sie Aberystwyth hinter sich lassen. können Sie am Nordende noch einen Halt im Universitätsviertel einlegen. Interessant ist dort vor allem die **Walisische Nationalbibliothek**. Sie beherbergt eine Sammlung aller walisischer Schriften, dazu Fotos, Karten und Gemälde und ein walisischsprachiges Filmarchiv. Insgesamt sollen es mehr als 165 Kilometern an Bücherregalen sein. Auch so historisch wichtige Stücke wie die Originalpartitur der Nationalhymne, die erste vollständige walisische Bibelübersetzung aus dem 16. Jahrhundert und das älteste walisischsprachige Buch »Llyfr Du Caerfyrddin« aus dem 12. Jahrhundert werden in dem Gebäude bewahrt *(parken bei N 52°24'50" W 4°04'07", Cathedral View, SY23 3BU, Mo. – Fr. 9.00 – 18.00 Uhr, Sa. und Ausstellungen 9.30 – 17.00 Uhr, www.library.wales)*.

Gleich eine Abfahrt weiter können Interessierte dann noch das direkt ans Unigebäude angrenzende **Arts Centre** mit wechselnden Kunstausstellungen, Gemälden und einer Keramiksammlung besuchen *(www.aberystwythartscentre.co.uk)*.

Abfahrt nach Borth, unten: Dünen von Ynylas

Borth *(7.300 Einwohner)* **und Ynyslas** *(1.300 Einwohner)*
Der nächste Küstenabschnitt liegt vor dem langgezogenen Ort Borth. Urlaubsziel hin oder her, sonderlich schön ist er nicht. Ganz interessant sind aber Überreste eines **versteinerten Waldes**, die bei Ebbe im südlichen Bereich des Strandes vom Meer frei gegeben werden. Der private Zoo **Animalarium** im Ort zeigt zum Beispiel Affen, Waschbären, Leoparden und Schlangen, kein Muss aber ganz nett *(N 52°29'10" W 4°02'37", SY24 5NA, Ynisfergi, Mär. – Okt. 10.00 – 18.00 Uhr, sonst bis 16.00 Uhr, 8 £, www.borthzoo.co.uk)*. Übernachten können Sie am Pub ***Railway Inn***.

133 **N 52°29'10" W 4°03'01"**, High Street, SY24 5JE

Ab dem nördlichen Ende von Borth zieht sich bis zur Landspitze an der breiten Dyfi Mündung das sehenswerte **Naturreservat Ynys-hir** hin. Den Parkplatz direkt am Strand erreichen Sie am Nordende der Straße hinter dem Weiler **Ynyslas** und dem darauffolgenden Mobilheimpark. Meisen, Spechte, 21 verschiedene Libellenarten und eine wilde Dünenlandschaft erwarten Sie. Es

gibt zwei jeweils rund 2,5 Kilometer lange Rundwege durch das Salzmarsch und das Waldgebiet sowie einen 5,5 Kilometer langen Feuchtgebiets-Trail. Infoflyer erhalten Sie im Naturschutzzentrum nahe dem Parkplatz. Natürlich können Sie am Strand auch baden *(N 52°31'39" W 4°02'58", www.rspb.org.uk/ynys-hir)*. Dort, wo die B4354 zur Weiterfahrt ins Landesinnere abzweigt, finden Sie auch zwei Übernachtungsgelegenheiten.

134 Ynyslas – *Golf Club*

GPS: N 52°30'44" W 4°03'10", B4354, SY24 5JU. **Max. WOMOs**: 20+. **Öffnungszeiten**: Mär. – Okt. **Ausstattung**: Keine Einrichtungen. **Beschreibung:** Erd-Schotterparkfläche direkt am Strand, ziemlich holprige Zufahrt, kein Schatten, 2,2 km von Borth entfernt. **Preis**: 10 £. **Zufahrt**: Genau an der Stelle wo die B4354 ins Landesinnere abknickt die Piste zum Strand nehmen. **Hinweis**: Der Schlagbaum der Höhenbeschränkung wird tagsüber aufgeklappt. Ein Parkwächter kassiert ein Entgelt. Nachts wird die Schranke geschlossen, dann ist kein Raus- und Reinkommen. Nur für Womos mit eigener Toilette an Bord zugelassen.

135 (C135) Ynyslas – Ty Gwyn Campsite

GPS/Kontakt: N 52°30'47" W 4°02'56", B4354, SY24 5LA, Tel. 01970 87 18 94, www.ty-gwyn-camping.com. **Öffnungszeiten**: Apr. – Okt. **Ausstattung**: Campingplatzüblich, aber kein Strom. **Beschreibung**: Einfacher Grascampingplatz, gute strandnahe Lage, kein Schatten, eben, 5,3 km bis in den Ort. **Preis**: 20 £. **Zufahrt**: Wie zum Badeplatz Ynynslas, dann aber auf der B4354 Richtung Landesinneres abbiegen, nach wenigen Metern auf der rechten Seite.

Seeadler im Cors Dyfi Naturschutzgebiet

Cors Dyfi

Nachdem Sie auf Tour Vier schon Rotmilane genauer in Augenschein nehmen konnten, steht als nächstes ein Beobachtungsgelände für Seeadler auf dem Programm, das Dyfi Osprey Project im **Cors Dyfi Naturschutzgebiet**. Das aus Wald, Sumpf und Schilfgebiet bestehende Gelände kann auf einem Bohlenweg erkundet werden. Er führt zu einem Observatorium mit 360 Grad Rundumblick. Mitarbeiter helfen Besuchern dort mit Ferngläsern und Hinweisen in der Umgebung etwas zu entdecken. Otter, Frösche und viele Vögel lassen sich ringsum sehen. Die Stars sind natürlich die Seeadler. Ihre Nester liegen allerdings ein gutes Stück entfernt, um sie bei der Brut nicht zu stören. Am Beginn des Weges sehen Sie die Tiere auch auf Videomonitoren mit Livebild, dort sogar besser als am Ausguck *(N 52°34'05" W 3°54'47", Derwenlas, SY20 8SR, Apr. – Aug. 10.00 – 18.00 Uhr, sonst nur bis 16.00 Uhr, 3 £, www.montwt.co.uk).*

136 Ynyslas – Morben Isaf Holiday Park

GPS/Kontakt: N 52°34'12" W 3°54'41", A487, SY20 8SR, Tel. 01654 78 14 73, www.morbenisaf.co.uk. **Öffnungszeiten**: Mär. – Okt. **Ausstattung**: WiFi, Waschmaschine / Trockner, Spielplatz, Fitnessstudio. **Beschreibung**: Gepflegter Platz mit Parzellen auf Schotter an einem kleinen See, dahinter größerer Mobilheimpark, eben, teils schattig, Bushalt vor dem Platz, Hauptstraße tagsüber hörbar. **Preis**: 29 – 33 £. **Zufahrt**: Direkt an der A487, rund 6 km vor Machynlleth links.

Machynlleth *(2.200 Einwohner)*

Für einige wenige Kilometer fahren Sie nun durch den größten Bezirk von Wales, Powys *(siehe auch Tour 7 – 9)*. Er breitet sich im Landesinneren beinahe ab der Nordküste bis zu den Brecon Beacons Bergen im Süden aus. An dieser Stelle reicht er bis zu den südlichen Ausläufern des Snowdonia Bergmassivs nach Westen, die Sie nun erreichen. Größter Ort der Gegend ist das Städtchen Machynlleth. Charakteristisches Wahrzeichen ist der 24 Meter hohe Uhrturm, direkt in der Mitte der wichtigsten Straßenkreuzung. Er wirkt wie eine Miniausgabe von Big Ben in London. Viel gibt es in der Marktgemeinde nicht zu sehen. Die wichtigste Sehenswürdigkeit ist die **Galerie Moma**. Als Museum für moderne Kunst stellt sie wechselnde Werke zeitgenössischer, walisischer Künstler aus. Viele der Bilder können auch käuflich erworben werden. Das anstehende Programm können Sie online auf der Website der Galerie einsehen *(SY20 8A, Heol Pen`Rallt, Mo. – Sa. 10.00 – 16.00 Uhr, kostenfrei, www.moma.cymru)*. Stellflächen gibt es am zentralen Ortsparkplatz in der **Bank Lane**, auch über Nacht. Gute Restaurants im Ort sind zum Beispiel das ***Blasau*** *(13, Penrallt Street)* und das ***Maengwyn Café*** *(57, Maengwyn Street)*.

TOUR 4

137 Machynlleth

GPS: N 52°35'24" W 3°51'01", Bank Lane. **Max. WOMOs**: 6 – 8. **Ausstattung**: Toiletten, Mülleimer. **Beschreibung**: Beleuchtete, große und ebene Asphaltparkfläche mitten im Ort. Nachts relativ ruhig, am Rand etwas Schatten, direkt im Ort. **Preis**: 18.00 – 08.00 Uhr und sonntags kostenlos, sonst Parkgebühren. **Zufahrt**: Am Uhrturm rechts Richtung Newtown abbiegen und dann gleich wieder rechts markiert zum Parkplatz einfahren. **Hinweis**: Wie auf allen öffentlichen Parkplätzen im Bezirk Powys ist das einmalige Übernachten in Wohnmobilen in einer von sieben aufeinanderfolgenden Nächten ausdrücklich erlaubt. Dieser Hinweis ist an den meisten Parkplätzen genauso auch schriftlich festgehalten.

Corris *(720 Einwohner)*

Die A487 Richtung Dolgellau steigt nun langsam zum vor Ihnen liegenden Bergmassiv hin an. Einige interessante Haltepunkte warten unterwegs. Der erste ist das **CAT – Centre for Alternative Technology**. Es hat sich zur Aufgabe gemacht, Besucher für ein ökologisch bedachteres, nachhaltiges Leben zu sensibilisieren. Vermittelt werden diese Inhalte durch ein von erneuerbaren Energien angetriebenes Kraftwerk, umweltverträglich erbaute Gebäude, einen organischen Garten, Ausstellungen zum Thema und mehr. Das aus mehreren Bauten bestehende Gelände liegt etwas erhöht der Talsohle. Die Beförderung nach oben gelingt mittels einer wasserkraftgetriebenen Zahnradbahn *(N 52°37'23" W 3°50'33", SY20 9 AZ, Apr. – Okt. 10.00 – 17.00 Uhr, 8,50 £, www.cat.org.uk)*. Die Einfahrt zum CAT führt auch zu einem einfachen aber einladenden Campingplatz.

138 Corris – Llwyngwern Farm

GPS/Kontakt: N 52°37'35" W 3°50'38", Pantperthog SY20 9RB, Tel. 01654 70 24 92, llwyngwern-farm.business.site. **Öffnungszeiten**: Ganzjährig. **Ausstattung**: Campingplatzüblich. **Beschreibung**: Sehr einfacher Platz mit Stellflächen auf Rasen und Schotter, ruhig, teils Schatten. **Preis**: 18 £. **Zufahrt**: An der Abzweigung zu CAT rechts abbiegen, dann geradeaus bis zum Platz auf der linken Seite. **Hinweis**: Camping and Caravanning Club-Mitglieder finden die kleine Straße hinab das ***Hill Side Retreat***, eine einfache Schotterfläche mit Ver- / Entsorgung, N 52°37'59" W 3°50'00", Cienws, SY20 9EX, Tel. 07910 09 91 42, 6 – 9 £.

Zahnradbahn am CAT-Zentrum

Vorbei am **Tan y Coed Picknickplatz** *(N 52°37'54" W 3°50'28")* fahren Sie im Dorf **Corris** ein. Rechts ab führt eine schmale Straße zum Bahnhof der **Corris Railway** Schmalspurbahn mit Museum. Sie war die Erste in Wales und wurde 1859 eröffnet. 1930 wurde der Personenverkehr eingestellt, 1948 der gesamte Eisenbahnverkehr. Erst knapp 60 Jahre später wurde die Strecke wieder eröffnet, ausschließlich für touristische Zwecke. Wenn Sie Interesse haben, erkundigen Sie sich über aktuelle Fahrtermine im Voraus, da die Bahn nicht regelmäßig verkehrt *(N 52°39'13" W 3°50'30", Llayn yr Eglwys, 8 £, Museum kostenlos, www.corris.co.uk)*.

Auf der anderen Seite der Hauptstraße ist die Parkplatzeinfahrt zur alten Mine von Corris beschildert *(N 52°39'13" W 3°50'43", SY20 9RF)*. Gleich drei mehr oder minder interessante Attraktionen befinden sich dort an einem Ort. Kostenlos ist der Zutritt zum **Corris Craft Centre**. In mehreren Bungalows können Sie einheimischen Handwerksbetrieben bei der Arbeit über die Schulter schauen und die produzierten Waren erwerben. Es gibt beispielsweise eine Süßwarenmanufaktur, einen Juwelier, einen Glasskulpteur, Tonwaren-, Kräuter- und Holzhandwerksgeschäfte. Der Weg zwischen den Läden führt schließlich zum Eingang des ehemaligen Bergwerks. Unter dem Namen **Corris**

Mine Explorers können Sie einen Teil der alten Schieferstollen auf Abenteuertouren erforschen. Die Rundgänge dauern ein bis vier Stunden und sind für Kinder von 8 bis 13 Jahren, sowie körperlich fitte Erwachsene eine aufregende Erfahrung *(ab 15 £, Termine wechselnd, Infos und Buchung unter www.corrismineexplorers.co.uk oder Tel. 01654 76 12 44)*. Geruhsamer geht es in einem anderen Teil der unterirdischen Stollen zu, die als **King Arthur`s Labyrinth** und **Lost Legends of the Stone Circle** vermarktet werden. Uralte Geschichten über Könige und Drachen, Magie und Mythen werden zu neuem Leben erweckt. Einer der Höhepunkte ist ein blau angestrahlter Wasserfall und eine unterirdische Bootstour *(Ende Mär. – Okt. 10.00 – 17.00 Uhr, 17 £, Attraktionen zusammen 50% Ermäßigung, www.kingarthurslabyrinth.co.uk)*.

An der nächsten Abfahrt nach lässt sich noch ein Schlenker bis zum **Naturreservat Aber Corris** einlegen. Ein Weg führt vom Mini-Parkplatz durch den Eichenwald und am Fluss Dyfi entlang. Rhododendren, Knöterich und Farne wachsen ebenso. wie viele andere Pflanzen. Auch nachts kann hier ein Fahrzeug stehen. Schöner ist der Parkplatz am nahen Mwyngil See. Das dortige Pub gestattet Übernachtungen bei Einkehr.

139 N 52°39'38" W 3°51'03"
(Achtung: Nur für kleinere Wohnmobile bis etwa 6 Meter zu empfehlen, unbedingt am Hinweg wieder zurückfahren und nicht über die Nebenstraße – spätestens am Ende setzen Sie sonst auf.

140 N 52°40'02" W 3°54'14", ***Tyn Y Cornel Pub***, LL36 9AQ

Dolgellau *(2700 Einwohner)*
Die schönsten Wandermöglichkeiten im südlichen Snowdonia Nationalpark, den Sie mittlerweile erreicht haben, finden Sie rund um den 892 Meter hohen Gipfel **Cadair Idris**, benannt nach einem walisischen Sagenheld. Verschiedene Wege führen zum Gipfel, kürzer, dafür deutlich steiler geht es ab **Minfford** zur Sache. Ein gutes Basiscamp dafür ist der **Campingplatz Cwmrhwyddfor**

141 Minffordd – Cwmrhwyddfor Camping

GPS/Kontakt: N 52°41'23" W 3°52'11", LL36 9AJ, Tel. 01654 76 12 86. **Öffnungszeiten**: Apr. – Okt. **Ausstattung**: Campingplatzüblich. **Be-**

Dolgellau

schreibung: Einfacher Platz an einem kleinen Fluss auf Schotter und Rasen, teils schattig, schöne Umgebung, ruhig. **Preis**: 18 £. **Zufahrt**: An der A487 450 m nach der Abzweigung in Richtung Tywyn linker Hand. **Hinweis**: Alternativer Pub-Stellplatz rund 4,5 km weiter am ***Cross Foxes Grill Room***, N 52°44'02" W 3°49'41", Brithdir, LL40 2SG, Tel. 01341 42 10 01, www.crossfoxes.co.uk.

Etwas weniger herausfordernde Wege, etwa der schöne Pony Track, starten nahe Dolgellau. Auch die Kleinstadt selbst ist einen Stopp wert. Parken können Sie am Ortsrand bei N 52°44'40" W 3°53'10" am Marian Mawr Enterprize Park. Charakteristisch für den Ort sind die aus dunklem Schieferstein erbauten Häuser. In den Fokus der Zeitgeschichte rückte Dolgellau gleich mehrmals. Der walisische Freiheitskämpfer Owain Glyndwr wählte den Ort als letzten Parlamentssitz, es war Zufluchtsort der Quäker, bevor ihre Verfolgung Ende des 17. Jahrhunderts durch den Act of Tollerance endete und einst Zentrum der walisischen Goldförderung, bevor die nahe Mine Coed y Brenin Ende des 19. Jahrhunderts stillgelegt wurde. Heute sind die interessantesten Anlaufpunkte die **Touristeninformationsstelle** am Hauptplatz **Eldon Square** mit Ausstellung zum Snowdonia Nationalpark und das interaktive Musikalienmuseum **Ty Siamas,** das zuletzt leider nur für Gruppen nach Voranmeldung öffnete *(ebenfalls am Eldon Square, www.tysiamas.com)*. Auch einige schöne Lokale gibt es, wie das urig-skurrile Café ***Parliament House*** *(Glyndwr Street)*, ***Yr Hen Efail*** *(4, Green Lane)* oder ***Y Meirionydd*** *(Smithfield Square)*.

Dolgellau war Zufluchtsort der Quäker und Zentrum der walisischen Goldförderung.

142 Dolgellau – Tan Y Fron Holiday Park

GPS/Kontakt: N 52°44'32" W 3°52'36", Arran Road, LL40 2AA, Tel. 01341 42 26 38, www.tan-y-fron.co.uk. **Öffnungszeiten**: Ganzjährig. **Aus-**

stattung: Campingplatzüblich. **Beschreibung**: Einfacher, kleiner Platz direkt am Ortsrand von Dolgellau, Stellflächen auf Schotter, rund 600 m bis ins Zentrum. **Preis**: 20 £. **Zufahrt**: Am Beginn von Dolgellau von der Hauptstraße links am Schild Ty Siamas abbiegen. Dann nach rund 500 m links.

Owain Glyndwr *(auch Owain ap Gruffydd / Owain der Große)*

Owain war ein zwischen 1350 und 1359 geborener walisischer Volksheld und letzter Fürst von Wales.

Er war Spross einer recht wohlhabenden Adelsfamilie, sein Urgroßvater hatte nach der Eroberung von Wales durch Edward I. Titel und Unabhängigkeit eingebüßt. Nur zwei Ländereien zwischen Wrexham und Llangollen konnten gerettet werden. Auch seine Mutter war von adeliger Abstammung und kam aus dem Hause Deheubarth-Dinefwr.

Als junger Mann ging er nach London, um Rechtswissenschaften zu studieren, heiratete dann die Tochter seines englischen Hauswirts und trat in die Armee ein. Er kämpfte in den Welsh Marches, in Schottland und gegen eine flämisch-französische Armee bei einer Seeschlacht vor Margate. Anschließend zog er sich auf seinen walisischen Landsitz zurück. Aus einem Nachbarschaftsstreit heraus, bei dem sein englischer Widersacher seine Verbindungen zum König ausnutzte, um Owain mundtot zu machen und eine in seinen Augen ungerechtfertigte Anforderung walisischer Truppen durch die Krone für einen Feldzug gegen Schottland, erwuchs ein starker Wunsch nach Autonomie. Am 16.09.1400 traf sich Owain mit anderen walisischen Adeligen, Geistlichen und Familienmitgliedern die ihn, den Nachfahren des Fürsten von Powys, zum Fürsten von Wales ernannten.

Beginnend mit der Burg in Ruthin nahm er gemeinsam mit seinen Verbündeten mehrere zu dieser Zeit in englischem Besitz befindliche Herrschaftssitze und Ländereien ein. Im Gegenzug wurde er selbst durch den König enteignet, allerdings kam es nicht zur Vollstreckung, da durch die Rebellion Nordwales durch Owains Truppen besetzt gehalten wurde. Vier englische Feldzüge gegen Owain blieben erfolglos, die Rebellion griff währenddessen auf immer weitere Teile von Wales über.

Selbst einige vom König enttäuschte englische Adelige und Frankreich, das sich damals mit England im Krieg befand, unterstützten den Fürsten. 1404 nahm er Harlech und Aberystwyth ein und befand sich auf dem Höhepunkt seiner Macht. Er strebte ein modernes, unabhängiges walisisches Fürstentum an, mit einer unabhängigen Kirche, zwei Universitäten und einem Parlament.

Als er ein Jahr später allerdings die endgültige Abspaltung plante und gar Bestrebungen zur Teilung Englands mittrug, kam es zu neuen Kämpfen mit verheerendem Ausgang für ihn. Seine Niederlage konnte selbst durch die Unterstützung der französischen Armee nicht verhindert werden und stellte einen Wendepunkt in der Geschichte Owains und Wales dar. Sein Bruder starb bei einer Schlacht, sein Sohn und sein Schwager gerieten in Gefangenschaft. 1409 eroberten die Engländer Harlech zurück, die Rebellion galt damit faktisch als gescheitert. Auch seine Frau, seine Tochter mit ihren Kindern und ein weiterer Sohn wurden gefangen genommen und kamen im Tower von London zu Tode.

1410 wurde Owain in der Nähe von Shropshire ein letztes Mal vernichtend geschlagen. Alle verbliebenen Mitstreiter fielen oder wurden hingerichtet, nur er konnte fliehen. Sein weiterer Verbleib liegt weitgehend im Unbekannten. König Heinrich der V. bot ihm Begnadigung gegen öffentlichen Titelverzicht an, der durch seinen verbliebenen Sohn Maredudd in seinem Namen abgelehnt wurde. Er starb vermutlich um das Jahr 1416 halb versteckt, halb geduldet am Landsitz seiner Tochter Alys im westlichen Herefordshire

Seine Niederlage wurde für Wales zu einer wirtschaftlichen, sozialen und politischen Katastrophe, mit über Generationen anhaltenden Auswirkungen. Trotzdem blieb Owain Glyndwr unvergessen. Seit dem 19. Jahrhundert rückte das Leben und Wirken des letzten walisischen Fürsten durch neu aufkeimendes walisisches Nationalgefühl erneut in den Fokus und das Bewusstsein der Bevölkerung. Heute gehört er mit Denkmälern und als Namensgeber für Pubs und Straßen zur Alltagskultur von Wales.

Wenn Sie Dolgellau in südwestlicher Richtung verlassen, zweigt von der **Cader Road** ein mit »Cadair Idris« beschilderter Fahrweg links ab. Er führt, vorbei am Gwernan See, zu einem Wanderparkplatz des National Trusts *(N 52°43'10" W 3°55'43", für Mitglieder kostenlos, Toiletten)*, von dem ab die tolle Wanderung zum Cadair Idris Gipfel auf der von Norden kommenden, einfacheren Route beginnt. Direkt hinter dem Parkareal befindet sich ein rudimentär ausgestatteter Campingplatz.

Rundwanderung über den Pony Track zum Cadair Idris *(850 Hm, 17 km)*

Cadair Idris ist ein beliebtes Bergziel das jedes Jahr von einigen Tausend Menschen besucht wird und gehört zu den Highlights des Snowdonia Nationalparks. Ausgehend vom kleinen Parkplatz gegenüber der Ty-nant Farm gehen Sie für ein paar hundert Meter entlang der Straße nach rechts Richtung Westen) Auf der linken Seite nehmen Sie dann den mit »Pony Track« bezeichneten Fußweg durch ein Rundtor, der im Fortlauf nach Südwesten über eine Anhöhe führt. Einige besonders gewaltige Felsabschnitte von Cader Idris sind nun schon zu erspähen.

Der Weiterweg ist unkompliziert. Selbst dort, wo es steiler wird, machen Serpentinen das Vorankommen relativ einfach. Sie gelangen nach einer ganzen Weile zu einer weiten Felsscharte, die Route nach Osten Richtung Gipfel ist linker Hand jetzt schon ziemlich gut zu sehen, selbst bei eher trübem Wetter. Der Weg steigt stetig über die Flanken des benachbarten Cyfrwy-Gipfels an. Er ist jetzt oft steinig, aber nie schwierig. Allerdings muss man etwas vorsichtig sein, wenn der Weg sich kurz vor der Bergspitze den Klippen nähert. Rechts am Abgrund haben Sie eine schöne Aussicht bis zum Llyn *(See)* y Gadair unten im Tal. Der stete Anstieg setzt sich fort, nach einer kurzen, gut zu bewältigenden Kraxelei sind Sie dann am Ziel.

Die Aussicht reicht bei gutem Wetter weit und erlaubt einen Blick einerseits auf die nördlichen Berge und andererseits auf die westliche Küstenlandschaft. Beim Thema Wetter sei daran erinnert, dass Cader Idris wegen seiner exponierten Lage schnellen Wetterwechseln ausgesetzt ist. Während der Aufstiegsweg noch klar und sonnig ist, kann hinter dem Gipfel schon eine Regenwolke nahen. Gut, dass es für solche Fälle eine steinerne Schutzhütte gibt, die Unterschlupf bietet.

Wenn Sie möchten, können Sie noch einen kurzen Spaziergang nach Süden machen, zu dem Weg, der auf die andere Seite des Berges nach Minfford führt. Dort bietet sich eine hervorragende Aussicht hinunter zum dramatischen Llyn Cau. Wenn Sie wenig Zeit haben oder es konditionell nicht übertreiben wollen, gehen Sie nun am gleichen Weg zurück zum Parkplatz. Schöner und abenteuerlicher ist jedoch die weitere Route entlang des Grates zum Gau Craig, sie ist die Mühe wert.

Beim Verlassen des Gipfels am Weg in Richtung Osten, ignorieren Sie den steil zum Llyn y Gadair absteigenden Pfad links und gehen stattdessen auf die abgerundete Kuppe Mynydd Moel zu. Wie die meiste Zeit auf dieser Wanderung fällt der Fortgang recht leicht und Sie haben bald den Gipfel erreicht. Nur 30 Meter niedriger als Cader Idris können Sie erneut die schöne Aussicht genießen und das sogar deutlich ruhiger. Nur wenige Wanderer besuchen auch diesen zweiten Gipfel. Weiter östlich folgt der Pfad dem Felsgrat sehr steil hinab auf eine Hochlandmoorfläche zu. Theoretisch folgt der Weg dort einem Zaun. Da einige Abschnitte allerdings über sehr weichen Boden verlaufen ist der geradeste Weg nicht unbedingt der beste. Der letzte Berggipfel der Wanderung ist Gau Craig, der den höchsten Punkt am südlichen Massivabschluss bildet. Ein kleiner Steinhaufen markiert den Scheitelpunkt. Folgen Sie nun dem Grat in Richtung Osten, wo Ihr Weg sich durch Felsen windet und nach unten abfällt. Er wird nun weniger deutlich, halten Sie sich im Zweifelsfall Richtung Nordosten. Sie müssen nun die Augen offenhalten, denn der durch Gras verlaufende Pfad ist hier leicht zu übersehen. Wenn Sie richtig sind, gelangen Sie, in nördliche Richtung absteigend, zu einem Fahrweg, der nahe dem Bauernhof *Maes Coch* verläuft. Gehen Sie bis »Pandy gader« und folgen Sie dort dem links abgehenden Pfad gen Westen Richtung Gwernan Lake Hotel. Im Zweifel führt auch der nach links ab verlaufende Fahrweg in diese Richtung, falls Sie den ersten Pfad verpasst haben. Dann erneut nach links, entlang der Straße zum Parkplatz bei dem Sie gestartet sind.

Am Cadair Idris

Tour 5

Lake Tryweryn
906 m
Aran Fawddwy
872 m
Moel-siabod
Tour 7
Llechwedd Slate Caverns
Blaenau Ffestiniog
Ffestiniog Railway
Cwmorthin Waterfalls
Dwyryd
Coed y Brenin Nat. Res.
Ganllwyd
Coed Ganllwyd Nat. Res.
Cymer Abbey
Tour 4
Mawddach
Lake Trawsfynydd
Snowdonia NP
Glaslyn
Sygun Copper Mine
Bethania
Nantmor
Plas Brondanw Gardens
Garreg
Penrhyndeudraeth
Minffordd
Portmeirion
Harlech
Nantcol Waterfalls
Llanfair
Slate Caverns
Llanbedr
Tal-y-Bont
Barmouth
Rhyd-Ddu
Beddgelert
Porthmadog
Morfa Bychan
Criccieth
Tour 6
Fort Tre'r Ceiri
Llithfaen
Nant Gwrtheyrn
Nefyn
Pwllheli
Llanbedrog
Abersoch
Porth Dinllaen
Tudweiliog
Penllech
Plas yn Rhiw
Morfa
Methlem
Aberdaron
Capel Carmel
Bardsey Island
5 km
N
5
494
470
487

Mid Gwynedd und Halbinsel Llyn
220 km

Auf dieser Fahrt touchieren Sie die Berge Snowdonias meist nur am Rande, sollten aber das interessante Beddgelert nicht verpassen. Sonst halten Sie sich die meiste Zeit an der Küste auf, erkunden Burgen und die schönsten Strände rund um die Llyn Peninsula. Highlights sind:

- **Burgen von Harlech und Criccieth**
- **Wandern in Beddgelert**
- **Baden in Llanbedrog und Aberdaron**
- **Plas yn Rhiw**

Ganllwyd *(180 Einwohner)*
Schon wenige hundert Meter nach Dolgellau können Sie einen Zwischenhalt an den Überresten der **Abtei Cymer** einlegen. Idyllisch an den Ufern des Mawddach gelegen sind noch einige Mauerreste, Arkaden und Rundbögen des ehemaligen Zisterzienserklosters von 1198 ersichtlich *(Apr. – Okt. 10.00 – 17.00 Uhr, sonst bis 16.00 Uhr, Eintritt frei, www.cadw.gov.wales)*. Schön und noch dazu günstig ist der daneben gelegene **Vanner Caravan Park**

143 **N 52°45'25" W 3°53'50"**, Llanelltyd, LL40 2HE, Apr. – Okt., 12 – 16 £, www.vanner.co.uk

Am Kreisverkehr nach dem Fluss folgt die Hauptroute der A496 Richtung Barmouth. Wenn Sie noch Lust auf eine kleine Wanderung haben, können Sie vorher noch das etwas weiter nördlich gelegene Ganllwyd besuchen. Direkt am Ortseingang befindet sich zunächst rechts ein Parkplatz des National Trusts. Mehrere Wege führen durch das Naturreservat **Coed Ganllwyd**. Der interessanteste beginnt auf der anderen Straßenseite neben dem Kulturzentrum in einer ehemaligen Kirche und steigt zu den **Rhaedr Ddu Wasserfällen** an. Eine urtümliche Bergwaldlandschaft erwartet Sie, freilebende Gallowayrinder inklusive, der Eintritt ist frei. Am Parkplatz läßt sich auch die Nacht verbringen.

144 **Ganllwyd**

GPS: N 52°48'06" W 3°53'24", A470. **Max. WOMOs**: 1 – 2. **Ausstattung**: Toiletten, Mülleimer. **Beschreibung**: Schotterparkplatz neben der Hauptstraße, dadurch nicht ganz ruhig, etwas Schatten gute Wandermöglichkeiten. **Zufahrt**: Wie im Text beschrieben links der Straße am Beginn des Dorfes Ganllwyd

Weggefährte im Coed Ganllwyd Naturreservat

Noch weitere vier Kilometer sind es bis zur Einfahrt des **Coed y Brenin Visitor Centers**. Der äußerst beliebte Wald- und Naturpark bietet eine kaum noch überschaubare Anzahl an Wander-, Spazier- und Mountainbikewegen, Räder können bei Bedarf vor Ort geliehen werden. Auch Strecken für spezielle Orientierungs- und Geocaching-Unternehmungen sind vorhanden. Sogar einen virtuellen Ranger können Sie mittels mp3-File auf Ihre Tour mitnehmen. Das Besucherzentrum informiert umfassend über all diese Angebote, auch ein Café ist im Rundkomplex enthalten und es gibt Abenteuerspielbereiche sowie ausreichend Parkflächen *(N 52°49'46" W 3°54'12", LL40 2 HZ, Eintritt frei)*.

Barmouth *(2.500 Einwohner)*

Die Hauptroute erreicht bei Barmouth erneut die Küste. Kurz zuvor haben Sie einen schönen Blick über die weite Flussmündung mit der markanten Eisenbahnbrücke, die das Delta quer überspannt. Der im Sommer stark bevölkerte Urlaubsort hat einen bei Ebbe riesigen, recht ansehnlichen Strand und allerlei kirmesartigen Zeitvertreib zu bieten. Wenn Sie sich selbst ein Bild machen möchten, parken Sie entweder am Großparkplatz bei N 52°43'14" W 4°03'19" direkt am Strand oder eine Reihe weiter hinten links oder rechts com Dragon Theater, dort darf man auch über Nacht bleiben. Oder Sie wählen den örtlichen Campingplatz.

145 **N52°43'18" W4°03'18"**, LL42 1EF und **N52°43'15" W4°03'15"**, LL42 1LT Barmouth, Gwynedd, Wales, LL42 1EF, 10 bis 14 £

146 Barmouth – *Hendre Mynach Touring Park*

GPS/Kontakt: N 52°43'54" W 4°03'59", Llanaber Road, LL42 1YR, Tel. 01341 28 02 62, www.hendremynach.com. **Öffnungszeiten**: März – Anfang

Jan. **Ausstattung**: WiFi, Waschmaschine / Trockner, Spielplatz, Shop. **Beschreibung:** Recht ebener Rasenplatz, der an drei Seiten von einem Fluss und dem Strand eingefasst wird, hinter einem Mobilheimpark, ruhig, kein Schatten, 900 m in den kleinen Ort. **Preis**: 25 – 32 £. **Zufahrt**: Direkt an der Ausfallsstraße A496 in Richtung Norden linker Hand.

Eine kleine aber ganz kuriose Sehenswürdigkeit ist das Rundhaus **Ty Crwn** an der Landspitze hinter dem Strand. Einst war es als Gefängnis und Ausnüchterungszelle für Betrunkene erbaut worden. Meist waren das vor Anker liegende Seeleute. Der Bau war recht durchdacht: ein Eingang war für die Trinker und Sträflinge, durch den anderen konnte Damenbesuch eingelassen werden. Und selbst die runde Form hatte ihren Grund – sie sollte verhindern, dass sich der Teufel in den Ecken verstecken kann.

Ein Eingang war für die Trinker und Sträflinge, durch den anderen konnte Damenbesuch eingelassen werden.

Hoch über dem Ort befindet sich **Dinas Oleu**, die »Burg des Lichtes«. Sie war 1895 ein Geschenk an den National Trust und das erste Grundstück überhaupt, das in den Besitz der Organisation überging. Der Weg hinauf zum Aussichtspunkt ist mit braunen Schildern markiert und startet an der den Ort durchziehenden Hauptstraße immer bergauf. Wenn Sie anschließend Hunger haben, empfiehlt sich besonders das ***Bistro Bermo*** *(Church Street)*, ***Ebeneezer's Coffee Shop*** *(High Street)* oder ***Knickerbockers Ice Cream Parlour*** *(The Quay)*, speziell an warmen Sommertagen.

Ein langer Sandstrand zieht sich nun für die nächsten zehn Kilometer die Küste entlang – und wird rund um das Örtchen **Tal-y-bont** von Dutzenden Camping- und Mobilheimparks gesäumt.

147 Tal-y-bont – *Trem Enlli*

GPS/Kontakt: N 52°44'54" W 4°04'42", Llanaber Road, LL42 1RR, Tel. 01341 28 07 88, www.campingandcaravanningclub.co.uk. **Max. WOMOs**: 5.

Bucht von Barmouth mit Eisenbahnbrücke

Öffnungszeiten: Apr.–Okt. **Ausstattung**: Ver- / Entsorgung, Strom, Toilette / Dusche, Mülleimer. **Beschreibung:** Kleiner Rasenplatz rechts etwas erhöht der Hauptstraße, die etwas zu hören ist. Schöne Sicht, nicht ganz eben, kein Schatten. **Preis**: 18 £. **Zufahrt**: An der Hauptstraße zwischen Barmouth und Tal-y-bont rechter Hand. **Hinweis**: Nur für Camping- und Caravanning Club-Members, Reservierung empfohlen. **Hinweis 2**: Alternativ und ähnlich gut ist der rund 2 km nördlich gelegene Camping and Caravanning Club-Stellplatz ***Bryn y Bwyd***, N 52°46'08" W 4°05'21", LL43 2BZ, Tel.01341 20 42 20, Apr-–Okt., 20–25 £.

148 Tal-y-bont – *Bennar Camping*

GPS/Kontakt: N 52°47'01" W 4°06'52", Ffordd Benar, LL44 2RX, Tel. 01341 24 70 01, www.bennar.co.uk. **Öffnungszeiten**: März–Sep. **Ausstattung**: Campingplatzüblich. **Beschreibung:** Mehrere Rasenflächen, teils ummauert, teils von Bäumen gerahmt direkt hinter den Stranddünen, recht eben, teils Schatten, ruhig, schöne Lage, am Strand auch FKK, etwa 1,2 km in den Ort. **Preis**:10–30 £. **Zufahrt**: Kurz nach Tal-y-bont links ab in Richtung Ystrad Marfa Dyffryn. **Hinweis**: Außerhalb der Saison oder für eine kurze Zwischenübernachtung kommt direkt im Ort auch das Pub ***Ysgethin Inn*** gegen Einkehr in Frage, N 52°46'32" W 4°05'25", LL43 2AN, Tel. 01341 24 75 78.

Llanbedr *(650 Einwohner)*
Nahe dem kleinen Llanbedr liegen die **Nantcol Waterfalls**, etwas versteckt im Hinterland. Es gibt ringsum Wanderwege und Sie können in dem über mehrere Kaskaden herablaufenden Fluss auch ein Bad nehmen. Den Parkplatz erreichen Sie auch mit den meisten Wohnmobilen recht gut, nur die letzten paar hundert Meter sind schmal, N 52°49'23" W 4°04'04", LL45 2NP. Bei den Fällen gibt es auch einen Campground, oder Sie bleiben am örtlichen Pub.

149 Llanbedr – *Rhaeadr Nantcol Campsite*

GPS/Kontakt: N 52°49'21" W 4°04'19", LL45 2PL, Tel. 01341 24 12 09, www.nantcolwaterfalls.co.uk. **Öffnungszeiten**: Ende Mai–Anfang Sep. **Ausstattung**: WiFi, Waschmaschine / Trockner, Snack Bar. **Beschreibung:** Sehr schön am Flusslauf gelegener Platz nahe den Wasserfällen, ruhig, relativ eben, rund 2,2 km in den Ort. **Preis**:20–24 £. **Zufahrt**: Am Victoria Hotel von der Hauptstraße abfahren und immer der Wegweisung zu den Wasserfällen folgen, der Platz kommt kurz zuvor rechter Hand. **Hinweis**: Pub-Alternative im Ort ist das ***Victoria Inn***, Übernachtung am Parkplatz gegen Einkehr, N 52°49'15" W 4°06'03", LL45 2LD, Tel. 01341 24 12 13, nur für kürzere Wohnmobile empfehlenswert.

Ebenfalls von Llanbedr aus erreichbar ist der wohl außergewöhnlichste Platz der Gegend, Shell Island. Es ist der größte Camp-

Wanderweg zu den Nantcol Waterfalls

ground in ganz Europa. Auch Tagesgäste können den Platz anfahren, um den weiten Strand zu nutzen. Wie der Name schon sagt, lassen sich an dem Küstenabschnitt besonders gut Muscheln sammeln. Bis zu 200 verschiedene sind über das Jahr zu finden. Dazu gibt es Möglichkeiten zu Fischen und natürlich zu Baden, gleich an mehreren Abschnitten. Südlich des Geländes grenzt der offiziell freigegebene FKK-Strand **Morffa Dyffryn** an.

150 Llanbedr – *Shell Island*

GPS: N 52°49'07" W 4°08'36", LL45 2PJ, www.shellisland.co.uk. **Öffnungszeiten**: Apr – Okt. **Ausstattung**: WiFi, Bars und Restaurant, Minimarkt, Campingshop, Spielplatz. **Beschreibung**: Riesiger naturnaher Platz, auf dem Sie sich Ihren Lieblingsplatz frei suchen können. Es müssen mindestens 15 m zum Nachbarn eingehalten werden, es gibt Plätze auf Rasenflächen oder zwischen den Dünen. Wenig Schatten,nicht überall eben, 4 km von Harlech entfernt. **Preis**: 21 – 24 £. **Zufahrt**: In Llanbedr nach links angeschrieben. Achtung, bei Flut ist die Zufahrtsstraße zeitweise nicht passierbar. Die sicheren Zeiten sind auf einer Tafel vor Ort oder über die Internetseite zu erfahren.

Im nachfolgenden **Llanfair** können Sie die **Llanfair Slate Caverns** besuchen. Dabei handelt es sich um eine Aneinanderreihung von Tunneln, Kammern und Höhlen einer mehr als 100 Jahre alten Schiefer-Mine, die unter anderem einen ganz besonderen Blick auf die tiefer gelegene Küste bieten. Der Rundgang durch die Mine verläuft auf eigene Faust, ohne Führung. Speziell für Kinder gibt es diret benachbart noch einen kleinen Farmpark mit Tieren sowie In- und Outdoorspielgelegenheiten, der aber extra bezahlt werden muss *(N 52°50'15" W 4°06'40", LL46 2SA, Apr. – Mitte Sep. 10.00 – 17.00 Uhr, bis Ende Sep. und Mitte Okt. bis Anfang Nov. bis 16.00 Uhr, 8,75 £, Farmpark 7,50 £, www.llanfairslatecaverns.co.uk)*

151 Llandanwg – *Glan-y-Gors*

GPS/Kontakt: N 52°50'07" W 4°07'28", LL46 2SD, Tel. 01341 24 14 10, www.campingandcaravanningclub.co.uk. **Max. WOMOs**: 5. **Öffnungszeiten**: März – Okt. **Ausstattung**: Ver- / Entsorgung, Strom, Toilette, Mülleimer. **Beschreibung:** Kleiner Rasenplatz direkt hinter dem Strand, ruhig, recht eben, durch Hecken geschützt. **Preis**: 20 £. **Zufahrt**: In Llanfair links nach Llandanwg abbiegen, dort dann rechtsseitig. **Hinweis**: Nur für Camping- und Caravanning Club-Members, Reservierung empfohlen.

Harlech *(1.300 Einwohner)*
Hauptanziehungspunkt in Harlech ist die große Burg, **Harlech Castle**, die über dem Ort thront. "Men of Harlech", die inoffizielle walisische Nationalhymne, gleichermaßen von Rugbyfans und Blaskapellen geliebt, beschreibt sie die längste jemals erfolgte Belagerung in der britischen Geschichte, die zwischen 1461 und 1468 vor den Toren dieser Burg während des Rosenkrieges stattfand. Gebaut wurde sie als Teil eines ganzen Befestigungsrings zur Sicherung der englischen Macht in Wales in nur zwölf Jahren zwischen 1283 und 1295. Edward I. beschäftigte dazu eine ganze Armee an Handwerkern und Arbeitern. Die Anlage umfasst zwei Mauerringe, ein besonders stark gesichertes Torhaus und galt als nahezu uneinnehmbar.

Eine 61 Meter lange Treppe führte hinab zu den Klippen am Meer, das damals bei Flut bis direkt unter die Festung heranreichte und die Versorgung auch im Angriffsfall sicherte. Gemeinsam mit den Burgen in Caernarfon, Conwy und Beaumaris ist Harlech Castle auf der Weltkulturerbeliste eingetragen. Die gesamte Anlage ist noch recht gut erhalten und vermittelt einen anschaulichen Einblick in längst vergangene Tage. Die schönste Aussicht haben Sie vom Laufweg hoch oben auf den Burgmauern *(parken im Ort bei N 52°51'25" W 4°06'28", Bron Y Graig, oder N 52°51'26"*

Dünen am Harlech Beach

Harlech Castle

W 4°06'24", Parc Bron Y Graig, Mär. – Okt. 9.30 – 17.00 / 18.00 Uhr, sonst Mo. – Sa. 10.00 – 16.00 Uhr, So. ab 11.00 Uhr, 6 £, CADW-Members frei, www.cadw.gov.wales). Ein Harlecher Kuriosum ist die nordöstlich des Burgeingangs abgehende Straße Fford Pen Lach: Mit 40% Steigung ist sie die steilste der Welt – für den Durchgangsverkehr aber nicht zugelassen. Wenn Sie etwas essen möchten, können Sie das beispielsweise im ***Castle Restaurant*** *(Castle Square)*, im ***Caffi Castell Harlech*** oder dem ***Lion Inn*** *(Pen Dref)*. Einen Besuch ist auch Morfa Harlech wert, der schöne, weite Sandstrand des Ortes *(Tagesparkplatz bei N 52°51'48" W 4°07'10", Fford Glan Mor, mit Toiletten)*. Nutzen dürfen Sie ihn nur tagsüber, wenn Sie etwas länger bleiben möchten, gibt es aber nicht weit entfernt einen abgelegenen, ruhigen Campingplatz, oder Sie nutzen die Übernachtungsmöglichkeit am Parkplatz des örtlichen Leisure Centres.

Mit 40% Steigung ist sie die steilste Straße der Welt – für den Durchgangsverkehr aber nicht zugelassen.

152 **N 52°51'34" W 4°06'44"**, LL46 2GA, Harlech and Ardudwy Leisure Centre, 10 £, an der Rezeption zu bezahlen

153 Talsarnau – *Tanforhesgan Caravan Park*

GPS/Kontakt: N 52°53'16" W 4°06'23", Ynys, LL47 6TR, www.tanforhesgancaravanpark.co.uk. **Öffnungszeiten**: Apr. – Sep. **Ausstattung**: Waschmaschine / Trockner, sonst campingplatzüblich. **Beschreibung**: Relativ ebener Rasenplatz in Alleinlage zwischen den Feldern. Knapp 2 km nördlich des Ortes. **Preis**: 20 – 25 £. **Zufahrt**: Etwa 1,5 km nach Harlech links zum Recycling Centre abbiegen, dann ist der Campingplatz nach rechts beschildert.

Blaenau Ffestiniog *(4.000 Einwohner)*
Ein Abstecher von der Hauptroute in nordöstliche Richtung führt nach Blaenau Ffestiniog. In der Bergarbeiterstadt wurden lange Zeit große Mengen Schiefer abgebaut. Heute ist diese Industrie fast zum Erliegen gekommen, da es kaum mehr Nachfrage gibt. Haupteinnahmequelle ist nun der Tourismus. Direkt im Ort startet die **Ffestiniog Railway**, eine weitere walisische Schmalspurbahn, die, ab 1833 zunächst pferdebetrieben, heute mit Dampfloks verkehrt. Die Ausflugsfahrten gehen bis Porthmadog und sind aufgrund der schönen Strecke durch den Nationalpark recht beliebt *(Parken in der High Street bei N 52°59'41" W 3°56'11", Ende März – Okt., 2 – 6 mal täglich zwischen 11.00 und 18.00 Uhr, Hin- und Zurück ab rund 30 £, www.festrail.co.uk).*

Der andere Grund den Ort zu besuchen, ist die Mine **Llechwedd Slate Caverns**. Einige hundert Meter nördlich wurden drei Attraktionen erschaffen, die sowohl geschichtlich interessierten Besuchern als auch denen, die Lust auf einen gehörigen Adrenalinkick haben, gerecht werden. Die klassische »Underground Tour« nimmt Sie in Großbritanniens steilster Kabelbahn mit. Rund 120 Meter unter der Erde erwartet Sie eine Führung auf den Spuren einer Bergarbeiterfamilie aus viktorianischer Zeit. Auch die Mühle, in der die Schiefersteine gespalten wurden und die Reifekammer des heute in der Tiefe reifenden lokalen Cheddar-Käses werden besichtigt. Der kostenlose, oberirdische »Miners Trail«-Rundgang ist eine gute Ergänzung, auch ein Café gibt es auf dem Gelände *(N 53°00'22" W 3°56'25", LL41 3NB, Mitte März – Dez., ab 24 £, www.llechwedd.co.uk)*. Wer es dagegen etwas wilder mag, kommt auf dem bunt beleuchteten, wild schwingenden unterirdischen Riesentrampolin **Bounce Below** auf seine Kosten. Und falls das immer noch nicht reicht, können Wagemutige unter dem Motto **Zip World** auch an langen Metallleinen durch die Lüfte gleiten. Entweder auf einem atmosphärischen, wetterunabhängigen Kurs unter der Erde samt Kletterpartien oder schneller, weiter und höher im Freien, vergleichbar mit Flying Fox-Abenteuerfahrten anderswo *(Trampolin 25 £, Zip World in der Mine 60 £, Zip World im Freien 35 £, zipworld.co.uk)*. Gleich in der Nähe können Sie am ***Quarry View Touring Park*** Halt machen. Am Rückweg haben Sie vielleicht Lust auf einen kurzen Zwischenstopp am **Cwmorthin Wasserfall**, N 52°59'24" W 3°57'49".

154 **N 52°59'58" W 3°56'38"**, Baltic Road, LL41 3LD, Tel. 01766 83 01 61, ganzjährig geöffnet, 22 – 28 £.

Garreg
Auf einer kleinen Bergstraße in Richtung Garreg gelangen Sie zu einem Pub mit Campinggelegenheit und den **Plas Brondanw Gardens**. Ihr Erbauer war der bekannte walisische Architekt

Clough Williams-Ellis, der sich an diesem Ort rund um das seit dem 16. Jahrhundert in Familienbesitz befindliche Haus ein kleines Paradies anlegte. Den Großteil seiner Einnahmen steckte er in den Ausbau des Parks, der heute für die Allgemeinheit zugänglich ist und einen von Schnittkunst und stillen Winkeln geprägten Ort zum Ausspannen bietet. Das Café ist bei Besuchern ebenso beliebt und kredenzt verschiedene lokale Spezialitäten *(Zufahrt bei N 52° 57'28" W 4°03'52", Llanfrothen, LL48 6SW, begrenztes Parkangebot, Apr. – Sep. 10.00 – 16.00 Uhr, 5 £, www.plasbrondanw.com)*.

155 Garreg – *Brondanw Arms*

GPS: N 52°57'21" W 4°03'58", LL48 6AQ, Tel. 01766 77 05 55. **Max. WOMOs**: 3 – 4. **Ausstattung**: Wasser, Toilette, WiFi, Spielplatz. **Beschreibung:** Etwas provisorische Campinggelegenheit neben dem schönen Pub. Stellplätze am hinteren Ende des Schotterparkplatzes und auf Wiesenparzellen, 6,7 km von Porthmadog entfernt. **Preis**: Auf Anfrage und gegen Einkehr frei. **Zufahrt**: Von der A496 kommend zunächst nach Porthmadog auf die A487 abbiegen und dann gleich wieder rechts auf die kleine Bergstraße B4410 Richtung Garreg. Im Ort rechts fahren, dann auf der linken Seite.

Beddgelert *(450 Einwohner)*
Noch ein Stück weiter nördlich liegt der kleine Bergort Beddgelert. Das Dorf gilt als eines der schönsten im Lande und hat sogar schon europäische Preise in Sachen Optik und Erhalt gewonnen.

Beddgelert

Tatsächlich wirkt es trotz seiner dunklen Schieferhäuser dank reichen Blumenschmucks im Sommer recht freundlich und gewinnt auch durch die schöne Lage unterhalb des Mount Snowdon Massivs im Nordosten und dem Zusammenfluss der beiden Flüsse Colwyn und Glaslyn direkt im Ort. Wenn Sie aussteigen und ein wenig durch die Gassen schlendern, können Sie einen Blick in die historische Kirche werfen, eine Kurzwanderung zum Grab des Namensgebers »Gelert« entlang des Glaslyn machen *(siehe folgender Exkurs)* oder in einem der zahlreichen schönen gastronomischen Betriebe einkehren, wie im ***Hebog***, im ***Cafe Glendwr and Ice Cream*** oder dem ***Caffi Colwyn***, die alle so zentral um die Hauptstraße verteilt liegen, dass Sie sie ohne Probleme finden werden. Parken können Sie am besten auf den Stellflächen neben dem kleinen Schmalspurbahnhof, theoretisch sogar über Nacht, wenn Sie um null Uhr Geld nachwerfen.

156 N 53°00'42" W 4°06'21", Cae Morys

Die Ausflugsbahn **Welsh Highland Railway** fährt bis Caernarfon und lässt sich auf einem Teilstück auch gut mit einer lokalen Wanderung als Zubringer verwenden. Mehr Infos dazu am Bahnsteig *(Sommer 2–3 mal täglich, Gesamtstrecke Hin und zurück, rund 35 £, www.ffestrail.co.uk)*

Die Legende von Gelert

Im 13. Jahrhundert besaß Llewelyn, Fürst von Nordwales, einen Palast im heutigen Beddgelert. Eines Tages ging er auf die Jagd und ließ seinen treuen Freund und Begleiter, den Hund Gelert, zurück, da er unerklärlicherweise morgens bei Aufbruch nicht zur Stelle war. Bei der Rückkehr jedoch stand er bereit und sprang freudig herbei, um seinen Herrn zu begrüßen. Der jedoch war entsetzt, denn das Fell seines Hundes war über und über mit Blut verschmiert. Alarmiert hastete er ins Haus, um nach seinem Sohn zu sehen. Doch die Wiege war leer und die Laken hingen auf den Boden und waren rot getränkt. Unter Schock zog der besorgte Vater sein Schwert und stieß es ohne zu zögern seinem bis dahin geliebten Hund in den Körper, denn er war sicher, dass dieser das Kind auf dem Gewissen hatte. Das letzte Aufheulen Gelerts wurde direkt von einem Kinderschrei gefolgt. Llewelyn suchte und fand das Kind unverletzt in einer Ecke des Hauses, daneben den Leichnam eines großen Wolfes den Gelert im Kampf tot gebissen hatte, um den Jungen zu retten. Man sagt Llewelyn habe danach nie mehr gelacht. Er begrub seinen Hund in einem Ehrengrab und nannte einen Ort nach ihm: Beddgelert heißt nichts anderes als Gelerts Grab.

Zugegeben, die Geschichte ist umstritten... andere, ältere Quellen vermuten im Grab vielmehr einen Heiligen aus früheren Zeiten, die Hundegeschichte ist wohlmöglich also mehr ein vermarktungstechnisch durchdachter Coup und Touristengag aus jüngeren Tagen...

Ausstellung in Craflwyn

Der Ort ist auch ein beliebter Startpunkt für Wanderungen zu Wales höchstem Berg, dem Mount Snowdon wenn auch ungleich weniger populär als die Hauptroute von Llanberris aus *(Beschreibungen siehe Tour 7)*. Der Watkin Pfad startet rund 4,5 Kilometer nördlich in **Bethania**. Auf dem Weg dorthin kommen Sie rechter Hand noch zur **Sygun Copper Mine**. Unterstützt durch Licht- und Toneffekte können Sie diese alte Kupfermine auf eigene Faust und nur in Begleitung eines Audioguides erkunden. Außerdem gibt es einen Abenteuerspielplatz, die Möglichkeit Gold zu schürfen oder nach Münzen zu suchen, sowie ein kleines Antiquitätenmuseum und einen sehr schönen Spazierweg zum nahen Dinas See. Am Parkplatz der Kupfermine können Sie für fünf Pfund auch über Nacht stehen bleiben, zahlbar im Shop oder außerhalb der Öffnungszeiten per Umschlag im Briefkasten.

157 **N 53°01'09" W 4°04'54"**, LL55 4NE, Mitte Feb. – Mitte Nov. 9.30 – 17.00 Uhr, 8,95£, www.syguncoppermine.co.uk

Zwischen beiden Wegpunkten liegt dann noch der National Trust Besitz **Craflwyn and Beddgelert**. Ein kleines Informationszentrum und eine Wanderung zu Dinas Emrys bringt Sie an den Geburtsort der Nation: hier soll der rote Drache von Wales einst geboren sein!
Der Weg zur Felskuppe ist nicht schwer zu finden, er ist durchgängig markiert und führt an einem kleinen See und einem Wasserfall vorbei. An einigen Stellen ist er aber recht rau, steinig und steil.

Dinas Emrys *(Wanderung ca. 2h)*

Dinas Emrys ist ein steiler Fels vulkanischen Ursprungs, der über das schöne Nantgwynant-Tal nordöstlich Beddgelerts hinausragt. Der Blick von oben lohnt den Aufstieg, auch die Überreste eines Turms aus Zeiten der walisischen Fürstentümer sind noch sichtbar. Bei genauem Hinsehen lassen sich sogar Reste von Befestigungsmauern rund um den Gipfel aus römischer Zeit entdecken sowie eine mittelalterliche Zisterne. Grund der regen Bautätigkeiten am Gipfel war vermutlich die Quelle, die dort entspringt und die weite Sicht auf mögliche Angreifer. Vor allem aber ist Dinas Emrys Ursprung der berühmten Legende des roten Drachen, Wales' Wappentiers.

Der Sage nach wollte Vortigern, ein mächtiger britischer Herrscher aus dem 5. Jahrhundert, einst an dieser Stelle eine Burg bauen, um den nahenden angelsächsischen Angreifern zu trotzen. Jeden Tag bauten seine Arbeiter an der Festung, doch jeden Morgen, wenn Sie erneut erschienen, lagen die Vortags geschichteten Steine wieder lose herum. Vortigerns Ratgeber, allesamt Magier, hatten einen Lösungsvorschlag für das Problem. Er sollte einen vaterlosen, kleinen Jungen finden, ihn opfern und Erde an der Stelle mit dessen Blut tränken, wo die Burg entstehen soll. Ein geeigneter Junge wurde schnell gefunden. Doch bevor er geopfert werden konnte, schaffte es dieser, auf welche Weise auch immer, Vortigern davon zu überzeugen, dass sein Problem in der Tiefe lag. Er sagte, dass unter dem Hügel ein See versteckt wäre, in dem zwei Drachen leben. Grabungen gaben dem Jungen recht und als die beiden Drachen ins Freie kamen, einer rot und einer weiß, begannen sie sofort miteinander zu kämpfen. Der rote Drache siegte schließlich und gilt bis heute als auf der walisischen Flagge Symbol gewordenes Zeichen für den Sieg der Briten über die Sachsen. Vortigern benannte die nun entstehende Burg nach dem Jungen, der ihm diesen Tipp gegeben hatte – er hieß Myrddin Emrys. Doch heute ist er besser unter einem anderen Namen bekannt: Merlin, der sagenumwobene Zauberer und Ratgeber König Artus der er später werden sollte.

TOUR 5

Porthmadog *(4.200 Einwohner)* und Portmeirion

Die Hafenstadt Porthmadog am Beginn zur Llyn Halbinsel ist weder mit besonderen Sehenswürdigkeiten noch herausragender Optik gesegnet. Es gibt aber ein paar gute Einkaufsgelegenheiten und ein **Touristeninformationszentrum** direkt nach der Glaslynbrücke am Ortsbeginn links *(N 52°55'30" W 4°07'41", High Street)*. Die beiden Schmalspurbahnen Welsh Highland Train und Ffestiniog Train, die Sie schon in Blaenau Ffestiniog und Beddgelert kennengelernt haben, starten aus anderer Richtung im Ort und auch kulinarisch tut sich was, zum Beispiel im ***Jenny's***, dem ***Big Rock Cafe*** *(8 und 71, beide High Street)*, oder dem ***Ship Inn*** *(14, Lombard Street)*.

Eine der bekanntesten Sehenswürdigkeiten von Wales, die vor allem bei britischen Touristen überaus beliebt ist, liegt rund drei

Strand bei Porthmadog

Portmeirion

Kilometer weiter östlich in Richtung Minfford. Es handelt sich dabei um die vom Architekten **Clough Williams-Ellis ersonnene, wahrgewordene Utopie eines fiktiven italienischen Fantasiedorfes** mit ein paar bunten, mediterran wirkenden Häusern, einem Campanile, üppig bepflanztem Hauptplatz, einer Bummelbahn, Spaziermöglichkeiten und einem Strandzugang. All dies nennt sich **Portmeirion** und ist neben dem bereits Erwähnten vor allem eins: recht überflüssig. Nachdem Sie nämlich nicht zu knapp Eintritt gezahlt haben, erwarten Sie nicht über Standard reichende Souvenirgeschäfte und Cafés, die natürlich erneut kosten und in ein zugegebenermaßen ganz hübsches, aber ganz und gar künstliches, wenig authentisches Kleid gehüllt sind. Sollten Sie schon einmal die Möglichkeit gehabt haben Italien zu besuchen, können Sie sich das Geld also getrost sparen – oder Sie machen sich selbst ein Bild, falls Sie doch neugierig geworden sind *(N 52°54'54" W 4°05'50", LL48 6ER, März – Anfang Nov. 9.30 – 18.30 Uhr, sonst nur bis 17.30 Uhr, 10 £, www.portmeirion.wales).*

Criccieth *(1.700 Einwohner)*

Westlich von Porthmadog erstreckt sich die **Llyn Peninsula** in die Irische See. Die vielen kleinen Orte mit ihren teils versteckten Stränden sind bei Urlaubern sehr beliebt und äußerst reizvoll. Llyn macht daher vor allem bei gutem Wetter richtig Spaß. Gleich zu Beginn des Landfingers befindet sich **Morfa Bychan** mit dem Strand **Black Rock Sands**, der bei Ebbe eine Vielzahl an kleinen Seehöhlen freigibt.

Ein großer Teil ist inzwischen nur leider mit Mobilheim- und Caravanparks völlig verbaut und zunächst ist mit dem Wohnmobil kein Herankommen. Da Parkplätze fehlen, fahren die Einheimischen bei Ebbe direkt bis ans Wasser. Falls Sie das auch vorhaben, erkundigen Sie sich vorher dringend über die aktuelle Tragfähig-

Criccieth Castle

keit des Bodens und die Gezeiten *(Zufahrt über die **Beach Road** bei N 52°54'23" W 4°10'00" oder noch besser über die **Fford Morfa Bychan** bei N 52°54'46" W 4°11'19", an schönen Tagen kostenpflichtig)*. Direkt am zweiten Zufahrtsweg gelangen Sie zu mehreren Campingplätzen. Besonders strandnah liegt der **Glan-Y-Mor Camping Park**.

158 Morfa Bychan – *Glan-Y-Mor Camping Park*

GPS/Kontakt: N 52°54'47" W 4°11'14", LL49 9YH, Tel. 07419 33 03 07, www.glanymorcampingporthmadog.com. **Öffnungszeiten**: Apr. – Sep. **Ausstattung**: Campingplatzüblich. **Beschreibung:** Einfacher, aber toll gelegener Rasenplatz gleich hinter dem weiten Strand. Ruhig, relativ eben und schattenlos. **Preis**: 25 – 37 £. **Zufahrt**: Morfa Bychan durchfahren, ganz am Ende der Straße am Strand linker Hand.

Nicht ganz so schön ist der Strand des nächsten Ortes **Criccieth**. Dafür können Sie mit dem **Criccieth Castle** eine geschichtsträchtige Burg mit markantem, doppeltürmigem Eingangsportal auf einem Felssporn am Ufer besichtigen. Sowohl die walisischen Fürsten als auch die englische Krone wollten dem Bauwerk immer wieder habhaft werden, so dass sie unzählige Male im Lauf ihrer Geschichte die Besitzer wechselte. Ihr Beginn ab dem Bau durch Llewelyn den Großen um 1230 und ihr Niedergang während der Rebellion Owain Glyndwrs 1404 lag jedoch fest in walisischer Hand. Große Teile der heute noch sichtbaren Anlage sind aber zwischendurch unter Edward I. entstanden. Im Besucherzentrum am Eingang der Burg werden anschaulich und sogar kindgerecht mit Hilfe von Zeichentrickfilmen Informationen zur Geschichte vermittelt. Die Parkplätze hinter dem Kastell sind nicht sehr zahlreich und beängstigend schief, besser parken Sie daher schon entlang der **Esplanade** und spazieren die paar Meter durch den Ort *(N 52°55'10" W 4°13'29", Apr. – Okt. 10.00 – 17.00 Uhr, sonst Fr. – So. bis 16.00 Uhr, 6,80 £, CADW-Members frei, www.cadw.gov.wales)*. Dort finden Sie auch eine auffällig große Anzahl guter Gaststätten und Wirtsbetriebe wie das ***Poachers Restaurant*** *(66, High Street)*, das ***Tir a Mor*** *(1, Mona Terrace)*, den ***No. 46 Coffee Shop*** *(46, High Street)* oder, wenns schnell gehen soll, ***Castle Fish and Chips*** *(5, Castle Street)*. Sind die dortigen Parkplätze belegt oder für Ihr Fahrzeug zu kurz, können Sie es am Maes Pay and Display Carpark versuchen, dort auch über Nacht.

Llyn Peninsula bei Criccieth

159 Criccieth – *Maes Carpark*

GPS: N 52°55'08" W 4°14'01", Tanygrisiau Terrace, LL52 0BY.
Max. WOMOs: 4 – 5. **Ausstattung**: Ver- / Entsorgung, Toiletten.
Beschreibung: Neu angelegter Bereich auf einem öffentlichen Parkplatz, große Buchten auf Asphalt, eben, direkt im Ortszentrum, nicht ganz ruhig. **Preis**: 16,50 £. **Zufahrt**: Von der Hauptstraße durch den Ort am begrünten Hauptplatz bei zweiter Gelegenheit links abbiegen, die Einfahrt folgt dort dann rechts.

160 Llanystumdwy – *Camping and Caravanning Club Site*

GPS/Kontakt: N 52°55'16" W 4°16'45", Tyddyn Sianel, LL52 0LS, Tel. 01766 52 28 55, www.campingandcaravanningclub.co.uk. **Öffnungszeiten**: Apr. – Sep. **Ausstattung**: WiFi, Waschmaschine / Trockner, Abspülgelegenheit, Busverbindung.
Beschreibung: Gepflegter, recht ebener Platz mit ebenen Stellplätzen auf zwei Terrassen. Teils Rasen, teils Schotter, für große Fahrzeuge etwas eng, Straße teils hörbar, etwas Schatten.
Preis: Camping and Caravanning Club Members 19 – 27 £, sonst etwa 24 – 34 £. **Zufahrt**: Gut 2 km nach Criccieth rechter Hand in Richtung Rhoslan abbiegen, dann nach 150 m rechts. **Hinweis**: In der

Strandbuden in Llanbedrog

Hauptsaison zwei Nächte Mindestaufenthalt. **Hinweis 2**: Für Camping- und Caravanning Club-Mitglieder gibt es noch eine Stellplatzoption ganz in der Nähe, Tyn Ddol, N 52°55'21" W 4°16'23", LL52 0SP, Tel. 01766 52 30 92, Apr. – Okt., Ver- / Entsorgung, Toilette / Dusche, 15 £.

Pwllheli *(4.100 Einwohner)* **und Llanbedrog** *(1.000 Einwohner)*
Pwllheli ist der größte Ort und damit so etwas wie die Hauptstadt der Halbinsel aber nicht sonderlich sehenswert. Südöstlich können Sie vom Segelzentrum aus die Sandbucht **Abererch Sands** anfahren. Da es aber oft recht voll zugeht und die Hintergrundkulisse eher an Industriegebiet als Strandidyll erinnert, ist sie nur etwas für »speziell Interessierte«, noch dazu gibt es Höhenbarrieren die zeitweise in Benutzung sind, vor allem im Sommer *(N 52°53'18" W 4°24'17")*.

Einen schöneren Strand mit größerem Parkplatz und naturnäherer Umgebung bietet dann wieder **Llanbedrog**. Charakteristisch sind die vielen bunt bemalten Strand- und Umkleidebuden im Hintergrund, die gerne in Tourismusbroschüren und Reiseführern abgebildet werden *(N 52°51'18" W 4°28'52")*. Toiletten stehen unterhalb des Tagesstellplatzes bereit, das Strandrestaurant ist nicht so toll, fahren Sie besser zum ***The Tremfan Hall*** *(Llon Bribwll, LL53 7NN)*.

Die ganze Gegend ist gespickt mit kleinen und großen Campingplätzen, Sie werden also immer irgendwo unterkommen. Im beliebten Badeort **Abersoch** gibt es dann auch die Möglichkeit nahe dem Golfplatz frei zu stehen – nicht der schönste Platz und nicht ganz günstig, aber zweckmäßig und sehr strandnah. Das Städtchen bietet sich auch für einen Bummel an. Wenn Sie dann am Abend einkehren wollen, empfehlen sich das ***Fresh Café*** *(Stryd Fawr)*, das ***Vaynol*** und das ***Zinc*** *(beide Lon Pen Cei)*.

Außerhalb von Abersoch, an der Westseite des kleinen Landzipfels, befindet sich der ruhige, unverbaute und bei Surfern beliebte Strand **Hell's Mouth** in der Porth Neigwl Bucht. Am Strandparkplatz kann es tagsüber recht voll werden, aus zwei Fahrzeugen werden Getränke und Snacks verkauft *(N 52°48'38" W 4°32'50")*.

161 Llanbedrog – *Bolmynydd Camping*

GPS/Kontakt: N 52°51'11" W 4°29'21", LL53 7UP, Tel. 07882 85 08 20, www.bolmynydd.co.uk. **Öffnungszeiten**: Apr. – Okt. **Ausstattung**: WiFi, Waschmaschine / Trockner, Spielplatz. **Beschreibung:** Ebene Stellflächen auf Rasen und Schotter, durch Hecken geschützt, rund 600 m in den Ort, 800 m bis zum Strand. **Preis**: 20 – 27 £. **Zufahrt**: Gut 2 km nach Criccieth rechter Hand in Richtung Rhoslan abbiegen, dann nach 150 m rechts.

162 Abersoch – *Abersoch Beach*

GPS: N 52°49'14" W 4°30'12", Llon Golff. **Max. WOMOs**: 4 – 5. **Ausstattung**: Toiletten, Mülleimer. **Beschreibung:** Schotterparkplatz direkt hinter dem Strand von Abersoch. Am Rand etwa Schatten, recht eben, nachts meist ruhig, etwa 400 m in den Ort. **Preis**: Tag und Nacht gebührenpflichtig, 10 h / 10 €. **Zufahrt**: In Abersoch rechts auf die Stryd Fawr halten und dann nach rund 350 m links zum Golfplatz abbiegen. Nur mehr geradeaus fahren bis zum Parkplatz.

163 Abersoch – *Garreg Haul*

GPS/Kontakt: N 52°47'44" W 4°32'04", LL52 0BY, Tel. 01758 71 00 92, www.campingandcaravanning.club.co.uk. **Max. WOMOs**: 5. **Öffnungszeiten**: März – Okt. **Ausstattung**: Ver- / Entsorgung, Strom, Toilette / Dusche, Abspülgelegenheit. **Beschreibung:** Abgelegener Farmplatz auf einer Wiese gleich hinter dem Klippen auf dem südlichen Landzipfel der Llyn Peninsula. Ruhig, relativ eben, kein Schatten. **Preis**: 20 £. **Zufahrt**: In Abersoch in südliche Richtung fahren, bis Sie 2,5 km nach dem Ort an einem Bungalow mit Bushalt-Zeichen gegenüber rechts zum Platz abfahren können. **Hinweis**: Nur mit Camping- und Caravanning Club-Mitgliedschaft, Reservierung empfohlen.

Auch in Sachen Sehenswürdigkeiten gibt es nun mal wieder etwas zu entdecken. Parken Sie am Schotterparkplatz links und gehen Sie rechts hinauf zum **Plas yn Rhiw**, immer den braunen Schildern nach. Die kleine Landvilla aus dem 17. Jahrhundert wurde in den 1930er Jahren von den drei Keating-Schwestern vor dem Verfall bewahrt und liebevoll hergerichtet. Als die letzte von Ihnen 1981 verstarb, wurde es vom National Trust für die Öffentlichkeit zugänglich gemacht. Die Eingangshalle, Wohn-

Plas yn Rhiw

und Esszimmer, die Küche sowie die Bibliothek und Schlafräume können besichtigt werden. Außerdem der schöne große Garten mit blühenden Magnolien und Kamelien im Frühling, Hortensien und Fuchsien im Sommer und einer Obstplantage, die im Herbst reiche Ernte verspricht. Auch ein kleiner Shop mit Tea Room und Picknicktischen gehört zum Grundstück und Sie haben einen herrlichen Blick auf Hell's Mouth und die Cardigan Bay *(N 52°49'18" W 4°37'07", Aug. täglich 12.00 – 17.00 Uhr, Jun. / Jul. Mi. – Mo., Apr. / Mai / Sep. Do. – So., Okt. Do. – So. nur bis 16.00 Uhr, 7 £, National Trust-Members frei, www.nationaltrust.org.uk).*
Nebenan liegt die ***Treheli Farm***, sie bietet zwar eher rudimentäre Ausstattung, dafür eine schöne Lage unmittelbar am Wasser.

164 **N 52°49'33" W 4°36'47"**, LL53 8AA, Tel. 07805 59 43 37, www-trehelifarm.com, etwa Mai bis September, 25 – 30 £.

Aberdaron *(1.000 Einwohner)*
Bei **Aberdaron** haben Sie fast die Landspitze von Llyn erreicht. Der Ort versprüht mehr den bittersüßen Charme eines kantigen Fischerortes als den einer Urlaubsoase. Er ist trotzdem sehr be-

liebt, gerade bei Wohnmobil- und Caravanbesitzern. Die vielen kleinen Plätze rund herum sind eindeutiger Beleg. Sie können am Wasser relaxen, in einem der urigen Pubs und Cafés einkehren, wie der ***Becws Isyn Bakery***. Oder Sie machen eine Wanderung am Küstenpfad, zum Beispiel in östliche Richtung bis zur tollen Porth Yago Bucht, die einsam am unteren Ende einer Treppe mit 150 Stufen liegt. Einen großen Ortsparkplatz des National Trusts gibt es am Fluss Daron *(N 52°48'16" W 4°42'45")*.

165 Aberdaron – *Morfa Bach Campsite*

GPS/Kontakt: N 52°48'15" W 4°42'26", LL53 8BD, Tel. 01758 76 82 64. **Öffnungszeiten**: Etwa Apr. – Mitte Okt. **Ausstattung**: Campingplatzüblich. **Beschreibung:** Einfacher Rasenplatz nah dem Ortsrand von Aberdaron oberhalb der Küste auf zwei Feldern, relativ eben, kein Schatten, ruhig. **Preis**: 20 £. **Zufahrt**: Kurz vor Ortseinfahrt beidseits der Straße.

An der Zufahrt zum winzigen Fischerhafen in der **Port Meudwy** Bucht gibt es einen einfachen Wanderparkplatz als Alternative für Essentialisten.

166 N 52°47'56" W 4°43'55"

Dieser Parkplatz dient als Haltepunkt, wenn Sie für einen Ausflug auf die als Naturreservat geschützte **Insel Bardsey** übersetzen möchten. Tagesfahrten dauern drei bis vier Stunden und bringen Ihnen die lokale Tierwelt mit Seevögeln, Robben und Delphinen näher. Sie hören auch Geschichten zur Vergangenheit der Insel,

Aberdaron, oben Nachtparkplatz 166

zu Wracks, Schmugglerhöhlen und Pilgerrouten, die entlang des kleinen Eilandes verliefen und können Bardsey auf eigene Faust erwandern und erkunden *(genaue Zeiten und Buchung unter 07971 76 98 95, 45 £, www.bardseyboattrips.com).*

Llyn Peninsula Nordküste

Die Nordseite von Llyn ist noch etwas ruhiger und weniger erschlossen als der Süden. Auch dort finden Sie einige schöne Strandbuchten und viel Ruhe. Die Straßen sind allerdings fast alle recht schmal, mit etwas Umsicht aber machbar. Denken Sie an den Welsh Coast Path, der sich natürlich auch hier um die Halbinsel zieht und viele der schönen Ecken besser erschließt, als es mit dem Wohnmobil möglich ist. Die erste schöne Bucht auf dieser Seite ist die von **Porth Oer** mit dem **Whisteling Sands Beach**. Am Zufahrtsweg gibt es gleich die nächste Campingmöglichkeit.

167 Aberdaron – *Aberdaron Farm*

GPS/ Kontakt: N 52°49'05" W 4°44'15", Anelog, LL53 8BT, Tel. 01758 76 03 45 www. **Öffnungszeiten:** Apr. –Okt.. **Ausstattung:** Waschmaschine / Trockner, kleiner Spielplatz. **Beschreibung:** Rasenfläche neben der Farm, kein Schatten, 2,6 km in den Ort. **Preis**: 20 – 24 £. **Zufahrt**: Nachdem Sie Aberdaron komplett durchfahren haben, einfach weiter geradeaus in Richtung der Ortsteile Anelog und Capel Carmel. Genau dazwischen stoßen Sie auf die Farm.

Zum Strand selbst führt eine kleine Stichstraße. Nutzen Sie den National Trust-Parkplatz oberhalb der Bucht samt einfachen Toiletten, denn unten ist nur Platz für wenige PKWs und ein kleines Strandcafé *(N 52°49'56" W 4°43'25").*

Küste bei Penllech

Ein Stück weiter folge die gelbsandige **Porth Iago Bay**. Sie ist besonders gut vor dem Wind geschützt und trotzdem die meiste Zeit des Tages sonnig. Das Feld unmittelbar dahinter dient als Park- und Campingplatz.

168 **N 52°51'06" W 4°43'17"**, Rhoshirwaun, LL53 8LP, Tel. 07415 45 50 10, 20£.

TOUR 5

169 Aberdaron – *Bryn Tawel*

GPS/Kontakt: N 52°50'31" W 4°41'20", LL53 8LE, Tel. 07976 65 72 55, www.campingandcaravanning.club.co.uk. **Max. WOMOs**: 5. **Öffnungszeiten**: März – Okt. **Ausstattung**: Ver- / Entsorgung, Strom, Toilette / Dusche, WiFi, Abspülgelegenheit. **Beschreibung:** Einfaches, flaches und schattenloses Rasengelände neben der Farm in ruhiger Alleinlage. **Preis**: 15 – 25 £. **Zufahrt**: Von der Hauptstraße B4413 beschildert in Richtung Whisteling Sands abfahren, dann rechter Hand. **Hinweis**: Nur mit Camping- und Caravanning Club-Mitgliedschaft, Reservierung empfohlen.

Die nächste tolle Bucht ist der **Penllech Strand**. Ein schöner Parkplatz mit Picknickbänken und Mülleimern liegt direkt dahinter und war bislang frei zugänglich *(N 52°52'27" W 4°40'01")*.

Letzte im Quartett ist die kleine Bucht von **Porth Towyn** bei Rhos-y-Llan. Auch hier sieht es mit freien Stellplatzmöglichkeiten schlecht aus, dafür gibt es wieder eine Riesenanzahl an Campingplätzen. Ganz gut ausgestattet und gemütlich ist die Towyn Farm Campsite direkt oberhalb

170 **N 52°54'19" W 4°37'47"**, LL53 8PD, Tel. 01758 77 06 00, www.campingllyn.co.uk, Apr. – Okt., 22 – 25 £.

Nicht-Campinggäste müssen diese Bucht auslassen oder ab Penllech, vorbei an mehreren versteckten kleinen Sandflecken zwischen den Klippen, zu Fuß über den Küstenpfad ansteuern, Tagesparkplätze sind nämlich nicht vorhanden.

Anders verhält sich das bei **Morfa Nefyn**. Am hinteren Ende des im Verhältnis zu dem, was Sie die letzten Stunden gesehen haben richtig großen Ortes, befindet sich ein Parkplatz des National Trusts *(N 52°56'08" W 4°33'31", inkl. Toiletten, für National Trust-Members wie immer kostenlos)*. Am Ende können Sie einen Weg hinab zur weiten Strandbucht einschlagen und dann nach links zum beliebten Ausflugsdörfchen **Porth Dinllaen** wandern. Das winzige Nest hat eine große Geschichte. Vor vielen Jahrhunderten lag an der Spitze des weit ins Meer ragenden Zipfels schon eine eisenzeitliche Festung. Später, im 18. Jahrhundert, gab es konkrete Pläne den Hafen auszubauen und zum Landungsstützpunkt für die Schiffsroute London / Dublin zu machen. Und bis Mitte des 20. Jahrhunderts machte das Dorf durch seine florierende Fischerei- und Schiffsbautradition von sich reden. Heute ist es komplett im Besitz des National Trusts und, bis auf die mit Sonderlizenzen ausgestatten Bewohner, komplett autofrei. Direkt am Ortsstrand und ein Stück weiter vorne beim Rettungsboot-Schuppen wird im Sommer gern gebadet. Familien durchsuchen die seitlichen Brackwasserlachen zwischen den Felsen nach Krabben und Krebsen und das beliebte Pub ***Ty Coch Inn*** quillt an manchen Wochenenden fast über. Der kürzeste Rückweg verläuft über die rückwärtige Straße neben dem Golfplatz. Eine schöne Rundwanderung wird aus der Tour, wenn Sie auf dem Küstenpfad die Landspitze umrunden, vorbei am Golfplatz dem Uferverlauf folgen und direkt danach vor einer kleinen Brücke links gehen. Vorbei an einer Campingfarm und danach links über die Felder erreichen Sie erneut den Ausgangspunkt. Ein letzter interessanter Abstecher auf Llyn biegt wenig später in **Llithfaen** Richtung Nant Gwrtheyrn ab. Ziel ist ein recht großerParkplatz.

Vorne beim Rettungsboot-Schuppen wird im Sommer gebadet und Familien durchsuchen die Brachwasserlachen nach Krabben und Krebsen.

TOUR 5

171 Porth Dinllaen – *Porthdinllaen Campsite*

GPS/Kontakt: N 52°55'59" W 4°34'04", Fferm, LL53 6BE, Tel. 07379 36 54 11. **Öffnungszeiten**: März – Okt. **Ausstattung:** Waschmaschine / Trockner, sonst campingplatzüblich. **Beschreibung:** Größerer Rasenplatz hinter dem Golfplatz, gut 1000 m von Morfa Nefyn entfernt. **Preis**: 24 £. **Zufahrt**: Kurz vor Morfa Nefyn linker Hand an der B4417 beschildert.

Porth Dinllaen

172 Llithfaen – *Nant Gwrtheyrn*

GPS: N 52°58'07" W 4°27'13", Bryn Hyfryd. **Max. WOMOs**: 3 – 4. **Ausstattung**: Keine Einrichtungen. **Beschreibung**: Parkplatz zwischen Meer und Hügeln, Schafswiesen und Heide. Nachts ruhig, kein Schatten, 1,1 km außerhalb. **Zufahrt**: Wie im Text beschrieben im Llithfaen links Richtung Nant Gwrtheyrn.

Von diesem Parkplatz aus können Sie zu einer schönen Wanderung mit dem eisenzeitlichen **Fort Tre'r Ceiri** aufbrechen, das 450 Meter über dem Meeresspiegel am Hügel Yr Eifl vor Ihnen thront. Es gilt als eines der besterhaltenen Kastelle dieser Zeit, die Mauerreste sind an einigen Stellen noch in Originalhöhe erhalten und insgesamt sind mehr als 150 Steingebäude auszumachen. In dem Gelände fanden Archäologen viele interessante Stücke aus der Früh- und Römerzeit. Das auffälligste war eine filigran gearbeitete Goldbrosche aus der La Téne Zeit, hergestellt im Ersten Jahrhundert. Sie ist heute in National Museum Cardiff ausgestellt. Der Weg hinauf ist gut markiert und nicht schwer zu finden. Eine zweite Wanderung führt hinab zur Küste. Theoretisch könnten Sie auch mit dem Fahrzeug die Serpentinenstraße dort hinab fahren, selbst Busse schaffen das. Es erwartet Sie das bereits angeschriebene umfunktionierte, alte Gehöft **Nant Gwrtheyrn**. Es gilt heute als Zentrum der walisischen Sprache. Sie wird hier nicht nur gepflegt und erforscht, sondern auch gelehrt –Ferienkurse sind Teil des Angebots. Wenn Sie nur für einen Tag vorbeischauen, werden Sie diese Möglichkeit kaum nutzen können. Dann beschränken Sie sich besser auf einen Rundgang zum volleingerichteten »Quarrymans Cottage«, der Wohnstube eines Bergarbeiters, dem Heritage Centre, mit Infos über Land, Leute und Kultur oder unternehmen einen Spaziergang an der Küste. Ein Café mit schöner Terrasse ist ebenso vorhanden *(10.00 16.00 Uhr, kein Eintritt, www.nantgwrtheyrn.org)*.

173 Aberafon – *Gyrn Goch*

GPS/Kontakt: N 53°00'39" W 4°23'22", Gyrn Goch, LL54 5PN, Tel. 01286 66 02 95, www.aberafon.co.uk. **Öffnungszeiten**: Apr. – Sep. **Ausstattung:** Waschmaschine / Trockner, kleiner Spielplatz. **Beschreibung:** Größerer Rasenplatz unmittelbar an der Küste, tolle Lage, relativ eben, geschützt durch eine ganze Baumgruppe, Alleinlage. **Preis**: 22 – 28 £. **Zufahrt**: An der A499 linker Hand angeschrieben.

Tour 6

Colwyn Bay
Llandudno
Llandudno Junction
Conwy
Penmaenmawr
Llanfairfechan
Penmon
Beaumaris
Bangor
Tour 7
Menai Bridge
Tregarth
Bethesda
Snowdonia NP
942 m Foel-Fras
1062 m Carnedd Llewelyn
999 m Glyder Fawr
812 m Mynydd Perfedd
Lake Cowlyd
Lake Padarn
Greenwood Forest Park
Y Felinheli
Bethel
Llanrug
Llanberis
Waunfawr
Gypsy Wood Park
Caernarfon
Llandwrog
Airworld
Foel Farm
Model V.
Sea Zoo
Halen Mon
Niwbwrch
Brynsiencyn
Bryn Celli Ddu
Transport Museum
Plas Newydd
Llanfair PG
Plas Cadnant
Pentre Berw
Gaerwen
Malltraeth
Aberffraw
Llangefni
Cefni Reservoir
Pentraeth
Llandona
Benllech
Moelfre
Brynrefail
Amlwch
Copper Kingdom
Parys Mountain
Cemaes
Cemlyn
Lake Alaw
Llanerch-y-medd
Bodedern
Church Bay
Swtan Museum
Valley
Holyhead
Maritime Museum
Trefignath
Trearddur Bay
South Stack
Rhoscolyn
Rhosneigr
5 km
N

Insel Anglesey
220 km

Die Insel Anglesey oder Môn auf walisisch, ist landschaftlich etwas weniger abwechslungsreich wie der Rest des Landes. Dafür bietet sie eine Vielzahl besonders schöner Küstenabschnitte, vor allem im Nordosten, herbwilde Landschaften im Westen, die an Irland erinnern und interessante Überreste uralter Grab- Wohn und Kultanlagen. Die seit der Steinzeit besiedelte Insel galt einst als Zentrum der Druidenkultur, bis diese von den Römern ausgelöscht wurde. Zuvor erleben Sie die heimliche Hauptstadt von Nordwales mit ihrer imposanten Burganlage. Sehen Sie:

- **Caernarfon Castle**
- **Llanddwyn Bay**
- **Southstack Leuchtturm**
- **Lligwy Bay**
- **Beaumaris mit Castle**

Dinlle
Die letzten Strände vor der Straße von Menai, der Meerenge zwischen dem Festland und der Insel Anglesey, liegen auf einem Landfinger und nennen sich **Dinlle**. Erwähnt seien sie ehrlich gesagt mehr der Vollständigkeit halber, denn mit den tollen Buchten zuvor kann der recht grobe, schmale Strand nicht mithalten. Nichtsdestotrotz gibt es Strandcafés, Buden und Parkplätze bei N 53°05'01" W 4°20'08". Ein Abstecher nach Dinlle lohnt eher dann, wenn Sie im **Luftfahrtsmuseum *Airworld*** vorbeischauen möchten. Es ist sicher nicht das größte seiner Art, aber liebevoll kuratiert und Sie können bei Interesse einen Hubschauberflug buchen *(N 53°06'00" W 4°20'15", Caernarfon Airport, LL54 5PT, Sa. / So. 10.00 – 16.00 Uhr, in der Hauptsaison täglich bis 17.00 Uhr, www.airworldmuseum.com)*.

Caernarfon *(9.900 Einwohner)*
Noch vor Caernarfon können Sie beim Ort **Bontnewydd** rechts den ***Gypsy Wood Park*** mitnehmen, zumindest in Begleitung von kleineren Kindern. Eine Brise Märchenland, ein Quentchen Freizeitpark und noch eine Messerspitze Streichelzoo ergeben diese nordwalisische Familienattraktion. Parkbahn, Baumhaus, Trampoline, Spielpätze und -autos gehören zu den üblicheren Ideen, die lebendigen Prinzessinnen, die Geschichten erzählen, tägliche Enten- und Schafsrennen sowie eine Riesen-Wanderung zu den spezielleren *(N 53°07'04" W 4°15'43", LL55 2YA, Ende März – Mitte Sep. 10.30 – 17.00 Uhr, sonst lt. Website, ab 7,50 £, www.gypsywood.co.uk)*.

Caernarfon Castle

Die Stadt Caernarfon am Menai Strait wird von einer der beeindruckendsten Burganlagen in ganz Wales dominiert. Um diese zu besuchen und den Ort ein wenig genauer unter die Lupe zu nehmen, parken Sie am Ufer des Seiont Flusses, gleich unterhalb der Festungsmauern *(N 53°08'20" W 4°16'33", Castle Hill, kostenpflichtig)*. Der Stadtname bedeutet »Burg gegenüber von Anglesey«, eine bestechend simple, aber treffende Bezeichnung. Als inoffizielle Hauptstadt von Nordwales ist sie eine Hochburg der walisischen Sprache und auf den Straßen hört man es unter Einheimischen öfters als Englisch. Bevor Sie die Burg selbst betreten, schlendern Sie ein wenig herum. Östlich des **Castle Squares** mit dem Restaurant ***Y Castell*** und dem ***Caffi Maes*** befinden sich die Geschäfte des neueren Innenstadtteils und der Fußgängerzone, nordwestlich davon steht die ältere Bebauung mit einigen netten Pubs und Cafés, zum Beispiel dem ***Wal*** oder dem ***Palas Caffi***, *(23, Palace Street)* nahe der **Touristeninformation**.

1284 wurde Edwards I. Sohn Edward II. im Schloss geboren und später »Pince of Wales«. Diese Tradition setzt sich bis heute fort.

Der riesige, welterbeprämierte Komplex **Caernarfon Castle** gilt als die herausragendste Burg Edwards I. in Wales. Sie sollte Stärke demonstrieren und Uneinnehmbarkeit symbolisieren. Beides gelang vortrefflich. Die polygonalen, mit bunten Ziersteinen gekrönten Türme, allen voran der Adlerturm, verfehlen bis heute nicht ihre Wirkung auf Besucher. 1284 wurde Edwards I. Sohn, Edward II., im Schloss geboren und später zum »Prince of Wales«, dem ersten nicht walisischstämmigen Fürsten, ausgerufen. Diese Tradition setzt sich bis heute fort. Prince William, Sohn des amtierenden Königs Charles II. trägt erst seit 2023 ebenfalls diesen Titel, zuvor hatte ihn Charles selbst inne.

Sehen Sie sich um und durchstreifen Sie die zahlreichen Gänge. Planen Sie dafür genug Zeit ein, Sie werden eine Weile unterwegs sein. In fast allen Türmen sind zusätzliche Ausstellungen untergebracht. Eine Film-Show zur Burg im Nordostturm, eine Infosammlung zur möglichen mythischen Botschaft der Burg im Schwarzen Turm, das interessante, große **Royal Welsh Futiliers Museum** zur Armeegeschichte im Queen`s Tower und im Eagle Tower schließlich eine Ausstellung zu den Princes of Wales und Edward I. *(Mär. – Okt. 9.30 – 17.00 Uhr, Jul. / Aug. bis 18.00 Uhr, sonst nur 10.00 /1 1.00 – 16.00 Uhr, 7,95 £, CADW-Members frei, www.cadw.gov.wales).*

In der Stadt stand einst auch das römische Fort **Segontium**. Die spärlichen Überreste sind eingezäunt, der Zugang findet über ein Eingangshäuschen statt. Leider fehlt passender Parkraum. Wenn Sie dennoch einen Blick riskieren wollen, nehmen Sie die **Constantine Road** auswärts bis zum Wegpunkt N 53°08'13" W 4°15'58" *(mehr unter www.cadw.gov.wales).*

174 Caernarfon – *Amdro Camper Stop*

GPS: N 53°07'45" W 4°16'07", Pwlheli Road, LL55 2YW, www.amdro.co.uk. **Max. WOMOs**: 4 – 5. **Öffnungszeiten**: Ganzjährig. **Ausstattung**: Ver- / Entsorgung, Strom, Toilette. **Beschreibung**: Schotterstellplatz am Gelände eines Wohnmobilvermieter, halbschattig und eben am Rand einer Wiese am Fluss gelegen, telefonische Reservierung erwünscht. **Preis**: 15 – 25 £. **Zufahrt**: Vom Zentrum kommend an der Straße in Richtung Dinas und in Richtung Gypsy Wood Park, südlich des Stadtzentrums Einfahrt linker Hand.

175 Llanrug – *Cwm Rhyddallt*

GPS: N 53°09'04" W 4°10'31", Craig Y Dinas, LL55 2YW, www.amdro.co.uk. **Max. WOMOs**: 5. **Öffnungszeiten**: Ganzjährig. **Ausstattung**: Ver- / Entsorgung, Strom, Toilette / Dusche, Abspülgelegenheit. **Beschreibung**: Einfacher aber gepflegter Rasen- / Schotterplatz in ruhiger Lage, etwa 1,2 km nach Llanrug und gut 6 km nach Caernarfon. **Preis**: 20 – 25 £. **Zufahrt**: In Caernarfon Richtung Llanrug fahren, dort am Ortsende links nach Penisarwaun abbiegen und nach der Brücke rechts zum Platz halten. **Hinweis**: »Adults only« Stellplatz, nur für Camping- and Caravanning Club-Mitglieder, Reservierung empfohlen.

Kurz nach **Y Felinheli** nehmen Sie dann die Brücke hinüber nach Anglesey oder halten sich, falls Sie die Insel auslassen möchten, geradeaus in Richtung Bangor, direkt auf Tour Sieben und auf das Snowdonia Massiv zu.

Kurz zuvor zweigt rechts noch eine Straße zum **Greenwood Forest Park** ab, einem weiteren Abenteuer- und Freizeitpark, der vornehmlich für junge Besucher kreiert wurde. Das Angebot geht in eine ähnliche Richtung wie beim Gypsypark zuvor, doch das Gelände ist noch etwas größer und die Aktivitäten etwas umfangreicher – das spiegelt sich am Ende natürlich auch

LlanfairPGs ganz besonderes Ortschild, unten: Plas Newydd

im Preis wider *(N 53°10'48" W 4°11'50", LL56 4QN, 10.00 – 17.00 Uhr, Mitte Sep. – Mai Mo / Di. meist geschlossen, 14 – 23 £, www.greenwoodforest.co.uk).*

Llanfairpwllgwyngyllgogerychwymdrobwllllandysilio-gogogoch *(3.000 Einwohner)*
Nicht viele Orte können von sich sagen, dass ihre Hauptsehenswürdigkeit ihr Name beziehungsweise dessen Niederschrift, wie etwa am Bahnhofsgebäude, ist. Bei Llanfairpwllgwyngyllgogerychwyrndrobwllllandysiliogogogoch ist aber genau dies der Fall – immerhin ist es der Ort mit dem längsten Namen der Welt. Selbst Einheimischen geht die korrekte Aussprache nicht ganz leicht von der Zunge und auch die Übersetzung muss erst einmal geübt werden, bis man sie im Kopf behält: »Sankt Marienkirche im Tal der weißen Haselnusssträucher in der Nähe eines reißenden Strudels und der Kirche von Sankt Tysilio aus der roten Grotte«. Kein Wunder, dass man sich auf die deutlich alltagstauglichere Version »Llanfair P.G.« im täglichen Sprachgebrauch geeinigt hat. Historisch begründet ist der Name im Übrigen nicht – er entstammt den Bestrebungen während des aufkommenden Zugverkehrs Mitte des 19. Jahrhunderts Touristen anzulocken – und das ist zweifelsohne geglückt. Wenn Sie den außergewöhnlichen Namen auch fotografieren und sich davor für die Ewigkeit festhalten möchten, geht das am Bahnhof in der **Holyhead Road** *(N 53°13'17" W 4°12'36").* Am gleichen Parkplatz befindet sich ein Einkaufszentrum und ein Stück die Straße runter mit dem ***Penrhos Arms*** ein ganz nettes Pub, dann haben Sie auch schon das Wichtigste gesehen.

Angleseys Südwestküste
Ihr nächstes Ziel ist das interessante Herrenhaus **Plas Newydd** aus dem 19. Jahrhundert, direkt am Menai Strait-Kanal. Vom Grundstück aus haben Sie einen herrlichen Blick zurück auf das Snowdonia Massiv, der weitläufige Garten umfasst ein australisches Arboretum, Terrassenanlagen im italienischen Stil und eine

außergewöhnliche Rhododendren-Sammlung. Im Gebäude selbst befindet sich ein **Militärmuseum** mit Relikten des Ersten Marquee von Anglesey, der die Britische Kavalerie in der Schlacht von Waterloo befehligte. Herzstück der im Stil der 1930er Jahre eingerichteten Wohnräume ist ein fast 18 Meter großes Wandgemälde mit einer Fantasielandschaft von Rex Whistler. Der Park umfasst zusätzlich einen Tea Room und einen Abenteuerspielplatz, außerdem finden während der gesamten Öffnungssaison viele Sonderausstellungen und Aktivitäten statt und es können Themenführungen gebucht werden, nähere Informationen bietet die Website des National Trusts *(N 53°12'17" W 4°13'14", Fford Brynsiencyn, Mitte März – Anfang Nov., Haus Sa. – Mi. 12.00 – 16.30 Uhr, Garten Sa. – Do. 10.30 – 17.30, Aug .auch Fr., im Winter meist nur am Wochenende, 7,50 £, National Trust-Members frei, www.nationaltrust.org.uk)*.

Nur einen guten Kilometer weiter zweigt rechts eine Straße beschildert zur neolithischen Grabkammer **Bryn Celli Ddu** ab, die als eine der archäologisch wichtigsten und bekanntesten in ganz Wales gilt. Wie alle Dolmengräber wurde Sie zum Schutz und Andenken an verstorbene Ahnen errichtet. Das Grab ist rund 5000 Jahre alt und beinhaltete neben Knochenresten einige wenige Grabbeigaben wie Quarz, Pfeilspitzen, Steinperlen, Seeschnecken- und Muschelschalen. Was Bryn Celli Ddu von anderen Anlagen abhebt, ist die akkurat kongruierende Ausrichtung mit dem Sonnenaufgang am längsten Tag des Jahres. Bei Dämmerung am Tag der Mittsommer-Sonnenwende fallen so Lichtstrahlen exakt durch den Zugangsweg in die Mitte der Grabkammer hinein – vielleicht um Wärme und Leben zu den Vorfahren zu bringen? Vom Parkplatz an der Straße müssen Sie rund zehn Minuten bis zur Kammer gehen *(N 53°12'18" W 4°14'23", Eintritt frei, Zugang nur bei Tageslicht gestattet, www.cadw.gov.wales)*.

Bei Dämmerung am Tag der Mittsommer-Sonnenwende fallen so Lichtstrahlen exakt ruch den Zugangsweg in die Mitter der Grabkammer

Wenn Sie noch mehr Altertümliches sehen möchten, dann nehmen Sie wenig später nach einer 90-Grad Kurve der A4080 hinter

Plas Newyfdd

Bryn Cellu Ddu

Brynsiencyn, die mit braunen CADW-Schildern markierte Straße nach rechts. Sie führt zunächst zur Eisenzeitsiedlung **Caer Leb**. Die noch vorhandenen Überreste bestehen nur mehr aus Gräben und Wällen. Bis in die Römerzeit lebten Bauern in runden Steinhäusern zwischen diesen Schutzhügeln. Noch etwas interessanter ist die **Bodowyr-Grabkammer**. Rund 4000 Jahre alt ist sie der von Bryn Celli Ddu recht ähnlich. Allerdings wurde an dieser Stelle der Erdhügel ringsum abgegraben. An beiden Orten gibt es nur sehr kleine Haltebuchten an der Straße, daher muss man beim Parken darauf achten den Verkehr nicht zu behindern. Sie sind beide frei zugänglich und die kurzen Fußwege sind beschildert.

176 Brynsiencyn – *Tre Dryw*

GPS: N 53°10'53" W 4°17'32", LL61 6TZ, Tel. 07808 04 32 10, www.campingandcaravanningclub.co.uk. **Max. WOMOs**: 5. **Öffnungszeiten**: Anfang Apr. – Okt. **Ausstattung**: Ver- / Entsorgung, Toilette / Dusche. **Beschreibung**: Ebener, großer Rasenplatz neben einer Farm im Grünen zwischen den Feldern, kein Schatten. **Preis**: 15 – 20 £. **Zufahrt**: 600 m nach Brynsiencyn von der A4080 rechts abzweigen . **Hinweis**: »Adults only« Stellplatz, nur für Camping- and Caravanning Club-Mitglieder, Reservierung empfohlen.

177 Dwyran – *The Oyster Farm*

GPS: N 53°09'04" W 4°10'31", B4419, LL61 6UU, Tel. 07365 55 44 40, www.menaioysters.co.uk. **Öffnungszeiten**: Apr. – Mitte Sep. **Ausstattung**: Campingplatzüblich. **Beschreibung**: Großer Rasenplatz neben einer Farm, eben, kein Schatten, vergünstigte Preise für Austern und Gin auf der Farm. **Preis**: 28 – 31 £. **Zufahrt**: Von der A4080 rechts in Richtung Dwyran abbiegen. Dann nach 200 m linker Hand.

Anglesey Sea Zoo

Kurz danach folgt eine Abfahrt rechts zu einem Aquarium und einem Farm Park, die beide an der gleichen Ausfahrt liegen, diesmal nach links. Die schmale Zufahrtsstraße führt direkt bis an den Meereskanal. Gleich gegenüber liegt Caernarfon, dass Sie zuvor besucht haben.

Gleich rechts stoßen Sie auf den **Foel Farm Park**. Ein Spaß vor allem für Städter, die Lust darauf haben mit Bauernhoftieren in Berührung zu kommen. Lämmchen und Kälber können mit der Flasche gefüttert, Hasen gestreichelt und Ponys geritten werden. Mit Traktor und Anhänger geht es dann auf zu einer Tour über das Farmgelände und zu den Pferdekoppeln. Zum Abschluss kann man dann noch hausgemachte Schokoladenspezialitäten erstehen. Ob Ihnen das den veranschlagten Preis wert ist, müssen Sie selbst entscheiden *(N 53°09'31" W 4°16'59", LL61 6TQ, Mitte März – Okt. 10.00 – 17.30 Uhr, 7,50 £, www.foelfarm.co.uk)*

Danach folgt unmittelbar der **Anglesey Sea Zoo**. Er zeigt die britische Unterwasserwelt, wie man Sie rund um die Inselküste vorfindet. Dazu gehören faszinierende wirbellose Tiere, Untersee-Wölfe, eine Hummerbrutstätte, die Seepferdchen-Kinderstation, das Haifischbecken und ein Seetangwald voller großer Barsche und anderer Fische. Alles in allem vermutlich nicht das größte Aquarium in dem Sie je waren aber durchaus eine gelungene Abwechslung und einen Besuch wert *(N 53°09'50" W 4°16'42", LL61 6TQ, März – Okt. 10.00 – 15.450 Uhr, 10,50 £, www.angleseyseazoo.co.uk)*.

Direkt nebenan hat dann noch ***Halen Mon***, die Anglesey Sea Salt Factory ihren Sitz. Vielleicht suchen Sie noch ein originelles Geschenk oder haben selbst Freude an den verschiedenen Seesalzprodukten. Beides können Sie im angeschlossenen Shop kaufen. Dazu finden mehrmals täglich Führungen mit Salzverkostung durch die Produktionshallen statt – falls Sie ganz

Transport Museum

genau wissen möchten, wie Gewinnung und Veredelung von Statten gehen *(11.00 – 16.00 Uhr, Führungspreise 8,50 £, Anmeldung unter 01248 – 43 08 71 empfohlen, www.halenmon.com).*

Gleich um die Ecke folgt dann noch das **Anglesey Model Village**. Dort haben die Betreiber in jahrelanger Designarbeit viele Winkel, Häuser und Szenen aus Nordwales im Miniformat nachgebaut. Eine Parkeisenbahn umkreist die Anlage und es gibt einen fast schon obligatorischen Tea Room *(N 53°09'43" W 4°20'38", LL61 6RS, Ferien und Hauptsaison Mi. – Mo. Sonst nur Sa. – Mo., 7,50 £, www.angleseymodelvillage.co.uk).*

Angleseys Westküste

An der Westküste steht die Natur im Vordergrund. Doch zuvor können Sie in **Niwbwrch** rechts einen Schlenker zum **Anglesey Transport Museum** machen. In zwei Hallen wurden dort allerlei PKWs, Motorräder und verschiedene Spezialfahrzeuge vom Bus bis zum Panzerfahrzeug zusammengetragen. Eine kurzweilige Sammlung für Interessierte – einmal mehr samt Tea Room *(N 53°10'26" W 4°20'54", Tyddyn Pwrpas, LL61 6TN, Fr. – Mo. 10.00 – 16.00 Uhr, 8,50 £, www.angleseytransportmuseum.co.uk).*

Eine der schönsten Ecken der Insel Anglesey ist sicher die **Llanddwyn Bucht** und die gleichnamige, vorgelagerte Insel mit Leuchtturm und Überresten eines alten Kirchleins, zu der man bei Ebbe trockenen Fußes gelangen kann.

Die Zufahrt ab Niwbwrch ist zunächst etwas schmal und da im Sommer die Parkplätze schon mal knapp werden, bleiben Wohnmobile dann ausgesperrt. Dafür sorgt ein Parkwächter, der schon an der Zufahrtstraße »aussortiert«. Die meiste Zeit über können Sie bis zum Parkplatz bei N 53°08'39" W 4°23'09" fahren. Von dort aus sind es nur mehr wenige Meter bis an die weite Sandbucht am Wasser und eine überschaubare Wanderstrecke bis zur Insel mit versteckten kleinen Sandbuchten. An der Zufahrtsstraße bietet die kleine **Awelfryn Campsite** Platz für die Nacht.

178 **N 53°09'40" W 4°21'59"**, LL61 6SG, Tel. 07906 01 74 89, Mitte März – Okt., 23 – 30 £, www.awelfryn.co.uk

Ein Stück weiter entlang der Hauptstraße in nördliche Richtung verstecken sich im Wald des **Llyn Parc Mwar** zwei Park- und Picknickplätze. In südwestliche Richtung führen ab dort Wanderwege bis zum vorgenannten Strand, es sind aber rund 4,5 Kilometer einfach. Vielleicht dennoch eine Alternative, falls der Strandparkplatz überfüllt ist *(N 53°10'34" W 4°22'33" oder N 53°10'39" W 4°22'42")*.

Heute nur mehr ein kleiner Flecken war **Aberffraw** einst einer der bedeutendsten Orte von Wales. Zwischen dem 7. und 13. Jahrhundert hatte der Fürst von Gwynedd hier seinen Palast. Die **St. Beuno`s Chapel** am südwestlichen Ortsrand geht noch auf das Ende dieser Ära zurück und war möglicherweise in ihrer Anfangszeit eine Hofkapelle. Parkplätze, um das Dorf zu inspizieren gibt es schon vor dem Ort links ab *(N 53°11'32" W 4°27'42")*.

Nur wenn Sie mit einem kompakten, wendigen Wohnmobil unterwegs sind und enge Straßen nicht scheuen, können Sie durch die **Church Street** bis zur 1,5 Kilometer vorgelagerten Bucht **Porth Cwyfan** fahren *(N 53°11'04" W 4°29'06")*. Die kleine **St. Cwyfan`s Church** klammert sich dort einsam auf einer winzigen Insel in der Buchtmitte fest. Nur bei Ebbe ist der Zugang möglich, dennoch finden bis heute Gottesdienste statt, immer abhängig von den Gezeiten. Schon seit 1.400 Jahren gibt es die Kirche, wenn auch das heute zu sehende Bauwerk erst im 12. Jahrhundert errichtet wurde. Auch eine Nacht könnten Sie an dem abgelegenen Platz verbringen.

Llanddwyn Bucht mit dem Snowdonia Massiv im Hintergrund

Eine ganz neue Mischung bietet die **Cable Bay** *(N 53°12'28" W 4°29'48")*. Hier bilden ein Strand und eine Grabkammer den gemeinsamen »Point of Interest« linker Hand, auf halbem Weg nach Rhosneigr. Die Bucht liegt so geschützt, dass man auch bei stärkerem Wellengang gut ins Wasser gelangt sofern man die meist »sportlichen Temperaturen« nicht scheut. Der Pfad über die Klippen führt zu ***Barcloidiad y Gawres***. Die Kammer wurde teilrekonstruiert und ist für ihre überaus reich verzierten Steinen bekannt *(frei zugänglich, das Innere knn nur manchmal zwischen Apr. – Okt. Sa. / So. nach Terminvereinbarung über einen der nah gelegenen Läden besichtigt werden, ein CADW-Mitarbeiter sperrt an diesen Tagen auf)*.

Nur wenige hundert Meter weiter folgt der nächste, noch größere Strandparkplatz, samt Toiletten, der die südliche Bucht von **Rhosneigr** *(1.000 Einwohner)* erschließt *(N 53°12'58" W 4°30'08")*. Der Ort selbst wird von der nach rechts ins Landesinnere führenden Hauptstraße links liegen gelassen. Auch er bietet recht schöne Strände und erstmals wieder etwas mehr Infrastruktur seit dem Beginn Ihrer Anglesey-Rundfahrt. Nachteil ist nur der zeitweise erhebliche Fluglärm der direkt nördlich angrenzenden Luftwaffen-

Rhosneigr, oben Südstrand vor dem Ort

basis RAF Valley, auf der bis 2013 auch Prince William stationiert war. Beliebte Gasthäuser und Cafés sind das ***Oyster Catcher*** an der Zufahrtsstraße, das ***Surf Café*** *(1, Beach Terrace)* und ***Chaplin`s Ice and Coffee Bar*** *(High Street)*. Parken müssen Sie einfach irgendwo am Straßenrand oder am nicht allzu großen Parkplatz an der Bücherei bei N 53°13'38" W 4°31'11" *(Awel-y-Mor)*. Ein hübscher Rundweg führt außerdem am Ortsbeginn rund um den **Maelog-See**. Der dazu passende Parkplatz liegt bei N 53°13'32" W 4°30'58".

Noch ein Hinweis: Beim Verlassen von Rhosneigr müssen Sie mit einem Alkovenfahrzeug die Straße nehmen, auf der Sie schon gekommen sind – sonst versperrt Ihnen eine 9,6 Fuß beziehungsweise 2,90 Meter niedrige Bahnunterführung den Weg.

TOUR 6

179 Rhosneigr – *Bodfan Farm*

GPS: N 53°13'50" W 4°30'56", Sandy Lane, LL61 5XA, Tel. 01407 81 07 06, www.bodfanfarm.co.uk. **Öffnungszeiten**: Apr. – Mitte Sep. **Ausstattung**: Campingplatzüblich. **Beschreibung**: Gepflegter Campingplatz auf mehreren, teils durch Hecken unterteilten Rasenflächen in Ortsrandlage. Meist eben, teils etwas Schatten, etwa 300 m bis zum Strand und in den Ort. **Preis**: 25 – 30 £. **Zufahrt**: Von der A4080 in Rhosneigr rechts auf die Station Road halten, dann nach gut 300 m erneut rechts in die Sandy Lane zum Platz. **Hinweis**: Richtung Holy Island streifen Sie einige Kilometer hinter Rhosneigr in Bryngwran das WOMO-freundliche Pub ***Iorwerth Arms***, N 53°16'08" W 4°28'28", LL63 3PP.

180 Rhosneigr – *Dyfria Farm*

GPS: N 53°10'53" W 4°17'32", LL61 6TZ, Tel. 01407 81 04 91, www.campingandcaravanningclub.co.uk. **Max. WOMOs**: 5. **Öffnungszeiten**: Ganzjährig. **Ausstattung**: Ver- / Entsorgung, Strom, Toilette / Dusche, Waschmaschine / Trockner, Abspülgelegenheit. **Beschreibung**: Abgelegene Campingwiese neben einer Farm in Alleinlage, ruhig, recht eben, kein Schatten. **Preis**: 20 – 25 £. **Zufahrt**:Von Rhosneigr zurück bis Llanfaelog fahren, dort auf der A4080 links halten und nach 500 m erneut links abbiegen. Nach der Ty Newydd Grabkammer rechts und nach rund 400 m auf der schmalen Straße linker Hand. **Hinweis**: Nur für Camping- and Caravanning Club-Mitglieder, Reservierung empfohlen.

Holy Island

Westlich vor Anglesey liegt die kleine, durch zwei Brücken verbundene Holy Island. Ganz im Süden dieser »Insel vor der Insel« befindet sich der beliebte Badeort **Rhoscolyn**. Prince William und Kate verbrachten die ersten drei Jahre nach ihrer Hochzeit hier in einem Cottage am Meer und die Einheimischen erzählen, dass man sie ab und an mal im Pub ***White Eagle*** oder beim Einkaufen traf. Da die Hauptbucht allerdings nur über eine einspurige Straße verbunden und der Parkplatz am Ende eher klein ist, kann man nicht von einem Idealziel für Wohnmobile sprechen. Sofern Sie wagemutig sind, royale Luft schnuppern möchten und es trotzdem versuchen wollen finden Sie die Strandzugangsstraße bei N 53°15'01" W 4°35'43". Oder Sie quartieren sich auf der hübschen ***Pentre Iago Campsite*** ein und erkunden die Bucht von dort aus zu Fuß. Auf Anfrage ist es auch möglich, dort stundenweise nur tagsüber zu parken.

181 **N 53°15'06" W 4°35'26"**, LL65 2NQ, Tel. 01407 86 02 86, ganzjährig geöffnet, 20 £.

Einfacher ist es da schon, wenn Sie direkt die von allen Seiten gut erreichbare **Trearddur Bay** ansteuern, auch wenn die ersten Parkplätze mit Höhenbarrieren versehen sind. Einen hat man für Gefährte Ihrer Größenordnung offengelassen, er liegt gegen Ende des Ortes an der Uferstraße **Lon Isallt** *(N 53°16'48" W 4°37'24")*. Baden, Wandern, in den Rockpools nach Krabben suchen, im ***Sea Shanty Café*** *(Lon St. Ffraid)* einkehren – damit sind die zumeist wetterabhängigen Freizeitbeschäftigungen rund um den Ort zusammengefasst. Nicht umsonst sagt ein walisisches Sprichwort: »When it rains in Beaumaris go to the shops, when it rains in Treaddur get wet«. Falls die Wettervorhersage aber Gutes verspricht zeigt sich die ganze raue Schönheit der Landschaft. Wenn Sie dann länger bleiben möchten, stehen eine ganze Reihe an Campingplätzen zur Verfügung – und einen seltenen Wohnmobilstellplatz.

182 Holyhead – *Cerrig Y Ddraenog*

GPS/Kontakt: N 53°17'28" W 4°39'40", LL65 2LT. **Max. WOMOs**: 4. **Ausstattung**: Wasser, Mülleimer. **Beschreibung**: Durch Balken getrennte, ebene Plätze auf Schotter mit schönem Blick, ruhige Lage, rund 3 km von Holyhead entfernt. **Preis**: 15 £. **Zufahrt**: In Trearddur Bay links

Trearddur Bay

Southstack-Lighthouse

in Richtung »Ynys Lawd South Stack« fahren. **Hinweis**: Sofern besetzt ist, finden Sie unmittelbar benachbart den Campingplatz *Tan Y Graig*.

Ganz im äußersten Westen der Insel können Sie zum **RSPB Nature Reserve South Stack** fahren. An der Spitze des wildzerklüfteten Heidelandes sitzt ein weißer Leuchtturm, der dem Gebiet den Namen gibt. Eine ganze Reihe schöner Wege und Pfade winden sich bis dorthin, zum Ellin`s Tower, der als Observatorium dient, und über die Hügel im Osten. Die Gegend ist Heimat vieler Wildtiere wie Papageientaucher, Lummen, Tordalken, Robben und Delphine. Im Frühling und Frühsommer werden die Klippen mit farbenfrohen Wildblumenteppichen überzogen, wer sich still verhält trifft bei einer Wanderung auf Eidechsen, bunte Schmetterlinge und ungefährliche Nattern. Vom Observatorium aus können Sie zur richtigen Jahreszeit tausende Vögel in den Klippenwänden beim Brüten sehen. Ein als **Coastal Trail** beschriebener Rundweg startet schon am ersten Parkplatz *(N 53°18'13" W 4°41'12", zweiter Parkplatz bei N 53°18'22" W 4°41'34", Apr. – Okt., Leuchtturm 9,50 £, www.trinityhouse.co.uk)*

Er führt dann weiter zum **Ellin`s Tower** und dem Visitor Centre mit Café und Informationsschalter, auch geführte Wanderungen sind ab dort möglich. Nach links in Richtung Leuchtturm können

Sie die Wanderung noch zum **Holyhead Mountain** ausdehnen. Ohne den Berg sind das rund 2,3 Kilometer, mit ihm etwa die doppelte Wegstrecke *(Eintritt frei, um Spenden wird gebeten)*. Auch interessant sind die **Holyhead Mountain Hut Circles**. Gegenüber dem erstgenannten Parkplatz sind rund zwanzig Grundmauern prähistorischer und späterer Rundbauten zu sehen, die einst als Behausung für Bauern dienten *(frei zugänglich, www.cadw.gov.wales)*.

183 Holyhead – *Ty-Mawr Farm*

GPS/Kontakt: N 53°18'08" W 4°40'32", South Stack Road, LL65 1YL, Tel. 01407 76 24 18. **Max. WOMOs**: 5. **Öffnungszeiten**: Ganzjährig. **Ausstattung**: Ver- / Entsorgung, Mülleimer. **Beschreibung**: Einfache Stellplatzgelegenheit an einer Farm, etwas uneben, ruhig, rund 3 km von Holyhead entfernt. **Preis**: 10 – 15 £. **Zufahrt**: Von der Zufahrt zum Leuchtturm kommend links halten und sofort nach knapp 200 m wieder links. **Hinweis**: Nur für Camping- und Caravanning Club-Mitglieder, Reservierung empfohlen.

Holyhead *(11.400 Einwohner)*
Das wenige Kilometer entfernte Holyhead ist eine typische Hafenstadt. Die Schnellstraße A55 reicht quer durch Wales, bis ganz hinauf zum äußersten Landzipfel, denn die wichtigste Fährverbindung in Richtung Irland verbindet die beiden Länder ab hier in nur zwei bis drei Stunden Schifffahrtszeit. Schön ist Holyhead allerdings nicht gerade. Interessantester Stopp und Grund für einen Aufenthalt dürfte wenn schon das **Holyhead Maritime Museum** sein. In dem alten Bootshaus erfahren Sie mehr zu Schiffswracks, wagemutigen Seerettungsaktionen und ehemaligen Piraten der Irischen See oder können sich in die umfangreiche Sammlung an Weltkriegsmemorabilien vertiefen. Auch eine alte Luftangriffs-Sirene darf man austesten. An den nebenan stehen Wohnobile bislang geduldet auch über Nacht *(Newry Beach, LL65 1YD, Ostern bis Oktober Di. – So. 10.00 – 16.00 Uhr, 5 £, www.holyheadmaritimemuseum.co.uk)*. Gleich benachbart liegen auch die beiden guten Gaststätten ***Langdon`s*** und **Harbourfront Bistro** *(beide Newry Beach)*. Eine weitere Parkgelegenheit finden Sie direkt benachbart zu den Hafenanlagen.

184 **N 53°18'58" W 4°38'03"**, Prince of Wales Road, LL65 1YB und **N 53°18'59" W 4°38'06"**

185 **N 53°18'52" W 4°37'41"**, Fair View, LL65 1DW

Im Industrieentwicklungsgebiet südlich von Holyhead können Sie dann noch zweimal auf geschichtliche Spurensuche gehen.

Nachtparkplatz 184

Von der Straße **Parc Cybi** aus sehen Sie linker Hand zunächst den einzelnen »Standing Stone« **Ty Mawr**. Er ist etwa 2,7 Meter hoch und war einer von einst vielen Kultplätzen der Druiden auf der Insel. Nur wenig später gelangen Sie zur größeren und interessanteren Grabkammerstätte der **Trefignath Burial Chambers**. Gleich drei neolithische Grabmäler stehen dort eng nebeneinander *(kleiner Parkplatz bei N 53°17'36" W 4°36'53", beide frei zugänglich, www.cadw.gov.wales)*.

Die Druiden von Angelesey

Nicht viel ist geblieben von der einstigen Hochkultur der keltischen Gelehrten und Magier, Druiden genannt. Sie bildeten das Zentrum des keltischen Weltbildes, leiteten die Geschicke der Menschen und hielten Kontakt zu den Göttern. Überlieferungen sind spärlich und gehen meist auf römische Geschichtsschreiber zurück, die von einem Verbot der Niederschrift berichten – das Wissen und Können der Druiden sollte nur mündlich weitergegeben werden, damit niemand Unbefugtes »versehentlich« eingeweiht werden konnte. Eine etymologische Deutung des Namens ist das rekonstruierte keltische Wort Doarewids für Wahrsager. Eine andere vermutet den Ursprung im altgriechischen Wort für Eiche. Tatsächlich waren diese Bäume und die darin wachsenden Misteln von zentraler Bedeutung in der keltischen Religion. Wer kennt nicht die Darstellung des weiß gekleideten Druiden Miraculix aus den vielen Asterix-Comics, der mit einer goldenen Sichel bewaffnet Misteln schneidet und Zaubertrank brüht. Es ist zwar nur ein Kinderbuch aber gar nicht so weit von dem entfernt, was heute vermutet wird.

Druiden gab es seit der Antike im gesamten keltisch geprägten europäischen Raum, doch wurden sie von den quer durch den Kontinent vorrückenden Römern bekämpft und bis um die Jahrtausendwende weitgehend vernichtet oder gingen in der römischen, später auch christlichen Kultur auf. Etwas länger hielt sich der Kult nur auf den britischen Inseln und Anglesey galt als wichtigstes Zentrum. Selbst mit dem Jenseitsreich Avalon, der sagenumwobenen Insel der Fruchtbarkeit, wurde das Eiland gleichgesetzt. Und tatsächlich gilt ihr Boden als besonders reich und nährend, sie war schon früher ein Korn- und Obstspeicher des Landes. An Stein gewordenen Spuren von damals sind nur mehr einige Megalithanlagen, Dolmengräber und steinerne Stelen übrig. Allesamt waren es Kultobjekte, auch wenn deren genaue Bedeutung weitgehend im Dunklen liegt. Bei der Trockenlegung eines Sumpfgebietes am See Celig Bach auf dem heutigen Gelände der Royal Air Force bei Rhosneigr wurden 181 Artefakte entdeckt,

deren Deponierung als Opfergaben auf die Zeit zwischen 120 v.Chr. und 60 n.Chr. zurück geht und damit den größten jemals gemachten Fund dieser Art darstellen *(die Stücke werden heute im National Museum of Wales in Cardiff ausgestellt)*. Dies deutet auf ein besonders wichtiges Heiligtum der Kelten hin. Das Ende der Opferungen fällt genau mit dem Zeitpunkt zusammen, als der römische Feldherr Gaius Suetonius Paulinus auf Anglesey, damals nur als Insel Mona bekannt, einfiel und das dortige Heiligtum, genau wie die restliche keltische Druidenkultur, wohl endgültig vernichtete.

Eine moderne Form des Druidentums erlebt allerdings in der Neuzeit eine Renaissance: seit 2010 gilt das *Druid Network* im Vereinigten Königreich als offizielle und damit steuerbefreite Religion. Schon über 10.000 Anhänger bekennen sich inzwischen öffentlich dazu.

Angleseys Nordküste

Ein kleines Stück zurück verlassen Sie dann Holy Island, entweder über die Schnellstraße A55 oder die parallel verlaufende A5 und biegen dann in **Valley** auf die A5025 nach Nordosten ab, dort streifen Sie gleich zwei übernachtungsgeeignete Pubs.

186 Valley – *The Valley Inn*

GPS/Kontakt: N 53°16'59" W 4°33'38", A5, LL65 3DU, Tel. 01407 74 02 03. **Max. WOMOs**: 2 – 3. **Öffnungszeiten**: Ganzjährig. **Ausstattung**: Toilette und WiFi im Restaurant. **Beschreibung**: Großes Pub mit ordentlichem Essen und großem Parkplatz hinter dem Haus. Eben, nicht ganz leise. **Preis**: Kostenfrei gegen Einkehr und auf Anfrage. **Zufahrt**: Direkt an der Hauptstraße, nach Überfahrung der Brücke von Holy Island kommend rechts. **Hinweis**: Zwei Orte weiter in Llanfachreath bietet das Holland Motel das gleiche Angebot, N 53°18'43" W 4°31'50", A5025, LL65 4UW, Tel. 01407 23 81 81.

Viele Dörfer liegen nun entlang ihres Weges wie verstreute kleine Flecken in der Landschaft. Recht hübsch ist das Dorf und die über einen steilen Pfad erreichbare Bucht **Church Bay**.

Vom Parkplatz bei N 53°22'18" W 4°33'19" erreichen Sie nach wenigen Minuten den von Felsen gesäumten Sandstrand. Mit dem **Swtan Heritage Museum** gibt es auch ein wenig Kultur zu sehen. Das mit Reet gedeckte Landhaus aus dem 17. Jahrhundert wurde vollständig restauriert und kann während der Öffnungszeiten innen wie außen betrachtet werden. Interessant ist auch die Dokumentation zum Wiederaufbau, denn zu Beginn der Arbeiten war kaum mehr als ein alter Steinhaufen übrig *(Apr. – Okt. Fr. – So. 12.00 – 16.00 Uhr, 4 £, www.swtan.cymru)*. Es gibt Toiletten und mit dem ***Wavecrest Café*** auch ein nettes, einfaches Lokal, übernachten können Sie sowohl auf einer Campsite oder am Camping- und Caravanning Stellplatz – oder ein kurzes Stück auswärts am ***Church Bay Inn***.

189 **N 53°22'29" W 4°32'52"**, LL65 4ES, Tel. 01407 73 08 67

187 Church Bay – *Church Bay Cottages and Camping*

GPS/Kontakt: N 53°22'17" W 4°33'11", LL65 4EU, Tel. 01407 73 00 60, www.churchbaycottages.com. **Öffnungszeiten**: Apr. – Okt. **Ausstattung**: WiFi, sonst campingplatzüblich. **Beschreibung**: Kleiner Platz an der Church Bay im Ort, auf Rasen, etwas schräg, kein Schatten, teils Meerblick. **Preis**: 25 – 30 £. **Zufahrt**: Direkt im Ort linker Hand.

188 Church Bay – *Gadlys*

GPS/Kontakt: N 53°22'21" W 4°33'06", LL65 4ES, Tel. 07786 54 73 61, www.anglesey-holidays-cottages.co.uk. **Max. WOMOs**: 5. **Öffnungszeiten**: Apr. – Okt. **Ausstattung**: Ver- / Entsorgung, Strom, Toilette / Dusche, WiFi. **Beschreibung**: Kleine durch Hecken geschützte Wiese am Ortsrand und in Strandnähe, klappstuhlgeeignet. **Preis**: 17 – 30 £. **Zufahrt**: Am Ortsbeginn rechts halten, dort direkt auf der linken Seite. **Hinweis**: Nur mit Camping- and Caravanning Club-Mitgliedschaft, Reservierung empfohlen.

Nachtparkplatz 190

Ein Stück weiter fahren Sie von der Inselringstraße links auf schmalen Fahrwegen zur einsamen **Cemlyn Bay** ab – zumindest wenn Ihnen nach Abgeschiedenheit ist. Die weite Kiesbucht hat am West- und Ostende jeweils einen kleinen, ruhigen Parkplatz und glänzt mit völliger Ruhe. Selbst in der Hauptsaison verirren sich meist nur Wenige bis an diesen Ort. Im äußersten Westen stehen Wohnobile öfters über Nacht.

190 **N 53°24'44" W 4°30'55"**, Maes Parcio Bryn Aber, LL67 0DY.

Nicht ganz so ruhig und schön, dafür mit einem Örtchen dahinter, erwartet die nächste Bucht **Cemeas Bay** ihre Gäste. Sie parken auch dort direkt am Wasser zwischen Strand und Hafen bei N 53°24'48" W 4°26'57". Rund um die nahe Hauptstraße **High Street** gibt es einige Geschäfte und Pubs, wie das ***Stag Inn*** *(12, Athol Street)*. Entlang des Küstenpfades wandern Sie von hier aus in östlicher Richtung auf einem aussichtsreichen Wegstück bis zur Port Wen Bucht. Dort können Sie die Überreste der Port Wen Brickworks, einer Ziegelfabrik aus viktorianischer Zeit erkunden. Die Steine waren aus besonders beständigem Quarzit und wurden hauptsächlich als Mantel für Schmelzöfen genutzt.

191 Cemaes Bay – *Dolydd*

GPS/Kontakt: N 53°24'23" W 4°27'29", Ffordd Y Felin, LL67 0DS, Tel. 077855 93 73 07, www.campingandcaravanningclub.co.uk. **Max. WOMOs**: 5. **Öffnungszeiten**: Ganzjährig. **Ausstattung**: Ver- / Entsorgung, Strom, Toilette / Dusche, WiFi. **Beschreibung**: Wiesenstellplatz am südlichen Ortsrand in ruhiger Lage, eben, 800 m in die ORtsmitte. **Preis**: 20 – 25 £. **Zufahrt**: Im Ort rechts entlang der High Street halten, nach dem Kreisverkehr weiter geradeaus, nach 400 m rechts. **Hinweis**: Nur mit Camping- and Caravanning Club-Mitgliedschaft, Reservierung empfohlen.

Amlwch *(3.800 Einwohner)* ist die nächste größere Siedlung, die etwas industrieller geprägt ist. Einst befand sich hier die größte

Kupfermine der Welt. Der seit 1997 bestehende **Amlwch Heritage Trust** bemüht sich darum die Geschichte lebendig zu halten und hat gleich mehrere Erlebnisstationen rund ums Thema Kupfer im Hafenteil des Ortes eingerichtet *(Parken in der Upper Quay Street / Pen Cei, N 53°24'57" W 4°19'47")*. Die größte ist das ***Copper Kingdom***. Interaktive Displays veranschaulichen die Geschichte des Kupferabbaus am nahen **Parys Mountain** und wie das Kupfer von dieser einst größten Kupfermine der Welt zum Hafen transportiert und verschifft wurde. Sie erfahren auch mehr über das Leben der Kupferarbeiter, der Industriellen, die damit reich wurden und nach welchen Kriterien die Güte des Kupfers beurteilt wurde *(LL68 9DB, Ostern – Okt., Di. – So. 10.30 – 17.00 Uhr, 4,50 £, www.copperkingdom.co.uk)*. Zum ehemaligen Abbauort selbst, der heute optisch einer Mondlandschaft gleicht, führt ein längerer Rundgang auf markierten Wegen. Sogar per Smartphone-App können Sie sich leiten lassen *(www.copperkingdom.co.uk)*. Oder Sie steuern den Berg gleich mit dem Wohnmobil an. Der Parkplatz befindet sich bei N 53°23'17" W 4°21'04" und hat eine Höhenbeschränkung, doch gegenüber ist e möglich auf dem Seitenstreifen zu stehen.

TOUR 6

192 Amlwch – *Bryn Goleu Aire*

GPS/Kontakt: N 53°23'04" W 4°22'10", LL68 9TS, Tel. 07729 36 58 86. **Max. WOMOs**: 5. **Öffnungszeiten**: Ganzjährig. **Ausstattung**: Ver- / Entsorgung. **Beschreibung**: Gut angelegter Schotterplatz nahe dem Parys Mountain, ruhig, eben, klappstuhlgeeignet. **Preis**: 10 £, Reservierung obligatorisch. **Zufahrt**: An der ersten Häusergruppe nach dem Kupferberg rechts fahren, dann wieder rechts und weiter bis zum Platz auf der rechten Seite nach rund 1000 m. **Zufahrt**: »Adults only«-Platz.

Am Parys Mountain

193 Penysarn – *Nant Isaf*

GPS/Kontakt: N 53°22'13" W 4°19'50", LL69 9UF, Tel. 01248 41 01 44, www.nantisafcamping.co.uk. **Max. WOMOs**: 5. **Öffnungszeiten**: Ganzjährig. **Ausstattung**: Ver- / Entsorgung, Strom, Toilette / Dusche, WiFi, Abspülgelegenheit, Waschmaschine. **Beschreibung**: Kleiner, schön angelegter Platz neben einem Farmgebäude, mit Hecke geschützte Parzellen, ruhig, eben, klappstuhlgeeignet. **Preis**: 15 – 18 £. **Zufahrt**: Von der A5025 hinter Amlwch rechts in Richtung Gadfa abfahren. Nach rund 1,5 km rechts ab zum Platz auf der linken Seite. **Hinweis**: Nur mit Camping- and Caravanning Club-Mitgliedschaft, Reservierung empfohlen.

TOUR 6

Angleseys Ostküste

Jede Menge Caravan- und Campingparks sowie die schöne, weite **Lligwy Bay** mit großem Parkplatz bei N 53°21'33" W 4°15'41" finden Sie dann an der Ostküste von Anglesey nahe den Dörfern **Brynrefail** und **Rhoslligwy**. Das schmale Strand-Zugangssträßchen führt in entgegengesetzter Richtung zu einer echten Seltenheit. **Din Lligwy** gehört zu den ganz wenigen, noch gut erkennbaren Überresten keltischer Siedlungen. Von der Parkbucht aus spazieren Sie auf einem kurzen Weg zunächst an den Überresten einer Kapelle aus dem 12. Jahrhundert vorbei und auf eine Baumgruppe zu. Früher war dies offenes Land und der Blick reichte weit. Bei Grabungen im Rundhüttendorf stieß man auf Münzen und Geschirrreste, zumeist

Din Lligwy gehört zu den ganz wenigen, noch gut erkennbaren Überrsten keltischer Siedlungen

Ligwy Bay

aus dem dritten und vierten Jahrhundert, die belegen, dass es die römische Invasion Angleseys überdauert haben muss und mindestens bis in diese Zeit genutzt wurde. Der Fund von Eisenschlacken und Schmelzöfen belegt auch die an diesem Ort stattgefundene Metallverarbeitung *(N 53°21'07" W 4°15'17")*.

194 Traeth Lligwy – *Dafarn Rhos Camping Site*

GPS/Kontakt: N 53°21'31" W 4°15'42", LL72 8NN, Tel. 01248 41 06 07, www.lligwybeachcampsite.co.uk. **Öffnungszeiten**: Apr. – Sep. **Ausstattung**: WiFi, Waschmaschine / Trockner. **Beschreibung**: Größerer, mit Hecken getrennter Platz auf mehreren Feldern direkt hinter dem Strand. Ruhig, fast eben, kein Schatten, knapp 3 km am Küstenpfad bis Moelfre. **Preis**: 36 – 42 £. **Zufahrt**: Von der Hauptstraße Richtung Rhoslligwy abfahren, dann links zum Strand mit dem Platz linker Hand . **Hinweis**: Eine Übernachtung ist auch am WOMO-Pub ***Pilot Boat Inn*** möglich, N 53°21'36" W 4°17'30", LL70 9EX, Tel. 01248 85 82 60.

Den Ort **Moelfre** müssen Sie dann nicht unbedingt anfahren und auch der eigentlich ganz schöne Südstrand ist eher Geschmackssache, da er auf unangenehme Weise mit Mobilheimen zugepflastert wurde *(N 53°20'28" W 4°14'07", Toiletten vorhanden)*. Weiter, freier und schöner ist da schon die Bucht von **Benllech** *(3.400 Einwohner)*. Wenn Sie früh genug da sind, bekommen Sie selbst im Sommer am Strandparkplatz in der **Bay View Road** noch ein Plätzchen (N 53°19'06" W 4°13'08"). Und wenn Sie nach dem Tag am Meer der Hunger plagt, hat der Ort auch eine ganze Reihe guter Gasthäuser zu bieten, wie das ***Bay Cafe*** *(Beach Road)*, das das Fish`n`Chips Lokal ***Golden Fry*** *(Tyne Coaed)*, ***Beachcomber*** sowie das ***Breeze Hill*** *(beide Bangor Road)*.

Wer es abgeschiedener mag, kommt wenig später in der **Red Wharf Bay** auf seine Kosten. Bei Ebbe kann man hunderte Meter durch die weite Sandbucht spazieren, bei Flut bleibt dagegen vom Parkplatz kaum etwas übrig. Theoretisch ist es möglich dort zu übernachten, doch an Tagen mit hoher Flut, würden Sie dann im Wasser stehen, also informieren Sie sich vorab gut. Oder nutzen Sie die alternativen Stellplätze weiter landeinwärts.

195 Pentraeth – *Red Wharf Bay*

GPS: N 53°17'43" W 4°12'00", Lon Y Treath. **Max. WOMOs**: 1 – 2. **Ausstattung**: Keine Einrichtungen. **Beschreibung**: Parken auf Sand, die Straße führt direkt an die weite Strandbucht, 2,1 km in

den Ort. **Zufahrt**: In Pentraeth zunächst links auf die B5109 einscheren und dann gleich wieder links die Lon Y Traeth bis zu Ende durchfahren. **Hinweis**: Hier besteht erhebliche Flutgefahr. Parken Sie daher gleich am Ende der Straße und nicht zu weit vorne und erkundigen Sie sich unbedingt nach den aktuellen Gezeitenständen!

196 Pentreath – *Fron Goch*

GPS/Kontakt: N 53°17'33" W 4°12'54", LL75 8PZ, Tel. 07471 40 09 45, www.frongochanglesey.co.uk. **Max. WOMOs**: 5. **Öffnungszeiten**: Ganzjährig. **Ausstattung**: Ver- / Entsorgung, Strom, Toilette / Dusche, WiFi, Abspülgelegenheit. **Beschreibung**: Schön angelegter Rasenplatz mit Schotterparzellen und Meerblick, eben, teils Schatten, ruhige Lage, klappstuhlgeeignet. **Preis**: 25 – 30 £. **Zufahrt**: In Pentreath nach der Bushaltestelle links abbiegen. Platz kommt nach etwa 500 m. **Hinweis**: »Adults only«-Platz. Nur mit Camping- and Caravanning Club-Mitgliedschaft, Reservierung empfohlen.

197 Pentraeth – *Bull Inn*

GPS/Kontakt: N 53°17'21" W 4°13'10", Pentreath Road, LL75 8LJ, Tel. 01248 45 02 32. **Max. WOMOs**: 2 – 3. **Öffnungszeiten**: Ganzjährig. **Ausstattung**: Keine Einrichtungen. **Beschreibung**: Großer, recht ebener Platz hinter dem Pub, teils schattig, verhältnismäßig ruhig. **Preis**: Kostenfrei gegen Einkehr und auf Anfrage. **Zufahrt**: Direkt an der Durchgangsstraße in Pentraeth linker Hand. **Hinweis**: Alternativ kommt auch das ***Panton Arms*** in Frage, es liegt ein Stück weiter südlich, ebenfalls an der Hauptstraße, N 53°16'55" W 4°12'56", LL75 8AZ, Tel. 01248 45 09 59. Sie zahlen 10 £, 5 £ werden bei Einkehr verrechnet.

Penmon Point

Einer der reizvollsten Plätze auf Anglesey verbirgt sich ganz im äußersten Osten. Sie können **Penmon Point** auf einer schmalen, aber landschaftlich schönen Bergstraße über **Llandona** mit dem schönem Pub ***Owain Glyndwr*** ansteuern oder lieber auf der größeren B5109 Richtung Beaumaris fahren und dort dann links ab nach Penmon lenken. Es gibt einen schönen Kiesstrand und ein kleines Café, Sie können auch am Coastal Path ein Stück wandern.

Penmoint Point, oben Nachtparkplatz 198

Wenn Sie ein paar Pfund Maut zahlen, dürfen Sie bis ganz an die malerische Landspitze mit Leuchtturm und einer vorgelagerten Robben- und Vogelinsel fahren. Alternativ parken Sie an den Überresten der **Penmon Priory** mit dem Dovecot, einem Gebäude, das bis zu 1000 Tauben Unterschlupf gewährt, und wandern nach vorne. Parkgebühr wird aber auch dann fällig. Ein Stück die Straße zurück gäbe es dann höchstens noch etwas weiter entfernte Parkbuchten direkt am Meer, diese dann ohne jegliche Beschränkungen. Ganz vorne am Privatgelände lässt man Sie auch übernachten, allerdings nicht umsonst – und gerade im Sommer ist der Platz manchmal übervoll...

198 **N 53°18'39" W 4°02'30"**, LL58 8RP, 15 £.

Beaumaris *(1.100 Einwohner)*
Entlang der Südostküste Angleseys stehen eine ganze Reihe teurer und großer Häuser. Oftmals nicht ganzjährig genutzt sind es Holiday Homes reicher Briten und Ausländer. So beliebt wie der ganze Landstrich ist dann auch Beaumaris: Zweifelsohne ist das Beaumaris Castle die Hauptsehenswürdigkeit der Stadt, es gehört zu den UNESCO-geschützten Burgen Edwards I. Doch auch die zwischen **Alma Street** und **Castle Street** liegende Altstadt hat ihren Reiz. Sie beginnt gleich vis-a-vis des Burgeingangs und erfreut mit einigen kleinen Shops, in denen es vor allem Souvenirs, wie beispielsweise walisische Liebeslöffel, zu kaufen gibt und Lokalitäten. Für eine Einkehr sind Sie beispielsweise im ***Bishopsgate*** *(54, Castle Street)* oder im ***Pier House Bistro*** *(Seafront)* gut beraten, für Zwischendurch auch in ***Beau`s Tearoom*** *(30, Castle Street)*. Als Eisinstitution gilt der ***Red Boat Ice Cream Parlour*** *(34, Castle Street)*. Das **Gaol Museum** zeigt am Originalschauplatz die einstigen Haftbedingungen eines Gefängnisses der viktorianischen Zeit *(Steeple Lane, Apr. – Sep. Sa. – Do. 10.30 – 17.00 Uhr, im Winter wechselnde Zeiten., 6 £)*. Eine ähnliche Thematik greift das histo-

TOUR 6

Nachtparkplatz 199 und 200

rische Gerichtsgebäude **Beaumaris Courthouse** aus dem Jahr 1614 auf, das Leitthema ist hier Justizgeschichte *(Castle Street, Apr. – Sep. Sa. – Do. 10.30 – 17.00 Uhr, sonst kürzer, 6 £, Audioguides inkl.)*. Die symmetrisch perfekt erbaute Burg aus dem 13. Jahrhundert gilt als technische Meisterleistung und sah für damalige Verhältnisse so unwirklich und modern aus, wie für uns heute vielleicht Wolkenkratzer vom Schlag eines Burj Khalifa. Damit der Bau beginnen konnte, musste erst ein ganzes Dorf versetzt werden. Llanfaes wurde einfach 19 Kilometer entfernt neu errichtet – was zu damaliger Zeit nicht viel mehr hieß als die Menschen an einem anderen Platz sich selbst zu überlassen. Leider wurde diese letzte edward´sche Festung nie mehr ganz fertig gestellt. Ein Finanzengpass und die drohende Auseinandersetzung mit Schottland verlagerten die Prioritäten der Krone und Beaumaris blieb eine »Dreiviertelburg«. Am hinteren Burgparkplatz kann man die Nacht verbringen *(Castle Street, LL58 8AP, März – Okt. 9.00 – 17.00 Uhr, Jul. / Aug. bis 18.00 Uhr, sonst Mo. – Sa. 10.00 – 16.00 Uhr, So. ab 11.00 Uhr, 8,70 £, CADW-Members frei, www.cadw.gov.wales*

199 **N 53°15'55" W 4°05'17"**, Beaumaris Castle Car Park, B5109, LL58 8AL, 6 £ / 12

Menai Bridge *(3.400 Einwohner)*
Am Weg nach Menai Bridge stehen Wohnmobile immer wieder in einer größeren Parkbucht neben der Straße, auch über Nacht. Die Lage am Wasser ist zugegebenermaßen schön, die nicht vorhandene Trennung zur Fahrbahn Geschmackssache.

Beaumaris Castle, oben rechts: Hauptstraße in Beaumaris

200 **N 53°15'16" W 4°06'21"**, Beaumaris Road.

Dann folgt links, bei der Brücke über die Cadnantmündung der versteckte Garten **Plas Cadnant**. Erst 1996 begannen die Arbeiten, um die prachtvollen Parkanlagen der einstigen Besitzerfamilie Price so zu gestalten, wie sie zu Beginn des 19. Jahrhunderts ausgesehen haben mögen. Zum Umfang des Geländes zählen unter anderem ein ummauerter Garten, ein verwinkeltes, stilles Flusstal und Wasserfälle – auch ein Tearoom darf nicht fehlen *(N 53°14'13" W 4°09'53", LL59 5NH, Mai – Sep. Di. – Do. und So., April Mi. / Do. / So., Okt. Mi. / So., Feb. So., jeweils 12.00 – 17.00 Uhr, 9,50 £, www.plascadnant.co.uk)*.

Sie können auch noch den ***Pili Palas*** ansteuern. Etwas außerhalb aber nicht allzu weit von den Gärten entfernt ist er vielleicht die bessere Wahl, wenn Sie mit kleinen Kindern reisen. Aus der einstigen Schmetterlings-Freiflugvoliere ist inzwischen ein Minizoo mit Farmareal, Meerkatzen und einigen Tieren mehr entstanden. Auch Spielplätze und Fahrgeschäfte gibt es *(N 53°14'07" W 4°11'10", Penmynydd Road, LL59 5RP, 11,95 £, Apr. – Okt. 10.00 – 17.30 Uhr, sonst bis 16.30 Uhr, www.pilipalas.co.uk)*. Im nahen ***Four Crosses Pub*** können Sie ein letztes Mal gegen Einkehr auf Anglesey nächtigen.

201 **N 53°13'56" W 4°10'50"**, Ffordd Penmynydd, LL595RP, Tel. 01248 71 22 30.

Verlassen Sie anschließend Anglesey über die **Menai Suspension Bridge**. Noch bis 1826 war die Insel nur per Fähre oder auf einem Watt-Fußweg erreichbar. Erst dann wurde die Kettenbrücke eingeweiht und für den Verkehr frei gegeben. Aerodynamische Probleme machten schon 1839 umfangreiche Arbeiten nötig. Das zulässige Gesamtgewicht blieb lange auf 4,5 Tonnen beschränkt. Schließlich mussten die alten Eisenträger gegen Stahl getauscht werden. Heute dürfen Sie ohne weiteres hinüber rollen, egal ob mehr oder weniger als die typischen 3,5 WOMO-Tonnen.

Tour 7

Tour 8
Llandulas
Colwyn Bay
55
Penrhyn Bay
216
Llandudno
Welsh M. Zoo
Llandudno Junction
213
Bodnant Gardens
Tal-y-cafn
212
214
215
Conwy
Glan Conwy
211
Tal-y-bont
Adventure Park
470
Llanrwst
210
209
Gwydir Castle
ZIP World
208
Swallow Falls
Capel Curig
207
Dwygyfylchi
Llanfairfechan
Penmaenmawr
Snowdonia NP
942 m
Pen-Fras
Lake Cowlyd
1062 m
Carnedd Llewelyn
999 m
Glyder Fawr
Beaumaris
Bangor
Penrhyn Castle
202
203
Tregarth
Bethesda
5
Tour 6
Menai Bridge
Deiniolen
Electric Mountain
Slate Museum
Castell Dolbadarn
205
Lake Padarn
204
Llanberis
Snowdon Mountain Railway
Y Felinheli
Bethel
Llanrug
Lake Cwellyn
Waunfawr
487
Caernarfon
Tour 5
Llanfair PG
Gaerwen
Llangefni
Benllech
Amlwch
Cefni Reservoir
Llanerch-y-medd
Caernes
Lake Alaw
Bodedern
Valley
Holyhead
Trearddur Bay
Rhosneigr
5 km
N

Snowdonia und Conwy Bay
130 km

Erforschen Sie auf dieser Tour die wilde Bergwelt Snowdonias. Wandern Sie auf den höchsten Berg von Wales oder wählen Sie die bequeme Zahnradbahn. Einer der berühmtesten Gärten Großbritanniens, die alte Festungsstadt Conwy und das mondäne Seebad Llundadno runden diese schöne Tour durch den Nordwesten des Landes ab.

- **Mount Snowdon Gipfeltour**
- **Bodnant Gardens**
- **Burg von Conwy**
- **Llundadno Marine Drive**

Bangor *(18.300 Einwohner)*
Bangor ist eine Dom- und Universitätsstadt, die zwischen Anglesey und den Nordausläufern des Snowdonia-Massivs verkehrsgünstig am Menai Strait liegt. Viel mehr gibt es aus touristischer Sicht nicht zu sagen, denn es gibt keinen Grund unbedingt da gewesen sein zu müssen. Ein netter Stopp lässt sich aber ganz vorne am Meer einlegen, wo der 460 Meter lange **Bangor Pier** den Beginn der Meerenge zur Insel Anglesey markiert. Von dort aus haben Sie einen schönen Blick auf den Strait und die Menai Bridge, es gibt ein paar Shops und Buden sowie einen Tea Room ganz am Ende, als Eintritt werden ein paar Cent fällig. Ein Parkplatz befinden sich direkt am Beginn des Holzstelenbaus neben einem Restaurant, er ist seit einiger Zeit auch zur Übernachtung frei gegeben.

202 N 53°14'13" W 4°07'21", 2 Ffordd Siliwen, LL57 2SU, tags 1,50 £, über Nacht 20 £, tagsüber Toiletten am Pier.

Während die Stadt selbst nicht sonderlich aufregend ist, sollten Sie das Herrenhaus etwas weiter östlich an der A5 nicht verpassen: **Penrhyn Castle** ist eine wahrlich gewaltige Anlage. Optisch im Stil einer mittelalterlichen Burg gehalten, wurde es erst im 19. Jahrhundert für die Familie Pennant gebaut, die durch Schieferminen und Zuckerplantagen ein gewaltiges Vermögen angehäuft hat, häufig auf Kosten von Sklaven, die dort für sie schuften mussten. Vom Besucherparkplatz mit Infozentrum

Nachtparkplatz 202

wandern Sie ein Stück zum erhöht gelegenen Haus. Der Zugangsweg erschließt aber nur einen winzigen Teil des insgesamt 25 Hektar großen Parks. Eine Vielzahl an Räumen des ersten und zweiten Stockwerks kann dann auf eigene Faust besichtigt werden. Zusätzliche geführte Touren, wie beispielsweise über die Dächer, werden saisonweise angeboten. Highlights im Haus sind das aus einem Schieferblock gefertigte Bett für Königin Victoria, die aufwendigen Schnitzarbeiten an Treppen und Wandverkleidungen, die im normannischen Stil nachgebauten Möbelstücke und die umfangreiche Gemäldesammlung. Auch die riesigen Küchenbereiche mit Beispielen dessen, was einst auf den Tisch kam, sind aufschlussreich. Den Abschluss bildet bei Interesse ein Besuch im angeschlossenen **Eisenbahnmuseum**. Echte Loks und Modellbau kommen in der Ausstellung gleichermaßen zum Zug. Auf mehreren Wegen können Sie dann noch den Park erkunden. Neben schönen Blicken auf die Küste und das Snowdonia-Massiv finden Sie dort einen ummauerten Garten, eine mittelalterliche Kapelle, ein Sumpfgebiet, eine exotische Baum- und Strauchsammlung sowie einen Abenteuerspiel-

Ein Highlight im Haus ist das aus einem Schieferblock gefertigte Bett für Königin Victoria.

Penrhyn Castle, oben links Bangor Pier, oben rechts Schieferbett der Queen

platz *(N 53°13'01" W 4°06'04", LL57 4HT, März–Okt. 10.00–16.00 Uhr, Nov. – Feb. Meist nur Garten, 10 £, National Trust Members frei, www.nationaltrust.org.uk)*. Über die A5 und die A4244 steuern Sie dann Llanberis an, zuvor bietet das Pub **The Slate Y Llechen** gleich nach Penrhyn Castle Übernachtung gegen Einkehr.

203 **N 53°12'59" W 4°05'27"**, Tal-y-Bont, LL57 3UR, Tel. 01248 35 55 00

Llanberis *(2.000 Einwohner)*
Mit der zum Gipfel des höchsten Berges Großbritanniens, dem Mount Snowdon, führenden Zahnradbahn und dem beliebtesten Aufstiegsweg ist Llanberis das Zentrum des walisischen Bergtourismus. Und auch wer sich nicht vom Spitz angezogen fühlt, findet in dem rührigen Ort zwischen den Seen Padarn und Peris ausreichend Gelegenheit für abwechslungsreiche Freizeitgestaltung. Zunächst sollten Sie sich orientieren. Um dem Ortszentrum rund um die High Street einen Besuch abzustatten, benötigen Sie einen zentralen Parkplatz. So einen finden Sie direkt am Seeufer bei N 53°07'23" W 4°07'39". Falls es nach einem Restaurantbesuch, zum Beispiel im ***Peak Restaurant*** oder dem ***Café Pantri*** *(beide High Street)* spät wird oder Sie ohnehin über Nacht bleiben möchten, müssen Sie allerdings auf eine der am Ende des Abschnitts genannten Übernachtungsgelegenheiten ausweichen.

Der nächste geeignete Parkplatz folgt dann bei N 53°07'10" W 4°07'23". Er gehört zum **Electric Mountain**. Es handelt sich dabei um ein komplett unterirdisch erbautes Wasserkraftwerk. Zu dem Megaprojekt gehört eine 180 Meter lange, 25 Meter breite und 60 Meter hohe Halle, die größte von Menschen erbaute in Europa. Wenn Sie eine Reise ins Berginnere unternehmen möchten, werden Sie zuerst mittels eines Filmbeitrages informiert. Im Anschluss fahren Sie mit Bussen durch das Tunnellabyrinth ins Herz des Elidir Mountains zur eigentlichen Kraftwerksanlage mit ihren sechs Einheiten, Turbinen und Generatoren. Oberirdisch befinden sich verschiedene Spieleinheiten für Kinder, ein frei zugängliches Besucherzentrum und ein Café *(Ostern–Okt. 10.00–16.30 Uhr, Jun–Aug auch 9.30–17.30 Uhr, 8,50£, Einlass ab 4 Jahren, Reservierung empfohlen, www.electricmountain.co.uk)*. Auch eine **Touristeninformation** ist in dem Gebäude untergebracht. Wieder sind es nur wenige Meter, bis links eine Straße zum **Padarn**

Country Park mit einer ganzen Reihe an weiteren Attraktionen abzweigt. Zunächst stoßen Sie aber links auf den nächsten Parkplatz, N 53°07'03" W 4°06'59".

Er ist auch der ideale Ausgangspunkt für eine Kurzwanderung zu den Überresten des **Castell Dolbadarn**, welches etwas versteckt oberhalb des nächsten Sees, dem Lynn Peris steht. Der rund 15 Meter hohe Turm aus dem 13. Jahrhundert existiert bis heute, die restliche Burg ist nur noch in ihren Fundamenten erhalten. Sie geht auf den walisischen Fürst Llywelyn ab Iorwerth zurück *(frei zugänglich, www.cadw.gov.wales)*.

Rechts führt die Straße dann bis zur heute noch im Tagebau betriebenen Mine von Llanberis ab, links endet der Weg an einem recht großen Parkplatz *(N 53°07'19" W 4°06'53")*. Zunächst befindet sich dort das interessante **National Slate Museum**, in dem Sie alles zum Thema Schieferabbau erfahren. Fast mehr Erlebniscenter als Museum, bietet die Ausstellung im alten Werksgebäude der *Dinorwig Mine* Gelegenheit, Maschinen und Arbeitern bei Tätigkeiten wie dem Schieferbrechen und Bearbeiten über die Schulter zu sehen oder sich selbst daran zu versuchen. Auch Fahrten mit der Schieferbergbahn und spezielle Thementouren werden in der Hauptsaison regelmäßig angeboten *(Ostern – Okt. 10.00 – 17.00 Uhr, sonst So. – Fr. 10.00 – 16.00 Uhr, Eintritt frei, www.museumwales.ac-uk)*.

Vom Ableger vorne am Wasser können Sie mit einem kleinen Ausflugsboot in See stechen. Während der ruhigen Rundfahrt haben Sie bei gutem Wetter schöne Aussichten auf die Umgebung. Außerdem wird Ihnen die Geschichte von Llanberis vermittelt *(Mai – Okt. 12.00 – 16.00 Uhr, immer zur vollen Stunde, 7 £, www.snowdonstar.co.uk)*.

Und wo ein Schiff ist, darf in Wales auch eine Schmalspurbahn nicht fehlen: die **Llanberis Lake Railway** bricht mit Ihnen

Castell Dolbadarn am See, oben rechts Snowdon Mountain Railway

zu einer Fahrt entlang des Seeufers auf *(Feb. – Dez. an 2 – 7 Tagen die Woche, 4 – 10 x täglich je nach Saison, 8,20 £, www.lake-railway.co.uk)*. Der Ausblick ist ähnlich, unterwegs können Sie jederzeit unterbrechen, um auszusteigen und den nächsten Zug zurückzunehmen. Empfehlenswert ist das beispielsweise an der Haltestelle *Cei Llydan*. Im nahen **Cwm Derwen Woodland Centre** können Sie sich über die Geschichte und das Leben des dahinter gelegenen Waldes informieren und selbst den ein oder anderen Weg ausprobieren. Über einen etwas erhöht verlaufenden Spazierweg kommen Sie alternativ zu Fuß zum Infozentrum. Unterwegs streifen Sie dabei noch das zum Slate Museum gehörende **Quarry Hospital**, die alte Erste Hilfe-Station für Bergleute. Wie nötig so etwas war und wie oft dennoch jede Hilfe zu spät kam, zeigen die Zahlen während der Arbeit Umgekommener – ganze 362 während der Betriebszeit zwischen 1888 und 1969. Den Reigen der Aktivitäten im Padarn Park schließt dann ***Ropeworks Active***, ein Kletterpark mit Parcours für Erwachsene und Kinder ab 4 Jahren.

Zurück an der Hauptstraße wartet schließlich die Hauptsehenswürdigkeit mit dem **Mount Snowdon**. Wer ihn nicht selbst erklimmen will oder nur in eine Richtung auf Schusters Rappen angewiesen sein möchte, den nimmt die **Snowdon Mountain Railway** mit nach oben. Die 1896 eingeweihte, von Dampfloks und historischen Dieselzügen getriebene Zahnradbahn steigt entlang des Berggrats bis ganz zum Gipfel auf. Zunächst passiert die Strecke den Ceunant Mawr Wasserfall, dann gelangt sie in freies Gelände und erklimmt, vorbei am Halfway House, den Berg Stück für Stück. Neben der einmaligen Aussicht auf die umliegende Bergwelt, die Sie auf keine andere Weise so umfassend und dabei wenig schweißtreibend erleben können, gibt es am Ziel ein Visitor Centre mit Café. Zum Gipfel sind es dann nur noch wenige Meter bergauf und bei schönem Wetter ist die der Rundumblick grandios. Vor allem im Sommer ist eine Onlinebuchung allerdings kaum zu umgehen, wenn Sie keine langen Wartezeiten in Kauf nehmen und Enttäuschungen vermeiden wollen, insbesondere wenn Sie die historische Dampflok nehmen möchten *(Ende März – Ende Okt. nur bei gutem Wetter, mindestens 3 x täglich, Hin- bzw. Hin- / Rückfahrt 42 / 32 £, Early Bird Tickets für 36 / 30 £, www.snowdonrailway.co.uk).*

204 Llanberis – *Llanberis Touring Park*

GPS: N 53°07'29" W 4°08'09", Glyn Rhonwy, LL55 4EL, Tel. 01286 70 07 00, www.morris.leisure.co.uk. **Öffnungszeiten**: März – Jan. **Ausstattung**: WiFi, Waschmaschine / Trockner, Shop. **Beschreibung**: Sehr sauberer und gut ausgestatteter Platz mit ebenen, teils schattigen Schotterparzellen auf einem von Bäumen umgebenen Grundstück. Tags ist die Hauptverkehrsstraße teils etwas hörbar, nachts ruhig, rund 750 m bis in den Ort. **Preis**: Ab 42 £. **Zufahrt**: Kurz vor Ortsbeginn rechter Hand angeschrieben. **Hinweis**: Kleiner Discount für Camping- und Caravanning Club Mitglieder, in der Hauptsaison mindestens zwei Nächste Aufenthalt. **Hinweis 2**: Viel einfacher auf einem Feld am Fluss und weiter außerhalb, dafür aber günstiger bietet sich alternativ die ***Snowdon Inn Campsite*** an einer Pizzeria ein paar Kilometer zuvor an, N 53°08'21" W 4°09'39", Tel. 07738 85 95 85, www.thesnowdoninn.co.uk, Apr. – Okt., 20 £.

205 Nant Peris – *Ty Isaf Campsite*

GPS: N 53°06'19" W 4°04'58", LL55 4UN, Tel. 01286 87 04 94. **Öffnungszeiten**: Ganzjährig. **Ausstattung**: Campingplatzüblich, aber kein Strom. **Beschreibung**: Zwei einfache Campingfelder, nach den Seen am Weg zum Pass, kein Schatten, etwas uneben, tags ist die Hauptstraße hörbar. **Preis**: 20 £. **Zufahrt**: In Nant Peris links beschildert zum Platz abzweigen. **Hinweis**: Alternativ kommt auch das ***Vaynol Arms Pub*** gleich anschließend auf der rechten Seite bei Einkehr in Frage, N 53°06'15" W 4°05'01", LL55 4UF, Tel. 01286 87 16 24.

Blick aus der Snowdon Mountain Railway, rechts oben: Llanberis Pfad

Wege auf den Mount Snowdon

Der Mount Snowdon ist mit 1085 Metern der höchste Berg und das unbestrittene Herz des Snowdonia Nationalparks im Norden von Wales. Sein Name leitet sich aus dem englischen Wort »snow« für Schnee und dem angelsächsischen Wort »don« für Berg ab. Auf walisisch heißt er »Yr Wyddfa«, das Grab. Kein Wunder, das entgegen den sonstigen Gepflogenheiten in Nordwales sich in diesem Fall der englische Name durchgesetzt hat. Sein Höhenzug besteht aus sechs Kämmen, die an den Nordostflanken felsig und steil, im Südwesten dagegen grasbedeckt und abgeschieden sind. Trotz seiner, in alpinen Verhältnissen gemessen, geringer Höhe ist er der größte Berg des Vereinigten Königreichs und, da man ja deutlich näher der Seehöhe startet als beispielsweise in den Alpen, von recht beeindruckender Gestalt. Seine charakterlich stark unterschiedlichen Aufstiegswege und einige anspruchsvolle Kletterrouten machten ihn sogar für Sir Edmond Hillary zu einem bevorzugten Ort, um sich auf die Mount Everest Besteigung vorzubereiten.

Als geübter Wanderer mit etwas Erfahrung in den Alpen oder anderen Bergregionen und guter Ausrüstung *(Bergschuhe, eventuell Stöcke, Sonnen- und Wetterschutz, ausreichend Proviant)* ist jede der sechs Aufstiegsrouten gut zu bewältigen, einen ganzen Tag sollten Sie aber schon veranschlagen. Unterwegs haben Sie auf den meisten Wegen keinerlei Versorgungsmöglichkeiten. Wenige Meter unterhalb des Gipfels befindet sich aber die Bergstation der Mountain Railway Zahnradbahn mit Shop und Restaurant, in der es allerdings entsprechend voll werden kann.

Wegvariante 1: Der Llanberis Pfad
(Hin / Rück 14,5 km, mind. 6 h, 975 Hm)

Der Weg beginnt gleich links neben der Talstation der Snowdon Railway *(beschildert, Parkplatz gegenüber der Bahn bei N 53°07'00" W 4°07'09")*, steigt von Nordosten aus an und folgt dem Schienenverlauf, meist in einigem Abstand, nach oben. Unterwegs haben Sie die Möglichkeit im sehr beliebten Pen-y-Ceunant Isaf beziehungsweise Snowdon-Café zu Beginn oder am Ende einzukehren. Auch im Halfway-House, wie der Name sagt auf halber Strecke, finden Sie in der Saison Minimalversorgung. Der Weg ist zwar am längsten, gilt aber aufgrund der geringsten Steigung als der einfachste. Bei

Unterwegs am Mount Snwdon, unten rechts Landschaft in Snowdonia

Nässe besteht im oberen Bereich am Kamm Rutschgefahr. Es ist der beliebteste Aufstiegsweg mit den meisten Wanderern.

Wegvariante 2: Der Snowdon Ranger Pfad

(Hin / Rück 13 km, mind. 6.00 h, 936 Hm)

Der Weg beginnt am Llyn Gwellin zwischen den Dörfern Rhyd-Ddu und Betws-Garmon, die Sie am besten von Tour Fünf aus ab Beddgelert in nordwestliche Richtung erreichen *(N 53°04'25" W 4°08'40")*.

Der Weg steigt von Nordwesten her zu Beginn nur mäßig an, teils verläuft er in weiten Serpentinen nach oben. Später am Kamm wird er allerdings steil und man muss einige Passagen über Geröll nehmen. Erst kurz vor dem Gipfel quert er die Schienen und vereint sich mit dem Llanberis Pfad. Unterwegs gibt es keine Versorgung. Der Weg gehört zu den seltener genutzten Aufstiegsvarianten. Da es vom Parkplatz nur rund 2,5 Kilometer zum Start / Endpunkt des Rhyd Ddu Pfades sind, ließe sich gegebenenfalls auch eine Rundtour daraus machen.

Wegvariante 3: Der Rhyd Ddu Pfad

(Hin / Rück 12 km, mind. 6 h, 895 Hm)

Der Weg beginnt im Dorf Rhyd-Ddu das Sie am besten von Tour Fünf aus ab Beddgelert in nordwestliche Richtung erreichen *(N 53°03'03" W 4°08'00")*.

Dieser Weg führt aus südwestlicher Richtung zum Gipfel. Die ersten zwei Kilometer gehen gemächlich ansteigend dahin, dann wird es jedoch mit einem Mal felsig und steil. Der letzte Teil folgt dem Grat und ist ziemlich schmal und ausgesetzt. Er führt an tiefen Abhängen entlang. Erst kurz vor dem Ziel vereint er sich mit dem Watkin Path. Unterwegs gibt es keine Versorgung. Der Weg gilt als die am wenigsten begangene Aufstiegsvariante. Da es vom Parkplatz nur rund 2,5 Kilometer zum Start / Endpunkt des Ranger Pfades sind, ließe sich auch eine Rundtour daraus machen.

Wegvariante 4: Der Watkin Pfad

(Hin / Rück 13 km, mind. 7h, 1015 Hm)

Der Weg beginnt am Weiler Plas Gwynant auf halbem Weg zwischen Pen-y-Pass und Bedgellert. Er ist gut von Tour Fünf aus oder im weiteren Verlauf von Tour Sieben am Ende des Llanberis Passes rechts ab zu erreichen *(Parkplatz rechts nach dem Llyn Dinas bei N 53°02'09" W 4°02'52")*.

Dieser aus südöstlicher Richtung ansteigende Pfad ist der körperlich herausforderndste, da die größte Steigung zurückgelegt werden muss. Beginnend in einer Senke starten Sie fast auf Seehöhe. Auch dieser Weg beginnt nur mäßig ansteigend, wird dann aber nach etwa der ersten Weghälfte sehr steil und steinig. Gegen Ende muss dann noch ein loser Geröllhang überwunden werden. Unterwegs gibt es keine Versorgung.

Wegvariante 5: Der Pyg Pfad

(Hin / Rück 11 km, mind. 5.30 h, 723 Hm)

Der Weg beginnt am höchsten Punkt »Pen-y-Pass« des Llanberis Passes, einige Kilometer hinter Llanberis *(Parkplatz bei N 53°04'50" W 4°01'15")*.

Der Startpunkt liegt dort am westlichen Ende des Parkplatzes und weist die wenigsten Höhenmeter aller Routen auf. Dennoch gilt er als besonders rau und herausfordernd, denn schon zu Beginn klettert der Weg steil aufwärts über felsigen Untergrund. Im Verlauf geht das so weiter, die steilen und felsig ausgesetzten Passagen nehmen allerdings noch zu, wenn Sie sich oberhalb der Bergseen Llyn Llydaw und Llyn Glaslyn entlang der Flanken des Horseshoe-Kamms nach oben kämpfen. Der Weg trifft dann kurz vor dem Ziel auf den Llanberis Pfad und vereint sich mit diesem. Unterwegs gibt es keine Versorgung, immerhin aber zu Beginn eine Berghütte am Parkplatz. Da Start und Endpunkt mit dem Miners Pfad identisch sind, lässt sich daraus auch gut eine Rundtour machen.

Wegvariante 6: Der Miners Pfad

(Hin / Rück 13 km, mind. 6 h, 723 Hm)

Der Weg beginnt am gleichen Parkplatz wie der Pyg Pfad, am Höhepunkt Pen-y-Pass des Llanberis Passes *(Parkplatz bei N 53°04'50" W 4°01'15")*.

Von dort starten Sie allerdings in südliche Richtung. Zunächst steigt der Pfad recht gemütlich an und Sie passieren die Bergseen Llyn Tern und Llyn

Llydaw direkt an deren Ufern. Steiler und rauer wird dann der Übergang zum dritten Bergsee, Llyn Glaslyn. Nach dem See müssen Sie einige hundert Meter sehr steiles Terrain meistern, um sich an dieser Stelle für den letzten Kilometer dem ausgesetzten, nicht weniger anspruchsvollen Pyg Pfad am Horseshoe-Kamm anzuschließen. Unterwegs gibt es keine Versorgung, immerhin aber zu Beginn eine Berghütte am Parkplatz. Da der Start und Endpunkt mit dem Pyg Pfad identisch ist, lässt sich daraus auch gut eine Rundtour machen.

Sherpa Bus Service und Parkplätze

Da die Parkmöglichkeiten am Beginn der Wanderwege begrenzt sind, ist seit einiger Zeit ein Parksystem während der Saison eingerichtet worden, bei dem viele Wanderparkplätze außerhalb von Llanberis vorab online angemeldet werden müssen, um sicher unterzukommen, ohne dies wird es in der Hauptsaison schnell aussichtslos mit dem Womo einen Platz zu finden. Dann bietet der Snowdon Sherpa Bus Service die Möglichkeit von den größeren Orten der Umgebung die Wege zu erreichen. Sie werden gebracht und wieder abgeholt und können oft sogar mehrere Wegvarianten kombinieren. Preis pro Strecke ab 1,80 £, Busse S1 bis S4. Parkplatzreservierung, Abfahrtszeiten der Busse und mehr unter snodwonia.gov.wales/visit/snowdon

Pen-y-Pass und Capel Curig *(200 Einwohner)*
Gleich hinter Llanberis und Nant Peris steigt die aussichtsreiche A4086 zur Passhöhe Pen-Y-Pass an und erlaubt Ihnen echtes Hochgebirgsfeeling in Wales. Der Pass selbst ist ein beliebter Startpunkt für Bergwanderungen, einerseits zum Mount Snowdon *(siehe Wanderrouten zuvor)*, andererseits aber auch zum nördlich gelegenen Gipfel **Glyder Fawr** oder, nicht ganz so weit, zum Bergsee **Llyn Cwmffynnon**. An der nächsten Einmündung **Pen-y-Gwyrd** halten Sie sich dann links und fahren zunächst bis Capel Curig. Das ***Slabod Café*** am südlichen Ortsrand ist nicht nur ein be-

liebter Gastrotreff und Informationszentrale für Wanderer und Mountainbiker, sondern auch ein Platz für die Nacht. Die rührigen Betreiber haben eine ganze Reihe eigener Wanderideen für die Gegend zu Papier gebracht. Die Beschreibungen sind für Gäste kostenlos erhältlich, für die zugehörige Karte werden rund vier Pfund fällig. Sie können aktuell zwischen zwölf Wegen mit 2,5 bis 20 Kilometer Länge wählen. Es gibt aber auch noch eine ganze Reihe alternativer Nachtplätze, wie kurz zuvor direkt am Seeufer. Gleich zwei einfache Haltebuchten dienen dort regelmäßig als Nachtplatz.

206 **N 53°05'57" W 3°55'58"**, A4086 und **N 53°06'05" W 3°55'37"**.

207 Capel Curig – *Slabod Cafe*

GPS: N 53°06'07" W 3°54'08", A5, LL24 0EL, Tel. 01690 72 04 29, www.moelsiabodcafe.co.uk. **Max. WOMOs**: 5 – 6. **Ausstattung**: WiFi, Toiletten, Frühstücksservice. **Beschreibung**: Parkplätze auf Asphalt neben dem Café. Kein Schatten, eben, nachts ruhig, 600 m in den kleinen Ort, tagsüber Essen erhältlich. **Preis**: 5 £. **Zufahrt**: In Capel Curig rechts halten, dann nach 600 m auf der linken Seite. **Hinweis**: Recht schön und etwas besser ausgestattet ist sonst die naturnahe ***Dolgam Campsite*** ein Stück weiter rechts der Straße, N 53°05'57" W 3°52'34", LL24 0DS, Tel. 07375 68 27 69, www.dolga-snowdonia.cu.uk, ganzjährig geöffnet, 18 – 23 £.

Betwys-y-Coed *(560 Einwohner)*
Nach einer Weile stoßen Sie auf den Lligwy Fluss, dem die A5 nun bis Betwys-y-Coed folgt. Unterwegs kommen Sie bei N 53°06'05" W 3°51'01" noch am **Picknickplatz Cae`n y Coed** mit mehreren Ebenen und Parkbuchten vorbei. Kurz darauf folgen die schönen, in mehreren Kaskaden verlaufenden **Swallow Falls**. Schon seit über 100 Jahren werden Sie als Touristenattraktion vermarktet, der Zugang ist über ein paar Stufen an der Straßennordseite leicht möglich, parken können Sie gegenüber am zuletzt geschlossenen Swallow Falls Hotel *(N 53°06'08" W 3°50'42", 2 £ Eintritt*

Brücke in Beteys-y-Coed

am Drehgitter zu zahlen).

Der Ort selbst ist dann recht charmant und voller kleiner Pensionen und »B&B`s«. Da diese meist erschwinglich sind, gehört er zu den beliebtesten Basislagern für outdoorbegeisterte junge Briten im Snowdonia National Park. Einen zentralen Parkplatz finden Sie in der Station Road bei N 53°05'37" W 3°48'04". In direkter Nachbarschaft dazu liegt ein kleines **Motor Museum** das klassische Fahrzeuge meist britischer Herstellung zeigt. Daneben befindet sich das **Conwy Valley Railway Museum**, in dem Sie mit einer Modellbahn eine Runde drehen können und sich über die Eisenbahntradition des nach Norden führenden Tals informieren. Außerdem finden Sie das **Snowdonia National Park Information Centre** neben dem Parkplatz. Es bietet Informationen zu Wegen, Wanderungen, Sehenswürdigkeiten und mehr in der Umgebung. Verpassen Sie auch nicht die *Sappers Suspension Bridge* nahe der Old St. Michaels Church hinter dem Bahnhof, die ein schönes Fotomotiv darstellt. Und wenn Sie dann noch einen Happen zu sich nehmen wollen, werden Sie vielerorts in Betws-y-Coed fündig, beispielsweise im ***Olif***, im ***Stables***, im ***Grill Room*** *(alle Holyhead Road)* oder dem ***Alpine Coffee Shop*** *(Station)*. Etwas außerhalb finden Adrenalin-Junkies mit der **ZIP-World Betwys-y-Coed** eine Art großen Abenteuerspielplatz samt Hochseilgarten, Flying Fox, Coaster-Rodelbahn und noch einigem mehr *(N 53°06'04" W 3°47'14", LL24 0HX, Öffnungszeiten und Preise nach Attraktion siehe Website, www.zipworld.co.uk).*

Statt nun weiter über die A470 nach Norden zu rauschen, können Sie auch die kleinere, gemütliche B5106 in Richtung Llanwrist einschlagen. Sie verläuft westlich des River Conwy am Waldrand entlang. Zunächst streifen Sie dort einen Campingplatz.

208 Betwys-y-Coed – *Cwmlanerch Campsite*

GPS/Kontakt: N 53°06'19" W 3°47'46", Cwmlanerch, LL24 0BG, Tel. 07394 48 08 15, www.snowdonia-cwmlanerch.co.uk. **Öffnungszeiten**: März–Okt. **Ausstattung**: Waschmaschine/Trockner, sonst campingplatzüblich, aber kein Strom. **Beschreibung**: Plätze auf Asphalt oder Wiese, ruhige Lage neben einer Farm, kaum Schatten. 1,6 km bis in den Ort. **Preis**: 24 £. **Zufahrt**: In Betws-y-Coed links Richtung Trefriw über eine kleine Brücke fahren, danach links halten bis zum Campingplatz auf der rechten Seite. **Hinweis**: Alternativ übernachten Sie direkt am Ortsrand sonst am Riverside Touring Park samt Golfplatz – gut, aber teurer, N 53°05'36" W 3°47'58", Old Church Road, LL24 0AL, Tel. 07394 48 08 15, www.snowdonia-cwmlanerch.co.uk, etwa März – Jan., ab 32 £, Discount für Camping and Caravanning Club-Mitglieder.

Ein Stück weiter biegen Sie links zu einem stillen Picknickplatz mit etwas steiler Zufahrt im Wald ab *(N 53°07'50" W 3°47'59")* oder besuchen rechter Hand **Gwydir Castle**. Es ist ein gutes Beispiel für einen Herrensitz der Tudorzeit, stammt aus dem frühen 16. Jahrhundert und war einst Wohnsitz der illustren Familie Wynn. Teile des bis heute privat geführten Hauses können samt Garten besichtigt werden, ein anderer Bereich wird als »Bed and Breakfast Deluxe« genutzt *(sehr begrenzte Parkmöglichkeiten neben dem Eingang am Seitenstreifen, Apr. – Okt. Mi. / Fr. – So. 11.00 – 16.00 Uhr, 10 £, www.gwydircastle.co.uk)*.

Das Conwy Tal

Danach biegen Sie rechts ab und fahren über eine Brücke nach **Llanrwist** *(3.300 Einwohner)*. Vergessen Sie dabei nicht sich umzusehen oder doch vorher noch einen kurzen Halt einzulegen – die alte Steinbrücke mit dem von Wein überwucherten **Tu Hwnt I´r Bont Tea Room** gehört zu den beliebtesten Fotomotiven von Wales und ist auch einen Blick ins Innere wert. Parken und auch über Nacht stehen können Sie hier kurz zuvor an einem öffentlichen Park mit Spielplatz oder ein Stück weiter in Höhe der Bücherei links auf einen Parkplatz, der sich im hinteren Bereich ebenfalls für eine Nacht eignet.

Brücke in Llanrwist

Parkplatz 209 und Stellplatz 210

209 **N 53°08'09" W 3°47'57"**, Maes Parcio Gwydyr Car Park und **N 53°08'22" W 3°48'07"**, Station Road

Der Ort bietet einen ganz hübschen Hauptplatz und adrette Straßenzüge. Die Gegend ist hübsch, es ist nahe zu den Attraktionen der umliegenden Berge und in die touristisch interessanten folgenden Städte Conwy und Llandudno. Kein Wunder also, dass sich im Umkreis eine ganze Reihe Campingplätze, offizieller Stellplätze und ein WOMO-Pub befinden.

210 **N 53°08'49" W 3°46'41"**, ***Tan y Rhiw***, A548, LL26 0NL, Tel. 01492 64 09 17, Apr.– Okt., 20–25 £, £, nur für Camping and Caravanning Club Mitglieder.

211 **N 53°14'02" W 3°50'06"**, ***Wern Farm Caravan Park***, Tyn-y-Groes LL32 8SY, www.wernfarmcaravanpark.co.uk, März–Okt., ab etwa 30 £, Discount für Camping- und Caravanning Club Mitglieder.

212 **N 53°13'42" W 3°49'04"**, ***Tal y Cafn Restaurant***, B5279, LL28 5RR, Tel. 01492 65 00 16, frei bei Einkehr.

Bevor Sie Conwy erreichen machen Sie einen Abstecher nach Dolgarrig – zumindest wenn Sie den **Adventure Park Snowdonia** mit einer riesigen, künstlichen Wellenanlage anschauen oder ausprobieren. In zwei Kanälen werden verschieden hohe und schnelle Wellen erzeugt, die es den Surfern ermöglichen an einer Stelle oder auch entlang der fast 200 Meter langen Bahn ihr Können zu zeigen. Ein echtes Spektakel. Außerdem werden Kurse für Kajak und Kanu sowie Stand up Paddeling angeboten und es gibt einen Wasser-Geschicklichkeits-Parcours *(N 53°11'24" W 3°50'36", www.adventureparcsnowdonia.com)*.

Nur wenige Meter nach der Dolgarrog-Abfahrt ist rechts der A470 das **Bodnant Welsh Food Centre** angeschrieben. Dort dreht sich alles um das leibliche Wohl im Allgemeinen und walisische

Spezialitäten im Besonderen. Restaurant, Tea Room, Weinkeller und vor allem ein riesiger Farmshop laden zum Schlemmen, Probieren und natürlich auch Einkaufen ein. Wer mag, kann sich auch einen ganzen Korb zusammenstellen lassen, je nach Bedarf, für ein Picknick am Nachmittag oder als Mitbringsel für daheim *(N 53°14'00" W 3°48'19", Conway Cottages, LL285RP, Shop meist 9.30–17.00 Uhr, www.bodnant-welshfood.co.uk)*

Gleich die nächste Straße rechts ab ist dann mit den inzwischen bekannten, braunen National Trust Schildern markiert. Sie führt zu den **Bodnant Gardens**. Ob es, so wie oft behauptet, der schönste Garten von Wales ist, darf Geschmackssache bleiben, sicher ist es aber der bekannteste und einer der größten. Auf einem abwechslungsreichen Rundgang durch verschiedenste Teile und Habitate erleben Sie zum Beispiel ein Tal voller uralter, riesiger Nadelbäume und einem dazwischen über mehrere Stufen dahinplätschernden Bach. Es gibt Wildblumenwiesen und akkurat gestaltete Beete mit Pflanzen aus aller Welt. Kaum zu übersehen sind auch die üppigen Rhododendren, Magnolien und Kamelien, die teils weit über 100 Jahre alt sind. Im Garten dürfen Sie auch picknicken, ausreichend Parkplätze sind vorhanden *(N 53°14'04" W 3°47'49", Tal-y-Cafn, LL28 5RE, März–Okt. 10.00–17.00 Uhr, sonst bis 16.00 Uhr, 15 £, National Trust-Members frei, www.nationaltrust.org.uk*

Conwy *(14.800 Einwohner)*

Bevor Sie die Uferseite des Flusses Conwy zum Besuch der gleichnamigen Stadt wechseln, lohnt für Naturliebhaber und Vogelfreunde zuvor ein Halt am **RSPB Nature Reserve Conwy**. Das Gelände ist vor allem für regelmäßige Sichtungen von Uferschnepfen, Kiebitzen, Schilfrohrsängern, Brandenten und Wasserrallen bekannt, doch auch viele andere Vögel sind regelmäßig zu Gast. Beobachtungstürme und drei Naturpfade, die sich zu ei-

nem rund bis zu drei Kilometer langen Rundweg vereinen lassen, bieten gute Voraussetzungen für einen abwechslungsreichen Besuch, wer mag kann auch Ferngläser mieten, das Picknickareal nutzen oder im Tea Room einkehren *(N 53°16'48" W 3°48'29", LL31 9XZ, meist 9.00–17.00 Uhr, 6 £, www.rspb.org.uk).*
Die Altstadt Conwys ist noch beinahe vollständig von einer Stadtmauer umgeben, am Ostende, direkt am Flussufer, thront das mächtige **Conwy Castle**. Mindestens so auffällig ist auch die alte **Suspension Bridge** gleich davor, die Sie zuerst sehen werden, denn Ihre moderne Zufahrtsbrücke verläuft gleich daneben. Parkplätze sind ein schwieriges Thema in den engen Gassen. Beste Möglichkeit ist der etwas südlich platzierte Asphaltplatz an der **Llanrwst Road** auf sogar eine ganze Reihe Tagesparkplätze speziell für Wohnmobile ausgewiesen sind *(N 53°16'44" W 3°49'43").* Um ihn zu erreichen, müssen Sie direkt nach der Burg die schmale Bahnunterführung links nehmen. Da aber auch Reisebusse und Betonmischer durchkommen, werden Sie die Stelle sicher ebenso gut meistern. Zur stadtnahen Übernachtung eignet sich folgender Stellplatz:

213 Llansanffrraid Glan Conwy – *Conwy Estuary Stopover*

GPS/Kontakt: N 53°16'00" W 3°47'53", Llanwrist Road, LL28 5ST, Tel. 01492 58 22 33 15, www.estuarystopover.co.uk. **Max. WOMOs**: 3. **Öffnungszeiten**: Ganzjährig. **Ausstattung**: Ver- / Entsorgung, Strom, Toiletten, Mülleimer, WiFi. **Beschreibung**: Durch Blumentröge getrennte Asphaltparker unmittelbar oberhalb des Flusses mit schönem Blick, ruhig, eben, kein Schatten, klappstuhlgeeignet, etwas unruhig durch nahe Bahnstrecke und Hauptstraße, im Ort, 3 km bis Conwy. **Preis**: 20 £. **Zufahrt**: Bei Fahrt über die A470 nach Conwy im Llansanffrraid linker Hand gleich neben dem Campingverleih. **Hinweis**: Telefonische Reservierung nötig. **Hinweis 2**: Alternativ übernachten Sie am ***Castle View Restaurant*** noch zentraler gegen Einkehr, N 53°17'25" W 3°49'20", Pentywyn Road, LL31 9TH, Tel. 01492 58 37 77, auch hier ist Reservierung Pflicht, da es nur zwei Plätze gibt.

214 Conwy – *Conwy Holiday Park*

GPS/Kontakt: N 53°15'58" W 3°50'13", Llanwrst Road, LL32 8HZ, Tel. 01492 59 28 56, www.conwyholidaypark.co.uk. **Öffnungszeiten**: Ende März – Ende Sep. **Ausstattung**: WiFi, In- und Outdoorspielplätze, Bar. **Beschreibung**: Sehr großer Platz mit mehreren durch Hecken getrennten Abteilen auf Asphalt oder Wiese. Teils Schatten, eben, rund 2,4 km in den Ort. **Preis**: 29 – 42 £. **Zufahrt**: Wie zum Stadtparkplatz in Conwy, dann einfach der Llanrwst Road weiter folgen bis zur rund 2,3 km entfernten Platzeinfahrt auf der linken Seite.

Unterwegs in Conwy

Vom Parkplatz aus bringt Sie eine Fußgängerunterführung in die Altstadt hinüber. Halten Sie sich links, um durch ein Tor die begehbare Stadtmauer mit ihren mehr als 20 Türmen zu durchschreiten. Gleich rechts am Platz neben der **Rose Hill Street** befindet sich der Eingang zum **Conwy Castle**, dass Sie über ein Stück Stadtmauer erreichen. Es ist das letzte der berühmten, weltkulturerbe-prämierten Burgen Edwards I., die Sie auf Ihrer Wales-Rundreise sehen, wenn Sie der Tourenreihenfolge des Buches gefolgt sind, und gleichzeitig eines der besterhaltenen. Für einen damals astronomischen Preis von 15.000 Pfund ließ der König das Kastell zwischen 1277 und 1307 errichten. Zwei Zugänge, acht Türme und die große, bogenförmige Haupthalle wurden perfekt an die enge Felsausbuchtung angepasst, auf der die Burg sitzt. Doch nicht nur die Fassade beeindruckt. Im äußeren Wohnbereich lagen die große Halle, Kammern und Küche, im inneren, geschützteren Teil die Kapelle und die königlichen Privatgemächer – man kann sich auf einem Rundgang noch recht gut vorstellen, wie das Burgleben ablief, wenn die royale Entourage zu Gast in Conwy war *(März – Okt. 9.30 – 17.00 Uhr, Jul / Aug. bis 18.00 Uhr, sonst Mo. – Sa. 10.00 – 16.00 Uhr, So. ab 11.00 Uhr, 7,95 £, CADW-Members frei, www.cadw.gov.wales)*

Gehen Sie nach dem Festungsbesuch vorbei am Café ***Press Room*** *(3, Rose Hill Street)* noch ein Stück in Richtung Flussufer, erreichen Sie die **Conwy Suspension Bridge**. Die 1820 von Thomas Telford erbaute Brücke gewährt einen großartigen Blick über den Fluss Conwy und beeindruckt mit ihrer massiven Konstruktion und den trutzigen Zugangstürmen. Dort befindet sich auch das winzige Mauthäuschen von dem aus Reisende und Händler, die in die Stadt wollten, zur Kasse gebeten wurden *(März – Okt., Brückenzugang frei, Toll House 1,50 £, www.nationaltrust.org.uk)*.

Die **Lower Gate Street** führt Sie nun links hinab zum Kai. An manchen Tagen können Sie Fischer dabei beobachten, wie sie Krebsreusen verladen oder ihre Boote fangbereit für die nächste Ausfahrt machen. Vor der **Conwy Lifeboat Station** können Sie die oftmals bis heute in Dienst stehenden Rettungsboote inspizieren. Direkt angrenzend befindet sich der **Conwy Mussel Centre**. Während im Winter dort die von den Fischern gefangenen Muscheln

Conwy Castle

TOUR 7

gespült und für den Verkauf verarbeitet werden, dient er im Sommer als Ausstellung zum Thema. Sie erfahren etwas über die Geschichte der Perlensuche, den Muschelfang heute, die Verarbeitung und was es mit dem Gerücht auf sich hat, dass Muscheln ein Aphrodisiakum sind *(Ostern – Aug., 10.30 – 16.30 Uhr, Eintritt frei)*.

Genießen Sie noch einmal die herrlichen Blicke auf die Flussmündung und das Hafenbecken bevor Sie links durch ein Tor in der Stadtmauer in die **High Street** abzweigen. Oder Sie gehen zuvor noch ein paar Meter weiter, vorbei am beliebten ***Parisella`s Ice Cream Parlour***, um das angeblich **schmalste Haus Großbritanniens** zu sehen. Tatsächlich ist das zwischen Stadtmauer und angrenzende Häuserreihe gequetscht wirkende rote Miniheim gerade mal 1,83 Meter breit und 3,10 Meter hoch. Letzter Bewohner war um 1900 ein 1,92 Meter großer Fischer namens Robert Jones, davor lebte ein altes Ehepaar darin. So klein es sein mag bietet es im Inneren zumindest Platz für ein Bett und einen Kamin *(Mär – Okt. 10.00 – 16.00 Uhr, Jul. / Aug. bis etwa 20.00 Uhr, 1,50 £ www.thesmallesthouse.co.uk)*.

Hinter dem Tor stehen Sie nun an einer Kreuzung. Schräg links gegenüber befindet sich die gute ***Popty Conwy Bäckerei*** *(4, Castle Street)* und das letzte verbliebene, mittelalterliche Handelshaus, das die turbulente Geschichte der Stadt überdauert hat. **Aberconwy House** ist bereits über 700 Jahre alt und Sie können die komplett möblierten Zimmer besichtigen, die auf einer Art Zeitreise im Stil verschiedener Perioden gestaltet sind *(Castle Street, D. – Sa. 10.00 – 16.00 Uhr, 4 £, National Trust-Members frei, www.nationaltrust.org.uk)*.

Es ist aber nicht das einzige alte Haus einer reichen Händlerfamilie das die Zeit überdauert hat, wie Sie gleich sehen werden. Wenn Sie die Hauptachse **High Street** weiter hinauf gehen, finden Sie eine ganze Reihe guter Cafés, Foodstores und Pubs wie ***L´s Coffee and Books***, ***The Galleon*** und eine

Kaimauer von Conwy, oben Plas Mawr

Llandudno Pier

weitere Filiale des ***Ice Cream Parlour*** vom Kai zuvor. Dann folgt rechts **Plas Mawr**. Es stammt aus dem 16. Jahrhundert und war die Heimat der Familie Wynn, deren Gwydir Castle Sie vielleicht schon zuvor besichtigt haben. In den originalgetreu eingerichteten Zimmern und Kammern erfahren Sie per Audioguide-Tour mehr über die einstigen Bewohner, ihre Sorgen und Nöte. Von der Hausherrin bis zum Kammerdiener sind alle vertreten. Das die munteren Wynns neben Kirchgang und Arbeit durchaus auch den profanen Lebensfreuden zugetan waren, zeigt neben den stets gut gefüllten Speisekammern vor allem die Wandverzierung im Saal des ersten Stocks recht plastisch, sehen Sie einfach selbst *(High Street, März–Sep. 9.30–17.00 Uhr, Okt. bis 16.00 Uhr, 8,70 £, CADW-Members frei, www.cadw.gov.wales)*. Am Ende der High Street gehen Sie dann am kleinen Platz nach links und vorbei am ***Eskins Arms*** zurück zum Ausgangspunkt.

Llandudno *(20.700 Einwohner)*
Auch die nächste Stadt, Llandudno, ist unbedingt sehenswert, wenn auch von völlig anderem Charakter. Nicht mittelalterliche Stadtmauern und jahrhundertealte Häuser machen das Flair aus, sondern prachtvolle Hotels und Promenaden, die an viktorianische Zeiten erinnern, als die Stadt mondänster und schickster Badeort des Königreichs war. Inzwischen ist der Glanz etwas verblichen, man kann ihn aber noch spüren. Neben einem Rundgang durch die Stadt ist vor allem die vorgelagerte, bergige Halbinsel Orme interessant. An der Spitze des Felshügels gibt es einen Aussichtspunkt, eine uralte Mine und gleich mehrere Möglichkeiten mit Bahn oder Seilbahn hinaufzukommen, wenn man nicht zu Fuß aufsteigen möchte. Nicht entgehen lassen sollten Sie sich auch die aussichtsreiche Ringstraße »Marine Drive« die einmal ringsum führt. Ob Sie sich zuerst für die Rundfahrt oder den Ort entscheiden müssen Sie selbst entscheiden.

Der **Marine Drive** startet nordwestlich der Promenade bei N 53°19'52" W 3°49'50" am Ende der **Happy Valley Road** und ist als Einbahnstraße nur in diese Richtung befahrbar *(Maut 3,90 £)*. Auf der rund fünf Kilometer langen Schleife haben Sie eine wunderbare Aussicht zurück auf die Stadt mit dem ins Meer ragenden

Bucht von Llandudno

Pier, hunderten von Windrädern, die vor der Küste ins Meer gepflanzt wurden, die Klippen unterhalb der Straße und, nachdem Sie das *Rest And Be Thankful Café* an der Spitze passiert haben, auf die Mündungsbucht des Conwy Flusses und den Menai Strait. Am Café werden neuerdings Nachstellplätze angeboten.

215 **N 53°20'29" W 3°52'10"**, Marine Drive, LL30 2XD, 10 £, Ankunft bis spätestens 17 Uhr.

Schon nach dem ersten Drittel der Runde können Sie links über die steile aber machbare **St. Tudno`s Road** auch den Great Orme-Hügel mit dem Womo erklimmen. In diesem Fall sparen Sie sich das Geld für die Auffahrt mit der Bahn. Die **St. Tudno`s Kapelle** unterwegs gibt es bereits seit dem 6. Jahrhundert, die heute zu sehende Ausführung entstand aber erst 600 Jahre später. Sie gilt als ältestes Gebäude der Stadt und erinnert an den gleichnamigen Schutzheiligen, einen Eremit, der hier einst gelebt haben soll. Nachdem Sie auf die von links ansteigende **Ty-Gwyn Road** gestoßen sind, fahren Sie rechts weiter. Eine lohende Unterbrechung stellt links die 4000 Jahre alte **Great Orme Ancient Mine** aus der Bronzezeit dar. Sie gilt als weltweit größte erhaltene diese Epoche. Ein Film veranschaulicht, wie die Mine in den 1980er Jahren freigelegt wurde. Dann geht es mit Schutzhelmen ausgestattet in die 3500 bis 4000 Jahre alten Grubenabschnitte hinab. Mitarbeiter stehen Ihnen für Fragen jederzeit zur Verfügung *(N 53°19'48" W 3°50'51", LL30 2XG, Mitte März – Okt. 10.00 – 17.00 Uhr, 10,50 £, www.greatormemines.info)*.

Am Gipfelparkplatz genießen Sie die Aussicht auf Küste, Bahn und Seilbahn, die ebenfalls an dieser Stelle ankommen. Im **Summit Complex** gibt es eine Bar, ein Café und im Freigelände einen Spielplatz sowie die Möglichkeit eine Runde Minigolf zu spielen – wenn nicht gerade der Wind so eine steife Brise vom Meer herüberschickt, dass die Golfbälle von selbst die Bahnen hinab rollen...

Nach Beendigung der Rundfahrt haben Sie die besten Chancen auf einen Stellplatz etwas von der Promenade zurückver-

setzt. Entweder am **York Road Car Park** *(N 53°19'26" W 3°50'12", Whiston Passage)*, am Museumsparkplatz gegenüber *(N 53°19'24" W 3°50'11", Maelgwyn Road)*, am etwas engen Parkplatz in der **Lloyd Passage** bei N 53°19'19" W 3°49'59" nebend er Penderyn Distillery oder, am zentralsten aber vollsten, in der **Market Street** bei N 53°19'29" W 3°49'55". Auch an der Strandpromenade können Sie noch Ihr Glück versuchen.

Unterwegs in Llandudno

Von den beiden erstgenannten Parkplätzen gehen Sie auf der großen **Gloddaeth Street** nach Nordosten in Richtung Promenade. Vom Dritten am Ende der Zufahrt links durch die **St. Mary`s Road** bis zur gleichen Straße und dann rechts. Vom vierten Parkplatz nehmen Sie die **Market Street** in südliche Richtung und dann, rechts ab, die **Chapel Street**.

So kommen Sie in jedem Fall zuerst am **Llandudno Museum** an. Es erzählt die Stadtgeschichte von ersten prähistorischen Siedlern bis heute anhand von Schautafeln, archäologischen, geologischen und zeitgenössischen Stücken *(17 – 19 Gloddaeth Street / Ecke Chapel Street, Ostern – Okt. Di. – Sa. 10.30 – 13.00 Uhr und 14.00 – 17.00 Uhr, So. 14.15 – 17.00 Uhr, sonst Di. – Sa. 13.30 – 16.30 Uhr, Jan. geschlossen, 6 £, www.llandudnomuseum.co.uk)*.

Direkt dahinter, in der kleinen Parallelstraße **New Street** befindet sich das ***Home Front Experience***. Es lässt Besucher in die Zeit des Zweiten Weltkriegs zurückkehren und vermittelt mit audiovisuellen Mitteln das Gefühl der walisischen Heimatfront zu dieser Zeit *(Mitte März – Mitte Nov., Mo. – Sa. 10.00 – 16.30 Uhr, So. bis 14.00 Uhr, 4,20 £, www.homefrontmuseum.co.uk)*.

Noch ein kleines Stück weiter entlang der **Gloddaeth Street**, vorbei am ***Tiffany Cafe*** *(Nr. 17)* in Richtung Promenade führt links die schmale ***Bod-Hyfryd Road*** auf direktestem Weg zum Talbahnhof der **Great Orme Tramway** – falls Sie nicht mit dem Wohnmobil auf den Hügel gefahren sind, eine Alternative, um die schöne Aussicht zu genießen *(Church Walks / Ecke Old Road, Ende März – Okt., 10.00 – 18.00 Uhr, Hin- und Rückfahrt 9,75 £, www.greatormetramway.co.uk)*.

Sie gehen dann die **Old Road** ein Stück hinauf, unterwegs können Sie sich im ***Kings Head Pub*** oder bei ***Fish Tram Chips*** stärken. Schwenken Sie nun rechts in die **Wyddfyd Road**, erreichen Sie den **Llandudno Ski and Snowboard Centre**. Nicht unbedingt zu erwarten an der walisischen Meeresküste... Tatsächlich kann man aber auf einer knapp 200 Meter langen Perma-Snow-Bahn jahreszeitenunabhängig bei gutem Wetter mit Ski, Snowboard oder Gummireifen die Piste hinabbrausen oder Minigolf spielen, das Ganze schön zeitlich gestaffelt damit man sich nicht in die Quere kommt. Wenn Sie allerdings auch anderswo die Chance haben auf echtem Schnee unterwegs zu sein, ist die 750 Meter lange Sommerrodelbahn gleich daneben vielleicht eher was für Sie *(Happy Valley Road, ganzjährig mit wechselnden Zeiten, ab 10 £, www.jnlllandudno.co.uk).*

Unterhalb der Rodelbahn fällt ein Fahrweg zum Meer hin ab. Den nehmen Sie und kommen unterwegs an den **Happy Valley Gardens** vorbei. Der öffentliche Park unter Protektion des CADW wurde der Stadt 1887 von Lord Mostyn gespendet. Herzstück ist der Queen Victoria Trinkbrunnen, dahinter wurde ein druidischer Steinkreis nachempfunden. Am Ende der Straße stoßen Sie auf den Beginn des Marine Drives gleich unter Ihnen. Rechts kommen Sie zur Talstation der **Llandudno Cable Car**-Seilbahn, nach Womotour und Trambahn die letzte und spannendste, aber auch teuerste Möglichkeit für einen Abstecher auf den Hügel *(LL30 2XF, Apr. – Okt., wetterabhängig, etwa 10.00 – 19.00 Uhr, Hin und Zurück 13 £,).*

Hinter dem Seilbahngebäude sehen Sie ein kleines, achteckiges Gebäude auf der Wiese, das Sie über einen Pfad erreichen können. Dabei handelt es sich nach der von Aberystwyth auf Tour Vier um eine weitere **Camera Obscura**. Wenn Sie einen Blick hineinwerfen möchten, können Sie die durch eine Linse wiedergegebene Landschaftsabbildung erleben. Diese Art der Spiegelung nutzten frühe Fotografen und schon seit dem 15. Jahrhundert Landschaftsmaler, die so Details und Proportionen besser fassen und abskizzieren konnten *(Hill Terrace, Mitte Apr. – Ende Sep. 11.00 – 16.00 Uhr, 4 £).*

Über die **Hill Terrace** und links in den **Church Walks** mit guten, aber etwas teureren Lokalen wie dem ***Seahorse*** *(Nr. 7)*, dem ***Queen Victoria Pub*** *(Nr. 4)*, dem ***Snooze*** *(Nr. 3)* und, vorne an der beginnenden Promenade, dem ***Osborne`s Grill*** gehen Sie Richtung Meer. Längst sehen Sie auch schon den fast 680 Meter langen **Pier** von 1878 ins Meer hinausragen. Es ist der längste in Wales und gilt als einer der schönsten Großbritanniens. Mit seinen Geschäften, Unterhaltungsbetrieben, Cafés und Bars ist er bis heute eine der beliebtesten Attraktionen der Stadt *(Mai – Sep. 10.00 – 22.00 Uhr, sonst Do. – So. 10.00 – 18.00 Uhr, wetterabhängig).*

Nun können Sie noch ein Stück entlang der prächtigen Promenade mit ihren schönen Hausfassaden des 19. Jahrhunderts ambulieren, etwa bis zur **Clonmel** oder **Vaughan Street**, um dann zwei oder drei Parallelstraßen dahinter zurückzugehen. Dort befinden sich die meisten Geschäfte, Bars und Restaurants. Zu empfehlen sind, je nachdem welchen Weg Sie wählen, etwa das ***Indulgence Cafe*** *(10, Clonmel Street)*, ***Forte`s Restaurant*** *(69 Mostyn Street)* sowie ***The Albert*** *(56Madoc Street)*. Vielleicht haben Sie auch Lust das **Chocolate Experience** mitzumachen? Dort wird in neun Stationen die Geschichte der Schokolade erklärt – Kostproben selbstverständlich inklusiv *(John Street,*

Strand in Llandudno

LL30 2AB, Di. / Do. 10.00 – 16.00 Uhr, Mi- / Fr. nur bis 13.00 Uhr, 5,50 £, www.llandudnochocolateexperience.co.uk). In der **Mostyn Street** stoßen Sie zwischendurch auch auf die **Touristeninformation**. Daneben startet ein ganz besonderer Stadtrundgang *(siehe Alice im Wunderland Rundgang)*. Am Ende der Straße gelangen Sie zur **Gloddaeth Street** zurück, wo Sie Ihren Rundgang begonnen haben und sicher wieder zu Ihrem Fahrzeug zurückfinden.

Alice im Wunderland-Stadtrundgang

Llandudno war einst das jährliche Reiseziel von Alice Liddell, dem Mädchen das Lewis Carroll als Vorlage für seinen berühmten Roman diente und für die er es schrieb. 1861 kam sie erstmals im Alter von 8 Jahren in die Stadt und berichtete Carroll davon. Dies konnte nicht unerwähnt bleiben und die Stadt kreierte eine Attraktion. Nun können Sie auf fantasievolle Spurensuche nach dem weißen Kaninchen, der Grinsekatze oder der Herzkönigin gehen. Eine entsprechende Stadtkarte für den Rundgang und mehr Informationen erhalten Sie in der Touristeninformation. Die Tour funktioniert besonders gut unter Einbeziehung von »Augmented Reality«, wenn Sie ein iOS- oder Androidgerät *(Smartphone oder besser Tablet)* bei sich haben: dann können Sie ein Programm herunterladen, das dann an bestimmten Stellen der Stadt über den Bildschirm Figuren aus der Geschichte ins Ortsbild projiziert – nicht nur für Kinder eine spaßige Idee.

Colwyn Bay *(34.300 Einwohner)*
Fahren Sie entlang der Strandpromenade nun weiter Richtung Osten. Nach Llundadno geht es am Hügel Little Orme zunächst ein Stück bergauf, dann fällt die Straße nach **Penrhyn Bay** ab. Von hier lohnt eine kurze Wanderung am Küstenpfad zurück bis zur Landspitze. Denn dort lebt eine Robbenkolonie in der **Angel Bay**. Einen Parkplatz müssen Sie in den angrenzenden Wohngebieten oder am schmalen Strandstreifen selbst finden, da keine größeren Flächen vorhanden sind.

Colwyn Bay hat dann einen gar nicht mal so hässlichen Strand vorzuweisen. Parkplätze finden Sie an der Uferstraße, vielleicht die letzte gute Gelegenheit noch einmal das Wasser auszutesten. Etwas weiter landeinwärts sitzt der **Welsh Mountain Zoo** in den Hügeln, der Hauptanziehungspunkt der Gemeinde. Neben einheimischen Tieren sind Schneeleoparden, Schimpansen, Rote Pandas und Sumatra Tiger die Stars der Tierparks. Ganz nett sind auch die anderen Themenbereiche gestaltet, wie die »Pinguin Parade«, das »Affentreffen«, die »Bärenfalle« oder der »Kondorhafen« . Außerdem können Sie den Seelöwen beim Training zusehen und Ihre Kleinen im Jungle- und Tarzan-Abenteuerland beim Austoben beobachten *(N 53°17'36" W 3°44'45", Old Highway, LL28 5UY, Feb. / März / Nov. 9.30 – 17.00 Uhr, Apr. – Okt. bis 18.00 Uhr, sonst bis 16.30 Uhr, 18,40 £, ermäßigter Onlinepreis, www.welshmountainzoo.org)*. Eine letzte Übernachtungsgelegenheit bietet der Parkplatz am **Erias Park**.

216 N 53°17'35" W 3°42'59"

Tour 8

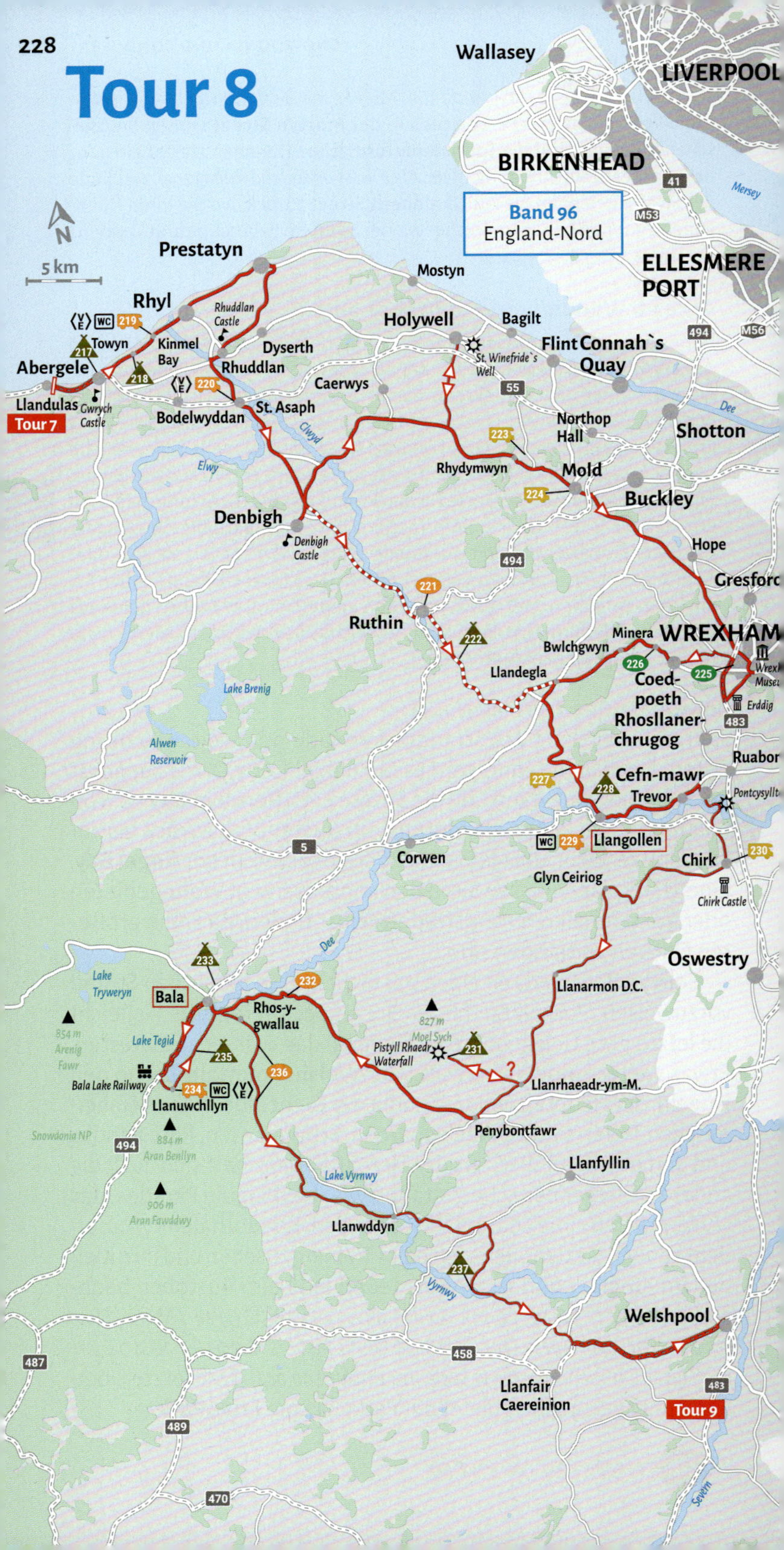
Wallasey
LIVERPOOL
BIRKENHEAD
41
Mersey
Band 96
England-Nord
M53
ELLESMERE PORT
494
M56
N
5 km
Prestatyn
Mostyn
Rhyl
Rhuddlan Castle
Holywell
Bagilt
219
Towyn
217
Kinmel Bay
Dyserth
Flint
Connah`s Quay
Abergele
218
Rhuddlan
St. Winefride`s Well
220
Caerwys
55
Llandulas
Gwrych Castle
Bodelwyddan
St. Asaph
Dee
Tour 7
Clwyd
Northop Hall
Shotton
223
Elwy
Rhydymwyn
Mold
224
Buckley
Denbigh
Denbigh Castle
494
Hope
Gresford
221
Ruthin
222
Minera
WREXHAM
Bwlchgwyn
226
225
Llandegla
Coed-poeth
Erddig
Lake Brenig
Rhosllaner-chrugog
483
Alwen Reservoir
Ruabon
Cefn-mawr
227
228
Trevor
Pontcysyllte
5
WC
229
Llangollen
230
Corwen
Chirk
Glyn Ceiriog
Chirk Castle
Oswestry
233
Dee
Lake Tryweryn
Bala
232
Llanarmon D.C.
Rhos-y-gwallau
827 m
Moel Sych
854 m
Arenig Fawr
Lake Tegid
235
Pistyll Rhaedr Waterfall
231
236
Bala Lake Railway
234
WC
Llanrhaeadr-ym-M.
Llanuwchllyn
Penybontfawr
Snowdonia NP
884 m
Aran Benllyn
494
Llanfyllin
Lake Vyrnwy
906 m
Aran Fawddwy
Llanwddyn
237
Vyrnwy
Welshpool
487
458
Llanfair Caereinion
483
Tour 9
489
470
Severn

Northern Wales
310 km

Ein letztes Mal schnuppern Sie auf dieser Tour walisische Seeluft an der Nordküste. Dann erkunden Sie das Landesinnere und lernen dabei heilige Quellen, pompöse Herrenhäuser, berühmte Aquädukte, Wasserfälle und die wundervolle Natur zwischen Bala- und Vyrnwysee kennen.

- **Erddig House**
- **Chirk Castle**
- **Pistyll Rhaedr Waterfalls**
- **Lake Bala**

Golden Coast

Wenn Sie der Küstenlinie folgen, kommen Sie durch eine Reihe bei englischen Urlaubern beliebter Badeorte. Der Name »Golden Coast« klingt vielversprechend. In Realität besteht sie aus tausenden von Mobilheimen, die recht unmotiviert in die Landschaft geworfen wurden, Fast Food Läden und, je weiter Sie nach Osten kommen, zunehmend Spielhallen und ähnlichen Amüsierbetrieben. In **Abergele** können Sie eine der größten Burganlagen von Wales besichtigen, **Gwrych Castle**. Viele Jahre fast vergessen, war die Anlage, die noch in den 1950er Jahren in vollem Glanz erstrahlte, zwischenzeitlich verfallen und durch Wind, Wetter und Vandalismus zerstört. Erst seit kurzer Zeit kümmert sich ein Trust um die Wiedererrichtung und touristische Nutzung. Eine Initialzündung in Sachen Aufmerksamkeit gab es während der Corona-Zeit, als die britische Version von »Ich bin ein Star, holt mich hier raus« wegen Reisebeschränkungen vorübergehend hier gedreht wurde. Wenn Sie selbst ein wenig durch die bereits wiedererrichteten Gartenteile, Räumlichkeiten und Filmkulissen streifen wollen, finden Sie die versteckte Einfahrt neben einem Campingplatz mit Farmpark hinter dem Golfplatz bei N 53°17'04" W 3°35'32". **Neben dem regulären Eintritt können Sie in manchen Nächten eine »Ghost Hunt« buchen**, da die Burg als stark verspukt gilt... *(Tan-Y-Gopa Road,LL22 8ET, Mi. – So. 10.00 –18.00 Uhr, im Winter teils nur Sa. / So., 11 £, www.gwrycastle.co.uk).*

Eine Initialzündung in Sachen Aufmerksamkeit gab es, als die britische Version von »Ich bin ein Star, holt mich hier raus« ahier gedreht wurde.

217 Abergele – *Manorafon Farm Touring and Camping*

GPS/Kontakt: N 53°17'01" W 3°35'41", LL22 8ET, Tel. 01745 83 32 37,

Gwrych Castle

www.manorafon.co.uk. **Öffnungszeiten**: März – Sep. **Ausstattung**: Waschmaschine / Trockner, angeschlossener Farmpark. **Beschreibung**: Rasencamping an der Einfahrt zu Gwrych Castle, eben, teils schattig, an der Hauptstraße gelegen, rund 700 m in die Ortsmitte oder 1,2 km zum Strand. **Preis**: 21 – 26 £. **Zufahrt**: Wie Gwrych Castle, an der A547 rechts ab durch das Schloss-Tor.

Die nächsten Küstenorte **Towyn**, **Kinmel Bay**, **Rhyl** und **Prestatyn** haben allesamt ganz ordentliche Strände, leider sind diese aber meist recht voll, laut und dadurch nicht sonderlich idyllisch. Als Individualurlauber mit eigenem WOMO, der nicht über mehrere Tage auf einem Campingplatz verweilen möchte, scheinen Sie nicht sonderlich willkommen, fast alle Parkplätze weisen Höhenbeschränkungen oder Verbote aus und Sie parken, wenn überhaupt, besser am Seitenstreifen der Hauptstraße. Eine Ausnahme gibt es bislang am Nova West Carpark bei N 53°20'30" W 3°24'54", Beach Roadin Prestatyn. Wenn Sie sich selbst ein Bild der in britischer Presse als »Working Class Holiday Resorts« titulierten Urlaubsanlagen machen wollen, gibt es ein paar Gelegenheiten, die auch »Touring guests« wie Sie aufnehmen. Ansonsten verabschieden Sie sich nun von der See und starten zu einer Burgenrunde ins Landesinnere nach Rhuddlan.

218 Towyn – *Henellys Farm Camping*

GPS/Kontakt: N 53°17'59" W 3°32'44", Towyn Road, LL22 9HF, Tel. 01745 35 12 08, www.henllys.com. **Öffnungszeiten**: März – Sep. **Ausstattung**: Wachmaschine / Trockner, Spielplatz. **Beschreibung**: Großer sauberer Rasencampingplatz am Ortsrand, kein Schatten, eben, recht ruhig, rund 400 m in den Ort, 1 km zum Strand. **Preis**: 21 – 39 £. **Zufahrt**: Wie Gwrych Castle, an der A547 rechts ab durch das Schloss-Tor.

219 Kinmel Bay – No. 22 Denbigh Circle

GPS/Kontakt: N 53°17'57" W 3°30'47", 22 Denbigh Circle, LL18 5HW, Tel. 01745 34 45 81, www.campingandcaravanningclub.de. **Max. WOMOs**: 5. **Öffnungszeiten**: Ganzjährig. **Ausstattung**: Ver- / Entsorgung, Strom, Toilette / Dusche, Mülleimer, Waschmaschine. **Beschreibung**: Auch ein kleiner Garten kann als Stellplatz diesen: Privatgrundstück mit durch Hecken getrennten Stellflächen, teils schattig, recht eben und ruhig, klappstuhlgeeignet, da in einer reinen Wohngegend. Im Ort, aber rund 1,6 km bis zum Strand. **Preis**: 10 £. **Zufahrt**: Wie Gwrych Castle, an der A547 rechts ab durch das Schloss-Tor. **Hinweis**: Nur für Camping- und Caravanning-Club Mitglieder, Reservierung empfohlen. **Hinweis 2**: Ein Stück weiter in Prestatyn gibt es einen zweiten, ganz ähnlichen privaten Minicampground in einem Garten. Er ist auch ohne Campingclub zugänglich, allerdings »Adults only«, ***Ty Morol***, N 53°20'23" W 3°24'04", 71 Marine Road, LL19 7HA, ganzjährig geöffnet, 10 £, nur WOMOs bis 2,70 m Breite und 7 m Länge zugelassen.

Rhuddlan *(3.700 Einwohner)*

Der kleine Ort ist heute nur noch wegen seiner Burganlage **Rhuddlan Castle** bekannt, die erste Edwards I. in Wales, noch bevor er seinen berühmten Burgenring weiter westlich errichten ließ. Durch ein mächtiges Tor betritt man die Vierkantanlage. In der Mitte, dort wo heute nur mehr Gras den Boden ziert, stand einst der königliche Saal, eine Kapelle und der Küchentrakt. Über eine neu errichtete Treppe gelangt man in den Ostturm und hat einen schönen Blick ringsum in die Grafschaft beziehungsweise heute den Bezirk Flintshire. Unten am Fluss steht etwas abseits der Gillot`s Tower, der den Seezugang der Burg schützte. Der Clwyd-Fluss wurde extra zwei Kilometer hierhin umgeleitet, damit die Burg auch vom Wasser aus versorgt werden konnte *(N 53°17'24" W 3°27'53", Castle Street, LL22 8HH, Apr. – Nov. 10.00 – 17.00 Uhr, 5 £, CADW-Members frei, www.cadw.gov.wales)*

Rhuddlan Castle

220 St. Asaph – *Wern Ddu Farm*

GPS/Kontakt: N 53°14'48" W 3°25'08", LL17 0DY, Tel. 07840 61 65 50, www.campingandcaravanningclub.de. **Max. WOMOs**: 5. **Öffnungszeiten**: Mai – Okt. **Ausstattung**: Ver- / Entsorgung, Mülleimer. **Beschreibung**: Einfache ruhige Weidefläche neben einer Farm, relativ eben, kein Schatten, friedlich, klappstuhlgeeignet. **Preis**: 10 – 18 £. **Zufahrt**: Kurz nach St. Asaph von der Schnellstraße nach Rhuallt abfahren, der Wegweisung folgen und dann beschildert nach rund 1,4 km rechts in die Sackgasse bis zur Farm abfahren. **Hinweis**: Nur für Camping- und Caravanning-Club Mitglieder, Reservierung empfohlen. **Hinweis 2**: In St. Asaph gibt es ansonsten noch eine Pub-Alternative, Übernachtung gegen Einkehr, das ***New Inn***, N 53°15'15" W 3°26'54", Lower Denbigh Street, LL17 0EF, Tel. 07874 05 53 14.

TOUR 8

Denbigh *(9.000 Einwohner)*
Die nächste Burg ist **Denbigh Castle**. Etwas mühsam ist die Auffahrt durch die kleinen Gassen des alten Ortes. Oben gibt es aber einen ausreichend großen Parkplatz. Auch sie stammt aus der Zeit Edwards I. und wurde im Jahr 1282 nach der Eroberung der Stadt begonnen. Das sie im Verhältnis zu anderen Anlagen nur noch in Resten vorhanden ist, gilt als Folge der Bemühungen parlamentstreuer Truppen die Mauern nach dem Bürgerkrieg 1660 möglichst schnell einzureißen. Zu sehen gibt es aber noch Einiges mehr. Ganz nett gemacht ist der Familientrail, der zu einzelnen Stationen führt und anhand von kleinen Geschichten das ehemalige Burgleben plastischer macht *(N 53°10'54" W 3°25'12", St. Hilary`s Terrace, LL16 3NB, Apr. – Okt. Do. – Mo. 10.00 – 17.00 Uhr, sonst Fr. – So. bis 16.00 Uhr, 5 £, CADW-Members frei, www.cadw.gov.wales)*

Variante 1:
Kurzvariante nach Llangollen
Wenn Sie ein wenig abkürzen möchten, können Sie nun südlich auf der A525 und A542 über das hübsche Städtchen **Ruthin** und den landschaftlich reizvollen Horseshoe Pass direkt nach Llangollen weiterfahren. Im Ort können Sie eine schnelle Übernachtung am Parkplatz machen. Auch der nette kleine **Campingplatz Maes Carafanau** liegt ganz in der Nähe am Weg zum Pass.

221 N 53°06'50" W 3°18'54", Park Road, LL15 1NB

222 N 53°04'22" W 3°17'02", ***Maes Carafanau Camping***, Llanbenwch, LL15 2SH, Tel. 07598 34 48 57, www.llanbenwch.co.uk, Mär. – Nov., 22 £

Variante 2:

Holywell *(8.800 Einwohner)*

Wenn Sie dagegen die Umgebung noch ein wenig erkunden möchten, machen Sie einen Abstecher nach Holywell. Übersetzt heißt das »Heilige Quelle« und tatsächlich ist es bis heute ein katholischer Wallfahrtsort. Mit etwas Augenzwinkern spricht man auch vom »Lourdes von Wales«. Der Ort selbst ist nicht sonderlich schön, ganz interessant ist aber die **St. Winefride`s Well** am Nordende in einem Wäldchen gelegen.

Die Geschichte von Holywell

Die Geschichte trug sich um das Jahr 600 zu und handelt von Winefride, der Tochter eines walisischen Adeligen. Ihr Onkel Beulo, ein frommer Mann, hatte eine erste Kirche an diesem Ort errichtet und sie beschloss Nonne zu werden, um Gott zu dienen.

Eines Tages kam Caradog, Sohn eines Fürsten des Weges. Er sah Winefride, verliebte sich in sie und begann ihr den Hof zu machen. Als sie ihm sagte, dass sein Werben vergeblich sei, da sie sich bereits der Kirche versprochen hatte, sah der Prinz rot. Widerspruch war er nicht gewohnt, daher zog er in Rage sein Schwert und schlug Winefride den Kopf ab. Beulo, der alles beobachtet hatte, sprang herbei und setzte den Kopf sofort wieder auf den Körper und tatsächlich: durch ein Wunder erwachte sie wieder zu Leben als sei nichts geschehen. An der Stelle auf die Winefrides Kopf gefallen war, entsprang mit einem Mal eine Quelle. Sie selbst lebte danach, wie von ihr selbst gewünscht, im Kloster, doch die wundersame Geschichte zog immer weitere Kreise. Gläubige aus dem ganzen Land, später aus ganz Europa, kamen zu Winefrides Quelle, um ihre Leiden zu kurieren und tatsächlich soll das Wunderwasser im Laufe der Jahrhunderte viele Menschen von Blindheit, Lahmheit und anderen Gebrechen kuriert haben. Ein Teil der weggeworfenen Krücken und Stöcke befindet sich im Ausstellungsgebäude

TOUR 8

Winefride`s Well

neben der Quelle.

Im Ausstellungsbereich erfahren Sie alles zur Geschichte und den Wundern von Winefride`s Well, Sie können diverse religiöse Souvenirs erstehen und natürlich die kunstvoll gefasste Quelle mit kleinem Innen- und Aussenpool ansehen. Sie dürfen übrigens auch selbst das Heilwasser ausprobieren und darin baden *(parken nur am Seitenstreifen neben dem Komplex möglich, N 53°16'37" W 3°13'25", Greenfield Street, CH8 7PN, Quelle: Apr. – Sep. 9.00 – 17.00 Uhr, sonst bis 16.00 Uhr, Museum: Apr. – Sep. Mi. / Sa. / So. 12.00 – 16.00 Uhr, Badezeiten: Apr. – Sep. 9.00 – 10.00 Uhr und 16.00 – 16.45 Uhr, sonst 10.00 – 11.00 Uhr und 15.00 – 15.30 Uhr, Erw. 1,75 £).*

Vielleicht möchten Sie nun auch noch die Überreste der **Abtei Basingwerk** ansehen zu denen die Quelle einst gehörte. Sie befinden sich nur ein paar hundert Meter weiter nördlich *(N 53°17'19" W 3°12'23", CH8 7QH, zeitweise Höhenbarriere aktiv).*

TOUR 8

Zur Weiterfahrt steuern Sie zur A541 zurück und drehen dann links Richtung Mold. Nicht weit entfernt von der Hauptstraße bietet das ***Red Lion Pub*** Übernachtung gegen Einkehr.

223 **N 53°12'15" W 3°10'46"**, Rhosesmor Road, CH7 9PF, Tel. 01352 78 02 35.

Mold *(10.000 Einwohner)*

Mold ist nur eine Durchgangsstation, gilt aber als beliebtes Einkaufsstädtchen, in dem Bauern aus der Umgebung ihre Waren anbieten. Auf den drei Märkten erhalten Sie selbstgemachten Honig und Joghurt aus der Gegend. Der feste Indoor Market mit 16 Läden befindet sich im **Daniel Owen Precinct** *(Mo. – Sa. 9.00 – 17.00 Uhr)*, der **Farmers Market** findet in der Kirchenhalle von St. Mary`s statt *(King Street, jeden 1. und 3. Sa. 9.00 – 14.00 Uhr)* und der **Street Market**, größter in ganz Nordwales mit über 70 Ständen, rund um den Daniel Owen Square *(Mi. – Sa. 9.00 – 15.30 Uhr)*. Der große New Street Parkplatz befindet sich bei N 53°09'56" W 3°08'35" gleich um die Ecke und wenn Sie noch einen Happen essen möchten, werden Sie in der ***Y Deli Bar***, im ***Truly Scrumptious*** *(beide King Street)* oder dem ***Fat Boar*** *(17, Chester Street)* gut versorgt. Das ***Drovers Arms Pub*** bietet darüber hinaus Übernachtung zu den üblichen Konditionen.

224 **N 53°10'24" W 3°08'50"**, Denbigh Road, CH7 1BP, Tel. 01352 75 38 24.

Wrexham *(44.800 Einwohner)*

Wrexham ist die größte Stadt in Nordwales – aber sicher nicht die schönste und mutet wie eine typisch englische Industriestadt an. Dennoch ist die recht große Fußgängerzone in der Innenstadt nicht so schlecht für einen Bummel. Am Ostrand des Zentrums

Wrexham, unten St. Giles Church

hinter den großen Einkaufstempeln verschiedener Supermarkt- und Warenhausketten können Sie in der **Crescent Street** ganz gut parken und sind nach wenigen Metern im verkehrsberuhigten Bereich *(N 53°02'46" W 2°59'09")*. Wen Sie ortsnah übernachten möchten, kommt dafür am ehesten die Fläche des abgelegenen **Moss Valley Country Car Parks** etwas außerhalb in Frage, auf der öfters Wohnmobile die Nacht verbringen

225 **N 53°03'50" W 3°01'44"**, Poolmouth Road, LL11 4UR

Unterwegs in Wrexham

Treiben Sie dann einfach ein wenig durch **Charles Street**, **High Street** und **Hope Street** in westliche Richtung. Am interessantesten ist die südlich davon gelegene **St. Giles Church** aus dem 15. Jahrhundert. Sie zählt zu den »Wundern von Wales« und ist mit ihrem 45 Meter hoch aufragenden Glockenturm wahrlich imposant. Die Decke wird von vielen umherfliegenden Engeln geschmückt. Etwas nördlich der nach links abknickenden Hope Street finden Sie in der **Queen Street** die **Touristeninformation**. Folgen Sie dagegen der Hope Street bis zum Ende und gehen dann noch ein Stück entlang der **Regent Street**, gelangen Sie zum **Wrexham Museum**. Es erzählt die wechselvolle Geschichte dieser Grenzregion zwischen Wales und England seit prähistorischen Zeitungen. Auch das Skelett des *Brymbo*

Erddig House

Man, der bei Wrexham gefunden wurde und aus dem 2. Jahrtausend vor Christus stammt wird gezeigt. Er belegt die frühe Besiedlung des Landstrichs *(Regent Street, Mo. – Fr. 10.00 – 17.00 Uhr, Sa. 11.00 – 16.00 Uhr, Eintritt frei, www.wrexhamheritage.wales)*. Am Rückweg können Sie dann noch der Reihe nach folgende Gasthäuser und Cafés austesten: ***The Elihu Yale*** *(44, Regent Street)*, der Fish and Chips Shop ***Wrexham Fish Bar*** *(6, Egerton Street)*, das urige, reetgedeckte ***Horse and Jockey Pub*** *(Hope Street)* oder das ***Bank and Wine Bistro*** *(43, High Street)*.

Tipp: **Machen Sie von Wrexham doch einen kleinen Abstecher nach Chester auf englischer Seite**, es sind keine 20 Kilometer und die Innenstadt ist wirklich sehenswert, parken können Sie gut am Park and Ride Parkplatz Upton, N 53°13'38" W 2°53'24", CH2 4BW. Von dort geht es mit dem Pendelbus ins Zentrum.

Einen Abstecher wert ist das wunderschöne **Erddig House** südlich von Wrexham. **Im Inneren erzählt das Anwesen die Geschichte einer wohlhabenden Familie, die in enger Gemeinschaft mit ihren Bediensteten lebte.** Es gibt wohl nicht viele Orte, an denen die Portraits von Kammerdienern und Gärtnern die Wände zieren. Der konservierte Zustand der Zimmer zeigt diese, wie sie vor Übergabe an den National Trust Anfang des 20. Jahrhunderts aussahen. Ringsum kann man das knapp 490 Hektar große Grundstück erkunden, auf dem sich Taubenhäuser, Mühlen, Farmen und sogar ein kleiner Wasserfall befinden. Damit Sie nicht verloren gehen, bekommen Sie am Eingang eine Karte *(N 53°01'34" W 3°00'10", LL13 0YT, Haus Mitte Mär. – Okt. 12.30 – 15.30, Feb. / Dez. 11.30 – 14.30 Uhr, Gärten 10.00 – 17.00 Uhr bzw. 11.00 – 16.00 Uhr, 9,50 £, National Trust-Members frei, www.nationaltrust.org.uk)*.

Bevor Sie nun direkt nach Llangollen weiterfahren, nehmen Sie den Umweg über den schönen, aussichtsreichen **Horseshoe-Pass**, auf dem Sie mit der vorgenannten Kurzvariante Eins, die von Ruthin kommt, zusammentreffen. Unterwegs streifen Sie den **Minera Quarry Country Park**, in dem Sie hautnah sehen können, wie sich die Natur Stück für Stück ein einst industriell extensiv genutztes Stück Land zurückholt, auch eine Übernachtung ist am Parkplatz möglich. Vor Langollen stehen Ihnen im ***Brittania Inn*** die Türen zu Pub und Parkplatz offen

226 **N 53°03'34" W 3°06'29"**, Minera Quarry, LL11 3DE

227 **N 52°59'59" W 3°11'37"**, LL20 8DW, Tel. 01978 86 01 44

Llangollen *(3.700 Einwohner)*
Wenn Sie Llangollen erreichen, werden Sie links der Straße zuallererst von den hehren Überresten der **Valley Crucis Abbey** begrüßt. Sie wurde 1201 von Maedog ap Gruffud Maelor gestiftet, dem Fürsten von Nordpowys und war Jahrhunderte lang im Besitz des Zisterzienserordens *(Mitte Mai – Okt. Fr. – So. 10.00 – 17.00 Uhr, 5 £, CADW-Members frei, www.cadw.gov.wales)*. Schwierig könnte es nur mit dem Parken werden, denn rings um die Kathedrale ist ein riesiger Campingplatz entstanden, der allen Platz einnimmt. Falls Sie selbst einchecken wollen, haben Sie dagegen kein Problem.

TOUR 8

228 Llangollen – Abbey Farm

GPS/Kontakt: N 52°59'23" W 3°11'22", LL20 8DD, Tel. 01978 86 12 97, www.abbeyfarmcaravans.co.uk. **Öffnungszeiten**: Feb. – Dez. **Ausstattung**: Waschmaschine / Trockner, Tea Room, Shop. **Beschreibung**: Großer, nicht ganz ebener Rasencampingplatz neben der Abbeyruine. Nachts ruhig, kein Schatten, 2,8 km bis in den Ort. **Preis**: 20 – 40 £. **Zufahrt**: Direkt nach dem Horseshoe Pass (A542) links.

Llangollen ist ein Ort mit Tradition in Sachen Tourismus. **Schon seit dem 18. Jahrhundert strömen Gäste zur Sommerfrische ins Postkartenidyll des Dee-Tals**, um zu entspannen. Ein anderer Grund für das rege Besucheraufkommen ist das jährlich hier stattfindende **International Eisteddfod**, das wichtigste und bekannteste Festival im gesamten walisischen Kalender.

Eisteddfod

Das Eisteddfod ist ein folkloristisches Künstlertreffen, dass auf rund 800 Jahre Geschichte zurückblickt. Aufzeichnungen belegen, dass bereits im 12.

Jahrhundert ein Eisteddfod in Cardigan stattfand. Über die Jahrhunderte wurde der Brauch jedoch vergessen und kehrte erst gegen Ende des 18. Jahrhunderts ins Bewusstsein der Waliser zurück. Heute werden jährlich gleich drei dieser Festivals für Musik und Literatur ausgetragen.

Das auch über die Grenzen von Wales hinaus bekannteste ist das seit 1947 in Llangollen begangene **International Eisteddfod**. Musiker, Chöre und Tanzgruppen aus aller Welt nehmen daran teil beziehungsweise treten gegeneinander an und bringen zigtausend Besucher in den Ort *(immer Anfang Juli, etwa eine Woche, www.international-eisteddfod.co.uk)*.

Außerdem gibt es noch das **National Eisteddfod**, bei dem ausschließlich walisische Künstler auftreten und geehrt werden. Es wird komplett in walisischer Sprache abgehalten und seit 1881 jährlich in einer anderen Stadt abgehalten, wechselnd zwischen Nord- und Südwales *(Infos und weitere Termine unter www.eisteddfod.wales)*.

Das **Eisteddfod yr Urdd** ist für Kinder und Jugendliche bis Mitte zwanzig konzipiert. Die Idee ist ähnlich wie beim nationalen Fest, doch der Nachwuchs steht im Vordergrund *(www.urdd.cymru/en)*. Wenn Sie übernachten wollen, geht das am Parkplatz eines Outdoor-Anbieters oder an der Wern Isaf Farm, auf halbem Weg zur Burgruine.

TOUR 8

229 Langollen – *TNR Outdoors*

GPS/Kontakt: N 52°58'37" W 3°10'52", LL20 8AD, Tel. 01978 86 07 00. **Max. WOMOs**: 4 – 5. **Öffnungszeiten**: Ganzjährig. **Ausstattung**: Wasser, tagsüber Toilette. **Beschreibung**: Parkplatz zwischen dem Fluss Dee und der Hauptstraße, Schotter / Asphalt, schattig, nachts ruhig, rund 1000 m in die Ortsmitte. **Preis**: 7 £, während der Öffnungszeiten im Laden zu zahlen, sonst laut Anweisung über die Park App. **Zufahrt**: Direkt am Ortseingang links. **Hinweis**: Alternativ nehmen Sie den hübschen Farmcampingplatz ***Wern Isaf***, N 52°58'29" W 3°09'34", Wern Road, LL20 8DU, Tel. 01978 86 06 32, www.wernisaf.co.uk, etwa Apr. – Okt., 26 – 30 £.

Für einen Rundgang im Ort oder als Ausgangspunkt für die Burgwanderung eignet sich sonst der Parkplatz am Fluss in der **East Street**, N 52°58'13" W 3°10'18". Gleich ums Eck in der Parade Street befindet sich in einem runden Bau das **Heimatmuseum** *(Do. – Di. 10.00 – 16.00 Uhr, Eintritt frei)*. Ein Eck weiter erreichen Sie die Castle Street, Hauptachse der Stadt mit den meisten Geschäften, einer Touristeninformation und einigen Gasthäusern wie

Plas Newydd, unten links Fluss in Langollen

dem ***Fouzie`s*** oder dem ***Cottage Tea Room***. Sehr geschätzt werden auch Lokale in den abgehenden Seitenstraßen, wie das ***Gales of Llangollen*** *(18, Bridge Street)*. Direkt am Fluss in der Dee Lane warten dann noch das ***Corn Mill*** und das ***Dee Side Café*** auf Gäste.

Wenn Sie über die schöne alte Brücke den Fluss überqueren, kommen Sie über den Wharf Hill zur **Llangollen Wharf**. Traditionell können Sie sich auf dem Kanal bis heute in einem von Pferden gezogenen Boot bei einem 45 Minuten oder 2 Stunden dauernden Trip die Umgebung ansehen, die längere Fahrt führt bis zu den **Horseshoe Wasserfällen** *(Mitte März – Okt. 09.00 – 17.00 Uhr, 45 Min.-Tour etwa alle 30 – 60min, ab 10 £, www.horsedrawnboats.co.uk)*.

Wenn Sie der Treppe hinter dem Kanal weiter bergauf folgen, können Sie eine sehr schöne, nur am Ende etwas steile Wanderung zur Ruine von **Castel Dinas Bran** machen. Sie geht auf das 13. Jahrhundert und den Fürsten von Powys Gruffyd Maelor ap Madog zurück. Die idyllisch gelegenen Überreste sind Wahrzeichen des Ortes und bieten einen freien Blick auf Tal und Umgebung *(www.cadw.gov.wales, frei zugänglich)*.

Eigentlich war es zu dieser Zeit unmöglich unverheiratet in gleichgeschlechtlicher Gemeinschaft zu leben. Sie taten es trotzdem.

Auf der Südseite des Ortes, zu Fuß oder per Fahrzeug erreichbar, steht das ungewöhnliche, außen und vor allem innen reich verzierte Haus **Plas Newydd** samt Tea Room. Seine Besitzer waren die zwei irischen Freundinnen Eleanor Butler und Sarah Ponsonby, die 1780 einzogen und bis zu ihrem Tod 1829 als Ladies von Llangollen recht große Popularität erlangten. Eigentlich war es zu dieser Zeit unmöglich unverheiratet in gleichgeschlechtlicher Gemeinschaft zu leben. Sie taten es trotzdem und erschufen ein kleines Paradies, das bis heute den Besuch absolut wert ist *(N 52°57'58" W 3°09'56", Hill Street, LL20 8AW, Apr. – Sep. meist Mi. – Mo. 10.00 – 17.00 Uhr, 7 £)*

Pontcysyllte Aquädukt

Pontcysyllte und Chirk *(4.500 Einwohner)*
Neben Wales` Burgen haben es noch weitere walisische Bauwerke auf die Weltkulturerbeliste geschafft. Es sind die **Aquädukte von Pontcysyllte und Chirk** die Sie als nächste besuchen können. Thomas Telford erbaute sie Anfang des 19. Jahrhunderts, um das Tal des Dee Rivers per Boot überqueren zu können, was vor allem für den Transport von Gütern damals ungeheuer wichtig war. Hauptbestandteile waren Stein, Mörtel aus Kalk, Wasser und Ochsenblut sowie Gusseisen für die Schifffahrtsrinne oben auf der Brücke. Pontcysyllte ist mit 307 Metern Länge und 38,5 Metern Höhe die größere der beiden Trogbrücken. Sie können wahlweise darüber laufen oder in einem Kanalboot einmal hin- und herfahren. Längere Fahrten für Gruppen binden auch das Chirk Aquädukt und einen Kanaltunnel mit ein. Gleich mehrere Veranstalter bieten Fahrten am Ausgangspunkt nördlich der Brücke an, der **Tea Room** ganz in der Nähe bietet Nachstellplätze *(N 52°58'23" W 3°05'07", New Road, Apr. – Okt. 12.00 – 15.00 Uhr stündlich, nach Bedarf auch öfters, 6,50 £, guter Blick auf das Chirk Aquädukt vom Verkehrskreisel bei N 52°55'48" W 3°03'47")*.

230 **N 52°58'24" W 3°05'13"**, Station Road, LL20 7TP, Tel. 01978 81 27 86, 10 £.

Bei der Weiterfahrt Richtung **Chirk Castle** müssen Sie die Beschilderungen gut beachten, nicht alle Tunnel unterwegs sind für hohe Womos geeignet, der Weg über die A5 und den Ort Chirk funktioniert aber. Die Burg wurde 1310 vollendet. Bauherr war einmal mehr Edward I. Die Gegend der Welsh Marches war lange Zeit umkämpftes Land und Englands Ansprüche sollten so ein für alle Mal weithin sichtbar festgeschrieben werden. **Es ist die letzte Burg aus dieser Zeit, die noch immer bewohnt wird und ihre vielen Besitzer haben im Lauf von 700 Jahren eine erlesene Auswahl an Mobiliar und Zierwerk hinterlassen.** Unter anderem

Chirk Castle

können Sie die Repräsentationsräume mit einer bis aufs 17. Jahrhundert zurückgehenden Ahnengalerie sehen, den mit wertvollen Tapeten geschmückten Salon, den Dienstbotentrakt sowie den Ostflügel mit Bibliothek und Erkerzimmer im Stil der 20er Jahre. Die prämierten Gärten ringsum werden von einem Zusammenspiel aus englischem Rasen, kunstvoll getrimmten Eiben und Büschen, Rosen- und Steingärten gebildet. Die gesamte Anlage umfasst ganze 195 Hektar und ist Heimat von wilden Ponies und Schafen. Auch ein Stück des durchs ganze Waliser Binnenland verlaufenden Offa`s Dyke Pfad führt durch das Grundstück. Es ist eines der wenigen Schlösser, in denen Sie einen recht umfangreichen Beschreibungstext auf Deutsch erhalten *(N 52°56'15" W 3°05'30", LL14 5AF, Gärten, Turm und Verlies, Mär. – Okt. Und Dez. 10.00 – 16.00 / 17.00 Uhr, Innenräume März – Okt. meist 11.00 – 16.00 Uhr, 15 £, National Trust-Members frei, www.nationaltrust.org.uk)*

Pistyll Rhaedr Waterfalls

Vom äußersten Osten Wales, direkt an der Grenze zu England, machen Sie sich nun noch einmal ins Landesinnere auf, um zwei wunderschöne Seen und einen Wasserfall zu erkunden. **Achtung**: Der Weg ist aussichtsreich und wenig befahren, die Straße allerdings in manchen Abschnitten sehr schmal. Wenn Sie diese Passage vermeiden möchten, können Sie bis Llangollen zurückfahren und Y Bala über die A494 ansteuern. Um diesen letzten Teil von Tour Sieben ganz auszulassen, fahren Sie ab Chirk nach Oswestry und von dort direkt nach Welshpool.

Die Hauptroute nimmt ihren Verlauf nun in südwestliche Richtung über die B4500 entlang der Dörfer Pontfadog, Glyn Ceiriog und Pandy. Wenn Sie richtig gefahren sind, sollten Sie am Ende in **Llanrhaedr-Ym-Mochnant** herauskommen, ein Belohnungs-Ale im ***Plough Country Inn*** *(Church Street)* haben Sie sich redlich verdient. Im Ort ist nach rechts der noch eine Spur schmälere Fahrweg zu den 73 Meter hohen **Pistyll Rhaedr Wasserfällen**

Pistyll Rhaedr Wasserfall

markiert. **Sie gehören zu den schönsten in ganz Wales**. Am Ende des Weges erwarten Sie Parkplätze und ein kleiner Campingplatz. Den Wasserfall erreichen Sie nach kurzem Fußmarsch. Vorsicht, wenn Sie ein Erinnerungsfoto am unteren Ende machen wollen, die letzten Steine dorthin sind extrem rutschig. Auch von oben können Sie den Wasserfall betrachten, dann dauert der Aufstieg rund 20 Minuten. Es lassen sich auch verschiedene Bergwanderungen anschließen, die Länge beträgt dann 5 – 11 Kilometer *(mehr über die Campingplatz Homepage und vor Ort)*.

231 Llanrhaeadr-Ym-M. – *Pistyll Rhaedr Campsite*

GPS/Kontakt: N 52°51'18" W 3°22'36", Waterfall Road, SY10 0BZ, Tel. 01691 78 03 92, www.pistyllrhaeadr.co.uk. **Öffnungszeiten**: Ganzjährig, witterungsabhängig. **Ausstattung**: Kleiner Shop und Tea Room. **Beschreibung:** Schön gelegener, einfacher Platz, Stellplätze auf Schotter oder Wiese, an manchen Stellen schwierig zu manövrieren, etwas Schatten, 5,5 km außerhalb. **Preis**: Verhandlungssache. Normalerweise muss man am Platz für 30 £ im Jahr Mitglied werden und kann dann das restliche Jahr für 10 £ (für 2 Erwachsene) immer wiederkommen. Bei durchreisenden Touristen wird schon mal großzügig auf die Mitgliedsgebühr verzichtet. Ihr Einmalbeitrag wird dann irgendwo zwischen 15 – 20 £ liegen. **Zufahrt**: In Llandrhaeadr Y.M. rechts ab laut Wegweisung. Der Platz befindet sich am Ende des Parkplatzes links. **Hinweis**: Camping- und Caravanning Club Mitglieder finden ansonsten ein Stück weiter in Richtung Y Bala bei Pen-y-Bont noch den versteckten ***Wen Ddu Farm-Stellplatz*** bei N 52°48'20" W 3°22'22", SY10 0HW, Tel. 01691 86 07 22

Bala *(2.000 Einwohner)*

Eine weitere tolle Straße, diesmal über einen Pass in den **Berwyn Mountains**, bringt Sie zum größten natürlichen See von Nordwales, dem **Llyn Tegid** oder **Lake Bala**. Unterwegs bietet sich die folgende kleine Parkgelegenheit für einen Zwischenstopp an

232 N 52°53'23" W 3°29'07", B4391

Der See gilt als Hochburg für Bade- und Wassersportgäste und ist im Sommer ein beliebtes Ziel. Der Hauptort Bala an der Nordspitze hat sich zu einem beliebten Urlaubsort entwickelt. **Die Gegend gilt außerdem seit jeher als tief in der regionalen Kultur verwurzeltes walisisches Stammland.** Kein Wunder also, dass der See auch Ort von Mythen und Sagen ist – was den Schotten ihr Loch Ness ist, heißt in Wales Llyn Tegid. Das hiesige Monster nennt sich, wenig einfallsreich, Teggie und falls Sie es sehen, ist Ihnen Aufmerksamkeit gewiss. Parkplätze direkt am See finden Sie bei N 52°54'23" W 3°36'23" oder schon vorher im Ort bei N 52°54'42" W 3°35'39". Das Leben spielt sich genau dazwischen rund um die High Street ab, wo Sie zum Beispiel im ***Plas in Dre*** oder ***Ty Coffi*** einkehren können.

Drehen Sie nun eine Runde um den See und genießen Sie die schönen Ausblicke. Ganz im Süden in **Llanuwchllyn** können Sie dann zur Haltestelle der **Bala Lake Railway** fahren. Die kleine Schmalspurbahn fährt bis zu vier Mal täglich am Westufer des Sees nach Bala und zurück *(N 52°51'21" W 3°39'52", Station Road, Apr.–Sep. 5–7 Tage pro Woche je 3–4 x, 14 £, www.bala-lake-railway.co.uk)*.

Auch wenn es nun wieder ziemlich eng wird – nehmen Sie die westlich des Sees verlaufende Uferstraße B4403 für den Weiterweg, um die Runde komplett zu machen.

Eine ganze Reihe Campinggelegenheiten stehen Ihnen in dieser idyllischen Lage zur Verfügung, anbei ein paar empfehlenswerte Vorschläge:

233 Bala – *CrynierthCamping and Caravanning Club Site*

GPS/Kontakt: N 52°56'17" W 3°32'37", Cefn Ddynedd, LL23 7LN, Tel. 01678 53 03 24, www.campingandcaravanningclub.co.uk. **Öffnungszeiten**: Apr. – Okt. **Ausstattung**: WiFi, Waschmaschine / Trockner, Spielplatz,

In den Berwyn Mountains

Spülgelegenheit. **Beschreibung:** Große ebene Schotter- und Rasenplätze auf einem durch Bäume geschützten Platz, teils Schatten, ruhig, etwas außerhalb, rund 4,8 km vom See entfernt. **Preis**: 26–38£, Clubmitglieder 22–31 £. **Zufahrt**: In Y Bala rechts auf die A494 wechseln, nach etwa 4 km links angeschrieben. **Hinweis**: In der Hauptsaison und am Wochenende bei Buchung mindestens zwei Nächte Aufenthalt. **Hinweis 2**: Für eine einmalige, schnelle Übernachtung direkt im Ort kommt sonst auch der einfache Parkplatz bei N 52°54'21" W 3°35'42", LL23 7DZ in Frage.

234 Llanuwchllyn – Bwch yn Uchaf

GPS/Kontakt: N 52°51'21" W 3°39'53", LL23 7DD, Tel. 01678 54 09 83, www.bwch-yn-uchaf.co.uk. **Max WOMOs**: 5. **Öffnungszeiten**: Ganzjährig. **Ausstattung**: Ver- / Entsorgung, Strom, Toiletten / Duschen, Mülleimer, Waschmaschine / Trockner. **Beschreibung:** Gut ausgestatteter, ruhiger Rasenplatz direkt neben der Haltestelle der Bala-Lake Railway, etwa 1,5 km vom Seeufer entfernt, klappstuhlgeeignet. **Preis**: 18–26 £. **Zufahrt**: In Llanuwchllyn der Beschilderung zum Bahnhof folgen. **Hinweis**: Nur für Camping- und Caravanning Club-Mitglieder, Reservierung empfohlen.

TOUR 8

235 Llangywer – *Pant Yr Onnen Lakeside Campsite*

GPS/Kontakt: N 52°52'43" W 3°37'51", LL23 7BT, Tel. 07946 37 41 73, www.balacamping.co.uk. **Öffnungszeiten**: Apr. – Sep. **Ausstattung**: Waschmaschine / Trockner, Spülgelegenheit. **Beschreibung:** Sehr schöner, gepflegter Rasenplatz direkt am Seeufer, ruhig, meist eben. **Preis**: 23–34 £. **Zufahrt**: Am Seeostufer linker Hand angeschrieben.

Lake Vyrnwy

Sie stoßen schlussendlich wieder auf die B4391, die Sie an den See gebracht hat. Zweigen Sie dort rechts beschildert zum Lake Vyrnwy ab. Die schmale, aber wunderschöne Bergstraße ist selten schwierig zu fahren, ermöglicht aber wunderbare, stille Momente und hat auch einige Stellplätze zu bieten. Der erste ist der **Picknickplatz Aberhirnant**, eine zweite sehr einfache und einsame Möglichkeit folgt kurz darauf.

Nachtparkplatz 236

236 N 52°52'53" W 3°33'03" und **N 52°51'15" W 3°33'28"**

Sobald Sie am See angekommen sind, halten Sie sich rechts und finden dort einen weiteren, großen Parkplatz mit Picknickbänken. Von hier aus können Sie eine schöne Kurzwanderung unternehmen, N 52°48'16" W 3°32'17".

Wanderung zum Rhiwargor Wasserfall *(ca. 3,5 km)*

Ganz 300 verschiedene Bäche, Flüsse und Rinnsale speisen den Lake Vyrnwy. Am nördlichen Ende befindet sich der größte Wasserfall eines solchen Zulaufs, den Sie gut auf einem kleinen Rundgang erreichen können.
Starten Sie am vorgenannten Parkplatz und folgen Sie einfach den grauen Hinweisschildern mit grünen Pfeilen darauf, die Sie einmal rundum führen. Sie wandern auf stillen Wegen vorbei an kleinen Hügeln, grasbedeckten Flächen und folgen dem Noadroedd- und Eiddew-Bach bis zum Wasserfall. Es gibt keine steilen oder schwierigen Passagen entlang des Weges, doch Sie müssen den Fluss an einer Stelle auf Trittsteinen überqueren. Auch ein paar ganz hübsche Stellen für eine Rast oder ein Picknick unterwegs finden sich.

Erstmals einen schönen Blick auf den Llyn Vyrnwy haben Sie dann am Uferpicknickplatz bei N 52°46'13" W 3°28'51". Berühmt-berüchtigt ist der See für die größte Mückenpopulationen von ganz Wales. Im kleinen Anrainerdorf **Llanwddyn** und nur wenige Meter vom schönen viktorianischen Staudamm entfernt, erreichen Sie am Südufer den Coffee Shop ***Artisans***, der auch Fahrräder verleiht, Parkplatz bei N 52°45'34" W 3°27'24". Größtes Gut der Umgebung sind die stillen, naturnahen Bike- und Wanderwege. Mehr Tipps dazu erhalten Sie im Laden oder auf der Homepage www.lakevyrnwy.com, auf der Sie Routenvorschläge downloaden können. Ein Stück Weg über die Dörfer müssen Sie noch gut machen, dann erreichen Sie in Welshpool Anschluss an Tour Neun. Unterwegs bietet sich der Naturcampingplatz ***Camp Plas*** für einen letzten Nacht-Stopp an.

237 **N 52°42'34" W 3°23'38"**, Dolanog, SY21 0NA, Tel. 07970 49 48 51, www.camp-plas.com, 25 £

Picknickplatz am Vyrnwy Stausee

Tour 9

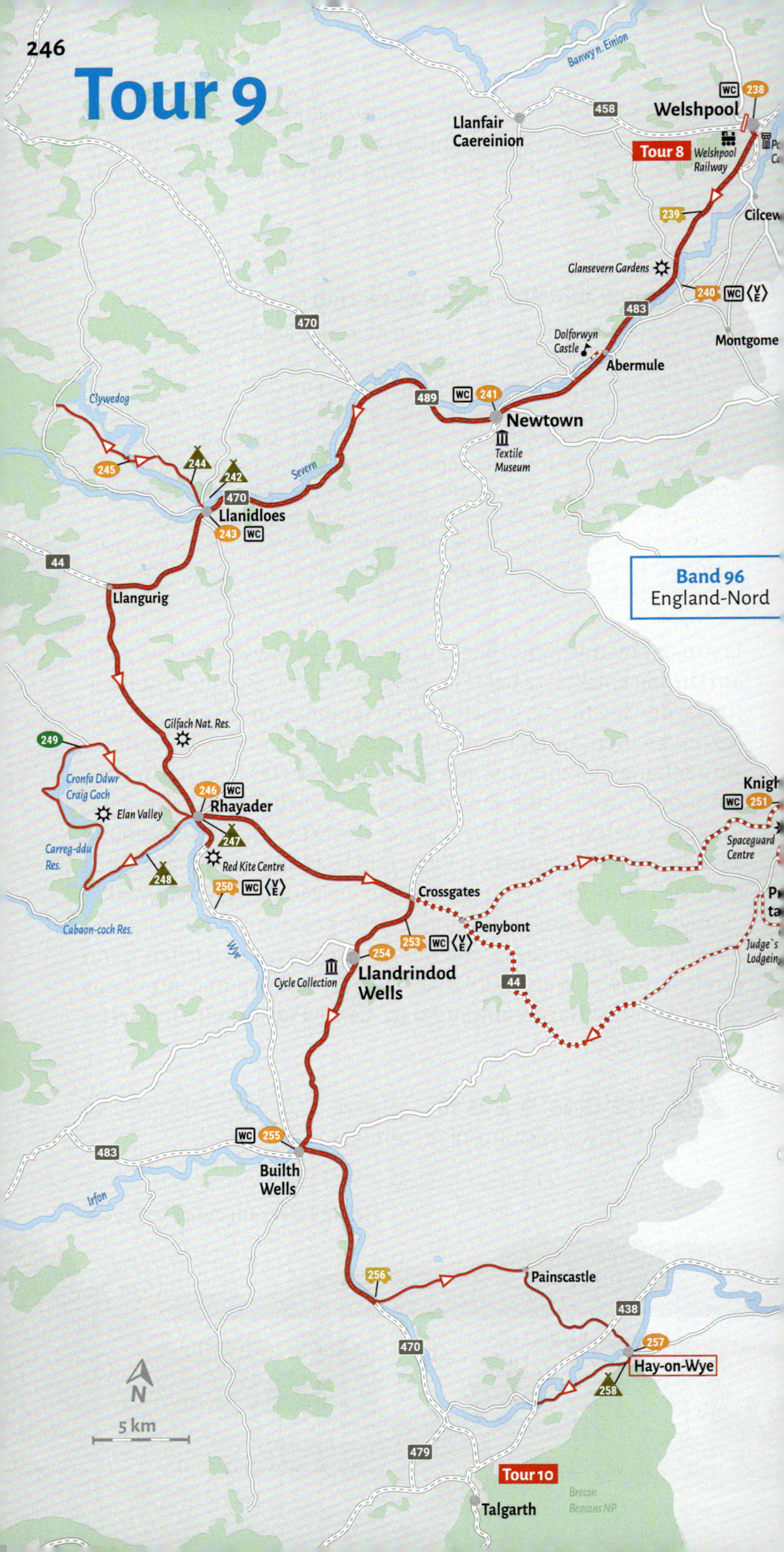

Banwy n. Einion
Llanfair Caereinion
458
Welshpool
238
Tour 8
Welshpool Railway
239
Cilcew
Glansevern Gardens
240
483
Montgome
Dolforwyn Castle
Abermule
470
489
241
Newtown
Textile Museum
Clywedog
245
244
242
Severn
470
Llanidloes
243
44
Llangurig
Band 96
England-Nord
Gilfach Nat. Res.
249
Cronfa Ddwr Craig Goch
Elan Valley
246
Rhayader
247
248
Carreg-ddu Res.
Red Kite Centre
250
Cabaon-coch Res.
Crossgates
Penybont
253
254
Wye
Cycle Collection
Llandrindod Wells
44
Knigh
251
Spaceguard Centre
Judge's Lodgein
483
255
Builth Wells
Irfon
256
Painscastle
438
470
257
Hay-on-Wye
258
N
5 km
479
Tour 10
Talgarth
Brecon Beacons NP

Mid Powys
260 km

Auch die eher stille Mitte von Wales, abseits der Küste, hat ihre Reize. Kleine Marktgemeinden, ein paar interessante historische Stätten und ganz viel Natur. Wenn Sie sich nicht nur für Wales` Hauptattraktionen interessieren, erleben Sie hier:
- **Powis Castle**
- **Elan Valley**
- **Bücherstadt Hay-on-Wye**

Welshpool *(6.800 Einwohner)*
Schon seit einer Weile sind Sie wieder im Bezirk Powys zurück. Sie erinnern sich? Schon auf Tour Fünf hatten Sie dieses größte Verwaltungsgebiet von Wales gestreift, das ohne Küstenzugang ist, aber einen beträchtlichen Teil des Landes einnimmt. Eine interessante und für WOMO-Urlauber ungemein angenehme Parkregel in Powys besagt, dass das Übernachten in Reisemobilen auf öffentlichen Parkplätzen in einer von sieben aufeinander folgenden Nächten grundsätzlich gestattet ist – selbstverständlich ohne jegliches Campingleben zu entfalten, dafür sind dann nur entsprechend ausgewiesene Camping- und Stellplätze vorgesehen.

Sie können auf Wunsch direkt nach Ankunft in Welshpool diese Regel nutzen und auf einer der zwei großen Stadtparkflächen »einchecken« und von dort aus den kleinen Ort erkunden. Die schönere zweigt von der Berriew Street ab.

238 Welshpool

GPS: N 52°39'32" W 3°08'52", Berriew Street. **Max. WOMOs**: 4 – 5. **Ausstattung**: Toiletten, Mülltonnen. **Beschreibung**: Große Asphaltfläche, meist ruhig, am Rand teils schattig, im unteren Bereich flach, sonst etwas schräg, 150 m ins Zentrum. Am Wochenende manchmal »Boyracer« unterwegs (Jugendliche, die mit ihren aufgemotzten Kleinwagen angeben, um ein wenig Testosteron loszuwerden. Das kann mal laut und nervig sein, ist aber in der Regel ungefährlich). **Preis**: Tagsüber gebührenpflichtig, 18.00 – 8.00 Uhr kostenfrei (Park-o-Meter beachten). **Zufahrt**: Auf der A490 bis in den Ort einfahren. An der T-Kreuzung dann rechts halten und bei dritter Gelegenheit erneut rechts auf den Parkplatz fahren. **Hinweis**: Alternativ nehmen Sie den zweiten Stadtparkplatz ***Church Street Car Park*** N 52°39'37" W 3°08'42".

Welshpool, unten Hecken im Park von Powis Castle

Hauptachse ist die nahe Broad Street und die davon abgehenden Straßenläufe. Ein paar Fachwerkhäuser sind erhalten geblieben, zur Einkehr laden ***The Tuck Box*** sowie der ***Corn Store*** *(4, Church Street)* ein, beliebte Cafés sind das ***Coco*** *(34, Broad Street)* und das ***Inglenook*** *(Unions Steet)*.

Wer gerne mit der Eisenbahn fährt, hat in Welshpool einmal mehr Gelegenheit ein Stück Weg mit einer Schmalspurbahn zurückzulegen. Die dampflokgezogene **Welshpool Light Railway** verkehrt über 16 Meilen bis nach Llanfair Caereinion, in vielen Kurven und Windungen folgt die Strecke dabei den Feldern und Fluren *(Abfahrt am Kreisverkehr der A485 bei N 52°39'34" W 3°09'38", Apr. – Sep. 4 – 7 x pro Woche, Okt. – Dez. 2 – 3 x pro Woche, bis zu 3 x pro Tag, ab 14 £, www.wllr.org.uk)*.

Highlight Welshpools ist dann eindeutig das wenige Kilometer südlich davon gelegene **Powis Castle**. **Über mehr als 400 Jahre lebte die Familie Herbert darin und baute die zugige, mittel-**

Powis Castle

alterliche Burg in dieser Zeit Stück für Stück zu einem wohnlichen Adelssitz um. Die heute zu sehende Einrichtung stammt hauptsächlich aus elisabethanischen und edwardianischen Zeiten, sowohl die Repräsentationssäle im Erdgeschoss als auch die Schlafzimmer und Salons im Obergeschoss können besichtigt werden. Im Nebentrakt zeigt das **Clive Museum** Waffen, einen juwelenbesetzten Tigerkopf sowie die größte private, indische Schmucksammlung des Königreichs. Neben dem Schloss ist Powis für seinen außergewöhnlich schönen Garten bekannt. Buckelig-rund getrimmte Eiben, italienisch gestaltete Terrassenanlagen, bunte Stauden und ein großes Waldlandareal gehören zum Anwesen *(N 52°38'52" W 3°09'01", SY21 8RF, Burg: März – Dez. 11.00 – 16.00 / 17.00 Uhr, sonst nur Sa. / So. 12.00 – 16.00 Uhr, Garten Apr. – Sep. 10.00 – 18.00 Uhr, sonst 10.00 / 11.00 – 16.00 Uhr, 15 £, National Trust-Members frei, www.nationaltrust.org.uk).* Das WOMO-Pub ***Horseshoes Inn*** und ein Stellplatz des Camping- and Caravanning Clubs für Mitglieder befinden sich in der Nähe

TOUR 9

239 **N 52°36'45" W 3°10'56"**, A483

240 **N 52°34'33" W 3°11'14"**, SY15 6RT, Tel. 07500 66 00 04, www.bronhafren.co.uk, Apr. – Okt., 10 – 25 £.

Abermule *(900 Einwohner)*
Die A483 führt weiter nach Newtown. Unterwegs treffen Sie auf die **Glansevern Hall Gardens**. Das immerhin zehn Hektar große, in Privatbesitz befindliche Grundstück rund um ein Landhaus im griechischen Stil ist in verschiedene Sektionen aufgeteilt. Sie können einen ummauerten Garten besuchen, Rosen-, Küchen- und Kräutergärten inspizieren oder durch verspielte Staudenpflanzungen und Wildblumenwiesen zur Aussichtswarte am

Fluss spazieren. Beliebt ist auch das zugehörige ***Naissance Café*** *(N 52°35'32" W 3°11'24", Berriew, SY21 8AH, März–Okt. Di.–So. 10.30 –17.00 Uhr, sonst bis 11.00–15.00 Uhr, www.glansevern.co.uk).*

Bei Abermule können Sie dann einen Halt an den Überresten von **Dolforwyn Castle** machen. Die Burg wurde vom letzten Fürsten von Powys, Llywelyn ab Gruffudd 1273 erbaut und bestand nur für kurze Zeit. Er weigerte sich, die geforderte Genehmigung der englischen Krone einzuholen, da er meinte es wäre sein gutes Recht auf eigenem Grund Burgen zu bauen wann, wo und wie er wollte. Die Strafexpedition folgte dann direkt nach Fertigstellung im Jahr 1277 und die Burg wurde von den Engländern annektiert – nur 120 Jahre später lag sie dann bereits wieder in Schutt und Asche *(Parkplatz bei N 52°32'45" W 3°14'56", rund 350 m Fußweg zur Burg nach oben, frei zugänglich, www.cadw.gov.wales).*

Newtown *(11.300 Einwohner)*

TOUR 9

Das gar nicht mal so neue Newtown besteht seit über 1000 Jahren und ist eine regionale Einkaufsstadt. Bei Interesse können Sie das **Textilmuseum** besuchen, welches die historische Kleidungsproduktion der Stadt beleuchtet *(5 Commercial Street, Mai–Sep., Zeiten siehe Website, www.newtowntextilemuseum.co.uk).* Einen großen, im hinteren Teil ruhigen Parkplatz finden Sie in der **Back Lane**. Rund um die parallel verlaufende Broad Street gruppiert sich das Zentrum mit Läden und gastronomischen Betrieben wie dem ***Kerry Lamb*** *(High Street)* oder dem **Cafe Glitz** *(9 Market Street).*

241 Newtown – *Back Lane Car Park*

GPS: N 52°30'55" W 3°19'04", Back Lane. **Max. WOMOs**: 4–5. **Ausstattung**: Toiletten, Mülleimer. **Beschreibung**: Große Asphaltfläche, meist ruhig, am Wochenende manchmal Boyracer unterwegs. Parken am besten am Rand nahe dem Flussufer, kein Schatten, 150 m ins Zentrum. **Preis**: Tagsüber gebührenpflichtig, rund 18.00 – 8.00 Uhr kostenfrei (Park-o-Meter beachten). **Zufahrt**: Im Ort nach der McDonalds Filiale die zweite Straße rechts *(New Church Street)* nehmen und dann bis zum Parkplatz hinten links fahren. **Hinweis**: Alternativ geht auch der Gravel Car Park in der Shortbridge Street bei N 52°30'53" W 3°18'46".

Llanidloes *(2.900 Einwohner)*

Bleiben Sie weiter am Fluss Severn, der mit etwas Abstand stets die A470 in südwestliche Richtung begleitet bis Sie Llanidloes erreichen. Noch vorher finden Sie bei Bedarf den ***Dol-Llys Farm Campingplatz*** mit allen Einrichtungen direkt am Fluss.

242 **N 52°27'35" W 3°31'43"**, SY18 6JA, Tel. 01686 41 26 94, www.dolllyscaravancampsite.co.uk, Zufahrt über Llanidloes, Ostern – Okt, 20 – 30 £.

Eine Nummer kleiner als Newtown steht Llanidloes in Sachen Pubs und Gastronomie in nichts nach. Zentraler Dreh- und Angelpunkt ist die alte Markthalle direkt in der Mitte der wichtigsten Kreuzung von Great Oak und Longbridge Street. Unter den aus heutiger Sicht viel zu niedrigen Pfeilern fand der tägliche Handel statt. Das Haus selbst stammt aus dem frühen 17. Jahrhundert. Auch einen flussnahen, recht ruhigen Parkplatz gibt es wieder gleich ums Eck in der **Chapel Street**, die Alternative in der **Mount Lane**.

Nachtparkplatz 243, unten Markthalle

TOUR 9

243 **N 52°26'52" W 3°32'29"** mit Toilette und **N 52°26'51" W 3°32'22"**

244 Llanidloes – *Red Kite Touring Park*

GPS/Kontakt: N 52°27'37" W 3°33'07", Van Road, SY18 6NG, Tel. 01686 41 21 22, www.redkitetouring.co.uk. **Öffnungszeiten**: März – Dez. **Ausstattung**: WiFi, sonst campingplatzüblich. **Beschreibung**: Sehr schön angelegter, sauber terrassierter Platz mit großen Schotterparkflächen, eben.ruhig, kein Schatten, knapp 1000 m außerorts. **Preis**: 32 – 38 £. **Zufahrt**: An der Straße zum Clywedog Reservoir linksseitig.

Clywedog Reservoir

Gleich zu Beginn der Great Oak Street können Sie sich im **Lanidloes Museum** über Geschichte und Industrie der Gemeinde schlau machen *(Great Oak Street, Mo. / Mi. / Fr. 10.0 – 13.00 Uhr, Mi. / Fr. auch 14.00 – 18.00 Uhr, Sa. 9.30 - 13.00 Uhr, Eintritt frei)*. Gastrotipps sind das ***Wild Oak Café*** *(Great Ok Street)*, das ***Unicorn*** *(Longbridge Street)*, ***The Angel*** oder ***Cobblers Tea Room*** *(beide High Street)*.

Clywedog Reservoir

Ein interessanter Abstecher führt westlich zum **Clywedog Reservoir**. Direkt unterhalb der Staumauer können Sie Überreste der alten **Bryntail Lead Mine** besichtigen, in der Blei gefördert wurde. Die Ruinen sind von einem kleinen Parkplatz aus in wenigen Minuten erreichbar und stammen aus dem 19. Jahrhundert *(N 52°28'04" W 3°36'02", SY18 6NU, 10.00 – 16.00 Uhr, Eintritt frei, www.cadw.gov.wales)*. Oben, direkt neben der Staumauer, befindet sich eine Aussichtsterrasse mit Café und viel Parkraum. Eine Ebene höher wäre an einer etwas schrägen Schotterfläche mit Aussicht eine Übernachtung möglich.

245 N 52°28'01" W 3°36'15"

Auch einige Spazierwege führen am See entlang. Wenn Sie das Hinterland noch weiter erkunden wollen, können Sie der kleinen, den See begleitenden Straße folgen. Sie führt zu drei schönen Wanderparkplätzen am Ende.

Von dort ist auch das noch rund 3,5 Kilometer entfernte und bei den Walisern sehr beliebte Walderholungsgebiet **Hafren Forest** mit eigenem Parkplatz samt Toiletten und verschiedenen markierten Wanderwegen angeschrieben.

Gilfach Nature Reserve

Weiter nach Süden geht es auf der A470 und nun dem Wye Fluss folgend Richtung Rhayader. Ein schöner Zwischenstopp bietet sich am **Gilfach Nature Reserve** in den Kambrischen Bergen. **Es gilt als besonders sehenswert, denn es vereint unterschiedlichste Habitate wie Hochmoor, Feucht- und Trockenwiesen, Eichenwald sowie felsiges Hügelland** zu einem auf relativ kleiner Fläche liegenden Ganzen. Dem Abwechslungsreichtum von Tier und Pflanzenwelt kommt das besonders zugute. Sie können mehrere markierte Wege wie den *Monks Trod Trail* oder den *Oakwood Path* gehen. Auch direkt am gut erreichbaren und hauptstraßennahen Parkplatz beginnt einer.

Salmon Stone Circular Walk *(etwa 3,5 km)*

TOUR 9

Stellen Sie Ihr Wohnmobil am Parkplatz bei N 52°19'54" W 3°32'16" ab. Er ist kostenlos, um eine Spende in die Honesty Box wird jedoch gebeten. Gehen Sie durch den hölzernen Torbogen und folgen Sie dem Pfad bis zu den bearbeiteten Steinen. Dort vereint er sich für kurze Zeit mit der Straße, biegt dann aber schnell rechts in Richtung Visitor Centre und Wye Valley Walk ab. Eine Infotafel hält Texte zum Thema »Früher, heute und morgen« bereit. Immer am Marteg-Bach entlang, meandert der Weg vorbei an einer Aussichtsplattform und einem Wasserfall bis zum »Otter Hide«, von dem aus man an manchen Tagen Fischotter beim Spielen und Jagen im Wasser beobachten kann. Rechts können Sie zum Visitor Centre in einem alten Farmhaus hinaufsteigen. Dort könnten Sie auch noch den rund 1,3 km langen Eichenwaldpfad anschließen. Es gibt einen Picknickplatz und Toiletten, im Hochsommer werden auch Getränke und Snacks angeboten. Ansonsten folgen Sie vom Otter Beobachtungsplatz der kleinen Straße über das Viehgitter aufwärts und kürzen dann links über einen Wiesenpfad ab. Sie queren nun die Straße und gehen bis zu einer weiteren Infotafel. Folgen Sie den Pfeilen bergaufwärts bis zu einer bronzezeitlichen Grabstätte. Sie haben von dort einen schönen Panoramablick auf die Umgebung. Der von Heide gesäumte Weg fällt dann gemächlich wieder ab und bringt Sie zurück zum Parkplatz.

Rhayader *(2.000 Einwohner)*

Rhayader ist als Ort weniger interessant. Er ist jedoch der ideale Ausgangspunkt für Touren ins benachbarte Elan Valley. Der beste, wenn auch recht schräge Parkplatz befindet sich in der **Dark Lane**. Schöner stehen Sie auf der nahen Campsite.

246 N 52°18'07" W 3°30'40"

247 Rhayader – *Wyeside Camping and Caravanning Club*

GPS/Kontakt: N 52°18'18" W 3°30'53", LD6 5LB, www.campingandcaravanningclub.co.uk. **Öffnungszeiten:** Apr. – Okt. **Ausstattung**: WiFi, Waschmaschine / Trockner, Shop, Abspülgelegenheit. **Beschreibung**: Etwas kleinerer, ebener Wiesencampingplatz zwischen Bäumen, kaum Schatten, neben der Hauptstraße, aber nachts ruhig, 350 m in den Ort. **Preis**: Etwa 22 – 32 £, Clubmitglieder 19 – 28 £. **Zufahrt**: Direkt am Ortsbeginn rechter Hand.

An der zentralen Kreuzung im Ort steht ein Uhrturm mit dem walisischen Drachen darauf, er ist so etwas wie das Wahrzeichen der Gemeinde. Ganz nett ist ansonsten das ***Crown Inn*** *(North Street)* und, auch noch in Laufweite, vor allem das ***Triangle Inn*** westlich des River Wye an der B4518.

Etwas südlich der City können Sie beim **Gigrin Red Kite Feeding and Rehabilition Center** vorbeischauen, der sich um die Pflege und Fütterung von Rotmilanen kümmert. Weit über hundert Vögel kommen jeden Tag zur Farm und warten in den Bäumen ringsum darauf, dass es etwas zu holen gibt. Von fünf Aussichtswarten aus können Sie dem Spektakel beiwohnen *(N 52°17'55" W 3°29'51", A470, LD6 5BL, Jan – März Mo. / Di. und Sa. / So., Apr – Okt. auch Mi., 12.30 – 17.00 Uhr, Fütterung 15.00 Uhr, Winterzeit um 14.00 Uhr, 10 £, www.gigrin.co.uk).*

Elan Valley

Nicht zu Unrecht gilt das Elan Valley mit seiner Kette an Stauseen zu den landschaftlich schönsten Ecken von Wales. Sie entstanden Ende des 19. Jahrhunderts und sichern die Wasserversorgung bis hinüber in den englischen Raum rund um Birmingham. Sanft geschwungene Hügel, Wälder, rosa leuchtende Heide und die Seen im Talgrund. Dazu die weitgehende Stille, denn es gibt kaum Wohnbebauung und Wassersport ist verboten. Egal, ob Sie vorhaben zu Wandern oder mit dem Rad unterwegs zu sein oder

Pen y Garreg Staumauer im Elan Valley

einfach nur eine Runde im Wohnmobil durch die schöne Gegend zu drehen – zumindest wenn die Sonne scheint, sollten Sie sich die Runde durch das Tal keinesfalls entgehen lassen. Als erster Anlaufpunkt bietet sich das **Elan Valley Visitor Centre** an. Es informiert umfangreich über Wanderwege und gibt Freizeittipps zur Umgebung. Auch entsprechendes Kartenmaterial können Sie günstig erwerben. Angeschlossen ist ein Bereich für wechselnde Ausstellungen, ein Café, ein Shop, ein Fahrradverleih sowie ein recht großer Picknickplatz *(N 52°16'11" W 3°34'16", LD6 5HP, 10.00 – 16.30 Uhr, 2 £)*. Campinggelegenheiten gibt es im Tal selbst nicht, der nächstgelegene Platz nahe dem Visitor Centre, ist die **Elan Oaks Campsite**.

248 **N 52°16'41" W 3°33'40"**, Elan Valley, LD6 5HP, Tel. 01597 81 03 26, www.elanoaks.co.uk, März – Okt., 30 – 35 £.

Nehmen Sie dann die Straße rechts vom **Caban-Coch Reservoir** und folgen Sie dem Fahrweg in nördlicher Richtung. Zwischendurch haben Sie mehrfach Gelegenheit an Parkbuchten und Stellflächen auszusteigen, sich umzusehen und ein paar Fotos zu schießen. Für Versorgung ist der ***Penbont House Tea Room*** etwa auf halbem Weg zuständig. Dort startet auch eine schöne Wanderung, die aussichtsreiche Wege entlang des Pen-y-Garreg Reservoirs mit Kultur, Geschichte und Bergerlebnis kombiniert.

Wanderung zu Maen Serth und Crugyn Ci *(15 km)*

Parken Sie am Tea Room bei N 52°17'32" W 3°35'29" oder kurz vorher bei N 52°17'35" W 3°35'33". Dann gehen Sie über die Brücke zurück, nehmen das Tor im Gatter und folgen dem Weg links erst zur Staumauer **Pen y Garreg**, mit einem leider nur unregelmäßig geöffneten Aussichtsturm in der Mitte und dann weiter am Ufer des Stausees entlang. Kurz vor der nächsten Staumauer **Craig Goch** gibt es Toiletten und einen weiteren Parkplatz *(auch hier wäre der Beginn bei N 52°18'18" W 3°37'22" möglich)*. Der anfangs noch breite, leicht an der Hügelflanke ansteigende Weg wird im Verlauf zu einem schmalen Pfad. Nach einer ganzen Weile stoßen Sie auf die Überreste eines römischen Lagers, dann erreichen Sie eine asphaltierte Straße. Gehen Sie nach rechts weiter. Wenn Sie einen Abstecher zum **Maen Serth** unternehmen wollen, den Spuren eines walisischen Fürstengrabes, folgen Sie dem mit einem blauen Reiter markierten Schotterweg schräg nach links oben, auf gleichem Weg geht es dann zurück zur Straße. Fast gegenüber bringt Sie Ihr Weiterweg dann, rechts vorbei an einem großen Gattertor, zum Gwynllyn Bachlauf hinab. Sie queren diesen und bleiben in südlicher Richtung auf dem Pfad am Berg **Crugyn Ci** entlang. An der ersten markanten Weggabelung halten Sie sich rechts, an der zweiten nach rund einem Kilometer dann links. Wenig später verzweigen sich die Wege erneut, Sie halten sich nun ganz nach rechts. Der Pfad wird zu einem Fahrweg und Sie nehmen nun immer die erstbeste Gelegenheit nach unten, bis Sie an der Fahrstraße an den Stauseen angelangt sind. Über die kleine Brücke gehen Sie zurück zum Ausgangspunkt. Detaillierte Beschreibungen und Kartenmaterial erhalten Sie im Visitor Centre.

Elan Valley mit Parkplatz 249

Nachdem Sie alle Seen hinter sich gelassen haben, trifft Ihre Straße auf den von der Devil`s Bridge kommenden Pass *(siehe Tour Fünf)*. An der Brücke Ar Elan gibt es einen Rastplatz. Rechts ab kommen Sie zurück nach Rhayader. Über Nantmel und Crossgates fahren Sie weiter nach Llandrindod Wells.

249 N 52°19'52" W 3°36'42"

250 Rhayader – *Doliago*

GPS/Kontakt: N 52°15'47" W 3°30'48", LD1 6NU, Llanwrthwl, www.campingandcaravanningclub.co.uk. **Max. WOMOs**: 5.
Öffnungszeiten: März – Okt. **Ausstattung**: Ver- / Entsorgung, einfache Toilette, Mülleimer. **Beschreibung**: Wiese vor einer Farm, teils durch Bäume geschützt, nicht ganz eben, am Fluss, sehr ruhig, klappstuhlgeeignet. **Preis**: 12 £. **Zufahrt**: Der A470 Richtung Builth Wells folgen, dann rechts nach Llanwrthwl abfahren, dort links halten und nach der kleinen Brücke rechts zum Platz. **Hinweis**: Nur für Camping- und Caravanning Club-Mitglieder, Reservierung empfohlen.

Knighton *(3.000 Einwohner)* **und Presteigne** *(2.710 Einwohner)*
Über die A488 gelangen Sie nach Knighton. Das recht hübsche Städtchen direkt an der Grenze zu England hat einen schönen Uhrturm im Zentrum zu bieten und einige nette Pubs, wie das ***Horse and Jockey Inn*** *(Wylcwm Place)*, *das* ***Red Lion***, *(West Street)* oder das ***George and Dragon***, *(Broad Street)* und das **Offa`s Dyke Centre**, das Informationen zum zweitlängsten Wanderweg von Wales quer durchs Inland bereithält. Interessant, sofern Sie Lust haben zumindest ein Stück davon in Angriff zu nehmen *(West Street, LD7 1EN, Apr-Okt 10.00-17.00 Uhr, sonst nur Mo-Sa bis 16.00 Uhr)*. Ein Parkplatz befindet in der Nähe.

251 N 52°20'35" W 3°02'45", Bowling Green Lane, mit Toilette

Beliebt ist auch das etwas weiter außerhalb beheimatete **Spaceguard Centre**. Das Observatorium untersucht und berechnet die möglichen Gefährdungen der Menschheit durch erdnahe Asteroiden und Kometen. Besuchern wird das Thema durch Teleskope, Projektoren, ein Planetarium und stellare Schaustücke wie Kometenteile nähergebracht *(N 52°19'28" W 3°01'05", Llansgay Lane, LD7 1LW, Mi. – So., Mai – Sep. Touren um 10.30 / 14.00 / 16.00 Uhr, sonst nur 14.00 / 16.00 Uhr, Anmeldung empfohlen, www.spaceguard-centre.com)*.

Das Observatorium untersucht und berechnet die mögliche Gefährdung der Menschheit durch erdnahe Asteroiden und Kometen

Presteigne hat sich aus einer ehemaligen Postkutschenstation entwickelt. Es gibt ein paar schöne Fachwerkhäuser und das interessante alte Richterhaus ***Judge`s Lodgeing*** zu sehen. Eine Tonbandführung leitet durch die Wohnräume, Säle und Zellen im viktorianischen Stil und berichtet vom Leben und Wirken der damaligen Richter, ihrer Angestellten, von Besuchern und den Angeklagten *(Broad Street, LD8 2AD, Apr. – Jun. Mi. – Sa. 10.30 – 16.30 Uhr, Jul. – Sep. Di. – So. bis 17.00 Uhr, 9,95 £, www.judgeslodging.org.uk)*. Parken können Sie in der Joe Deakins Road, auch über Nacht.

252 N 52°16'24" W 3°00'30", LD8 2DP

Llandrindod Wells *(5.300 Einwohner)*

Ehemals ein ehrwürdiger Kurort, ist bis auf den Beinamen »Wells«nicht viel davon übriggeblieben. Ganz nett ist die **National Cycle Collection** im Automobile Palace. 250 Drahtesel, die ältesten Modelle von 1819, werden dort ausgestellt. Vom Hoch- übers Klapp- bis zum Renn- und Holland-Rad ist alles dabei *(N 52°14'17" W 3°22'38", Western Promenade, LD1 5DL, www.cyclemuseum.org.uk, Apr. – Okt. Di. – Fr. 10.00 – 16.00 Uhr, sonst meist Mo. / Di. 10.00 – 16.00 Uhr, 6 £)*.

Zumindest als Tagesparkplatz taugt die öffentliche Fläche in der Tudor Lane vor dem Supermarkt bei N 52°14'26" W 3°22'49", von dort sind Sie nur eine Parallelstraße weiter nach Osten im Zentrum. Noch eine weiter in der Temple Street können Sie über eine Fußgängerpassage das **Radnorshire Museum** ansehen. Es ist in der alten Bibliothek untergebracht und zeigt vor allem Schaustücke zur Distriktsgeschichte *(Temple Street, Apr. – Sep. Di. – Sa. 10.00 – 16.00 Uhr, sonst nur Di. – Fr. und Sa. bis 13.00 Uhr, 1,50 £)*. Ein schöner Nachtparkplatz befindet sich am See südlich des Ortes.

254 N 52°14'09" W 3°22'29", Princess Avenue, LD1 5NU

253 Llandrindod Wells – *Church House Farm*

GPS/Kontakt: N 52°16'12" W 3°20'27", LD1 5ST, Cross Gates, Tel. 01597 85 19 47, www.campingandcaravanningclub.co.uk. **Max. WOMOs**: 5. **Öffnungszeiten:** März – Okt. **Ausstattung**: Ver- / Entsorgung, Toilette / Dusche, Mülleimer, Abspülgelegenheit. **Beschreibung**: Große Wiese neben einer Farm, etwas nördlich der Stadt, recht ruhig in Alleinlage, klappstuhlgeeignet.. **Preis**: 15 – 20 £. **Zufahrt**: 5 km nördlich von Llandrindod Wells an der A483. Dort rechter Hand. **Hinweis**: Nur für Camping- und Caravanning Club-Mitglieder, Reservierung empfohlen.

Builth Wells *(2.600 Einwohner)*

Auch Builth Wells ist ein ehemaliger Kurort, dessen Tage mit Heil- und Badebetrieb längst vorüber sind. Heute ist er vor allem für die **Royal Welsh Show** im Juli, das Spring Festival im Mai und die Winter Fair im November bekannt. Es geht dabei im Großen und Ganzen um Agrar- und Landwirtschaftsschauen, die aber immer mit einem bunten Rahmenprogramm und ein bisschen Volksfeststimmung auf einem eigens dafür errichteten Gelände nördlich des Zentrums abgehalten werden *(www.rwas.wales)*.

Mit Sehenswertem hält sich auch der Ort eher zurück. Von der einstigen Festung, die viele Jahrhunderte überdauerte, ist kaum mehr als eine grasbedeckte Kuppe übriggeblieben. Ein Zugang ist von der Castle Street auf östlicher Seite an einem Holzübertritt möglich. Vor allem an der nordwestlichen Ecke der Straße reihen sich eine ganze Kette an Pubs und Cafés aneinander, wie das ***Cosy Corner*** *(55, High Street)* oder das ***Cwtch*** *(6, Broad Street)*. Park- und Übernachtungsplätze gibt es gleich drei. Am Weg in Richtung Hay-on-Wye passieren Sie nach rund zehn Kilometer das ***Erwood Train Station Café***, auch dort ist eine Übernachtung möglich.

255 **N 52°09'00" W 3°24'10"**, Groe Street, LD2 3BG, mit Toilette und **N 52°08'48" W 3°24'14"**, The Market, LD2 3EB

256 **N 52°05'10" W 3°19'53"**, Llandeilo Graban, LD2 3SJ

Brücke in Builth Wells, oben rechts Buchladen in Hay-on-Wye

Hay-on-Wye
(1.600 Einwohner)
Zunächst über die A470 und dann links ab über **Paincastle** fahren Sie nach Hay-on-Wye weiter. **Das Herz dieser Kleinstadt schlägt voll und ganz für Bücher**. Nachdem in den 60er Jahren ein erstes literarisches Antiquariat öffnete, folgten in den nächsten 50 Jahren weitere 30. Damit war das Schicksal als Bücherstadt besiegelt. Alte und neue Werke aber auch Platten und CDs können in vielen verschiedenen Geschäften erworben werden. Sogar an der Straße steht hier und da ein Mitnahmeregal mit Honesty Box und selbst die Burg samt Burghof wurde kurzerhand zum Buchladen umfunktioniert. Wenn Sie sich fürs Schmökern erwärmen können und Bücher englischer Sprache nicht scheuen, sind Sie ergo in Hay-on-Wye haargenau richtig. Parken können Sie in der **Oxford Road**, daneben befindet sich eine **Touristeninformationsstelle**.

TOUR 9

257 N 52°04'23" W 3°07'33", Oxford Road, HR3 5AJ.

Nach dem Durchforsten von viel altem und neuem Papier lässt sich im ***Three Tuns*** *(Broad Street)* oder im ***Blue Boar*** *(Castle Street)* einkehren. Für eine Pause zwischendurch eignet sich etwa ***Richards Booth and Bookshop Cafe*** *(Lion Street)*, oder das ***Granary*** *(Broad Street)*. Falls Sie an einem Donnerstag vormittag vorbeikommen, können Sie den schönen Markt mit frischen Produkten aus der Region rund um den **Memorial Square** mitnehmen. Beachtenswert ist auch das jährlich Ende Mai abgehaltene, einwöchige Hay Festival, das eine Mischung aus Kunst, Kultur und Musik bietet.

258 Hay-on-Wye – *Hay-on-Wye Caravan Park*

GPS/Kontakt: N 52°03'53" W 3°09'02", Pen-y-Maes, HR3 5PP, Tel. 01497 82 17 84, www.hillandale.co.uk. **Öffnungszeiten:** März – Okt. **Ausstattung**: WiFi, Waschmaschine / Trockner. **Beschreibung**: Schotterbuchten auf großzügigem Wiedsengrundstück neben der Hauptstraße, nachts ruhig, eben, teils Schatten, etwa 2,5 km in die Ortsmitte, Bushalt. **Preis**: 26 – 39 £. **Zufahrt**: Im Ort auf der südwestlichen Ausfallstraße Brecon Road für rund 2 km bis zum Platz linker Hand fahren. **Hinweis**: Camping- und Caravanning Club-Mitglieder weichen alternativ auch auf den ***Ty Rosyn Coch Stellplatz*** etwas südlich bei Glasbury aus, N 52°02'40" W 3°11'47", HR3 5NT, Tel. 07973 23 05 90, www.glasburycampsite.co.uk, März – Okt., 16 – 21 £.

Tour 10
Band 96
England-Nord
5 km
N
Monmouth
Tintern Abbey
Chepstow Castle
Tintern
Chepstow
Caldicot
Tour 1
Wye
Wye Valley
Trellech
Raglan
Raglan Castle
Usk
Llandegfedd Res.
Abergavenny Castle
Abergavenny
Blaenavon
Pontypool
Cwmbran
Crickhowell
Gilwern
Tour 1
Ebbw Vale
Black-wood
Tredegar
Ystrad Minach
Tretower Court
Tretower
Talybont Res.
Pontsticill Res.
Brecon Mountain Railway
Merthyr Tydfil
Aberdare
Hay-on-Wye
Tour 9
Black Mountains
811 m Waun Fach
Llangors Lake
Talgarth
Takybont-on-Usk
Brecon
Libanus
886 m Pen y Fan
Penderyn Distillery
Penderyn
Sennybridge
Brecon Beacons NP
Waterfalls Area
Ystradfellte
Pontnedd-fechan
Trecastle
Cray Res.
Ogof F. Ddu
Ape Sanctuary
Henrhyd Waterfalls
Dan-yr-Ogof
Craig-y-nos
Ystradginlais
Llanwrtyd Wells
Usk Res.
Llandovery
Brynnaman
Cwm-Wrch Uchaf
Brianne
Towy
Llangadog
Dolaucothi Goldmine
Talley Abbey
Talley
Llandeilo
Tour 2
Glanaman
Ammanford

Brecon Beacons und Monmouthshire
360 km

Auf dieser Abschlusstour durch Wales lernen Sie die Bergregion des Brecon Beacons Nationalparks im Süden genauer kennen. Während sie diese auf Tour Eins und Zwei nur leicht touchiert haben, stehen diesmal die Hauptstadt der Region, Brecon, Stauseen, Minen, Höhlen und Wasserfälle, die Sie auch aus ungewöhnlicher Perspektive erkunden können, auf dem Programm. Zum Abschluss fürt Sie dann der Fluss Wye zu letzten walisischen Highlights, bis Ihre Reise in Chepstow endet.

- **Wandern in den Brecon Beacons**
- **Dolaucothi Goldmine**
- **Wasserfall Weg Ystradfellte**
- **Tintern Abbey**

Brecon *(8.300 Einwohner)*
Die sympathische Marktstadt Brecon ist das nördliche Tor zum Nationalpark. Das merkt man vor allem daran, dass man in Sachen Tourismus gut auf Besucher eingestellt ist, die zum Beispiel kurz vor einer Wanderung oder einem Zeltabenteuer in freier Natur noch Outdoorkleidung und -zubehör shoppen wollen. Auch die Anzahl an Gaststätten ist recht groß. Ein großer Parkplatz steht im Ort bereit, wie überall in Powys auch zur einmaligen Übernachtung zugelassen. Der zweitgenannte liegt zwar etwas außerhalb, ist dafür aber viel ruhiger. Beachten Sie die jeweils aktuellen Aushänge zum Preis und Zahlungen.

259 **N 51°56'46" W 3°23'08"**, Watton Car Park, LD3 7EE, mit Toiletten, **N 51°57'03" W 3°24'13"**, Fenni-Fach Road Car Park, LD3 9AY

Unterwegs in Brecon

Gehen Sie von Ihrem Parkplatz zunächst zur Hauptstraße zurück. Nur wenn Sie sich für das walisische Regiment interessieren, müssen Sie einen Abstecher links bis zum gut 100 Meter entfernten **Regimental Museum of the Royal Welsh** machen. Es erzählt die 320-jährige Geschichte der walisischen Infanterie, ihre Einsätze, Erfolge, militärischer Artefakte und natürlich Waffen. Dreh- und Angelpunkt ist der Zulu War Room. Dort gibt

es umfangreiche Informationen und Schaustücke zu den Heldentaten des 24. Regiments im Zulukrieg von 1879 *(Mo. – Fr. 10.00 – 17.00 Uhr, 5 £, www.royalwelshmuseum.wales)*.

Kehren Sie dann um und gehen Sie auf der Watton westlich ins Zentrum hinein. Erst pflastern nur einige Pubs wie das ***Clarence Inn*** *(Nr. 25)* den Weg, dann taucht links von Ihnen die im griechischen Stil erbaute Shire Hall mit dem **Y Gaer Museum and Art Gallery** darin auf. Zu sehen sind interessante Schaustücke und Kunstwerke aus vielen Epochen, sowie der Gerichtssaal aus viktorianischer Zeit *(Glamorgan Street, meist Mo. – Fr. 10.00 – 16.30 Uhr, Sa. / So. nur bis 16.00 Uhr, www.storipowys.org.uk/y-gaer)*.

Zwischen der geradeaus weiterführenden Straße Bulwark und der davon nach Nordwesten abzweigenden High Street liegt das kleine, aber schöne Zentrum mit vielen Geschäften und einer Mini-Fußgängerzone. Wenn Sie Appetit plagt, ist das ***George Hotel Restaurant*** *(3a George Street)* keine schlechte Adresse.

Falls Sie dann noch Körner haben und den etwas weiteren Weg bis zur bekannten **Brecon Kathedrale** gehen wollen, müssen Sie die High Street-Verlängerung The Streut bis zur Abzweigung links in die Priory Hall nehmen. Nach der Brücke über den Honddu erreichen Sie das auffällige Gebäude. Es geht auf ein Benediktinerkloster von 1093 zurück und steht rechts der Straße. Im zugehörigen Heritage Center wird die Geschichte als Wallfahrtsort näher beleuchtet *(www.breconcathedral.org.uk)*. Sie können die Kirche auch direkt mit dem Fahrzeug ansteuern, der Parkplatz bei N 51°57'07" W 3°23'33" ist allerdings nicht sonderlich groß. Schlendern Sie

Sonnenuntergang in den Brecon Beacons

dann wieder gemütlich zu Ihrem Fahrzeug zurück. Ein Umweg, rechts vor der Brücke über die **Postern Street** bis zum **Brecon Castle Hotel**, in dem die Reste der alten Burganlage verbaut wurden, lohnt nur bedingt. Das zugehörige Restaurant allerdings genießt einen sehr guten Ruf.

Um sich für den weiteren Aufenthalt im Nationalpark zu rüsten, sollten Sie nun den **Brecon Beacons Visitor Centre** aufsuchen. Er liegt etwas versteckt südlich der Stadt. Wer mit kleinen Kindern reist und denen vorher noch etwas Gutes tun möchte, kann vorab noch einen Zwischenstopp am **Cantref Adventure Park** ein Stück weiter östlich einschieben. Orientiert an bekannten Comicfiguren aus dem heimischen Kinderkanal gibt es dort allerlei Vergnügungen auf den Spuren von Maize Maze, Ben and Holly oder Peppa Pig nachzuspüren, Farmtiere nicht zu vergessen *(N 51°55'18" W 3°22'22", Cantref, LD3 8LR, Apr. – Sep. 10.30 – 17.00 Uhr, sonst nur laut Website, ab 12 £, www.cantref.com).*

Brecon Beacons National Park

Der **Visitor Centre** des Parks liegt dann von der A470 ab Brecon in Richtung Merthyr Tydfil bei **Libanus** rechts ab angeschrieben in den Hügeln. An 364 Tagen im Jahr erhalten Sie von den Mitarbeitern und durch Broschüren und Karten eine große Menge an Auskünften zu den Möglichkeiten im Nationalpark. Es gibt außerdem Toiletten, einen Spielplatz, einen Ausstellungsbereich und einen Tea Room. Die gesamte Umgebung ist als empfohlener Ort für die Beobachtungen von Himmelskörpern ausgewiesen, denn die Brecon Beacons sind ein zertifiziertes »Dark Sky Reserve« *(N 51°55'32" W 3°29'17", Glan Tarrell, LD3 8ER, März – Okt. 9.30 – 17.00 Uhr, sonst bis 16.00 Uhr, www.breconbeacons.org).*

TOUR 10

Die Brecon Beacons als Dark Sky Reserve

Die Brecon Beacons sind nicht nur ein Nationalpark, sondern nachts auch einer der dunkelsten Orte Europas. Um solche Plätze mit kaum vorhandener, nächtlicher »Kunstlichtverschmutzung« zu bewahren, die auch noch eine sehr gute Rundumsicht auf den Nachthimmel bieten, wurde ein Gütesiegel entwickelt. Es weist Gebiete als Dark Sky Reserve aus. Das Siegel erhält nur, wer auch bereit ist die Standarten für eine dauerhafte Bewahrung dieses Zustandes zu sichern. Als fünftem von weltweit erst neun Orten ist

es vor Kurzem auch den Brecon Beacons verliehen worden. Zum Vergleich: normalerweise sind in bebauten Gebieten in klaren Nächten gerade mal durchschnittlich 200 Sterne mit bloßem Auge zu erkennen, in den Brecon Beacons sind es über 3000! Die Milchstraße ist deutlich zu erkennen und während solarer Stürme auch die Aurea Borealis *(Nordlichter)*. Folgende besonders markante Sterne und Sternbilder sind, je nach Jahreszeit, vom Nationalpark aus besonders gut zu sehen:

Frühling *(20.00 Uhr)*: Kassiopeia, der Große Wagen, der Polarstern, Sternbild Löwe und Zwilling, Orion *(mit Gürtel)*, der Fuhrmann *(Capella)*, Sirius und die Pleiaden

Sommer *(22.00 Uhr)*: der Schwan *(mit Altair, Vega und Deneb)*, der Bärenhüter

Herbst *(20.00 Uhr)*: der Schwan, Pegasus und die Andromeda-Galaxie

Winter *(20.00 Uhr)*: Orion, Pegasus, die Pleiaden, der Fuhrmann und Betelgeuze
Noch andere Plätze im Nationalpark sind besonders gut zum Sterngucken geeignet, an einigen kommen Sie noch vorbei *(Usk Reservoir, Pen Rhiw Ddu Pass, Craig-y-nos Country Park)*. Im weiteren Text wird an entsprechender Stelle darauf verwiesen.

TOUR 10

Wandertipp Pen y Fan *(6,5 km, 2.30h)*

Mit 886 m ist der Pen y Fan die höchste Erhebung im südlichen Wales und bietet einen fantastischen Rundumblick. Auf breiten, relativ einfach zu begehenden, aber steilen Wegen erreichen Sie seinen Gipfel.

Fahren Sie auf der A470 ab Brecon, vorbei an der Abzweigung zum Visitor Centre in Libanus, noch ein Stück in südliche Richtung bis zu den Parkplätzen am Storey Arms Outdoor Centre *(N 51°52'20" W 3°28'48")*.

Dort nehmen Sie den markierten Weg, der direkt links vom Outdoorcenter bergauf verläuft. Unterwegs queren Sie ein paar Bäche und Zäune. Am Kamm vereint sich der Weg mit einem anderen, der von links her ansteigt. Gehen Sie nach rechts bergauf weiter und bald darauf, wenn sich erneut die Wege an einem Steinplateau vereinen, nach links zum Gipfel.

Für den Abstieg nehmen Sie den gleichen Weg bis zum Plateau, halten sich dort aber links bergab und nehmen bei nächster Gelegenheit den talwärts führenden Weg nach rechts. Er endet an einem Parkplatz mit Toiletten neben der Hauptstraße. Rechtsherum können Sie parallel zur Straße in ein paar hundert Metern Ihren Ausgangspunkt erneut erreichen. Natürlich ist die Wanderung auch in umgekehrter Richtung machbar. Je nachdem wo Sie besser einen freien Stellplatz finden.

260 Libanus – *Pwllyn Farm Camping*

GPS/Kontakt: N 51°54'52" W 3°30'04", A4215, LD3 8NN, Tel. 01874 63 67 85, www.pwllynfarm.wixsite.com. **Öffnungszeiten**: Apr. – Okt. **Ausstattung**: Campingplatzüblich. **Beschreibung**: Kleiner ruhiger Campingplatz neben einer Farm, geschützt durch Hecken, recht eben,

Castlerruine und Denkmal in Llandovery

auf Rasen, ruhig, in Alleinlage. **Preis**: 22 £. **Zufahrt**: In Libanus rechts auf die A4215 wechseln, dann nach rund 1,5 km rechts. **Hinweis**: »Adults only«-Campsite, Reservierung obligatorisch.

Der Weiterweg verläuft dann über **Sennybridge** in Richtung **Llandovery**. In **Trecastle** können Sie links ab zum Usk Reservoir fahren. Dort lässt sich übernachten und nachts der Sternenhimmel besonders gut beobachten *(siehe Exkurs Dark Sky Reserve)*.

261 Usk Reservoir

GPS: N 51°56'39" W 3°41'54". **Max. WOMOs**: 2 – 3. **Ausstattung**: Keine Einrichtungen. **Beschreibung**: Asphaltfläche neben der Staumauer des Usk Reservoirs. Nicht von der Straße getrennt, aber so gut wie kein Durchgangsverkehr. Abends am Wochenende durch andere Sterngucker manchmal unruhig, später einsam, 5,5 km außerorts. **Zufahrt**: In Trecastle links abbiegen Richtung Usk Reservoir und auf der streckenweise sehr schmalen Straße knapp 5 km bewältigen. Am Hinweisschild »Usk« links abbiegen und die letzten Meter aufwärts zum Stellplatz fahren. **Hinweis**: Wenn Sie am Hinweisschild weiter geradeaus fahren, kommen sie zur anderen Seite der Staumauer. Auch dort können Sie bei einer Picknickbank parken, allerdings auf einer etwas abfallenden Wiese und tags mit Parkgebühr. Nach 300 m an dem engen Fahrweg kommt eine weitere Picknickbank, an der man stehen kann. Dort allerdings ohne Wendemöglichkeit für größere WOMOs!

Llandovery *(2.100 Einwohner)*
Das sympathische Örtchen hat eine lange Geschichte als Handelsplatz für Vieh und geht auf eine normannische Burg aus dem 12. Jahrhundert zurück, deren Überreste noch immer zu sehen sind. Rund um den gepflasterten Hauptplatz gibt es eine ganze Reihe Geschäfte, Cafés und Pubs – Sie haben die Auswahl. Zum Beispiel ***Kings Head***, *(1 Market Square)* oder das ***West End Café*** *(17 Broad Street)*. Ein großer Parkplatz befindet sich links der Hauptstraße bei N 51°59'36" W 3°47'48" in der Kings Road. Direkt daneben kön-

nen Sie die alten, frei zugänglichen Burggemäuer erklimmen. Davor steht, silberstrahlend und weithin sichtbar, die Statue von Llywelyn ap Gruffydd Fychan, einem reichen Landbesitzer aus der Gegend. Er wurde 1401 in Llandovery von Henry IV. als Strafe für seine Unterstützung Owain Glyndwrs exekutiert. Kurioserweise war er den meisten nicht mal hier in seiner Heimat bekannt. Erst als eine Kampagne zur Errichtung des Mahnmals ins Leben gerufen wurde, entwickelte sich die Stilisierung zum »Braveheart« von Wales. Wundern Sie sich nicht, wenn am Denkmal oder der Burg große Vögel kreisen – Sie sind mal wieder in einem Rotmilan-Gebiet. Ein guter Campingplatz befindet sich am Ortsbeginn.

262 Llandovery – *Erwlon Camping*

GPS: N 51°59'38" W 3°46'50", Brecon Road, SA20 0RD, Tel. 01550 72 10 21, www.erwlon.co.uk. **Ausstattung**: WiFi, Grill- und Spielplatz. **Beschreibung**: Teils asphaltierte Stellplätze in Wiesenareal neben der Hauptstraße, etwas eng aber ganz hübsch angelegt. Eben, kaum Schatten, 800 m in den Ort. **Preis**: 18 – 30 £. **Zufahrt**: Direkt an der A40, kurz vor dem Ortsbeginn von Llandovery links.

Blick von den Black Mountains, oben: Dolaucothi Goldmine

Dolaucothi Goldmines

Einige Kilometer weiter, in **Llan-Wrda**, biegen Sie rechts für eine Extrafahrt zu den Dolaucothi Goldminen einlegen. **Schon vor 2000 Jahren wurde an diesem Ort mit dem Schürfen des wertvollen Edelmetalls begonnen**, eine Mine bestand danach bis in die Neuzeit. Auf zwei verschiedenen Touren können Sie sich abwechselnd oberirdisch auf archäologische Spurensuche zu den im Tagebau arbeitenden Römern begeben oder unterirdisch erleben, wie die Untertagebedingungen in viktorianischen Zeiten waren und das Bergarbeiterleben in den 1930er Jahren aussah. Beide Touren lassen sich auch kombinieren. Am Bergwerksgelände dürfen Sie außerdem selbst Ihr Glück im Goldwaschen versuchen – und Ihre Funde anschließend selbstverständlich behalten. Es gibt auch einen kleinen Ausstellungsbereich, einen Tea Room und um die Ecke ein zugehöriges Pub, einen auf walisisches Gold spezialisierten Juwelier und einen vom National Trust betriebenen Campingplatz *(N 52°02'43" W 3°57'06", Pumsaint, SA19 8US, Ende März – Okt. 11.00 – 17.00 Uhr, Jul. / Aug. 10.00 – 18.00 Uhr, Römertour 12.30 / 14.00 / 15.30 Uhr, Viktorianische Tour 11.30 / 12.30 / 14.30 / 15.30 Uhr bzw. 11.00 / 12.00 / 13.00 / 13.30 / 14.30 / 15.00 / 16.30 Uhr in der Hauptsaison, 12 £, National Trust-Members frei, www.nationaltrust.org,uk).*

263 Pumsaint – *Dolaucothi Estate Caravan Site*

GPS/Kontakt: N 52°02'44" W 3°57'05", SA19 8US, Tel. 01326 24 02 93, www.nationaltrust.org.uk. **Öffnungszeiten**: Apr. – Okt. **Ausstattung**: Campingplatzüblich, aber kein Toilettenblock. **Beschreibung**: Plätze teils auf Schotter, teils auf einer Wiese, einige schattig, schöne ruhige Lage, das Dolcauthi Estate mit Rundweg, die Mine und ein Pub in Laufweite. **Preis**: 33 – 34 £. **Zufahrt**: In Llanwrda recht auf die A482 beschildert abbiegen und den Markierungen folgen.

Talley *(500 Einwohner)* und Black Mountains

Von der Mine gelangen Sie am schnellsten auf dem gleichen Weg wie hin zurück zur Hauptroute, es ist aber auch ein Schlen-

ker weiter südlich über den kleinen Ort Talley möglich, wo Sie die Überreste der alten Kathedrale **Talley Abbey** besuchen können. Sie liegt recht hübsch an einem kleinen See mit Naturreservat und die Besichtigung lässt sich mit einem Spaziergang verbinden *(frei zugänglich, www.cadw.gov.wales)*. In dem Fall fahren Sie dann zunächst in Richtung Llandeilo weiter, biegen aber links nach **Llansadwrn** und bei der kommenden Wegkreuzung erneut links ab. Ein paar Kilometer davon verlaufen als Single-Track-Road mit Ausweichstellen.

Alle Varianten treffen sich schließlich in Llangadog, von wo aus Sie die A4069 mit dem **Pen Rhiw Ddu Pass** über die Black Mountains ansteuern.

264 Llangadog – *Ty Newydd*

GPS/Kontakt: N 51°55'51" W 3°53'40", SA19 9DB, Tel. 01550 77 90 04, www.carmarthenshirestay.co.uk. **Max. WOMOs**: 5. **Öffnungszeiten**: Ganzjährig. **Ausstattung**: Ver-/Entsorgung, Strom, Toilette / Dusche, Mülleimer. **Beschreibung**: Flacher Rasenplatz neben einem B & B, teils etwas schattig, Alleinlage, 1,5 km in den Ort, klappstuhlgeeignet. **Preis**: 17 – 20 £. **Zufahrt**: Llangadog auf der A4069 durchfahren, dann rechts nach Felindre abzweigen und gleich wieder rechts halten, bis zum Platz nach 650 m rechts fahren.

Dann schwingt sich die Straße in die Berge hinauf und gewährt tolle Aussichten ringsum. Fahren Sie nicht zu schnell, Schafe und wilde walisische Ponys grasen gern auch mal direkt am Asphaltband. Gleich drei Parkplätze laden auf den nächsten Kilometern zum Verweilen ein. Alle sind als Dark-Sky-Reserve Stützpunkte ausgewiesen, aber auch wer kein Hobbyastronom ist, hat in klaren Nächten seine Freude am Himmelszelt der »Schwarzen Berge«. Sie machen auch Lust auf kurze Wanderungen zu den umliegenden Hügeln.

Black Mountains, oben rechts Wanderparkplatz 265

265 **N 51°51'28" W 3°51'08", N 51°51'26" W 3°50'42"** oder auch bei **N 51°51'11" W 3°50'31"**, A4069

Die nächsten drei nach der Passhöhe sind dann weniger gut angelegte Erd- und Schotterflächen auf der rechten Seite aber auch eine Option, wenn bei den ersten schon mehr als zwei bis drei WOMOs stehen.

In **Brynamman** fahren Sie links und weiter bis Ystradginlais, wo das Clock Works Pub einmal mehr Übernachtung gegen Einkehr anbietet.

266 **N 51°46'073" W 3°46'33"**, SA9 1AD, Tel. 01792 72 10 84

Dan-yr-Ogof und Craig-Y-Nos

Folgen Sie nun ein Stück der Straße Richtung Brecon. Danach rechts, über die A4221, verläuft Ihr Weiterweg, geradeaus können Sie vorher aber noch eine der walisischen Hauptsehenswürdigkeiten ansteuern. Der **Dan-yr-Ogof National Showcaves Centre** vereint auf einem Gelände drei thematisch unterschiedlich ausstaffierte Höhlen, die zum größten unteririschen Kammersystem Großbritanniens gehören mit verschiedenen anderen Attraktionen. Als da wären ein Dinosaurierpark, ein nachgebautes eisenzeitliches Dorf, ein kleines Museum, ein Fossilienhaus sowie, ein paar Meter entfernt eine Art Farmpark mit Shire-Pferden und anderen Tieren sowie Spielgelegenheiten für Kinder. Familien können ohne Weiteres einen ganzen Tag lang Spaß haben, für Erwachsene ist der Besuch zwar recht empfehlenswert aber kein Muss. Der zugehörige Campingplatz ist gut aber eher teuer, der ***Brecon Beacons Touring Park*** hinter dem Ancient Briton Pub ein Stück südlicher ist auch nicht schlechter *(N 51°49'54" W 3°41'02", SA9 1GJ, Ostern – Okt, 10.00 – 17.00 Uhr, 19,95 £, www.showcaves.co.uk).*

267 **N 51°46'07" W 3°46'33"**, SA9 1YY, Ynyswen, breconbeacons-touring-park.business.site, Apr. – Okt., 25 – 30 £.

Wenn Sie nach den Höhlen noch Zeit oder sich gegen den Besuch entschieden haben, birgt die Zufahrtsstraße noch mehr interessante Haltepunkte. Zum Beispiel den schon kurz vorher rechter Hand **Craig-y-nos Country Park**. Park und Schloss gehörten bis zu ihrem Tod 1919 der weltbekannten Koloratursopranistin Adelina Patti. Sie verbrachte dort ihren Lebensabend und ließ die Anlagen aufwändig gestalten. Ein See gehört dazu und der Tawe-Fluss durchzieht das Land. Auch dieser Park gilt als ein »Dark Sky

Dan-yr-Ogof National Showcaves

Reserve«-Beobachtungsposten. Das benachbarte Schloss gehört zu den verspuktesten Häusern des Landes, Geistertouren finden hauptsächlich für Gruppen, aber auch für Individualurlauber statt, die Termine und jeweiligen Preise erfahren Sie über die Website *(N 51°49'35" W 3°41'07", www.mosthauntedcastle.com).*

Ogof Ffynnon Ddu und Monkey Sanctuary

Mögen Sie es etwas wilder? Dann fahren Sie an der nächsten abgehenden Straße in östlicher Richtung ein paar hundert Meter bis zum Nationalen Natur Reservat **Ogof Ffynnon Ddu**. Parken Sie im Steinbruch am Ende der Straße und erkunden Sie die wild zerklüftete Landschaft auf einem der markierten, angelegten Pfade. Die Gegend bildet das Herz des Fforest Fawr Geoparks und ist ein faszinierender, aber schroffer Lebensraum für Pflanzen aller Art und Vögel wie Rotmilane, Wanderfalken, Ziegenmelker oder Moorschneehühner *(N 51°49'37" W 3°39'42", frei zugänglich).*

Zurück auf der A4221 ist schon die nächste Abfahrt mit »Chimpanzee Sanctuary« gekennzeichnet und den Umweg wert, wenn Sie es mit Affen haben. Das mit vollem Namen als **Wales Ape and Monkey Sanctuary** bezeichnete Schutzzentrum ist ein Platz für heimatlose und misshandelte Primaten aus aller Welt. Sie haben an diesem Ort eine neue Heimat gefunden und werden durch Spenden und Eintrittsgelder versorgt. 15 Affenarten, vom Schimpansen bis zum Mandrill und Tamarin, können Sie vor Ort besuchen und beobachten *(N 51°47'47" W 3°41'26", Caehoplin, SA9 1UD, 10.30 Uhr – zur Dämmerung, 6,50 £, www.ape-monkey-rescue.org.uk).*

Waterfalls Area

Ein kleines Stück weiter zweigt links die Straße zu den **Henrhyd Wasserfällen** ab. Sie sind vom Parkplatz bei N 51°47'44" W 3°39'50" in

Wasserfall am 4-Waterfalls Trails

wenigen Metern erreichbar und ein schöner Zwischenstopp, wenn Sie eine längere Wanderung scheuen. Bei Mystic Falls Fast Food nebenan kann man für zehn Pfund auf dem Feld übernachten.

Wenn Sie auch für eine längere Wanderung zu haben sind, sparen Sie sich diese hier und fahren Sie stattdessen lieber gleich weiter bis nach **Pontneddfechan** zum **Waterfall Centre** *(N 51°45'23" W 3°35'41", Pontneathvaughan Road).* **Dort informieren Sie sich über die außergewöhnlich zahlreichen Wasserfälle in der Region**, eine Ausstellung besuchen und sich für die anstehende Wanderung mit dem nötigen Kartenmaterial ausrüsten.

4-Waterfalls-Trail *(rund 3 Stunden)*

Der am besten mit dem Wohnmobil erreichbare Rundweg zu gleich vier beeindruckenden Fällen startet nördlich von Pontneddfechan. Die Wanderung beginnt an einem kleinen Parkplatz neben der Zubringerstraße nach **Ystradfellte** bei N 51°47'00" W 3°34'08". Sollten Sie dort keinen Parkplatz mehr bekommen, müssen Sie stattdessen zu einem der zwei größeren Hauptparkplätze fahren. Nachteil: der erste ist mit großen WOMOs aufgrund der schmalen Zufahrt und überhängenden Bäumen nur schlecht zu erreichen und beide sind ein Stück weiter von den Wasserfällen entfernt. Um zu diesen zu gelangen, fahren Sie erst bis Ystradfellte, dort rechts nach Penderyn und entweder bei nächster Gelegenheit wieder rechts *(mit »P« Schild bezeichnet, Achtung, enge, relativ niedrige Anfahrt, am Ziel aber großer Platz »***Cwm Port***« mit Toiletten bei N 51°48'00" W 3°33'22")* oder noch ein kleines Stück weiter, auch rechts, zum mit Rhaeadrau-Waterfall bezeichneten Parkplatz **Gwaun Hepste** bei N 51°47'59" W 3°32'41".

Vom ersten Parkplatz folgen Sie dem abgehenden Fußweg zunächst zu einem Farmhaus, rechts daran vorbei durch die Wiesen und dann im Wald mit dem Fluss rechts von Ihnen weiter bis zu einer Brücke. Nach dieser halten Sie sich rechts bis zu der Stelle, wo Sie rechts den kurzen Weg zum **Clungwyn Wasserfall** hinabgehen können *(zwischen Wegpunkt 13 und 16).*

Vom zweiten Parkplatz gehen Sie südlich, je nach gewähltem Weg erreichen Sie Wegpunkt Elf oder Dreizehn und halten sich dann auf Wunsch auch kurz rechts hinab zum vorgenannten Wasserfall.

Vom dritten Parkplatz aus ist der Weg von Eins an durchnummeriert und bei 13 / 16 vereinen Sie sich mit den anderen beiden Varianten. Sie gehen dann durch mit Wurzeln und Steinen durchzogenes Waldland weiter nach Süden. Bei Wegpunkt 25 geht rechts ein Pfad zu den Wasserfällen **Y Pannwr** und **Isaf Clun-Gwyn** ab. Dieses Wegstück müssen Sie auf jeden Fall bis zum Ausgangspunkt zurück gehen, zwischendurch ist es stückweise felsig und steil. Es ist aber die einzige Möglichkeit diese beiden Wasserfälle aus der Nähe zu sehen.

Kurz darauf macht Ihr Weg einen Linksbogen. Bei einer Rastbank am Wegpunkt 35 können Sie rechts auf einem steilen, mit vielen Treppen versehenen Weg zum letzten und spektakulärsten Wasserfall **Yr Eira** absteigen. Wenn Sie mutig und trittsicher sind, können Sie die glitschige Passage hinter dem Wasserfall vorbei zur anderen Seite nehmen – ausdrücklich auf eigene Gefahr. An warmen Sommertagen ein angenehm »spritziges Vergnügen«.

Wieder am Hauptweg angekommen gehen Sie den Weg in östliche Richtung weiter und folgen ab Wegpunkt 39 dem Verlauf, dann meist auf Forstwegen, zurück bis Sie wieder auf Punkt Elf stoßen. Zum Parkplatz Eins geht es ab dort nach links zurück, zum Parkplatz Zwei geradeaus und zum Parkplatz Drei nach rechts.

Auch ohne Wanderung lohnt die Fahrt bis Ystradfellte, falls Sie dort im urigen Pub ***New Inn*** einkehren möchten, am einfachen, zugehörigen Campingfeld ums Eck können Sie auch die Nacht verbringen.

268 N 51°48'35" W 3°33'12", CF44 9JE, www.waterfallways.o.uk, 14 – 19 £ samt Einrichtungen

Davon, dass nicht nur in Schottland und Irland vorzüglicher Gerstenschnaps hergestellt wird, können Sie sich in der **Penderyn Welsh Whisky Company** überzeugen. Gleich mehrere Sorten davon, aber auch Vodka, Gin und Likör werden produziert. Im Visitor Centre schließen Sie sich bei Interesse einer Tour an. Sie sehen eine Ausstellung zur Geschichte der walisischen »Wysgi«-

Produktion, haben die Möglichkeit den Destillationsprozess zu verfolgen, mehr über das Zusammenspiel zwischen dem richtigen Wasser und dem richtigen Holz für die Produktion zu erfahren und natürlich die Produkte auch verkosten zu können. Das es am Ende auch einen Shop gibt versteht sich von selbst *(N 51°45'51" W 3°31'17", CF44 0SX, 9.30–17.00 Uhr, 8,5£, www.welsh-whisky.co.uk).*

Merthyr Tidfil *(43.800 Einwohner)*
Ihr nächstes Ziel ist die wenig attraktive Industriestadt Merthyr Tidfil. Im 19. Jahrhundert war der durch den florierenden Kohle- und Eisenabbau gewachsene Ort die größte Stadt von Wales und auch heute gehört sie mit knapp 60.000 Einwohnern im Ballungsraum zu dichtest besiedelten. Der Name geht auf die 480 n. Chr. von heidnischen Angelsachsen getötete Tochter Tydfil des Stammesfürsten Brychan Brycheiniog zurück. Wegen Ihrem Glauben wurde sie posthum heiliggesprochen. Zwei Punkte lohnen eventuell einen Stopp. Zum einen ist das die letzte Gelegenheit mit einer Schmalspur-Dampflok zu fahren. Die **Brecon Mountain Railway** startet genau genommen nicht im Zentrum, sondern 4,5 Kilometer weiter nördlich nahe der A465 im Vorort Pant bei N 51°46'39" W 3°21'51". Der Weg ist recht gut ausgeschildert. Die insgesamt 90-minütige Fahrt geht dann vorbei am Taf Fechan Stausee bis zum Bahnhof Torpantau in den Brecon Beacons. Bei einem 25-minütigen Aufenthalt in Pontsticill können Sie Kaffee trinken oder das **Dampfmuseum** besuchen *(etwa Mitte Feb. – Okt. sowie einzelne Fahrtage im restlichen Jahr, 2 – 7 Tage die Woche, dann 3 – 4 x, Hin und zurück 19,75 £, www.bmr.wales).*

Direkt im Ort befindet sich dagegen **Cyfartha Park and Castle** *(N 51°45'23" W 3°23'27", 7.00 Uhr - Sonnenuntergang geöffnet).* Der schöne, 65 Hektar große Park ist kostenlos zugänglich und in verschiedene Sektionen unterteilt. Interessant ist zum Beispiel der sensorische Garten oder eine Rundfahrt mit der Miniaturbahn. Das Cyfartha Castle entstand um 1824 und ist das ehemalige Wohnhaus des Eisenbarons William Crawshay. Als Museum und Art Gallery beherbergt es eine Reihe verschiedener und wechselnder Ausstellungen, die größtenteils in die ausgestatteten Räume integriert wurden *(meist Di. – So. 10.00 – 16.30 Uhr, 2,50 £, www.wellbeingmerthyr.co.uk).* Gleich nördlich der Stadt gibt es einen kleinen Stellplatz

TOUR 10

269 Pontsticill – *Heddfan*

GPS/Kontakt: N 51°47'17" W 3°22'12", CF48 2TU. **Max. WOMOs**: 5. **Öffnungszeiten**: Ganzjährig. **Ausstattung**: Ver-/Entsorgung, Mülleimer. **Beschreibung**: Einfache Wiese rechts der Zufahrt an einer

Farm, relativ eben, ruhig, klappstuhlgeeignet, kein Schatten, rund 6 km außerhalb. **Preis**: 10 £. **Zufahrt**: Im Dorf Pontsticill nördlich von Merthyr Tidfil rechts abfahren, dort bei der Farm am Ende der Straße.

Pontsticill bis Talybont Reservoir

Der kürzere Weiterweg führt entlang der A465 direkt bis Abergavenny. Schöner ist die Wegvariante durch die südlichen Nationalparkausläufer und zu einigen stillen Plätzen zwischen Wasserfällen und Stauseen, die Sie über Pontsticill und den gleichnamigen Stausee erreichen. Hier passieren Sie zwei schöne Parkplätze, die auch zur Übernachtung geeignet sind

270 N 51°50'35" W 3°23'54" und N 51°49'12" W 3°22'26"

Infotafeln geben Auskunft zur Natur und Wegen ringsum durch das Gelände. Zwischendurch treffen Sie auf den **Old Barn Tea Room** rechter Hand, wenig später folgt der nächste Parkplatz. Auch von dort aus führen Wege zum Pen-y-Fan Gipfel, eine Wanderung dorthin ist im Buch zuvor auf dieser Tour bereits ab dem Outdoor Centre südlich von Brecon beschrieben.

271 **Talybont – *Taf Fechan Forest Carpark***

GPS: N 51°50'13" W 3°22'58". **Max. WOMOs**: 2 – 3. **Ausstattung**: Keine Einrichtungen. **Beschreibung**: Schöner abgelegener Waldparkplatz, nachts einsam, schattig, 10 km außerorts. **Zufahrt**: Laut Text zunächst am Pontsticill Reservoir vorbei, dann rechts ab Richtung Talybont. Nach einigen hundert Metern befindet sich die Einfahrt auf der rechten Seite. **Hinweis**: Ein weiterer Wanderparkplatz kommt dann kurz darauf bei N 51°50'56" W 3°22'19" und bei N 51°50'39" W 3°21'40".

Der letztgenannte Platz *Blaen y Glyn Isaf* ist vor allem für eine Wanderung zum angeschriebenen Wasserfall interessant. Die Straße windet sich nun noch am Talybont Reservoir vorbei, bevor Sie bei **Aber** rechts die größere B4558 in **Talybont-on-Usk** erreichen. Im Ort gibt es einen ganz netten Campingplatz, fast genauso schön stehen Sie auf Anfrage bei Einkehr am tollen ***Coach & Horses Pub***.

Pub-Stellplattz 272

272 N 51°52'17" W 3°14'31", Cwm Crawnon Road, NP8 1LS, Tel. 01874 73 02 45, großer Spielplatz und Biergarten.

Tretower Court, unten Ruinen von Tretower Castle

Tretower *(180 Einwohner)*
Achtung: da Sie für die Weiterfahrt die Uferseite des Usks wechseln müssen und die nächsten schmalen Brücken für WOMOs ungeeignet sind, müssen Sie bis Talybont zurückfahren und dort auf die A40 ans gegenüberliegende Flussuferwechseln. In Tretower gibt es dann mit dem **Court and Castle** seit Längerem wieder einmal eine alte Burg aus dem 11. Jahrhundert zu sehen. Zumindest die Grundmauern gehen auf diese Zeit zurück. Der Normanne Picard erbaute die erste Festung. Später zog die Familie Vaughan ein und erbaute die neueren nebenstehenden Gebäude die innen im Stil des 15. Jahrhunderts gestaltet wurden. Sowohl die rekonstruierte Küche, die Bedienstetenunterkünfte als auch die große Halle können besichtigt werden. Noch im letzten Jahrhundert war Tretower bewohnt und wurde als Bauernhof geführt. Gegenüber ist in der alten Scheune Gastronomie entstanden. Einen Blick wert ist auch der kleine Rosengarten*(N 51°53'00" W 3°11'02", Apr. – Okt. 10.00 – 17.00 Uhr, sonst Mi. – Fr. nur bis 16.00 Uhr, 8,70 £, CADW-Members frei, www.cadw.gov.wales).*

Mall in Abergavenny, unten Town Hall

TOUR 10

273 Crickhowell – *Glanusk Caravan Park*

GPS: N 51°52'11" W 3°11'16", NP8 1LP, Tel. 01873 81 04 14, www.glanuskestate.com. **Öffnungszeiten**: März – Okt. **Ausstattung**: WiFi, sonst campingplatzüblich. **Beschreibung**: Rasenplatz auf einem großen Anwesen, ruhige Lage, teils durch Bäume geschützt, eben. **Preis**: 25 – 30 £. **Zufahrt**: An der A40 zwischen Trewtower und Crickhowell rechter Hand. **Hinweis**: Eine schnelle Übernachtung ist in Crickhowell am Parkplatz bei N 51°51'31" W 3°08'08", Beaufort Street, NP8 1AE möglich, oder Sie kehren im WOMO Pub ***Lamb and Flag*** nach dem Ort ein, N 51°49'52" W 3°02'40", Brecon Road, NP7 7EW, Tel. 01873 85 76 11.

Abergavenny *(12.500 Einwohner)*

Über das nette kleine **Crickhowell** erreichen Sie Abergavenny. Die Stadt ist das südliche Tor zum Brecon Beacons Nationalpark,

das **Tourist Information Centre** in der Monmouth Street ist entsprechend gut auf alle damit verbundenen Fragen eingerichtet. Einen Parkplatz gibt es beispielsweise bei N 51°49'31" W 3°01'05" in der Park Avenue. Die teilweise verkehrsberuhigte Innenstadt ist von dort aus in südliche Richtung schnell erreicht. Zu den dauerhaften Geschäften kommen regelmäßig stattfindende Märkte. Der Dienstag, Freitag und Samstag von 8.00 bis 17.00 Uhr stattfindende **Retail Market** ist der bekannteste. Vor allem eine stattliche Anzahl guter Cafés mit teils erstaunlich blumigen Namen haben sich in den Straßen Abergavennys angesiedelt, wie das **Cwtch Cafe** und das **High Tea at the Angel** *(5 und 58, beide Cross Street)*, **Luigis Cafe** *(High Street)* und das**Fig Tree Espresso** *(Nevill Street)*. Zur Hauptsehenswürdigkeit **Abergavenny Castle** nehmen Sie am Weg ins Zentrum die Lower Castle Street links ab. Die Festung wurde über mehrere Jahrhunderte immer wieder neu er- und umgebaut, wieder zerstört und dann das Ganze von vorne. So datieren die noch vorhandenen Reste teils aufs ausgehende 11. Jahrhundert zurück, andere Teile stammen aus dem 13. und 14. Jahrhundert. Im zugehörigen **Castle Museum** sind heimatkundliche Stücke und Funde bis zurück ins Prähistorische zu sehen. Schön ist ansonsten beispielsweise die translozierte Küche eines Bauernhauses der 1960er Jahre. Auch ein Gemischtwarenladen, eine Sattlerei und ein Luftschutzbunker wurden ins Museum verlegt, ständig kommen Wechselausstellungen hinzu *(Castle Street, März – Okt. meist Do. – Di. 11.00 – 16.00 Uhr, Eintritt frei, www.abergavennymuseum.co.uk)*.

Raglan *(1.900 Einwohner)*

Direkt von der breit ausgebauten A40 zweigt einige Kilometer nach der Stadt eine eigene Ausfahrt zu den Überresten von **Raglan Castle** ab. Die vorletzte Burg auf Ihrer Wales-Reise ist noch einmal ein echtes Highlight. Sir William ap Thomas begann mit dem Bau des großen Turms und des Südtors um 1435. Sein Sohn William Herbert baute die Burg dann zu einem der größten und herrschaftlichsten Sitze Britanniens während der Tudor- und Stuart-Zeit aus. Auch Henry Tudor, der spätere König Heinrich VII. verbrachte einen Teil seiner

William Herbert baute die Burg zu einem der größten und herrschaftlichsten Sitze Britanniens während der Tudor und Start-Zeit aus.

Raglan Castle

Torhaus in Monmouth

Jugend auf Raglan das damals von großen Ländereien mit gestalteten Gartenanlagen und Wildpark umgeben war. Sie können bis heute beim Umherstreifen den Küchenbereich mit Ofen, Feuerstelle und Durchreichen erkennen, in dem noch erkennbaren Weinkellern lagerten die edelsten Tropfen aus ganz Europa. Auch der große Turm ist zugänglich, von oben genießen Sie den besten Blick ins Land *(N 51°46'10" W 2°50'56", NP15 2BT, März – Okt. 9.30 – 17.00 Uhr, Jul. / Aug. bis 18.00 Uhr, Nov. – Feb. Mo. – Sa. 10.00 – 16.00 Uhr, So. ab 11.00 Uhr, 8,70 £, CADW-Members frei, www.cadw.gov.wales).*

TOUR 10

Monmouth *(10.500 Einwohner)*
Die Parkplätze im Ort sind praktisch alle nur für Fahrzeuge bis maximal 2,8 Tonnen zugelassen. Doch gilt diese Regelung in erster Linie, um das Abstellen von LKWs zu verhindern. Laut städtischem Mitarbeiter sind akkurat geparkte Wohnmobile, die Parkscheine entsprechend der tatsächlich benutzten Parklücken ziehen, kein Problem. Eine gute Wahl, weil innenstadtnah und meist nicht überfüllt, sind die Plätze in der **Blestium Street** *(N 51°48'36" W 2°42'59")*. Die Hauptstraße Monnow Street verläuft gleich parallel dazu und ist über eine Fußgängerpassage erreichbar. Sie wird von einer ganzen Reihe an Gaststätten gesäumt, wie von Süd nach Nord der ***Estero Lounge***, dem ***Coffee No.1 at the Oldway Centre*** oder dem ***Castle Inn***. Südlich endet sie an der Monnow Bridge mit einem besonderen Torhaus, das so in Großbritannien einzigartig ist. In nördliche Richtung kommen Sie zum **Agincourt Square**, Mittelpunkt der Stadt mit Shire Hall und den Bildnissen der beiden berühmtesten Söhne. In die Fassade eingelassen hebt König Heinrich V. den Stab, davor, auf einem Sockel, sehen Sie Charles S. Rolls, der als Ballonfahrer und Mitbegründer der Rolls Royce Motorenwerke bekannt wurde. Links, den **Castle Hill** hinauf, gelangen Sie zur Burgruine und dem **Castle and Regimental Museum**. Der Ausstellungsfokus liegt auf militärischem Gebiet im Allgemeinen, Devotionalien aus den Regimenten des Dukes von Beaufort und Verteidigungssystemen aus der Stadtgeschichte. Aber auch eine archäologische Abteilung, und eine zum Leben von Heinrich V., der 1387 in der Burg nebenan geboren wurde, gibt es *(Apr. – Okt. 14.00 – 17.00 Uhr, kostenfrei, www.monmouthcastle-*

Tintern Abbey

museum.org.uk). Halten Sie sich dann südlich, um durch das schöne Wye-Tal Richtung Tintern zu fahren.

274 Monmouth – *Monnow Bridge Caravan Park*

GPS: N 51°48'33" W 2°43'18", 21 Drybridge Street, 23NP25 5AD Tel. 01600 71 40 04. **Ausstattung**: Campingplatzüblich. **Beschreibung**: Kleiner Platz am Fluss mitten in der Stadt, direkt neben der historischen Torhausbrücke von Monmouth, 100 m ins Zentrum, nicht ganz leise. **Preis**: 19 £. **Zufahrt**: Von der A40 links ab nach Monmouth. Dann nach ca. 400m auf der rechten Seite die beschilderte Durchfahrt zwischen den Fachwerkhäusern nehmen.

275 Monmouth – *Heather Dean*

GPS: N 51°45'03" W 2°41'55", The Narth, 21 Drybridge Street, NP25 4QN, Tel. 01600 86 05 66. **Max. WOMOs**: 5. **Öffnungszeiten**: Ganzjährig. **Ausstattung**: Ver- / Entsorgung, Toilette / Dusche, Mülleimer, Abspülgelegenheit. **Beschreibung**: Kleiner Rasenplatz neben einem Wohnhaus, von Bäumen umgeben, teils schattig, recht eben, ruhig, klappstuhlgeeignet, Bushalt. **Preis**: 12,50 £. **Zufahrt**: Ab Monmouth der B4293 nach Süden folgen. Dann links auf eine kleine Straße Richtung Maryland / Narth abbiegen und am Ende links halten. Dann nach rund 800 m rechts. **Hinweis**: Nur für Camping- und Caravanning Club-Mitglieder, Reservierung empfohlen. **Hinweis 2**: Vor Tintern bietet auch das ***Sloop Inn Pub*** Übernachtung gegen Einkehr, N 51°44'01" W 2°41'17", Llandogo, NP25 4TW, Tel. 01594 53 02 91.

Tintern *(850 Einwohner)*
Die bekannteste Abtei von Wales beziehungsweise deren Überreste stehen an den Ufern des Flusses Wye. **Tintern Abbey** war

das erste Zisterzienserkloster auf walisischem Boden und wurde 1131 gegründet. Die Bauarbeiten an der mächtigen Kathedrale und den umgebenden Gebäuden sollten aber viele Jahrhunderte andauern. Die bis heute beeindruckenden Ausmaße und die meisterliche Ausführung begeisterten auch große Künstler wie den Maler J. M. W. Turner oder den Dichter William Wordsworth, die sich von diesem besonderen Ort inspirieren ließen. Vielleicht fühlen auch Sie sich von der Muse geküsst, während Sie das große Westfenster der Kathedrale betrachten, William Wellsteds mit Fischen verzierte Grabplatte oder die Überreste der einst wundertätigen Marienstatue im Kircheninneren suchen. Nach ihrer Auflösung 1536 durch Heinrich VIII. Wurde das Dach abgetragen und das Bauwerk dem Verfall preisgegeben *(N 51°41'53" W 2°40'40", NP16 6SE, März – Okt. 9.30 – 17.00 Uhr, Jul. / Aug. bis 18.00 Uhr, sonst Mo. – Sa. 10.00 – 16.00 Uhr, So. ab 11.00 Uhr, 5,50 £, CADW-Members frei, www.cadw.gov.wales)*

TOUR 10

276 Tintern – *Anchor Inn*

GPS: N 51°41'51" W 2°40'43", 2 Saint Mary Street, NP16 6TE, Tel. 01291 68 95 82. **Max. WOMOs**: 6 – 8. **Öffnungszeiten**: Ganzjährig. **Ausstattung**: Keine Einrichtungen. **Beschreibung**: Rasenplatz gleich gegenüber der Abbey nach Anmeldung im Pub, tolle Lage oberhalb des Flusses, kein Schatten, etwas abfallend, tags belebt, nachts ruhig. **Preis**: Tags 5 £, bei Übernachtung und obligatorischer Einkehr wird der Betrag gutgeschrieben. **Zufahrt**: Direkt an der Abbey links ab zum Pub und Parkplatz, Stellplatz kurz zuvor links. **Hinweis**: Auch am Picknickplatz ***Tintern Lower Wyndcliff*** bald darauf können Sie über Nacht stehen, N 51°40'17" W 2°41'10", A466. Ein Weg mit ganzen 365 Stufen führt Sportliche auf der gegenüberliegenden Straßenseite zum Upper Wyndcliff-Aussichtspunkt hinauf.

277 Chepstow – *The Piercefield*

GPS: N 51°39'52" W 2°41'50", St. Arvans, NP16 6EJ, Tel. 01291 62 26 14. **Max. WOMOs**: 3 – 6. **Öffnungszeiten**: Ganzjährig. **Ausstattung**: Wasser, Strom. **Beschreibung**: Asphaltparkfläche neben dem Pub, eben, kein Schatten, eher belebt neben der Hauptstraße. **Preis**: Kostenfrei gegen Übernachtung, 7 £ inkl. Strom. **Zufahrt**: Im kleinen St. Arvans kurz vor Chepstow rechter Hand.

Chepstow *(12.400 Einwohner)*
Ihre letzte Station ist Chepstow. Abgesehen von **Chepstow Castle**, das dank seiner langen Nutzung bis ins 17. Jahrhundert hinein in recht gutem Zustand ist, gibt es keine großen Sehenswürdigkeiten. Für die Burg parken Sie in der Bridge Street, N 51°38'41"

Chepstow Castle, unten River Wye bei Chepstow

W 2°40'24". Sie ist eine normannische Gründung von 1067, wurde aber bis 1690 immer wieder umgebaut und dem Zeitgeschmack angepasst. Sie war in ihrer Geschichte mal Trutzburg, mal Wohnhaus und mal ein Gefängnis. Henry Marten, einer der Unterzeichner des Todesurteils für König Charles I. 1649 saß später 12 Jahre hier im nach ihm benannten Turm ein. Bemerkenswert sind auch die kunstvoll restaurierten Türen, sie sind die ältesten noch vorhandenen in ganz Europa und gehören mittlerweile zum Bestand der kleinen, hauseigenen Ausstellung. Neben der Burg finden Sie auch die örtliche **Touristeninformationsstelle** *(NP16 5EY, März – Okt. 9.30 – 17.00 Uhr, Jul. / Aug. bis 18.00 Uhr, sonst 10.00 – 16.00 Uhr, 8,70 £, CADW-Members frei, www.cadw.gov.wales).*

Die kunstvoll restaurierten Türen sind die ältesten noch vorhandenen in ganz Europa.

Das **Chepstow Museum** ist in einem Handelshaus des 18. Jahrhunderts gleich gegenüber eingerichtet und erzählt Geschichten aus der Stadtchronik *(Gwy House, März – Jun. und Okt. Mo. – Sa. 11.00 – 17.00 Uhr, So. 14.00 – 17.00 Uhr, Jul. / Aug. 10.30 – 17.30 Uhr, sonst 11.00 – 16.00 Uhr, Eintritt frei).*

Wenn Sie dann zum Abschluss noch etwas Zeit haben, können Sie einen Bummel durch die belebte Innenstadt rund um die High Street machen. Entweder spazieren Sie vom Castle aus dorthin, das sind rund 300 Meter in südliche Richtung. Oder wählen stattdessen den Parkplatz in der Dell View bei N 51°38'31" W 2°40'37". Zur letzten Einkehr bieten sich das ***LT16*** *(24, St. Mary Street), das* ***Boat Inn*** *(The Back)*, das ***Marmelade House*** *(28, High Street)* oder das ***Coffee No. 1*** *(Beaufort Square)* an.

TOUR 10

Tipps und Infos

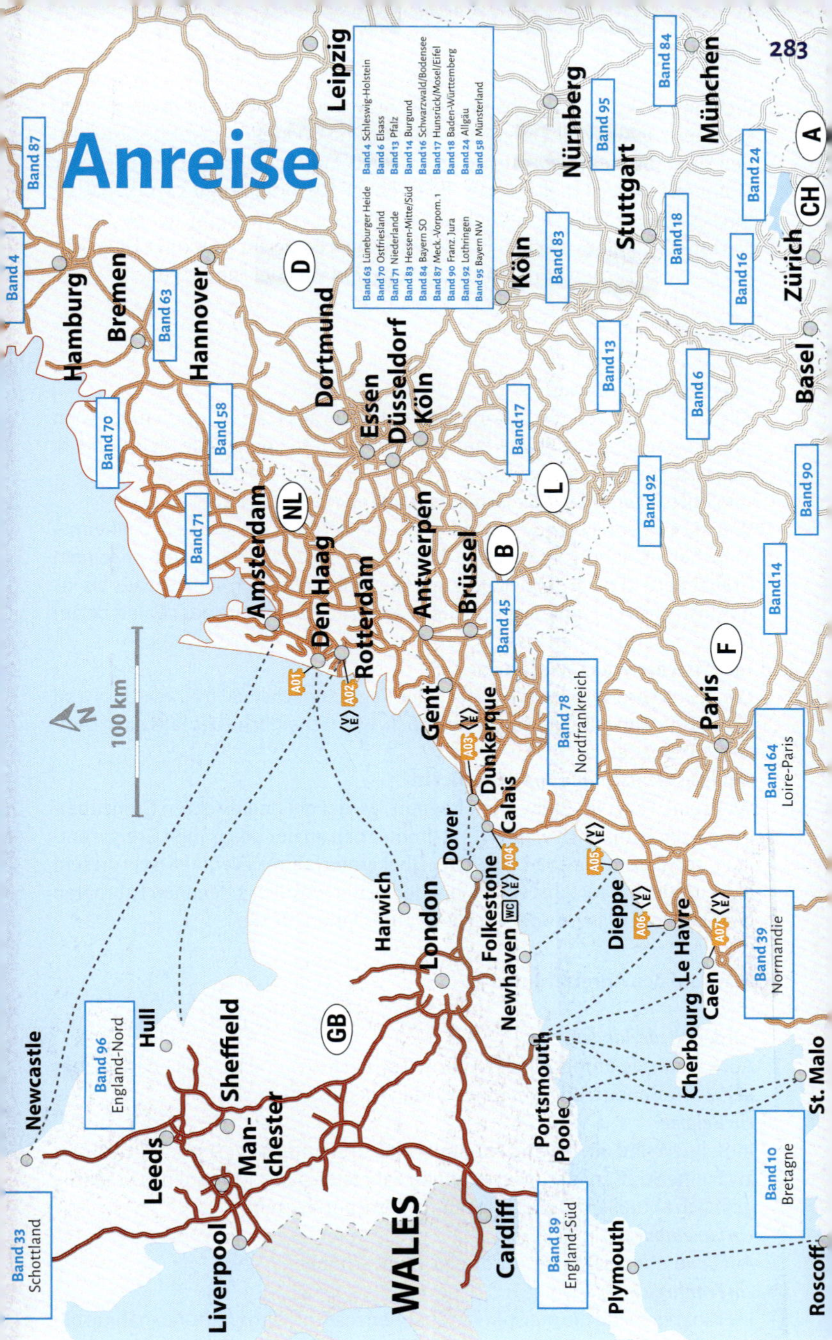

Anreise

Wenn Sie sich für Wales als Reiseziel entschieden haben, steht vor dem Urlaub die Anreise. Je nachdem, aus welchem Land und welcher Region Sie starten, liegen zwischen rund 600 km (von Aachen aus) und 1700 km (von Wien aus) vor Ihnen. Die gute Nachricht: Sie können durchgängig auf Autobahnen oder Schnellstraßen ordentlich Boden gutmachen und die Dauer der Reise hält sich somit in mehr oder minder überschaubaren Grenzen. Je nachdem aus welcher

Richtung Sie kommen, steht eine Vielzahl an möglichen und sinnvollen Anreiserouten zur Auswahl. Die genaue Planung und Überlegung, welche Autobahnen Sie konkret einschlagen werden, vielleicht unter Einbeziehung möglicher Staupunkte und aktueller Baustellen, können Sie mithilfe eines Straßenatlas, Ihres Navis oder einer Routenplanungssoftware im Internet sicher besser bewerkstelligen, als es hier möglich ist. Wir wollen Ihnen nur eine kurze Übersicht der grundsätzlichen Anreiseansätze, vor allem aber der Fähren geben.

Anfahrt

• ***aus Norddeutschland:***
Alle, die etwa nördlich von Hannover und Berlin aus starten, werden wohl den Anreiseweg über die Niederlande wählen. Fähren können Sie gleich dort in Den Haag besteigen oder mit etwa weiterer Anfahrt in Frankreich.
• ***aus Mitteldeutschland, Südostdeutschland und Ostösterreich:***
Wer südlich von Hannover und Berlin und nördlich der Achse Mannheim – München – Salzburg – Graz seine Fahrt beginnt, ist wohl am besten mit einem Grenzübertritt nach Belgien beraten. Die Fahrt geht dann von dort aus bis ins nordöstliche Eck Frankreichs mit den Fähren ab Dunkerque oder Calais beziehungsweise durch den Eurotunnel.
• ***aus Südbayern und Westösterreich:***
Die beste Anreiseroute führt Sie in der Regel zunächst nach Luxemburg und dann weiter über Belgien und Frankreich, wahrscheinlich ebenfalls nach Dunkerque oder Calais.
• ***Südwestdeutschland und der Schweiz:***
Wer seine Fahrt im Südwesten beginnt, wird wohl den direkten Grenzübergang nach Frankreich wählen und, immer nah an der belgischen Grenze entlang, auf diesem Weg bis Calais oder Dunkerque fahren. Eventuell ist in diesem Fall auch eine Überfahrt von einem der weiter westlich gelegenen Fährhäfen wie Dieppe,. Le Havre oder Caen eine gute Option für Sie.

Maut auf den Anreiserouten

• ***in den Niederlanden:***
Auch wenn Sie immer wieder mal im Gespräch war und ist – bis heute gibt es keine Straßennutzungsgebühren in den Niederlanden.
• ***in Belgien:***
In Belgien sind Sie bislang ebenfalls mautfrei unterwegs. Im April 2016 trat zwar eine Straßennutzungsgebühr für Fahrzeuge über 3,5 Tonnen in Kraft. Sie gilt nach aktuellem Stand aber nur für Transportverkehr.
• ***in Luxemburg:***
Auf Luxemburgs Straßen wird keine Maut erhoben.
• ***in Frankreich:***
In Frankreich sind die meisten Autobahnen mautpflichtig. Eine Ausnahme bilden einige Stadtautobahnen sowie die grenznahen Strecken zu Belgien. Wer also über Belgien und die Stadt Lille weiter nach Norden zu den Fährhafen in Dunkerque und Calais anreist, kommt in der Regel kostenlos davon.
Auf anderen Strecken erfolgt die Abrechnung nach gefahrenen Kilometern; es sind Zahlstationen eingerichtet. Die meisten Wohnmobile fallen in die Kategorie 2 (bis 3,5 Tonnen und bis drei Meter Höhe) oder 3 (über 3,5 Tonnen und / oder mehr als drei Meter Höhe), was leider einen gehörigen Preisunterschied ausmacht. Mehr unter www.autoroutes.fr.

• *in Großbritannien:*

In Großbritannien besteht keine allgemeine Straßennutzungsgebühr. Ausnahme können wenige Straßenabschnitte und Brücken sein, die in privater Hand sind. Dabei handelt es sich meist nur um geringe Beträge, im unteren einstelligen Pfundbereich. Beachten Sie aber die mit einer Umweltzone verbundene Registrierung und mögliche Mautpflicht um die Stadt London, je nach gewählter Anreiseroute. Mehr unter www.tfl.co.uk.

Verbindungen nach Südengland *(Stand: 12/23):*

• ab den Niederlanden:

Fähren von Hoek van Holland (Den Haag) nach Harwich

Zweimal täglich, mit Stena Line rund 500 Euro (hin und zurück), Überfahrt etwa 7 Stunden, mehr unter www.stenaline.com.

A01 Hoek van Holland – *Camperplaats Hoed van Holland*

GPS: N 51°59'23" E 4°07'12", Strandboulevard. **Max. WOMOs**: 12. **Ausstattung**: Mülleimer. **Beschreibung**: Einfacher Asphaltparkplatz hinter dem Strand, kein Schatten, rund 2,6 km vom Hafen entfernt. **Preis**: kostenfrei. **Zufahrt**: Der N223 bis zum Fährhafen folgen, das Gelände aber passieren und nach dem Rechtsknick der Straße links der beschilderten Parkplatz-Route folgen. Nach dem Großparkplatz rechter Hand.

Fähren von Rotterdam nach Hull

Einmal täglich, mit P&O Ferries ab etwa 580 Euro (hin und zurück), Überfahrt rund 11 Stunden, mehr unter www.poferries.com.

A02 Maassluis

GPS: N 51°54'54" E 4°15'00", Burgermeester van der Lelykade 15. **Max. WOMOs**: 12. **Öffnungszeiten**: Ganzjährig. **Ausstattung**: Ver- / Entsorgung, Strom, Mülleimer. **Beschreibung**: Asphaltparker direkt am Wasser neben der Flussfähre, eben, kein Schatten, rund 10 km bis zur Hull Fähre und 15 km zur Harwichfähre. **Preis**: 15 €. **Zufahrt**: Der A20 in Richtung Hoek van Holland folgen, dann die Ausfahrt Maassluis nehmen, dann links über die Autobahn halten und nach dem Straßenknick links abbiegen. Der Platz kommt nun nach etwa 300 m links.

Ferner besteht eine Fährverbindung mit DFDS von Amsterdam nach Newcastle kurz unterhalb der schottischen Grenze, die für Ihre Walesreise aber weniger relevant sein wird, www.dfds.com.

• ab Frankreich:

Fähren von Dunkerque (Dünkirchen) nach Dover

Zehnmal täglich, mit DFDS Seaways ab etwa 170 Euro (hin und zurück), Überfahrt etwa zwei Stunden, mehr unter www.dfds.com.

A03 Dunkerque – *Aire de Camping Car de Dunkerque*

GPS: N 51°02'42" E 2°22'56", Rue de Chantiers de France. **Max. WOMOs**: 30.

Öffnungszeiten: Ganzjährig. **Ausstattung**: Ver- / Entsorgung, Mülleimer. **Beschreibung**: Durch Bäume beschattete Asphaltfläche nördlich des Ortszentrums. Gut 1000 m ins Zentrum, rund 400 m zum Strand und 14 km vom Hafen entfernt. **Preis**: 10 €. **Zufahrt**: Der A16 bis zur Ausfahrt 62 zum Zentrum folgen. Bei erster Gelegenheit rechts und dann gleich wieder links auf die Rue Célestine Malo halten. Immer geradeaus bis Sie links der Beschilderung zum Parkplatz Plage Ouest folgen. Nach der Brücke rechts und bei dritter Gelegenheit links beschildert nach Grand Large. Die Parkplatzeinfahrt folgt nun nach wenigen Metern rechts. **Hinweis**: Auch direkt vor der Abfertigung am Hafen gibt es einen einfachen Parkplatz, auf dem Sie über Nacht stehen können, N 51°00'59" E 2°11'50", Toiletten im Hafengebäude.

Fähren von Calais nach Dover
14 mal täglich, mit DFDS Seaways ab rund 180 Euro (hin und zurück), Überfahrt rund 1.40 Stunden, mehr unter www.dfds.com.
14 mal täglich, mit Irish Ferries ab rund 190 Euro (hin und zurück), Überfahrt rund 1.30 Stunden, mehr unter www.irishferries.com.
13 mal täglich, mit P&O Ferries ab rund 190 Euro (hin und zurück), Überfahrt rund 1.30 Stunden, mehr unter www.poferries.com.
Von Calais nach Folkestone mit dem Zug durch den Eurotunnel:
Rund 48 mal täglich mit dem Eurotunnelzug Le Shuttle ab etwa 300 Euro (hin und zurück), Durchfahrt etwa 35 Minuten, mehr unter www.eurotunnel.com.

A04 Calais – *Aire de Camping Car Calais*

GPS: N 50°57'33" E 1°49'58", Rue D`Asfeld. **Max. WOMOs**: 100. **Öffnungszeiten**: Ganzjährig. **Ausstattung**: Ver- / Entsorgung, Toilette / Dusche, Mülleimer. **Beschreibung**: Sehr großer Asphalt- und Schotterplatz neben dem Campingplatz Le Grand Gravelot, relativ ruhig, eben, 200 m zum Strand, etwa 4 km bis zum Fähranleger, 5 km bis zum Eurotunnel. **Preis**: 12 €. **Zufahrt**: Der A16 um Calais bis zur Ausfahrt 43 nach Guines folgen, dann am Kreisverkehr erste Ausfahrt wählen und nun immer geradeaus. Am vierten folgenden Kreisverkehr erste rechts und dann wieder rechts bis zur Einfahrt rechter Hand. **Hinweis**: Auch direkt vor der Abfertigung am Hafen gibt es einen Parkplatz, auf dem Sie über Nacht stehen können, er ist allerdings nur für etwa fünf Fahrzeuge geeignet und Sie erreichen ihn indem Sie einfach der Beschilderung zur Ticketoffice an der Fähre folgen, Toiletten im Hafengebäude.

Fähren von Dieppe nach Newhaven
Dreimal täglich mit DFDS Seaways ab rund 300 Euro (hin und zurück inklusive. Kabine), Überfahrt etwa 4.30 Stunden, mehr unter www.dfds.com.

A05 Dieppe – *Aire de Dieppe N1*

GPS: N 49°55'48" E 1°05'11", Quai de la Marne. **Max. WOMOs**: 45. **Öffnungszeiten**: Ganzjährig. **Ausstattung**: Ver- / Entsorgung, Strom, Mülleimer. **Beschreibung**: Großer, ebener, geteerter Parkplatz direkt am Hafen, wenige hundert Meters ins Zentrum, gute Lage aber teils etwas laut. **Preis**: 15 € / 24 h. **Zufahrt**: Zum Hafen fahren, dann aber im Kreisverkehr links am Gelände vorbeifahren. Nach dem Straßenknick auf der linken Seite. **Hinweis**: Ein zweiter Platz, der zusätzlich Toiletten bietet liegt etwa 2 km entfernt auf der anderen Hafenseite bei N 49°55'55" E 1°05'02", Boulevard de Verdun 67.

Fähren von Le Havre nach Portsmouth
Fünfmal wöchentlich mit Brittany Ferries ab etwa 350 € (hin und zurück), Überfahrt rund 5.30 Stunden, mehr unter www.brittanyferries.com.

A06 Le Havre – *Aire Camping Car*

GPS: N 49°30'17" E 0°10'18", Rue Andrei Sakharov 61. **Max. WOMOs**: 13. **Öffnungszeiten**: Ganzjährig. **Ausstattung**: Ver- / Entsorgung, Mülleimer. **Beschreibung**: Ebener, geteerter Parkplatz zwischen einem Friedhof und der Durchgangsstraße. Teils etwas laut, nachts durchgehend beleuchtet, rund 5 km zum Hafen. **Preis**: Kostenfrei. **Zufahrt**: Vom Verkehrsknoten in Le Havre kommend die Abfahrt in Richtung Caucriauville nehmen und kurz danach vor der Brücke rechts aufwärts fahren und bis zum Platz nach rund 1,2 km links.

Fähren von Caen nach Portsmouth
Dreimal täglich mit Brittany Ferries ab etwa 580 € (hin und zurück), Überfahrt rund sechs Stunden, mehr unter www.brittanyferries.com.

A07 Caen Ouistreham – *Aire de Camping-Car Riva-Bella*

GPS: N 49°17'15" W 0°14'59", Boulevard Maritime. **Max. WOMOs**: 20. **Öffnungszeiten**: Ganzjährig. **Ausstattung**: Ver- / Entsorgung, Strom, Mülleimer. **Beschreibung**: Ebener, geteerter Parkplatz in nächster Nähe zum Fähranleger, rund 250 m zum Strand. Teils belebt. **Preis**: 13 €. **Zufahrt**: Den Schildern zu Fähre folgen, dann links an der Hafeneinfahrt vorbei, bis zum Ende der Straße und nach dem Linksknick rechter Hand.

Außerdem bestehen von den noch weiter westlich gelegenen Häfen Cherbourg (mit Brittany Ferries und Condor Ferries nach Poole und mit Brittany Ferries nach Porthsmouth), Saint-Malo (mit Condor Ferries nach Poole und mit Brittany Ferries nach Portsmouth) und Roscoff (mit Brittany Ferries nach Plymouth) weitere Verbindungen nach England.

Einreisebestimmungen
Die eigentliche Ein- und Ausreise nach Wales von England aus bekommen Sie dann allenfalls durch ein Hinweisschild mit, eine echte Grenze existiert nicht. Um allerdings erst einmal auf die Britische Insel zu gelangen, müssen Sie eine Passkontrolle überwinden. Diese findet meist schon bei der Einfahrt ins Hafengelände statt erst in Großbritannien statt. **Achtung**: Da das Land nicht mehr Teil der EU ist, benötigen Sie einen Reisepass mit einer Gültigkeit die mindestens der des Aufenthaltes entspricht und voraussichtlich wird im Lauf des Jahres 2024 zusätzlich ein ETA-System (Electronic Travel Authorisation) eingeführt. Dort müssen Sie sich rechtzeitig vor dem Reiseantritt online registrieren. Dies soll dann über die entsprechende Sektion auf der Website www.gov.uk funktionieren oder über eine eigene UK ETA App für das Mobil-

telefon. Für diese Registrierung werden ein paar Pfund fällig und soll mit Ihrem Pass verknüpft werden, gilt dann also genauso lang wie dieser. Diese Regelung soll auch für Kinder gelten.

Bei der Abfertigung im Hafen wird man dann möglicherweise auch einen kurzen Blick ins Innere Ihres Wohnmobils werfen. Sofern Sie keine Schmuggelware, Waffen oder illegale Mitfahrer an Bord haben, werden Sie schnell diese Formalitäten aber relativ schnell und problemlos erledigt haben.

Für Ihr Fahrzeug müssen Sie neben dem Kfz Schein noch eine grüne Versicherungskarte mitführen und als Fahrer natürlich einen Führerschein vorweisen können. Spezielle Zollbestimmungen zur Einfuhr von Waren entnehmen Sie bitte den Online-Informationen des Auswärtigen Amtes oder der britischen Regierung. Es bestehen zur Zeit der Drucklegung dieses Buches keine speziellen Impfvorschriften.

Allgemeine Landeskunde

Geografie:

Hauptstadt: Cardiff. Landesfläche: 20.761 Quadratkilometer.

Wales ist Teil des Vereinigten Königreichs und bildet den kleinsten Landesteil der Britischen Insel. Es zählt, gemeinsam mit Irland, Schottland, Cornwall, der Isle of Man und der Bretagne zu den Keltischen Nationen. Flächenmäßig reiht es sich im internationalen Vergleich zwischen Israel und Slowenien ein. Östlich grenzt es an England, die anderen drei Himmelsrichtungen werden von der 1200 Kilometer langen Küstenlinie umgeben. Sie besteht vornehmlich aus vielen Sandstränden und wilden Steilküsten. Südlich befindet sich der Bristol-Kanal, im Westen der St.-Georgs-Kanal und die Cardigan-Bucht und im Norden die Irische See.

Das Land wird in 22 Bezirke aufgeteilt, an der Südküste liegen die kleineren aber mit Abstand bevölkerungsreichsten und hauptsächlich englischsprachigen Regionen, in der Mitte und im Norden die großen, teils über weite Strecken nahezu menschenleeren und oft walisischsprachigen Gegenden.

Die Landschaft wird durch weite Wiesenflächen, Hügel, Moore und Gebirge geprägt. Weite Teile des Landes stehen unter Naturschutz, besondere Protektion genießen die drei Nationalparks Pembrokeshire-Coast, Brecon Beacons und Snowdonia. In letzterem befindet sich mit dem Mount Snowdon auch die höchste Erhebung (walisisch: Yr Wyddfa, 1085 m).

Bevölkerung:

Einwohnerzahl: rund 3,1 Millionen.

Die Bevölkerung hält sich seit Jahren konstant, seit der Jahrtausendwende leicht ansteigend. Etwa 75 Prozent der Bevölkerung sind gebürtige Waliser, 20 Prozent stammen aus England. Die restlichen 5 Prozent zogen aus anderen Regionen zu. Neben dem Englischen ist die Landessprache Walisisch gleichgestellt. Rund 20 Prozent der Bevölkerung geben an, vornehmlich walisischsprachig zu sein. Dabei handelt es sich nicht etwa um einen Dialekt, sondern eine völlig eigene Sprache, die kaum etwas mit dem Englischen gemein hat. Schilder, Broschüren und Informationstexte sind grundsätzlich zweisprachig gehalten, in den Schulen ist seit einigen Jahren Walisisch Pflichtfach, an einigen sogar die einzige Unterrichtssprache. Über die Hälfte der Waliser sind Christen und in der anglikanischen Kirche oder einer der Freikirchen (wie den Baptisten, Methodisten oder Presbyterianern) organisiert. Den zweitgrößten Anteil machen Konfessionslose aus.

Politik:
Schon im 13. Jahrhundert mussten sich die walisischen Herrscher den angreifenden Engländern geschlagen geben. Seit dem ist Wales Teil des Königreichs. Bis heute wird der Titel »Prince of Wales« vom Königshaus vergeben, zur Zeit hat ihn Prinz William inne. Im 16. Jahrhundert folgte dann die gesetzliche Eingliederung des Landes, die eine Art formale Sonderstellung beendete. Erst im 20. Jahrhundert aufkommende Autonomiebestrebungen und Erfolge der walisischen Partei Plaid Cymru ab 1966 sorgten für größere Eigenständigkeit. 1998 wurde nach einem Referendum eine eigene Nationalversammlung konstituiert, die beispielsweise die Hoheit über die landesweiten Ausgaben und die Gesundheitsvorsorge erhielt. Das neue Parlamentsgebäude wurde 2006 in Cardiff eröffnet.

Städte:
Nur drei walisische Städte knacken im Kerngebiet die 100.000 Einwohnermarke: Cardiff (351.000 Einwohner), Swansea (184.000) und Newport (133.000). Die »Top Ten« voll machen Wrexham (62.000), Barry (57.000), Neath (51.000), Bridgend (48.000), Cwmbran (47.000), Llanelli (45.000) und Merthyr Tydfil (45.000). Bis auf Wrexham liegen sie alle im Süden von Wales.

Wirtschaft:
Ab dem 18. Jahrhundert wurden große Teile von Wales stark industrialisiert. Vor allem der Abbau von Bodenschätzen wie Kohle, Kupfer, Eisen, Silber, Blei, Gold und Schiefer war interessant und beherrschte die walisische Wirtschaft bis ins späte 19. Jahrhundert hinein. Der Kohleabbau war noch bis in die 1980er Jahre ein ökonomischer Motor, der Cardiff zeitweise zum größten Kohlehafen der Welt machte. Inzwischen ist der Abbau zu teuer geworden und die Minen wurden geschlossen. Das Land sah sich in der Folgezeit schweren wirtschaftlichen Problemen gegenüber von denen es sich nur langsam erholte. Heute sind viele Stellen in der Leichtindustrie und im Dienstleistungssektor hinzugekommen die eine große Zahl der verlorenen Arbeitsplätze ausgleichen konnten.

Kultur:
Auch wenn das Land stark mit England verbunden ist, bemüht man sich um die Betonung der Eigenständigkeit, nicht zuletzt im kulturellen Bereich. Eigene Musik, Traditionen und Literatur wird in Wales hervorgebracht. Auch im populärmusikalischen Bereich sind Künstler und Gruppen wie Tom Jones, Shirley Bassey, Bonnie Tyler, Duffy, die Manic Street Preachers oder die Stereophonics internationale Größen.

Sport:
Sportlich gesehen tritt Wales nur in wenigen Disziplinen eigenständig an, darunter Crickett, Hockey und Fußball. Nationalsport ist jedoch Rugby. Bei noch keiner Weltmeisterschaft fehlten die »Roten Drachen« bislang. Das regelmäßig ausverkaufte Stadion in Cardiff besitzt ganze 74.500 Plätze. Erstmals gelang auch der Fußball-Nationalmannschaft eine EM-Qualifikation für 2016 nachdem die letzte internationale Teilnahme, damals bei einer WM, schon rund 60 Jahre zurücklag und endete sensationell erst im Halbfinale. Auch bei der EM 2020, 2024 und der WM 2022 war Wales mit von der Partie .

Baden

Wales ist nicht das klassische Reiseland wenn man an einen Badeurlaub denkt. Zu unrecht. Nur wenige europäische Länder können mit dem kleinen Land mithalten, wenn es um wunderschöne, mal liebliche, mal schroffe und wilde Sandbuchten geht. Einige sind klein und zwischen Felswänden eingeklemmt, andere Kilometer lang und vor lieblich geschwungenen grünen Hügeln gelegen. Die Wasser und Lufttemperaturen sind dabei mit der deutschen Nord- und Ostseeküste vergleichbar. Mal ist es beinahe windstill, mal liegt oder sitzt man »hart im Wind«, die Wassertemperaturen sind erträglich, für »Badewannenkapitäne« aber stets recht frisch.

Machen Sie es daher am besten wie die Waliser: zuerst wird ein Wind- und Sichtschutz errichtet. Diese Holzpfosten/Kunststoffgewebe-Konstruktionen erhalten Sie an fast jedem Strand für wenig Geld. Dann schlüpft man flux in einen Shorty (kurzärmeliger Neoprenanzug) und schmeißt sich samt Bodyboard in die Wellen (beides ist nahezu überall vor Ort erhältlich). Vom dreijährigen Knirps bis zur rüstigen Mittsiebzigerin sind bei diesem beliebten Freizeitvergnügen alle dabei – Sie auch?

Beachten Sie unbedingt die Warnflaggen an den Stränden:
Rot: Gefahr, Badeverbot
Rot / Gelb: Starker Seegang, Baden nur zwischen den Markierungen unter Aufsicht von Lifeguards
Schwarz / Weiß: Dieser Bereich ist für Surfer reserviert, dort nicht baden
Oranger Windsack: Hier wehen starke Winde von der Küste weg. Es dürfen keine aufblasbaren Boote und Ähnliches ins Wasser eingesetzt werden.

Für FKK-Fans gibt es in Wales nicht allzu viele Strandabschnitte in denen man ungeniert die Hüllen fallen lassen kann, »topless« ist an den normalen Stränden zwar nicht verboten aber eher eine Seltenheit. An entsprechender Stelle weisen wir auf solche Möglichkeiten in den Tourbeschreibungen hin.

Auch einige Seen im Landesinneren werden zum Baden genutzt. Schauen Sie einfach wo sich andere Badegäste tummeln und tun Sie es Ihnen gleich wenn Sie wollen. Wo immer unsere Touren Bademöglichkeiten berühren, haben wir darauf hingewiesen, Sie werden kaum eine Gelegenheit verpassen sich ausgiebig abzukühlen!

Campingplätze / Campingclubs / Stellplätze / Parkplätze

Zur Übernachtung im Wohnmobil bieten sich in Wales verschiedene Möglichkeiten an. Grundsätzlich muss aber ehrlicherweise vorab gesagt werden, dass Großbritannien, vor allem wenn Sie frei übernachten möchten, nicht zu den ersten Adressen zählt. Es gibt so gut wie keine offiziellen Stellplätze im bekannten Sinn, viele schöne, teils auch abgelegene Park- und Übernachtungsmöglichkeiten sind mit Verbotsschildern oder Einfahrtsbeschränkungen versehen. Campingplätze gibt es dagegen zuhauf und auch einige Plätze auf denen frei gestanden werden kann haben wir für Sie entdeckt. Helfen Sie mit dass das so bleibt: hinterlassen Sie keinen Dreck und Müll, verhalten Sie sich umsichtig und höflich und fahren Sie weiter wenn die angegebene Höchstzahl an Wohnmobilen schon erreicht ist.

Campingplätze:
Die gängigste Möglichkeit ist die Nutzung von Campingplätzen. Von denen gibt es eine schier unüberblickbare Zahl. Darunter ist alles vom Luxusplatz mit

allem erdenklichen Komfort bis hin zu Einfachplätzen auf einer Kuhweide mit nicht mehr als einem improvisierten Wasseranschluss. Genauso breit gefächert ist das Preisangebot. Von 10 bis 100 Pfund für eine Nacht ist aller möglich. Interessanterweise sind die einfachen Plätze nicht immer die günstigsten und umgekehrt. Einige Plätze nehmen auch keine Wohnmobile auf sondern haben sich ganz dem Zelten oder der Vermietung von Mobilheimen gewidmet (diese heißen dann meist Holiday Park, manchmal deuten aber auch Camping-Schilder in diese Richtung). Unter »Glamping« versteht man luxuriöses Campen in einem gestellten, komfortabel ausgestattetem Zelt oder einer anderen Behausung, auch an solchen Plätzen sind WOMOs in der Regel nicht willkommen. Wenn Sie aber nach einem Platz suchen werden Sie kaum allzu weit fahren müssen, um einen zu finden. Solche, die uns preislich interessant erschienen und die gepflegt sind und an der Route liegen, haben wir für Sie erwähnt und teils auch getestet. Preisangaben beziehen sich immer auf den Richtpreis (zwei Erwachsene mit Fahrzeug ohne Strom in der Nebensaison bis hin zum Hauptsaisonpreis mit Strom).

Eine etwas merkwürdige Regel vieler schöner Plätze, gerade an Farmen, die wohl auf feierwütig über die Stränge schlagende, britische Kegelgruppen und Junggesellen/-innen-Ausflügler zurückzuführen besagt, dass nur Paare und Familien als Gäste akzeptiert werden. So kann es zwei oder mehr einzelnen Männern oder Frauen schon mal passieren, dass sie an einem Campingplatz abgewiesen werden. Als ausländischer Tourist haben Sie da allerdings Vorteile, mit ein bisschen Glück drücken Platzbesitzer mit solchen Regelungen dann doch mal ein Auge zu. Für Festlandeuropäer ist auch die Regelung ungewöhnlich, das teils ein höherer Preis aufgerufen wird, wenn man seine Markise (Awning) ausfahren möchte.

Tipp: Unbedingt erwähnenswert sind noch die beiden englischen Campingclubs. Nicht nur wegen dem eigenen Campingplatznetz sondern vor allem wegen der vielen tollen Minicampingplätze nur für Mitglieder. Diese beinhalten immer mindestens Ver- / Entsorgung und Mülleimer, manchmal sind sie wie ein kompletter Campingplatz ausgestattet, doch werden in der Regel viel geringere Preise aufgerufen. Maximal sind dort immer nur fünf Fahrzeuge auf einmal erlaubt und diese Plätze entsprechen am ehestem dem, was man sich sonst unter einem »Offiziellen Stellplatz« vorstellt. Daher haben wir sie auch entsprechend eingruppiert. ***Eine Mitgliedschaft macht wirklich Sinn***.

Camping and Caravaning Club www.campingandcaravaningclub.co.uk)
Der Club betreibt eigene Campingplätze auf denen Sie als Mitglied eine schöne Ermäßigung erhalten. Außerdem gibt es eine große Anzahl vorgenannter, assoziierter Mini-Plätze im ganzen Land, die »Certificated Sites«. Meist werden dann in idyllischer Lage nahe einem Bauerhof oder Ähnlichem ein paar Plätze nur für Mitglieder des Clubs zur Verfügung gestellt. Die Preise liegen dann pro Nacht ab nur acht Pfund pro Einheit mit Insassen, je nach Ausstattung. Eine Jahresmitgliedschaft kostet 48 Pfund. Mehr Informationen online. ***Auch wenn die Plätze etwas einfacher als im nächsten Club sind, ist er unsere Empfehlung***. Er ist fast immer etwas günstiger und weniger steif, als die Konkurrenz.

The Caravan and Motorhome Club (www.caravanclub.co.uk)
Auch dieser Club betreibt eine recht große Zahl eigener Plätze und bietet diverse Vergünstigungen. Auf allen Clubsites zahlen Mitglieder 10–12 Pfund weniger. Die sogenannten »Certified Locations« sind ausschließlich Clubmitglie-

dern vorbehaltene Mini-Campgrounds mit nur 5 Plätzen. Informieren Sie sich online. Eine Mitgliedschaft kostet rund 63 Pfund. Mehr Informationen online.

Pubs und Bauernhöfe:
Neben dem offiziellen Campingplätzen gibt es an einigen Orten die Möglichkeit, auf den großen Parkplätzen von Pubs zu stehen. Einige getestete Pub-Plätze haben wir in unserer Stellplatzliste aufgenommen. Immer gilt: erst fragen und darauf hinweisen, dass man später einkehrt, sei es auf eine Mahlzeit oder manchmal auch nur auf ein paar Absacker-Drinks. Eine eigene Organisation die solche Plätze sammelt, verwaltet und ihren Mitgliedern anbietet ist »BritStop«. Für rund 44 Pfund werden Sie Mitglied und erhalten das Büchlein mit den notwendigen Informationen zu Plätzen und Bedingungen. Mehr unter www.britstops.com.

Freie Stellplätze:
Ist das freie Übernachten in Wales nun gestattet oder nicht? Darüber gibt es unterschiedliche Ansichten, selbst im Land selbst erhält man widersprüchliche Meinungen dazu. Viele einheimische Camper halten es mit dem »Wo kein Kläger da kein Richter« Grundsatz und stehen sogar an Plätzen mit »No Camping« Beschilderung. Diese gelten, so deren Meinung, sowieso nur für große Scharen an Travellern die damit vertrieben werden sollen. Tun Sie es ihnen aber nicht gleich. Verbot ist Verbot. Von offizieller Seite konnten wir erfahren, dass, ähnlich wie in Deutschland, das dauerhafte Campen zwar verboten ist, das Wiederherstellen der Fahrtüchtigkeit durch eine Übernachtung im Fahrzeug, egal welcher Art, außerhalb von markierten Verbotszonen meist geduldet wird. Im Verwaltungsbereich Powys wird das einmalige Übernachten auf öffentlichen Parkplätzen einmal pro Woche für Wohnmobile sogar ausdrücklich erlaubt.

Versorgung/Entsorgung
Wo es keine offiziellen Stellplätze gibt, wird es auch mit der Ver-/Entsorgen schwierig, zumindest wenn Sie sich nicht regelmäßig auf Campingplätzen bewegen. Öffentliche Wasserstellen sind rar, am besten können Sie Wasser an Tankstellen erhalten, ein »Tap« (Wasserhahn) ist fast immer vorhanden. Gegen eine kleine Spende wird man Ihnen das Fassen einiger Liter nicht verwehren, zumindest nicht nachdem Sie eben gerade getankt haben, manchmal gibt es Automaten, die gegen Pfundeinwurf ein paar Dutzend Liter ausspucken.
Die Toilette kann im Notfall in öffentlichen Toiletten geleert werden, die an vielen Parkplätzen vorhanden sind. Damit sich dadurch niemand behelligt fühlt, macht es Sinn die Kassette in einer großen blauen Tüte eines schwedischen Einrichtungshauses oder einer ebenso bekannten Großmarktkette zum Lokus zu befördern und diesen am Ende bitte sauber zu hinterlassen. Denken Sie auch daran keine harte Chemie zu nutzen. Es ist nicht immer gewährleistet, dass Toiletten an die Kanalisation angeschlossen sind. Verzichten Sie ganz darauf oder stellen Sie auf Öko-Zusätze um. Der Fachhandel berät Sie dazu.
Am schwierigsten ist die Entsorgung des Grauwassers. Nur Campingplätze haben entsprechende Abflüsse und auch die sind mancherorts mit dem Fahrzeug kaum erreichbar. Wir behelfen uns mit einem großen Baueimer den wir ab und an mal unter den Auslass stellen, um das Brauchwasser dann über Toiletten/Ausgüsse oder Ähnliches abzukippen. Die Entsorgung in Gullis oder auf Ödland wäre ökologisch an sich unbedenklich (vor allem dann, wenn Sie mit Spülzusätzen schonend umgehen und keine Chemiehämmer verwenden) aber natürlich nicht erlaubt! Auch hier sind die vorerwähnten Miniplätze der Campingclubs eine tolle Zwischenlösung, die dieses Problem für Sie ad acta legen.

Gas / Elektrizität

Wenn Sie zwei gefüllte elf Kilogramm-Gasflaschen im Wagen dabei haben, werden Sie kaum in die Verlegenheit kommen, unterwegs Gas zu benötigen. Da deutsche Flaschen ansonsten nicht vor Ort befüllt werden, müssen Sie notfalls auf einen Kunstgriff ausweichen: die Firma Calorgas verkauft 6 Kilogramm und 13 Kilogramm Flaschen samt Adapter die damit an das deutsche System passen. Eine Händlerübersicht finden Sie unter www.calor.co.uk – ein Vorabanruf schadet aber nicht, Adapter sind nicht immer und überall verfügbar, können aber auch zur Sicherheit vorab im deutschen Fachhandel erworben werden. Wenn Sie mit einem fest eingebauten Tank ausgestattet sind haben Sie keinerlei Problem, er lässt sich an Autogas-Tankstellen befüllen. Eine Übersicht finden Sie zum Beispiel auf www.boostlpg.co.uk

Die Stromstärke/-spannung im Land beträgt 230V / 50Hz. Damit kommen die meisten Geräte gut klar. Allerdings werden andere Steckdosen verwendet. UK-Adapter erhalten Sie problemlos in Elektrofachgeschäften, auf den Fähren und auch im Land selbst. Allzu oft werden Sie diese als WOMO-Urlauber am Ende aber nicht brauchen. Die meisten Campingplätze sind mit den auch bei uns üblichen CEE-Stromanschlüssen ausgerüstet.

Geld

Die im gesamten britischen Raum gültige Währung ist das Britische Pfund (auch Pound Sterling). Es unterteil sich in 100 Cent. Der Umrechnungskurs zum Euro war in den letzten Jahren einigermaßen konstant, für einen Euro erhalten Sie zuletzt 0,85 Pfund (Stand 12/23). Die Münzen unterteilen sich in 1, 2, 5, 10, 20. 50 Pence- und 1, 2 Pfund-Münzen sowie 5, 10, 20, 50 Pfund-Scheine. Ein kleiner Vorrat an 50 Pence und 1 Pfund Münzen empfiehlt sich für Parkautomaten etc. die an vielen Parkplätzen obligatorisch sind.

Geld umzutauschen ist nicht ganz so einfach wie man meinen mag. Daheim oder auf der Fähre macht es wenig Sinn, da Sie meist einen schlechteren Kurs erhalten werden. In Banken werden meist keine Euro-Noten über 100 Euro pro Tag getauscht, außer Sie haben ein englisches Konto beim jeweiligen Institut, was bei den wenigsten der Fall sein dürfte (deutsche Konten einer englischen Bank wie etwa Barcleys zählen nicht).

Für den Bargeldtausch bleiben somit nur private Wechselstuben und Reiseagenturen wie Thomas Cook bei denen der Kurs auch nicht gerade toll ist. Am Besten fahren Sie daher mit Maestro- oder den gängigen Kreditkarten, die an praktisch allen Bank-Automaten akzeptiert werden. Beachten Sie aber, dass das Tageslimit pro Karte unseren Erfahrungen nach bei unter 500 Euro liegt, was bei zu, Beispiel bei Reparaturen oder ähnlichem ins Gewicht fallen kann.

Das allgemeine Preisniveau unterscheidet sich nicht exorbitant, liegt aber etwas über dem deutschen. Lebensmittelpreise werden hier unter der entsprechenden Überschrift erörtert. Ein Restaurantbesuch schlägt mit mindestens 25 Euro pro Person zu Buche, im Pub kommen Sie oft schon mit 15 bis 20 Euro weg, für ein Pint Bier müssen Sie mit vier bis sieben Euro rechnen. Campingplätze kosten, je nach Ausstattung und Lage, ab etwa 25 Euro pro Nacht für zwei Personen.

Sollte Ihnen Ihre Kredit-/Bankkarte abhanden kommen oder gar gestohlen werden, sollten Sie diese dringend schnellstmöglich sperren lassen. Dafür gibt es in Deutschland eine zentrale Sperrrufnummer an der aber leider nicht alle Geldinstitute partizipieren. Für Österreich und die Schweiz gibt es verschiedene Nummern. Informieren Sie sich daher unbedingt vor Reiseantritt bei Ihrem Kreditinstitut darüber und notieren Sie sich die Rufnummern am Besten mehrfach.

Zentrale Sperrrufnummer für Deutschland
(viele Bankkarten und Kreditkarten):
+49 116 116 oder +49 30 4050 4050
Zentrale Sperrrufnummer für Mastercard:
+1 636 72 27 111 (R-Gespräch)
Zentrale Sperrrufnummer für Visa im Vereinigten Königreich:
0800 89 17 25

Geschichte

Nach heutigem Kenntnisstand wurde Wales erstmals in der Altsteinzeit vor rund 30.000 Jahren besiedelt. Nur wenige Knochenfunde konnten das bislang belegen, während des Höhepunkts der letzten Eiszeit vor rund 2.000 Jahren war das Land vermutlich unbesiedelt bis dann ab etwa 10.000 v. Chr. eine erneute Besiedlung, vermutlich vom europäischen Festland aus. Erfolgte. Beweise für eine erste Hochkultur um etwas 4000 v. Chr. lassen sich heute noch allerorts nachweisen. Menhire und Megalithanlagen wie Bryn Celli Ddu und Pentre Ifan, die Sie auf den beschriebenen Touren selbst erleben können, sind Stein gewordene Zeitzeugen.

In der Eisenzeit ab etwa 750 v. Chr. wurde Wales von fünf keltischen Stämmen beherrscht, die, teils untereinander verfeindet, das Land in die Gebiete der Deceangli und Gangani im Norden, der Ordovizier in der Mitte und der Silurer und Demeter im Süden aufgeteilt hatten. Aus dieser Zeit stammt auch der eigene Landesname Cymru oder, älter, Cymry der auf das Wort »Kombrogi« für »Landsleute« zurückgeht. Zwischen 48 und 79 n. Chr. griffen die zwischenzeitlich in Britannien eingefallenen Römer die Stämme an und schafften es, in langwierigen und zermürbenden Gefechten schließlich das Land, wenn auch nie ganz, so doch größtenteils einzunehmen. Auch die Insel Anglesey (damals Mona) zählte zu den eroberten Regionen. Der dortige Druidenkult wurde nach der Landnahme völlig ausgerottet. Die größte Befestigung auf walisischem Boden wurde in Moridunum (heute Carmarthen) errichtet, noch heute lassen sich die Überreste, unter anderem ein recht gut erhaltenes Amphitheater, besichtigen. Die Römer blieben bis ins Jahr 390, zwanzig Jahre bevor auch Restbritannien aufgegeben und sich selbst überlassen wurde. Angeln, Sachsen und Jüten wanderten daraufhin auf die Britische Insel ein und gründeten eigene Reiche. Wales dagegen geriet mehr unter irischen Einfluss und wurde in viele Kleinkönigreiche zerspalten. Dennoch hielten sich römische Traditionen noch für lange Zeit. Durch die Jahrhunderte entwickelten sich sieben walisische Fürstentümer die für einige Jahre unter dem Herrscher Gruffydd ap Llywelyn sogar geeint werden konnten.

Wales Autonomie sollte bis ins elfte Jahrhundert andauern. Die in England siegreichen Normannen unter Wilhelm dem Eroberer wechselten schnell von einer Strategie der aktiven Grenzverteidigung gegen die zwischenzeitlich wieder zersplitterten Regionen zu Eroberungsfeldzügen denen die Waliser wenig entgegenzusetzen hatten. Weite Teile im Norden und Süden gingen verloren. Ständige Landrückgewinne und erneute Verluste hielten das Land für rund 100 Jahre in Aufruhr. Heinrich II. und Johann Ohneland konnten nie ganz triumphieren, der walisische Fürst Rhys al Gruffydd hingegen trotzte jahrelang den anstürmenden Truppen und errang beachtliche Erfolge. Erst Eduard I. unterwarf bis 1283 das ganze Land und vergab sogleich den Titel »Prince of Wales« an seinen Sohn und Thronfolger. Diese Tradition hat bis heute Bestand.

Um 1400 versuchte der Freiheitskämpfer und Nachfahre walisischer Fürsten Owain Glyndwr das Land zurückzuerobern und rief sich selbst zum Fürsten aus. Nach anfänglich großen Erfolgen wurde die Rebellion aber 1409 niedergeschlagen. Das dadurch geschundene und verwüstete Land lag nun darnieder, die Bevölkerung war weitgehend entrechtet worden.

Erst 1485 keimte für Wales wieder Hoffnung auf, als der walisischstämmige Henry Tudor den englischen Thron bestieg. Am Ende war das Gegenteil der Fall. Schon sein Sohn Heinrich VIII gliederte Wales endgültig ins Vereinigte Königreich ein und strich sämtliche Sonderstellungen.

Damit kam die eigenständige Entwicklung des Landes weitgehend zum Stillstand, man war zu einem Wurmfortsatz Englands degradiert worden. Über fast 300 Jahre änderte sich daran nichts. Erst im 19. Jahrhundert folgten, wenn auch eher wirtschaftlich motiviert, verschiedene Aufstände die allesamt recht blutig niedergeschlagen wurden. Als Grund machten anglikanische Geistliche die in Wales vorherrschende nonkonformistische Kirche und die Nichtbeherrschung der englischen Sprache verantwortlich die danach noch stärker aufoktroyiert wurde. Nationalismus und echte Autonomiebestrebungen sind erst in neuester Zeit wieder aufgekommen, beginnend mit dem 1966 ersten errungenen Parlamentssitz der Partei Plaid Cymru (Partei von Wales).

GPS/Navigation/Landkarten

Um sich auch auf den vielen kleinen Nebenstraßen gut zu recht zu finden, empfiehlt sich eine gute Karte des Landes mit entsprechendem Maßstab. Wir haben uns viele angeschaut, konkurrenzlos sind ist für uns die beiden Wales Karten von Ordnance Survey

· Touring Map South & Mid Wales 1:175.000
· Touring Map North & Mid Wales 1:175.000

Alle Übernachtungs- und Parkplätze, vor allem in Innenstädten oder wenn sie nicht offensichtlich durch die Tourenbeschreibungen zu finden sind, haben wir Ihnen mit exakten GPS Daten angegeben, dazu auch eine ganze Reihe an Campingplätzen. Jedes moderne, einigermaßen brauchbare Navigationsgerät bietet dafür die Möglichkeit, eigene Koordinaten einzugeben.
Wählen Sie unter Optionen die von uns gewählte Darstellungsvariante mit Grad, Minuten und Sekunden aus und geben Sie die jeweiligen Koordinaten händisch ein oder besorgen Sie sich über das Online-Angebot des WOMO-Verlags unter www.womo.de die GPS-Daten in elektronischer Form im gpx oder kml-Format. Natürlich sollte Ihr Navigationsgerät über entsprechendes Kartenmaterial von Wales oder Großbritannien verfügen, damit das alles klappt, das ist leider nicht zwingend bei allen Geräten Standard. Für die bekanntesten Systeme wie Garmin sind solche Karten jedoch problemlos erhältlich wenn nicht sogar schon vorinstalliert. In jedem Fall sollten Sie Ihre Karten vor Reiseantritt upgraden, um auf dem neuesten Stand zu sein. Wenn Sie mit Google Maps oder ähnlichen onlinebasierten Programmen navigieren, entfällt dieses mögliche Problem.

Zusätzlich zu den Koordinaten haben wir, sofern ersichtlich oder benennbar, auch Straßennamen und Hausnummern oder englische Postleitzahlen angegeben. Diese könne ebenfalls in fast jedes Navi eingegeben werden und führen Sie meist auch recht zuverlässig zum Ziel.

Wir haben uns bemüht, Ihnen auch viele Informationen zu den Sehenswürdigkeiten entlang der Routen und ein klein wenig Kultur näherzubringen. Trotzdem bleibt dieser Reiseführer auf Wissenswertes rund ums Wohnmobil ausgelegt. Für noch tiefer gehende Informationen empfehlen wir Ihnen folgende Reiseführer:

· Reiseführer Wales von Lonely Planet
· Wales Reiseführer des Michael Müller Verlags
Für Sprachinteressierte ferner:
· Kauderwelsch: Walisisch des Reise Know How Verlags
Wer gerne wandert kann es mit diesem Führer versuchen:
· Wales, die schönsten Küsten- und Bergwanderungen des Rother Verlags

Hunde

Lange Zeit war eine Mitnahme von Haustieren nach Großbritannien strikten Quarantänebestimmungen unterworfen. Erst 2000 wurden diese gelockert, im Jahr 2012 noch weiter angepasst. In den folgenden Ausführungen beziehen wir uns auf Hunde, wenn Sie andere Tiere mitnehmen möchten, informieren Sie sich bitte bei Ihrem Tierarzt.
Ihr Hund benötigt einen Mikrochip, eine Tollwutimpfung (mindestens 21 Tage vor Reiseantritt), einen Heimtierausweis vom Tierarzt und eine Bandwurmbehandlung (mindestens einen und höchstens fünf Tage vor Einreise), alles mit Eintrag in den Heimtierausweis. Maximal dürfen fünf Hunde mitgeführt werden, keine Welpen die jünger als 15 Wochen sind und nicht erlaubt ist die Einreise mit Kampfhunden der Rassen Pitbull, Boerbull / Mastiff, (Japanese) Tosa, Dogo Argentino und Fila Brasileiro sowie Mischlinge dieser Rassen. Auch Bulldoggen und Rottweiler stehen zur Zeit auf der Beobachtungsliste.

Kriminalität

Wales ist ein sehr sicheres Reiseland. Wie überall anders auch kann es vor allem auf abgelegenen Parkplätzen oder in den großen Städten zu Autoaufbrüchen, Diebstählen und Vandalismus kommen. Lassen Sie keine Wertsachen offen im Fahrzeug liegen – das hilft schon viel. Grundsätzlich müssen Sie sich aber keine allzu großen Gedanken machen. Wenn sind solche Vorkommnisse traurige Einzelfälle.

Lebensmittel / Getränke

Das Warenangebot in Wales steht dem heimischen in nichts nach. In den Dörfern gibt es oftmals nur kleine, ziemlich teure Märkte (oft Spar oder Co-Operative). Die riesigen Supermärkte an den Ausfallstraßen der Städte dagegen bieten ein sehr breites Sortiment, liegen aber auch preislich über dem heimatlichen Niveau (wie Tesco, Waitrose, Sainsbury, Morrison).

Wenn Sie auf Nummer sicher gehen wollen oder die Urlaubskasse nicht überstrapazieren möchten, finden Sie auch eine ganze Reihe von Aldi- und Lidl-Filialen, die neben britischen Produkten auch viel Bekanntes führen. Günstiger können Sie Grundeinkäufe in keinem anderen Markt tätigen. Eine Filialübersicht erhalten Sie unter www.aldi.co.uk und www.lidl.co.uk, jeweils unter »Stores« beziehungsweise »Store Finder«. In einigen größeren Städten gibt es Markthallen, die Sie unbedingt einmal besuchen sollten. Viele einheimische Spezialitäten wie fleischhaltige oder vegetarische Pies erhalten Sie dort besonders gut, genauso wie frisches Obst und Gemüse, süße Küchlein, Fleisch- und Fischwaren. Zu den süßen Spezialitäten zählen leckere Welsh Cakes (zuckerüberzogenes Rosinengebäck), Bara Brith (Früchtebrot, schmeckt mit Butter am besten) und Scones (warm mit Clotted Cream und Erdbeermarmelade besteht Suchtgefahr).

Maße und Gewichte

Schon seit längerem gilt, offiziell, das metrische System. Doch bis auf die Zapfsäulen an den Tankstellen hat es sich bislang im realen Leben kaum durchgesetzt. Noch immer wird im Pub ein Pint bestellt, Höhenangaben werden in Fuß berechnet und Entfernungen im Meilen. Hier eine kurze Umrechnungshilfe:

Längenmaße:

1 Inch (in) = 2,54cm	1 Foot (ft) = 30,5cm
1 Yard (yd) = 0,91cm	1 Mile (m) = 1,61 km

Gewicht:

1 Ounce (oz) = 28,35gr	1 Pound (lb) = 0,45kg

Andere Maße:

1 Acre (ac) = 4047qm	1 Pint (pt) = 0,57l

Notfälle

Ärztliche Versorgung und Medikamente

Sollten Sie wirklich einmal auf medizinische Hilfe angewiesen sein, so sind Sie in Wales in guten Händen. Der Ausbildungsstand der Ärzte ist dem heimischen gleichzusetzen, mit Deutsch werden Sie allerdings in der Regel nicht weiter kommen. Für kleinere Verletzungen stehen vielerorts Ambulanzen und Ärztenotdienste zur Verfügung. Größere Krankenhäuser befinden sich in den Städten. Oft wird allerdings nur die Grundversorgung abgedeckt, was darüber hinaus geht wird privat abgerechnet.

Auch wenn Großbritannien, und somit auch Wales, kein Mitglied der EU ist, gilt die europäische Versicherungskarte EHIC Ihrer Krankenkasse oder eine entsprechende Ersatzbescheinigung, die Ihnen Ihre Kasse ausstellt weiter. Der kostenlose NHS (National Health Service) steht Ihnen damit zur Verfügung.

In jedem Fall kann es aufgrund von Abrechnungs- und Leistungsunterschieden vorkommen, dass Sie einen Teil der Kosten vorstrecken müssen. Dies gilt auch für alle Behandlungen und Extras (wie ein Zimmerupgrade im Krankenhaus oder einen Heimtransport) die nicht durch das britische System abgedeckt werden. Um am Ende nicht mit hohen, unkalkulierbaren Kosten konfrontiert zu werden, macht sich daher ein zusätzlicher Auslandskrankenschutz bezahlt. Viele Versicherer bieten so etwas für verhältnismäßig wenig Geld an, teils lässt sich so etwas auch über Ihre Kreditkartenfirma oder einen Schutzbrief Ihres Automobilclubs abdecken.

Ansonsten ist eine flächendeckende Versorgung mit Apotheken gegeben. Große, beleuchtete Kreuze kündigen diese meist gut sichtbar an. Einige Medikamente haben allerdings abweichende Namen und auch in der Apotheke gilt, dass Sie englische Sprachkenntnisse benötigen werden. Im Zweifelsfall schadet es also nicht, wenn Sie wichtige Medikamente auf die Sie angewiesen sind, als Vorrat mitführen.

Gesundheit

Für die gesamte Britische Insel bestehen keinerlei gesundheitlichen Einschränkungen. Ansteckungsgefahren entsprechen denen in der Heimat. Als Impfempfehlungen gelten, wie bei uns, nur Tetanus und Diphterie, eventuell bei längeren Aufenthalten Hepatitis B und Masern / Mumps, vor allem bei Kindern.

Konsularische Hilfe und Notrufnummern

Wir drücken Ihnen die Daumen, dass Sie keine der hier aufgeführten Nummern benötigen, denn in jedem Fall wäre das wohl mit einem mehr oder minder unerfreulichen Anlass verbunden... Nichts desto trotz ist im Notfall jede dieser Nummern goldwert.
Egal ob Sie Ihren Reisepass oder andere wichtige Dokumente verloren haben, bestohlen wurden oder, aus welchen Gründen auch immer, festsitzen, hier wird Ihnen geholfen:

Deutsche Botschaft und Konsulate:
Deutsche Botschaft London:
zuständig für Gesamt England und Wales
Embassy of the Federal Republic of Germany, M. Berger
23 Belgrave Square / Chesham Place, London SW1X 8PZ
Telefon: +44 20 78 24 13 00
Email: info@london.diplo.de, Internet: www.uk.diplo.de
Termine nach Vereinbarung

Deutsches Honorarkonsulat Cardiff:
zuständig für die Regionen Blaenau Gwent, Bridgend, Caerphilly, Cardiff, Carmarthenshire, Ceredigion, Merthyr Tydfil, Monmouthshire, Neath Port Talbot, Newport, Pembrokeshire, Powys, Rhondda Cynon Taff, Swansea, Torfaen und Vale of Glamorgan
Honorary Consul of the Federal Republic of Germany, M. Hoecherl
Capital Law, Capital Builing, Tyndall Street, Cardiff, CF10 4AZ
Telefon: +44 7541 26 36 28
Email: cardiff@hk-diplo.de
Termine nach Vereinbarung

Deutsches Honorarkonsulat Liverpool:
zuständig für die Regionen Angelesey, Conwy, Denbighshire, Flintshire, Gwynedd und Wrexham
Honorary Consul of der Federal Republic of Germany, D. Mücke-Herzberg
PO Box 189, Neston, CH33 9FE
Telefon: +44 7404 65 92 14
Email: liverpool@hk-diplo.de
Termine nach Vereinbarung

Österreichische Botschaft:
Österreichische Botschaft London:
zuständig für Gesamt England und Wales
Embassy of Austria, Mag. Phil. B. Wrabetz
18 Belgrave Mews West, London SW1X 8HU
Telefon: +44 20 73 44 32 50, Fax +44 20 73 44 02 92
Notfallrufnummer Mo. – Fr. 17.00 – 9.00 Uhr und WE +44 7906 15 99 31

Schweizer Botschaft und Konsulat:
Schweizerische Botschaft London:
zuständig für Gesamt England und Wales
Embassy of Switzerland
16-18 Montagu Place, London W1H 2BQ
Telefon: +44 20 76 16 60 00, Fax +44 20 77 24 70 01
Email: london@eda.admin.ch

Schweizer Konsulat Cardiff:
zuständig für Wales
Consulate of Switzerland
c/o Capital Law LLP
Capital Building, Tyndall Street, Cardiff CF10 4AZ

Weitere wichtige Notrufnummern in Wales sind:
Polizei / Rettungsdienst / Feuerwehr: 999 und 112

Reisezeit

Feiertage

Die gesetzlichen Feiertage in Wales und England sind bei Ihrer Reiseplanung zu beachten, diese sind:

- New Years Day (Neujahr, 01.01. oder darauffolgender Werktag:)
- Good Friday (Karfreitag, wechselnde Daten des Kirchenkalenders)
- Easter Monday (Ostermontag, wechselnde Daten des Kirchenkalenders)
- Early May Bank Holiday (Erster Montag im Mai)
- Spring Bank Holiday (Letzter Montag im Mai)
- August Bank Holiday: Letzter Montag im August
- Christmas Day (1. Weihnachtsfeiertag, 25.12 oder darauffolgender Dienstag)
- Boxing Day (2. Weihnachtsfeiertag, 26.12. oder darauffolgender Montag)

Denken Sie auch an die Ferientermine, während derer viele Waliser im Land unterwegs sind und es in Restaurants, auf Campingplätzen und an Stränden ein Stück voller wird als sonst. Sie sind ähnlich den deutschen Ferien mit wechselnden Daten angelegt, die Sommerferien dauern von Mitte oder Ende Juli bis Anfang September.

Wetter

Das walisische Wetter ist stark durch den Atlantischen Ozean und den Golfstrom geprägt. Es ist etwas wärmer als in Schottland und im Winter milder als in England. Es herrscht allgemein ein gemäßigtes feuchtes und windiges Seeklima ohne extreme Temperaturschwankungen vor. Ausnahmen bestätigen allerdings die Regel: So wurden 1990 schon 35,2 Grad im Norden von Wales und 1940 -23 Grad im mittleren Osten gemessen. Tatsächlich können Sie sich in den Sommermonaten von Juni bis August auf Tageshöchsttemperaturen zwischen 18 und 25 Grad einstellen, nachts fallen sie auf 11-15 Grad. Dann ist auch der ein- oder andere warme Badetag am Meer drin. In dieser Zeit ist es aber auch am vollsten. Viele, meist englische, Touristen verbringen ihre Ferien dann in Wales. Lassen Sie sich aber nicht täuschen – das ist immer noch moderat im Vergleich zu den Urlaubsströmen im Hochsommer zwischen Spanien, Italien und Kroatien. Wenn Sie es mehr auf einen Natur- und Wanderurlaub anlegen sind auch die Monate April / Mai und September / Oktober interessant, Die

Temperaturen liegen dann tags bei 12 – 20 Grad, nachts zwischen 5 - 11 Grad. Die Winter sind mit 2 – 10 Grad zwar mild aber auch regnerisch und windig und somit weniger ideal. Mit Regen müssen Sie im Übrigen das ganze Jahr über rechnen. 13 – 15 »schauerliche« Tage sind auch im Hochsommer durchaus möglich. Allerdings sind diese dann meistens nur von eher kurzer Dauer.

Restaurants

Essen gehen ist allerorts möglich, allerdings zu meist recht gehobenen Preisen. Günstiger kommen Sie in einem der vielen schönen Pubs weg. Denn zu »Local Ales«, Bitter, Lager-Bieren oder Cider werden oft allerlei Speisen feil geboten. Die Namen der Biere stehen immer auf dem Zapfhahn. Auch Komplettangebote für ein Pint plus »Dish of the Day« (Tagesgericht) oder »Two for one« (Zwei für eins) Angebote finden sich regelmäßig. Entgegen der verbreiteten Meinung, dass nur Erwachsene in Pubs dürfen, ist das, zumindest in Wales, nur noch selten der Fall. Es gibt heute eine große Zahl an Family-Pubs in denen Sie mit Kind und Kegel einkehren können. Teils im ganzen Pub, teils in speziellen Familienräumen, manchmal aber nur bis zu einer bestimmten Uhrzeit. Rauchverbot gilt übrigens überall in den geschlossenen Räumen.

Pubs,Restaurants und Hotels, die Übernachtungen auf ihren großen Parkplätzen dulden oder besonders empfohlen werden haben wir, in den Tourentexten und Stellplatzerwähnungen aufgenommen.

Am günstigsten essen Sie in einem der vielen Fish an Chips- und Fast Food Lokale und Buden, qualitativ darf man da allerdings nichts kulinarisch Herausragendes erwarten, solides Essen aber schon.

Grundsätzlich gilt, dass insgesamt die Qualität des britischen Essens besser und vielfältiger ist als ihr Ruf. Bitte haben Sie Verständnis dafür, dass wir nur Pubs, Restaurants, Cafés und Tea Rooms die vornehmlich einheimische, also walisisch-britische oder internationale Kost anbieten erwähnen. Es gibt zweifelsohne auch eine große Anzahl guter indischer, chinesischer, italienischer usw. Restaurants im Land, doch das sprengt dann den Rahmen.

Trinkgeld

Trinkgelder (englisch »tips«) sind in den Rechnungen von Restaurants in der Regel enthalten. Ein etwa zehn prozentiger Aufschlag ist dennoch üblich. Im Pub dagegen wird kein Trinkgeld gegeben und erwartet. Nur ganz vereinzelt findet man eine Tipbox an der Theke in die man ein paar Pence des Change (Wechselgeldes) werfen kann, zum Beispiel wenn Ihnen das Essen an den Tisch gebracht wurde oder auch Getränke dorthin serviert wurden.
Vielleicht kommen Sie sonst mit Taxifahrern (Kurzstrecke rund 10 %, sonst auch weniger) oder Fremdenführern (je nach Tour und Zufriedenheit meist 2 – 5 Pfund) in Kontakt, die bei Zufriedenheit ebenfalls Trinkgeld erhalten.

Sehenswürdigkeiten / Öffnungszeiten

Wales gilt als das Land mit der größten Burgendichte der Welt. Sie finden Anlagen, oder deren Überreste, aus keltischer, römischer, normannischer und viktorianischer Zeit quer über das ganze Land verstreut. Einige sind in einem beeindruckenden Erhaltungszustand, andere nur noch als Grundmauern erhalten. Zu den eigentlichen Bauwerken kommt vielerorts der Reiz ihrer Lage und Geschichte hinzu die oft wortgewaltig auf Schautafeln und Broschüren dargelegt wird. Englisch sollten Sie dafür allerdings beherrschen. Eine deutsche Übersetzung liegt nur in Ausnahmefällen bereit. Eine beinahe ebenso große Anzahl an oft noch üppig ausgestatteten Herrenhäusern, die teils erst seit wenigen Jahren der Öffentlichkeit zugänglich sind und mancherorts wirken, als wären die Hausherren nur mal kurz weggefahren, reihen sich in die Liste der Sehenswürdigkeiten gleich hinter den Burgen ein. Meist werden Sie durch eine recht große Anzahl an Volunteers (Ehrenamtlichen / Freiwilligen) betreut die sich immer freuen Ihnen Details zu Bauwerk und Historie preisgeben zur dürfen – natürlich auch auf Englisch. Eine dritte große Gruppe an Sehenswürdigkeiten stellen die berühmten, makellos gepflegten britischen Gärten dar. Teils gehören sie zu Schloss- und Burganlagen, teils stellen Sie ein eigenes Ausflugsziel dar. Auch hiervon sollten Sie sich einige dieser wirklich schönen Anlagen nicht entgehen lassen. Neben der für sich schon äußerst sehenswerten Natur von Wales mit den großartigen Landschaften im Landesinneren, der spektakulären Küsten und den wirklich tollen Stränden finden Sie außerdem Höhlen und Minen, Zoos und Farmen, Museen und Naturparkhäuser so wie einige sehr interessante Städte vor.

Für die meisten Sehenswürdigkeiten werden Eintritte verlangt die sehr verschieden ausfallen können. Teils muss man recht tief in die Tasche greifen, um Einlass zu erhalten. So erhalten Sie mancherorts schon für drei bis vier Pfund Zutritt, anderswo erst für happige 25 Pfund pro Person. Eintritt frei gilt dagegen für staatliche Museen von denen es auch einige sehenswerte in Wales gibt.

Tipp: Vor allem wenn Sie vor haben, einige der Schlösser und Herrenhäuser zu besuchen, lohnt eine Mitgliedschaft in einer der beiden mit der Pflege und Verwaltung betrauten Organisationen unbedingt. Sie verschafft Ihnen dann freien Eintritt zu den vielen, von der jeweiligen Institution betreuten Objekten und spart unter Umständen richtig Geld. In den Beschreibungstexten ist angegeben, wenn eine Sehenswürdigkeit zu einer der beiden Einrichtungen gehört und damit für Mitglieder kostenfrei ist (National Trust oder CADW). Bei den meisten Sehenswürdigkeiten haben wir Ihnen die Internetadressen angegeben, wenn sie zu einer der beiden unten genannten Organisationen gehören finden Sie weiterführende Informationen auf diesen beiden Websites.

National Trust:
Der National Trust betreut in ganz Großbritannien Herrenhäuser, Schlösser, Burgen und Gärten, aber auch Strände, Naturreservate und andere Kulturgüter. Auch eine stattliche Anzahl an Parkplätzen in schönen Lagen (fast immer mit Übernachtungsverbot) werden durch den Verband gehostet, nicht ganz uninteressant wenn man zum Beispiel an der Küste unterwegs ist und nicht jedes Mal Extrageld berappen möchte. Eine Mitgliedschaft schließen Sie entweder über das Internet oder, fast noch besser, vor Ort bei bekannteren Sehenswürdigkeiten ab, es ist leider nicht überall möglich. Denn dann gibt es zeitweise spezielle Angebote die nochmals ein paar Pfund sparen. Eine Übersicht und weitere Informationen erhalten Sie unter
www.nationaltrust.org.uk
Für eine Jahresmitgliedschaft werden pro Person / Jahr rund 84 Pfund fällig, Paare zahlen 139 Pfund und Familien (2 Erwachsene, bis zu 5 Kinder) zahlen 146 Pfund für ein Jahr. Für Touristen die nur ein paar Tage in Wales sind gibt es außerdem als günstigere Alternative die Möglichkeit einen Touring-Pass zu erwerben. Dieser gilt dann nur für 7 Tage (ab 41 Pfund) oder 14 Tage (ab 47 Pfund). Selbstverständlich können Sie auch ganz normal einzeln zahlen, die Preise haben wir Ihnen angegeben. Der zweite an Kassen ausgeschriebene Betrag mit zusätzlicher Gift Aid (Spende) ist für Sie als Tourist dabei unerheblich.

CADW:
Der CADW ist eine rein walisische Organisation die vor allem alte, für Wales wichtige Kulturgüter betreut. Darunter fallen eine große Anzahl Festungen, Burgruinen aber auch uralte Steinkreis- und –grabanlagen.

Auch für den CADW kann die Mitgliedschaft online unter **www.cadw.gov.wales** oder an einer der größeren Sehenswürdigkeiten vor Ort (teils wiederum mit Nachlässen) abgeschlossen werden. Die reguläre Jahresmitgliedschaft beläuft sich für Erwachsene auf 57 Pfund / Jahr, rund 75 Pfund für Paare. Familien mit 1+x Kindern zahlen rund 87 Pfund. Für Senioren und Jugendliche gibt es spezielle Rabatte. Auch hier gibt es Kurzzeit-Pässe (Explorer Pass) die an einigen Sehenswürdigkeiten erworben werden können und an vielen, wenn auch nicht allen CADW-Sehenswürdigkeiten akzeptiert werden (Übersicht online verfügbar): Sie gewähren Eintritt an 3 von 7 aufeinanderfolgenden Tagen (ab 23 Pfund) oder an 7 von 14 aufeinanderfolgenden Tagen (ab 34 Pfund). Selbstverständlich können Sie aber auch ganz normal einzeln zahlen, die Preise haben wir Ihnen angegeben.

Nationalparks
Immerhin drei Nationalparks befinden sich in Wales. Dazu zählen

- ***Brecon-Beacons-Nationalpark*** (1344qkm, seit 1957)
Er erstreckt sich im Süden etwa von der Landesmitte bis zu den Black Mountains an der englischen Grenze. Seine höchste Erhebung ist der Pen y Fan (886m). Eine große Anzahl markierter Wanderwege durchzieht den Park, darunter auch der 100 Meilen lange Beacons Way von Abergavenny bis Bethlehem. Das hügelige Land wird durch Moore, Wälder und Weiden geprägt. Neben vielfältigen Outdooraktivitäten sind die am südlichen Rand gelegenen Dan yr Ogof Höhlen und die Wasserfälle rund um Ystradfellte besonders interessant (beide Tour 9). Mit Carreg Cennen Castle befindet sich auch eine sehr sehenswerte Burgruine im Park (Tour 2). Seit 2013 sind die Beacons auch als Lichtschutzgebiet bzw. Dark Sky Reserve klassifiziert. Damit werden Gegenden ausgezeichnet, die einen besonders klaren Blick zu den Sternen, unverseucht durch künstliches (Nacht)licht gewähren.
- ***Pembrokeshire-Coast-Nationalpark*** (620qkm, seit 1952)
Der Park umfasst den größten Teil der äußersten Westküste von Wales im gleichnamigen Verwaltungsgebiet. Er ist bekannt für seine großen Seevogel-Brutkolonien und bietet mit dem Pembrokeshire-Coast-Path einen wirklich tollen Weitwanderweg von dem man zumindest das ein oder andere Stück mitnehmen sollte (Tour 3). Zu sehen und erleben gibt es, neben einigen tollen Stränden, wilde Felsformationen, idyllische Leuchttürme und Küstenorte sowie alte Burgruinen und weitgehend wild lebende walisische Ponys. Auch Delfine, Robben und Wale lassen sich immer mal wieder von der Küste aus, sogar mit bloßem Auge, beobachten.
- ***Snowdonia Nationalpark*** (2170qkm, seit 1951)
Der Park befindet sich im Nordwesten von Wales und ist der drittgrößte von Großbritannien. Er umfasst die spektakulären Bergketten rund um den höchsten walisischen Berg Mount Snowdon (1085m). Ganze 1479km markierte Wanderwege durchziehen die Region, wichtige Zentren sind die Outdoor-Tourismus-Orte Dolgellau (Tour 4), Beddgelert (Tour 5), Llanberis und Betwys-y-Coed (beide Tour 7).

Hinzu kommen noch die als »Gebiete von außerordentlicher Naturschönheit« gekennzeichneten Gegenden der Insel Anglesey und der Halbinsel Llyn (beide Tour 6), die Halbinsel Gower (Tour 2), sowie die Clwydian Range (Tour 8) und das Wye Valley (Tour 9). Außerdem unzählige Naturschutzgebiete die wir auch immer wieder auf den einzelnen Touren erwähnt haben.

Öffnungszeiten

Öffnungszeiten lassen sich nicht grundsätzlich verallgemeinern, in Etwa kann Ihnen diese Übersicht aber als Leitfaden dienen. Es handelt sich um die gängigen Maximalöffnungszeiten, vor allem in ländlichen Regionen müssen Sie mit Einschränkungen rechnen.

Banken und Postämter: oft Mo. – Fr. 9.00 – 17.00 Uhr, in kleinen Orten auch kürzer, Sa. 9.00 – 12.30 Uhr

Ärzte: oft Mo. – Fr 8.30 – 18.00 Uhr, davon sind jedoch gewisse Zeiten fest für bereits bestehende Termine vorgesehen

Geschäfte: in Haupteinkaufsstraßen oftmals Mo. – Sa. 10.00 – 18.30 Uhr, teils auch So. zwischen 11.00 – 17.00 Uhr

Supermärkte: Mo. – Sa. 9.00 – 22.00 Uhr, teils auch So. geöffnet

Gastronomie: Restaurants meist 18.00 – 01.00 Uhr, Pubs 11.00 – 23.00 Uhr, teils auch länger

Museen: Meist nur an 5 Tagen zwischen Mo. – Sa. 10.00 – 17.30 Uhr, Sonntags ab 12.00 Uhr oder geschlossen

Touristeninformationen: Mo. – Fr. 9.00 – 18.00 Uhr, Sa. / So. bis 17.00 Uhr

Telefonieren und Internet

Mit Ihrem heimischen Handy samt Providerkarte oder einem Surfstick kommen Sie auch in Wales weiter, da Großbritannien nach wie vor im europäischen Roamingverbund inkludiert ist. Informieren Sie sich aber vorher über Ihren aktuellen Tarif. Zwar gehören horrende Roaming-Gebühren in der EU der Vergangenheit an, dennoch gibt es Preisschwankungen und Sie fahren mit einem speziellen Urlaubstarif und zusätzlichem Datenvolumen wohl möglich besser, ganz nach Nutzungsart und -dauer. Öffentliche Fernsprecher findet man, wie daheim, nur mehr vereinzelt. Die typisch britische, rote Telefonzelle wird auch dort wo sie nicht ersatzlos gestrichen wird nach und nach durch moderne, farblich neutraler gehaltene Apparate ersetzt. Sie sind für den Gebrauch von Telefonkarten und/oder Münzbetrieb (20 Pence bis 1 Pfund) gemacht. Einige Campingplätze und Pubs bieten WLAN, auch in den Filialen von McDonalds, Starbucks anderen ketten und einigen Supermärkten haben Sie Zugang zu freiem Internet sowie in einigen Innenstädten.

Tourismus

Deutsche, Österreichische und Schweizer Wohnmobile bilden eine relativ kleine Gruppe unter den Campern in Wales. Etwas häufiger sieht man französische Fahrzeuge, die mit Abstand größte Gruppe sind natürlich die Briten selbst. Entsprechend sind auch die touristischen Informationen aufgebaut. Es gibt allerorts Infopunkte, Touristische Infostellen und –büros sowie große Mengen an Informationsbroschüren und –flyern. Allesamt auf Englisch (und Walisisch).

Im Hochsommer ist der touristische Andrang selbstverständlich am größten, doch werden Sie nur äußerst selten keinen Platz auf einem Campingplatz mehr bekommen oder keinen Parkplatz vor einer Sehenswürdigkeit. Rechtzeitig buchen müssen Sie dagegen Fährpassagen wenn Sie auf einen bestimmten Tag angewiesen sind und Auffahrten zum Mount Snowdon mit der Bergbahn.

Diese sind oft frühzeitig ausverkauft (siehe Tour 7).
Weiterführende Informationen zu Ihrer Reise, auch auf deutsch, erhalten Sie im Vorfeld am besten online, wie unter www.visitwales.com/de oder www.visitbritain.com/de.

Unfall

Wenn Sie eine Panne haben und Hilfe benötigen, erhalten Sie diese über die britischen Partnervereine Ihres heimischen Automobilclubs. Hier die Notrufnummern der größten Clubs:

Deutschland
ADAC: +49 89 22 22 22 (Schaden) bzw. +49 89 76 76 76 Medizinische Notfälle
ACE: +49 711 53 03 43 536
AvD: +49 69 66 06 600
Österreich
ÖAMTC: +43 1 25 12 000 bzw. +43 1 25 120 20 Medizinische Notfälle
ARBÖ: +43 50 123 100
Schweiz
TCS: +41 58 285 96 00
ACS: +41 44 283 33 77

Falls Sie einen Unfall haben, empfiehlt sich ein Europäischer Unfallbericht den Sie gemeinsam mit dem Unfallgegner vor Ort ausfüllen. Solche Vorlagen können Sie beispielsweise im Internet kostenfrei downloaden und ausdrucken. Auf alle Fälle müssen Sie auch die Polizei verständigen (unter 999 oder 112, siehe auch Adressen der Konsulate), schon um etwaigen Problemen durch einen sichtbaren Schaden bei der Ausreise vorzubeugen.

Verkehr / Straßen / Tankstellen

Wales ist grundsätzlich ein tolles Land, um es mit dem Wohnmobil zu erkunden. Ganz klar muss man aber sagen, dass Sie mit einem eher kleinen Fahrzeug besser beraten sind. Die schönsten Plätze liegen oft an sehr schmalen und von tief hängenden Bäumen gesäumten Nebenstraßen die sich mit einem sechs Meter langen Kastenwagen recht gut vertragen, die Durchfahrt mit einem fünf Tonnen schweren, acht Meter langen und 3,40 Meter hohen Luxusliner aber schnell zur Tortur für Mensch und Maschine werden lassen. Wir selbst haben alle beschriebenen Wege mit einem etwa sieben Meter langen und 3,20 Meter hohen Alkovenmobil bezwungen. Dort, wo es für uns eng und schmal wurde haben wir im Text darauf hingewiesen.

Was englische Verkehrsregeln angeht die Wichtigste gleich zuerst: in ganz Großbritannien und somit auch in Wales herrscht Linksverkehr. Für viele klingt das erst einmal erschreckend und nach großer Herausforderung. Wenn man nach den ersten paar Kilometern aber den Dreh raus hat ist es halb so wild. Wer auf Nummer sicher gehen möchte klebt sich zum Beispieleinen roten Pfeil an die Schreibe der nach links zeigt oder ähnliches. Auch ein aufmerksamer Beifahrer ist im Zweifelsfall goldwert. Den benötigen Sie im Übrigen öfters mal. Die Straßeneinmündungen sind verständlicherweise auf Fahrzeuge ausgerichtet, die das Steuer auf der rechten Seite haben. Wenn Sie nun an eine schräg von rechts hinten einmündende Straße zufahren sehen Sie aus Ihrem Wohnmobil heraus... erst einmal gar nichts. Da hilft es nur den Mitfahrer zum Schauen und Einweisen zu verpflichten. Notfalls kann evtl. auch eine um 90

Grad gedreht angebrachte Weitwinkellinse an der Beifahrerscheibe –zumindest leidlich – für Abhilfe sorgen.
Besonders kritisch ist, wenn überhaupt, das rechts abbiegen. Widerstehen Sie dem Drang auf die erste Fahrbahn ganz rechts einzuscheren sondern holen Sie weit aus und bleiben Sie immer links!

Noch ein Thema sind die mitteleuropäischen, für Rechtsverkehr eingestellten Scheinwerfer. Streng genommen müssen diese mit einer Schablone abgeklebt werden wenn Sie auf die Insel fahren. Der Gegenverkehr könnte sonst geblendet werden. Auch wenn es diese Vorschrift tatsächlich gibt, halten sich längst nicht alle daran. Nur in einem Fall haben wir davon gehört, dass bei einer Kontrolle auch eine Strafe verhängt wurde. Entscheiden Sie selbst ob Sie auf Nummer sicher gehen oder nicht, die Klebeschablonen gibt es im Internet oder den Bordshops der Fähren.

Auf was Sie noch achten sollten:
· Geschwindigkeiten werden in Meilen angegeben (= km x 1,61)
· Überholt wird immer links
· Kreisverkehre sind sehr beliebt und drehen natürlich auch links herum, also im Uhrzeigersinn. Bleiben Sie bei mehreren Spuren ganz links wenn Sie die erste Ausfahrt nehmen wollen, die zweite Spur für die mittlere Ausfahrt und die rechte Spur für eine späte Ausfahrt.
· Es gibt keine Links-vor-Rechts-Regelung analog zu unserer. Die Vorfahrt wird normalerweise durch »Give Way« (Vorfahrt achten) Schilder oder entsprechende Markierungen auf der Straße geregelt. Wenn Sie unsicher sind bleiben Sie defensiv und arbeiten Sie mit Handzeichen.
· Defensiv ist allgemein ein wichtiges Stichwort: die Nebenstraßen sind, wie schon erwähnt, häufig recht schmal oder gleich nur »Single Track Roads« (einspurige Straßen) mit Ausweichstellen die von Zeit zu Zeit das Passieren von Gegenverkehr ermöglichen. Die Briten sind fast immer äußerst höflich und lassen Sie durch oder achten defensiv auf andere Verkehrsteilnehmer. Nehmen Sie sich das zu Herzen und verhalten Sie sich auch entsprechend.

Hier noch einige wichtige Verkehrsregeln und -gegebenheiten:
· Erlaubte Geschwindigkeit in Orten: 30 mph (etwa 48 km/h) oder entsprechend der Beschilderung
· Erlaubte Geschwindigkeit außerhalb von Ortschaften: 40 mph (rund 64km/h) bis 70 mph (rund 113 km/h)
· Erlaubte Geschwindigkeit auf Autobahnen: WOMOs bis 3,5 Tonnen meist 70 mph (rund 113 km/h), über 3,5 Tonnen meist 60mph (rund 97 km/h)
· Es gilt eine 0,8 Promille Grenze
· Alle Fahrzeuginsassen müssen angeschnallt sein, Warnweste, Warndreieck und Verbandskasten gehören zum Pflichtinventar.
· Kinder unter 12 Jahren oder unter 135 cm Körpergröße müssen in Kindersitzen befördert werden.
· Parken ist in gelb gestrichelten Kurzparkzonen, meist zwischen 30 Minuten und 120 Minuten kostenfrei oder mit Automat erlaubt. Eine durchgezogene gelbe Linie weist auf ein Parkverbot hin, eine durchgezogenen Doppellinie auf ein Halteverbot. Auf Parkplätzen gilt fast immer »pay and display« (zahlen und Parkzettel hinter die Windschutzscheibe legen). Achten Sie auch darauf, ob Sie, beispielsweise durch den Überhang Ihres Fahrzeugs, einen zweiten Parkplatz blockieren. In dem Fall müssen vielerorts zwei Parktickets gekauft werden.

· Beim Parken oder Übernachten an der Küste sollten Sie die Gezeitenstände (engl.: »tides«) des Meeres im Hinterkopf haben. Einige Parkplätze können bei besonders hoher Flut teils oder auch ganz überschwemmt werden. Eine Überraschung die Sie sicher nicht brauchen. Gezeitenkalender erhalten Sie in küstennahen Touristeninformationsstellen, sie hängen an manchen Stränden aus oder sind online einsehbar, etwa auf www.tidetimes.org.uk.

Achtung: Für die Anreise müssen Sie beachten, dass in Frankreich das Mitführen eines Alkoholtestgerätes im Auto vorgeschrieben ist. In den meisten Fällen legen Sie nur einen kurzen Weg im Land zurück. Entscheiden Sie selbst ob Sie streng gesetzeskonform handeln wollen.

Tanken

Das Netz an Tankstellen ist dicht und Sie werden kaum Probleme haben, Sprit zu bekommen: Lediglich in einigen abgeschiedeneren Gegenden kann es, vor allem an Sonn- und Feiertagen, mal etwas eng werden. Tanken Sie daher sicherheitshalber nicht zu spät, dann werden Sie keine Probleme haben. Das Mitführen von gefüllten Reservekanistern während der Fährüberfahrt ist verboten. Die Preise für Sprit sind leider relativ hoch, sie müssen meist mit noch ein paar Cent Aufschlag im Vergleich zu den heimischen Preisen rechnen.

Wanderungen

Wandern und überhaupt Outdooraktivitäten sind ein großes Thema in Wales. Shops in denen entsprechender Bedarf und Ausrüstung, oft günstiger als daheim, erstanden werden kann gibt es in jedem mittelgroßen Ort. Die Waliser lassen sich dabei auch nicht vom Wetter und regelmäßigen Schauern beirren. Es gibt kein falsches Wetter, nur falsche Kleidung. Das Regencape ist immer dabei und wird halt in Notfall kurz übergezogen, jeder Schauer geht schließlich auch wieder vorbei. Unvergessliche Momente auf Schusters Rappen sind Ihnen im Snowdonia Gebirge genauso sicher wie in den Brecon Beacons, entlang des walisischen Küstenpfades (der tatsächlich entlang der gesamten walisischen Küste verläuft!) sowie an vielen anderen tollen Orten im schönen, kleinen Wales. Wanderrouten und Tourvorschläge erhalten Sie online, auch einige Apps gibt es zu dem Thema, im Buchhandel oder bei den Touristeninformationsstellen im Land. Dies ist zwar kein Wanderführer, einige schöne Routen oder Anregungen für Wanderungen geben wir Ihnen in den einzelnen Kapiteln aber auch mit auf dem Weg.

Zeit

Auch wenn wir Ihnen da vermutlich nichts Neues sagen noch sicherheitshalber ein wichtiger Hinweis zum Schluss: In Großbritannien gehen die Uhren anders: mit Betreten der Fähre herrscht britische Zeit, Ihre Uhren müssen Sie im Vergleich zur bei uns üblichen mitteleuropäischen Zeitzone um eine Stunde zurück drehen (12.00 Uhr ist dann 11.00 Uhr), egal ob im Sommer oder im Winter.

Bildnachweis

S. 140 oben ©Tony Brindley/shutterstock.com, S. 153 ©Matt Gibson/shutterstock.com, S. 163 ©Gail Johnson/shutterstock.com, S. 168 ©Radek Sturgolewski/fotolia.com, S. 217 ©chris2766/shutterstock.com; Wikimedia Commons: *CC-BY-2.0* S. 159 Michael Westley, S. 161 Markus Trienke, S. 2588 Ian Medcalf, *CC-BY-3.0* S. 251 Folks at 137, *CC-BY-4.0* S. 44 Robin Leicester. Alle anderen Fotos: ©Christian Winkler

Stichwortverzeichnis

Der WOMO® Online-Service

Nutzen Sie auch das Angebot unseres Online-Shops!
Unter **www.womo.de** finden Sie nicht nur sämtliche Reiseführer, sondern weitere wertvolle Anregungen und Zusatzinformationen – von der Gesamtübersicht aller Touren eines WOMO-Reiseführers bis zu weiterführendem Material. Dazu gehören:

- die **besten Autokarten**, die garantiert die komplette Reiseroute abdecken
- und die **passenden Rother-Wanderführer** mit den schönsten Wanderregionen Ihres Reiselandes.

Alle WOMO® Reiseführer auf einen Blick

Albanien, Ulrike und Frank Staub
Allgäu, Heiner Newe
Andalusien, Christina und Christian Winkler
Baden-Württemberg, Heiner Newe
Baltikum, Stefanie Holtkamp und Andrea Bergmann Neu 2024
Bayern Der Nordosten, Heiner Newe
Bayern Der Südosten, Christina und Christian Winkler
Bayern Der Nordwesten, Heiner Newe
Belgien/Luxemburg, Ulrike und Frank Staub
Bretagne, Anette Scharla-Dey und Franz Peter Tschauner
Burgund, Ralf Gréus Neu 2024
Dänemark, Anke Globi
Elsass, Ralf Gréus
England Der Süden, Christina und Christian Winkler Neu 2024
England Der Norden, Christina und Christian Winkler
Finnland, Uwe und Annegret Rohland
Französische Alpen, Heiner Newe
Französischer Jura, Heiner Newe
Griechenland, Waltraud Roth-Schulz und Reinhard Schulz
Harz, Heiner Newe
Hessen Der Norden, Anette Scharla-Dey und Franz Peter Tschauner
Hessen Mitte und Süden, Anette Scharla-Dey und Franz Peter Tschauner
Hunsrück/Mosel/Eifel, Anette Scharla-Dey und Franz Peter Tschauner
Irland, Uwe und Annegret Rohland
Island, Jutta und Alexander Ramin
Katalonien, Ulrike und Frank Staub Neu 2024
Korsika, Stefanie Holtkamp und Andrea Bergmann Neu 2024
Kroatien und Montenegro, Anne und Michael Lindner Neu 2024
Languedoc-Roussillon, Ralf Gréus Neu 2024
Ligurien, Ralf Gréus
Lothringen, Friedrich Riehl
Lüneburger Heide, Heiner Newe
Marokko, Ulrike und Frank Staub
Mecklenburg-Vorpommern Teil 1, Stefanie Holtkamp und Andrea Bergmann
Mecklenburg-Vorpommern Teil 2, Stefanie Holtkamp und Andrea Bergmann
Münsterland, Regina Stockmann
Namibia, Ute Nast-Linke und Frank Linke
Neuseeland Nordinsel, Andrea Lossen und Dieter Giesen
Neuseeland Südinsel, Andrea Lossen und Dieter Giesen Neu 2024
Niederlande, Friedrich Riehl
Normandie, Anette Scharla-Dey und Franz Peter Tschauner Neu 2024
Norwegen Der Süden, Waltraud Roth-Schulz und Reinhard Schulz
Norwegen Der Norden, Waltraud Roth-Schulz und Reinhard Schulz
Österreich Der Osten, Christina und Christian Winkler
Österreich Der Westen, Christina und Christian Winkler
Ostfriesland, Heiner Newe

Weitere Infos unter **www.womo.de**

Pfalz, Ralf Gréus
Piemont und Aostatal, Ralf Gréus
Peloponnes, Waltraud Roth-Schulz und Reinhard Schulz
Polen Der Norden, Nicola Kluftinger
Portugal Der Norden, Stephanie Seufert Neu 2024
Portugal Der Süden, Stephanie Seufert Neu 2024
Provence Der Westen, Ralf Gréus
Provence Der Osten, Ralf Gréus
Pyrenäen, Stefanie Holtkamp und Andrea Bergmann
Rumänien, Christina und Christian Winkler
Sachsen, Anette Scharla-Dey und Franz Peter Tschauner
Sardinien, Waltraud Roth-Schulz und Reinhard Schulz
Schleswig-Holstein und Hamburg, Heiner Newe
Schottland, Anke Globi Neu 2024
Schwarzwald, Ralf Gréus
Schweden Der Norden, Uwe und Annegret Rohland
Schweden Der Süden, Anke Globi Neu 2024
Schweiz Der Osten, Stefanie Holtkamp und Andrea Bergmann
Schweiz Der Westen, Stefanie Holtkamp und Andrea Bergmann
Sizilien, Christina und Christian Winkler Neu 2024
Slowakei, Ulrike und Frank Staub
Slowenien, Silvia Sussmann und Peter Simm
Spanien Der Norden, Waltraud Roth-Schulz und Reinhard Schulz
Süditalien Der Osten, Waltraud Roth-Schulz und Reinhard Schulz
Süditalien Der Westen, Waltraud Roth-Schulz und Reinhard Schulz
Südafrika Krügernationalpark, Ute Nast-Linke und Frank Linke
Südwestfrankreich, Stefanie Holtkamp und Andrea Bergmann
Südtirol, Waltraud Roth-Schulz und Reinhard Schulz
Tal der Loire und Paris, Anette Scharla-Dey und Franz Peter Tschauner
Thüringen, Katja Eisenschmidt
Toskana und Elba, Ralf Gréus
Trentino und Gardasee, Angela Misslbeck Neu 2024
Umbrien und Marken, Ralf Gréus
Ungarn, Silvia Sussmann und Peter Simm
USA Südwesten mit Yellowstone, Regina Stockmann Neu 2024
Venetien und Friaul, Christina und Christian Winkler
Wales, Christina und Christian Winkler Neu 2024
Zentralspanien Der Osten, Ulrike und Frank Staub
Zentralspanien Der Westen, Ulrike und Frank Staub

Außerdem im Programm:
Die gordische Lüge – Reiseroman, Ralf Gréus
Allgemeines Wohnmobil Handbuch, Reinhard Schulz
Allgemeines Wohnmobil Kochbuch, Waltraud Roth-Schulz
Heitere Wohnmobil Geschichten, Silvia Sussmann und Peter Simm

Ihr WOMO® Stellplatz-Dienst

Wir führen Sie zu den **schönsten Orten**, die unsere erfahrenen Autoren **selbst besucht und getestet** haben. Die GPS-Daten ihrer Stell- und Campingplatz-Empfehlungen finden Sie im Online-Shop unter **www.womo.de**

Mehr erfahren. Mehr erleben.

womo.de ist der **Spezialist** für Ihren entspannten **Erlebnisurlaub auf vier Rädern**. Profitieren Sie für Ihre Reisevorbereitung und -planung von unserer **jahrzehntelangen Erfahrung**. Seit 2022 arbeiten wir daran, Bewährtes noch besser zu machen: Dazu gehört die **moderne Optik** unserer neu gestalteten und **neu aufgelegten** Reiseführer.

Selbstverständlich werden unsere WOMO-Reiseführer permanent auf einen **aktuellen inhaltlichen Stand** gebracht. Jeder einzelne bietet eine Fülle an Ideen, Inspiration und Information **für Ihren Erlebnisurlaub**.

Wenn Sie persönliche Anregungen oder **konkrete Fragen zu Ihrer Reiseplanung haben**, dann schreiben Sie uns gern unter: **verlag@womo.de**

Den kostenlosen Download-Link für die **GPS-Daten** zu diesem WOMO-Reiseführer finden Sie im Shop unter: **www.womo.de**
Ihr Passwort lautet:
We3hli

WOMO®
Der Wohnmobil-Verlag
An der Liethe 4
36452 Kaltennordheim
Telefon: 036946 20691
www.womo.de